Christoph Jacob Kremer

Akademische Beiträge zur Gülch- und bergischen Geschichte

Erster Band

Christoph Jacob Kremer

Akademische Beiträge zur Gülch- und bergischen Geschichte
Erster Band

ISBN/EAN: 9783743630338

Hergestellt in Europa, USA, Kanada, Australien, Japan

Cover: Foto ©ninafisch / pixelio.de

Weitere Bücher finden Sie auf **www.hansebooks.com**

Akademische
Beiträge
zur
Gülch- und Bergischen
Geschichte
von
Christoph Jacob Kremer
Seiner Kurfürstlichen Durchlaucht zu Pfalz
Hofrath und Mitglied der Akademie
der Wissenschaften.

Erster Band.

Mannheim mit Akademischen Schriften 1769.

Das Herzogthum Gülch hat noch im Jahr 1425 nur in den Städten und Aemtern, Gülch, Düren, Münstereifel, Euskirchen, Hambach, Wilhelmstein, Hengbach, Nideken, Caster, Grevenbroich, Randenrad, Linge, Berchheim und Gladbach bestanden (a). Alle übrige sind erst in den folgenden Zeiten darzu gekommen, und sie sind eben so viele Herrschaften und Gravschaften gewesen, welche vor und nach Erlöschung ihrer Besizer durch Kauf, Erbschaft, Erheurathung und andere Weege zu dem Herzogthum Gülch gekommen sind. Denn wem sind die Graven von Nuenar und von Norwenich, sodenn die Herren von Monjoye, von Dollendorf, von Tomburg, von Limberg, von Meroye, von Brenzen, von Schönforst, von Wikkenrabe, von Millen, von Elttart, und besonders die von Heinsberg unbekannt? welche leztere nebst dieser Herrschaft die Aemter und Städte Geilenkirchen, Wasseṇ-

(a) Man lese die Urkunde zu dieser Geschichte N. XLII. p. 82.

senberg, Millen, Gangelt, Lewenberg Blankenberg, Vucht, und andere besessen haben. Auf die nehmliche Weise ist es mit dem Herzogthum Berg beschaffen, wo wir die alten Graven von Hukeswaag, die Herren von Elverfeld, und die besondere Herrschaften Bruch, Harbenberg, Blankenberg, Lewenberg, Linepp, Stein, Wildenberg und andere antreffen. Die Geschichte aller dieser besonderen Grav-und Herrschaften und ihrer Herren macht also einen Theil von der Gülchischen und Bergischen Staatsgeschichte aus, aber nicht eher, als bis sie mit diesem Herzogthum verbunden worden. Vorher hat eine jede ihre besondere Geschichte, die, nachdem die Besitzungen solcher Herren gros und weitläuftig gewesen, mehr oder weniger wichtig ist. Die Heinsbergische verdient darunter ohnstreitig den ersten Platz. Denn ihre Herren besassen ausser den schon gemeldten wichtigen Stücken von 1423 an bis zu dem Ausgang ihres Geschlechts auch selbst den vierten Theil des oben beschriebenen Herzogthums Gülch, der ihnen durch einen besondern Tractat von Herzog Adolf von Gülch und Berg abgetretten worden, um auf dieser Seite mehrere Hülfe gegen den Gelbrischen Herzog, Arnold von Egmond, zu haben.

Da diese Heinsbergischen Herren, des jüngern Geschlechts, wahre Abkömmlinge des Gräflich Sponheimischen

Hau=

Hauses sind, dessen Geschichte ich schon vor einigen Jahren zu beschreiben angefangen habe, (b) so war es für mich ein doppelter Grund, die mir zur Hand gekommene vortrefliche Nachrichten von diesem Sponheimischen Zweige zu benutzen, und zwar in einer besondern Sammlung, die allein vor einzele Stücke der Gülch-und Bergischen Geschichte gewidmet seyn solle. Peter von Streithagen, ein Kanonicus zu Heinsberg, *de Successione Principum Juliae Cliviae ac Montium*, welches Buch 1629 zu Düsseldorf heraus gekommen ist, hat schon vor mir von ihnen besonders gehandelt, und dann hat auch Teschenmacher in seinen *Annalibus Cliviae, Juliae, Montium &c.* (c) ein ganzes Kapitel von ihnen. Aber beide machen meine Arbeit nicht überflüßig. Man vergleiche sie nur gegen einander. Ueberhaupt kann man von der Gülch-und Bergischen Geschichte sagen, daß sie der Bemühungen eines Teschenmachers; und nach ihm eines Brosius und Mappius (d) ohngeachtet, noch nicht pragmatisch behandelt wor-

(b) In den Diplomatischen Beiträgen zum Behuf der deutschen Geschichtskunde, davon das erste Stück im Jahr 1756, das zweite 1758, und das dritte 1761 heraus gekommen sind.

(c) p. 408 sqq.

(d) Unter deren Namen im Jahr 1731 *Annales Juliae, Montiumque Comitum, Marchionum, & Ducum* in drei Theilen in folio heraus gekommen sind, worauf aber der kurpfälzische ehemalige Bibliothekar zu Heidelberg, Johannes Büchels, Ansprüche gemacht hat. Ich will die Sache erzehlen, wie sie sein Freund, der würdige Herr Dechant Würdwein zu Mainz, aus Büchels eigenen Nachrichten aufgezeichnet und mitgetheilet hat: *Johannes Büchels Annales Juliae & Montium magna cum industria elaboratos, paratosque prelo asservabat, dum supervenit Ada-*

worden. Der vortrefliche Geheime Rath, *D. Johann Gotfrid von Redinchoven*, der zu Ende des vorigen Jahrhunderts gelebet, und der schon allen Stoff darzu gesammelt hatte, würde wohl noch eher darzu im stande gewesen seyn. Aber er hat uns seine Nachrichten unbenuzt gelassen. Die gegenwärtige Heinsbergische Geschichte diene zur Probe, wie schäzbar seine Sammlung gewesen, die nunmehro durch die weiseste Fürsorge eines Durchlauchtigsten KARL THEODORS unter den Handschriften des Kurfürstlichen Büchersaals eine der ersten Stellen einnimmt.

Bei der vormjährigen Akademischen Reiße in die Gegenden der Lahn, der Mosel, des Niederrheins, und der Maas, hatte ich Gelegenheit, auch die Heinsbergischen Sigille von den Originalien abzuformen. Und diese theile nun meinen Lesern ebenfalls mit. Da es ein ganze Folge von Vatter auf Sohn ist, von dem ersten Urheber des Geschlechts bis auf den lezten desselben, so war ich im stande, verschiedene

wich-

mus Michael Mappius, sancte asseverans, se typum operis non exacte minus, quam ad conditiones stipulatas absque mora curaturum. Facile credidit à candore suo notissimus author, tradiditque manuscriptum Mappio, qui prelo id eodem adhuc anno MDCCXXXI Coloniae subiecit, sed contra fidem datam sese Annalium auctorem in capite libri venditavit. Perfidiae huic indignatus Joannes fucum mox detexit, cum serenissimae aulae Palatinae Annalium exemplaria vero authoris nomine insignita humillime obtulisset. Mitis alioquin senecio acriori, dein invectiva Mappium aggreditur anno MDCCXXXVIII. Büchels war im Jahr 1659 zu Linnich an der Rur im Herzogthum Gülch gebohren, und ist den 29 Sept. 1738 zu Heidelberg gestorben.

wichtige Anmerkungen in absicht auf diesen Theil der Diplomatik zu machen, worunter besonders die Regel, daß der Sohn bei Lebzeiten des Vatters mit dem Turnierkragen sein Siegel bemercken müßen, nicht fehlen wird. Und eben diese Bemerkung schwächet nunmehro den Saz des vortreflichen Scheids (e), als ob die Söhne groser Herren bei Lebzeiten des Vatters gar keine Sigille führen dörfen; Wie sehr wäre zu wünschen, daß, um weitere Regeln in der Wappenkunst diplomatisch zu bestimmen, von mehrern Häusern die Sigille mitgetheilet würden, so wie Vredius mit den Flandrischen gethan hat. Es müßte aber nicht eine blose Auswahl von den ältesten, und, wie man zu sagen pflegt, nur von den wichtigsten seyn. Nein, sondern alle ohne Ausnahm, um eben daraus die Abweichungen zu sehen, und ihre Ursachen zu ergründen. Die Siegel der Damen dörfen nicht ausgeschloffen seyn. Denn auch sie sind nach sichern Regeln eingerichtet, und sie sind noch darzu öfters der einzige Genealogische Beweiß von der Herkunft der Gemahlinnen, welche in den meisten Urkunden des breizehnden, und vierzehnden Jahrhunderts blos allein mit ihrem Vornahmen vorkommen. Das auf der zweiten Platte n. 5. befindliche Siegel der Agnes von Lewenberg, der Gemahlin Herrn Heinrichs, ist ein

Be-

(e) In den Historischen und Diplomatischen Nachrichten von dem hohen und niedern Adel in Deutschland p. 118. sqq.

X o X

Beweis davon, weil ich ohne daſſelbe nicht gewußt hätte, daß ſie eine von Kuik geweſen wäre. Denn auf die nehmliche weiſe iſt das Siegel Herrn Johann von Kuik vom Jahr 1288, das von Otten von Kuik vom Jahr 1328, und das von Johann von Kuik von 1361. Alle haben zwei Querbalcken, und über und unter denſelben drei, zwei, und weniger Vögel oder Hühnlein.

Von Heinsbergiſchen Münzen iſt mir keine zu Geſicht gekommen, ſondern ich weis nur das davon, was der Gelehrte P. Harzheim in ſeiner *Hiſtoria rei nummariae Colonienſis* c. XXXVII. p. 251 ſq. davon aufgezeichnet hat.

Ich wünſche, daß dieſer erſte Verſuch zur Niederländiſchen Geſchichte den Beifall der Kenner erhalten möge. Da er in Akademiſchen Verſammlungen abgeleſen und beurtheilt worden, ſo iſt daraus, wie auch der Titul ſagt, eine Akademiſche Arbeit geworden. Geſchrieben zu Mannheim den 6ten September 1769.

Geschichte

der

Herren von Heinsberg

des

jüngern Geschlechts

im

Herzogthum Gülch,

einer

besondern Linie

des Gräflich Sponheimischen

Hauses

in der Pfalz.

Von den Herren von Heinsberg bis zur Theilung
in die Heinsbergische und Lewenbergische Linien.

§. I.

In dem Versuch einer Genealogischen Geschichte der Grafen von Sponheim a) habe ich bereits den Beweis geführet, daß Heinrich, ein Herr von Heinsberg, der in der Mitte des 13ten Jahrhundert gelebt, ein gebohrner Graf

Die Herren von Heinsberg des jüngern Geschlechts

von

(a) In den Diplom. Beiträgen zur Deutschen Geschichtskunde p. 93.

4 Geschichte der Herren

stammen von
den Graven
von Spon-
heim ab,
von Sponheim, und Bruder der Graven Johann II. und Simon II. gewesen. Ich muß aber jezt an die Stelle des zweiten Johannen den ersten sezen, da der Herzoglich Zweibrückische Historiograph, Herr Crollius, durch indeſſen ans Licht gekommene mir unbekant gewesene Urkunden erwiesen hat b), daß der Vatter solcher Herren nicht Johann I, sondern Grav Gotfrid von Sponheim gewesen ist. Es ist dieser Grav Gotfrid derjenige, dem ich vorher keinen rechten Plaz zu geben gewußt habe, c) der aber jezt als der gemeinsame Stammvatter dreier der ansehnlichsten Gräulichen Häuser, nämlich des Sponheimischen, des Sainischen, und des Heinsbergischen erscheinet.

§. II.

unter denen
Heinrich
Herr zu
Heinsberg
Grav Gotfrid hatte unsern Heinrich mit der Sainischen Gemahlin Abelheid erzeuget. Daher er, wie an den Sponheimischen, so an den Sainischen Landen seinen Antheil bekommen hat. Unter jene gehörten Kastellaun, Nere und Kirchberg, unter diesen aber waren die vornehmsten Stücke die Herrschaften Blankenberg und Lewenberg im Herzogthum Berg, die Herrschaften Saffenberg, und Hilkerad, die Vogteien zu Bonn und Rodenkirchen. Da er jene im Jahr 1248 (d) wieder an seinen Bruder Simon von Sponheim abge-

---

(b) *Origg. Bipont.* Part. II. p. 36.

(c) l. c. p. 60. sq.

(d) Durch den im Schloß Blankenberg *quinta feria ante festum beati Lucae Evangelistae* besiegelten Austausch: Ego *Henricus Dominus de Heimsberg* notum facio ... quod ego cum consensu *uxoris meae Agnetis*, dedi fratri meo Domino *Symoni ac Margaretae suae uxori*, castra & munitiones meas ac alia mea bona que possideo *ex parte mei patris* scilicet *Kestelun Neve & Kirberg* cum fidelibus ... Item dedi eisdem fideles & vasallos, qui attinent meae parti, quorum homagium vel servitium emerat dilectus meus *avunculus bonae memoriae Henricus*

abgegeben, so mag solches die Ursach seyn, daß er auch den Sponheimischen Geschlechts-Namen abgelegt hat. Denn in allen Urkunden, die ich von ihm gesehen habe, kommt er allein unter dem Namen eines Herrn von Heinsberg vor, welche ansehnliche an den westlichen Grenzen des Herzogthum Gülchs gelegene Herrschaft er mit seiner Gemahlin überkommen hat. Nur auf seinem Siegel, welches zu Anfang dieser Geschichte vorgedruckt ist, und an dem ersterwehnten Tauschbrief hanget, hat er noch den Sponheimischen Geschlechts-Namen mit dem von Heinsberg verbunden. Auch die Sponheimischen Würfel sind hier noch zu sehen, welche seine Nachkommen von der Lewenbergischen Linie, wie wir unten sehen werden, in ihrem Wappen fortgeführet haben, anstatt daß die von der Heinsbergischen den Heinsbergischen Löwen angenommen.

§. III.

Seine Gemahlin war Agnes von Heinsberg. In meinen Sponheimischen Nachrichten e) hatte ich sie vor eine Erbtochter Herrn Dieterichs von Heinsberg ausgegeben. Sie kann aber auch seine Schwester gewesen seyn. Und so war ihre Frau Mutter, Frau Abelheid von Heinsberg, die lezte aus dem alten Heinsbergischen Stamm der Goswinen, vor deren Seelen Heil ihr Sohn Dieterich, Herr zu

mit seiner Gemahlin Agnes aus dem ältern Heinsbergischen Geschlecht

A 3 Heins-

---

cus comes *Seymensis* scilicet eos tantum qui manent ex ea parte Mosellae qua situm est castrum Kestellun.... dictus autem Symon frater meus cum consensu uxoris sue predicte dedit mihi ac uxori mee castra & munitiones suas & alia bona que *ex parte avunculi nostri* sepedicti ad eum sunt devoluta, que & nuper divisit mecum & cum aliis fratribus suis scilicet *Blankenberg, Saffenberg, Hilkerode* cum attinentiis universis ... item dedit nobis partem suam, quam habet vel habere debet in castro *Lewenberg*. Der ganze Tauschbrief ist unten unter den Urkunden N. L.

(e) S. 94.

Heinsberg, im Jahr 1217 verschiedene Gefälle zu Schaphusen bei Heinsberg, und zu Holtheim bei St. Gerlach in das Kloster zu Heinsberg gegeben, f) welches sein Urgrosvater Goswin II von Heinsberg gestiftet hat. Dieses leztere bezeuget sowohl Frau Adelheid selbst, als auch ihr Oheim, der Erzbischof Philipp von Köllu. Jene in einem Befreiungsbrief vor das Kloster vom Jahr 1202 g), dieser aber in der Bestätigung der vätterlichen Stiftung selbst vom Jahr 1180. h) Der darüber ausgefertigte Brief ist in Rucksicht auf diese erstere Heinsbergische Geschlechts-Reihe allzuschön, als daß ich mich enthalten könnte, die hieher gehörige Stelle hier einzurucken: Noverit, sagt der Erzbischof, omnis futura generatio, quod Dominus meus & *pater carnalis Goiswinus*, hujus nominis secundus de Heynsberg & Domina mea & *mater Adeleidis* consentientibus omnibus suis heredibus, me ipso scilicet & *fratribus meis Goiswino*, *Hermanno*, *Godefrido*, *sororibusque meis Uda*, *Mechtilde*, *Solome* .... pro salute animarum suarum obtulerunt. Und weiter: Hezelo etiam & Gertrudis *soror mea ex patre* tres mansos de predicto allodio Rode Huberti, quod ipsorum erat feodum per manus nostras matre mea & fratre Godefrido annuentibus predicte dederunt ecclesie &c. Man nehme die erst angeführte Urkunde der Adelheid von Heinsberg vom Jahr 1202 dazu, worinn diese Goswin II ihren avum nennet, so ist nicht unwarscheinlich, daß Dieterich von Heinsberg und seine Schwester

Agnes

(f) *Dat. apud Hennesberch* 1217: in remedium animæ karissimæ *matris nostrae Aleidis* & omnium parentum nostrorum.

(g) worinn es unter andern heißet: quod pie memorie *avus meus* videlicet Dominus Goswinus secundus de Heinsberg.

(h) *in Miraei Notitia eccles. Belg.* p. 420. und in *Operibus diplomaticis* T. I. p. 281.

von Heinsberg.

Agnes bereits vom zweiten Heinsbergischen Geschlecht gewesen, folglich dasjenige schon das dritte Heinsbergische Geschlecht ist, welches unsere Sponheimer gestiftet haben. Ich will die Sache durch die hier angefügte Geschlechts-Tafel deutlicher machen, bis dahin eine besondere Abhandlung auch von diesem ältern Geschlechte folget.

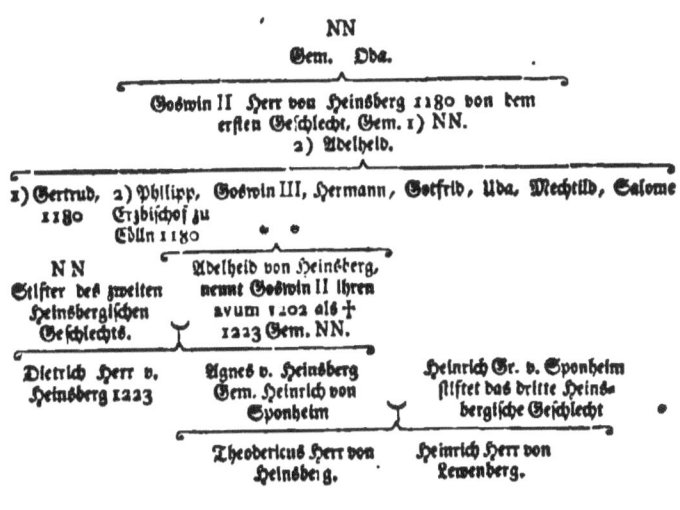

§. IV.

Heinrich von Heinsberg, aus dem Sponheimischen Stamm, dasselbe weiter fortgepflanzet hat, war also der Stifter des dritten Heinsbergischen Geschlechts, dessen Nachkommenschaft weit herrlicher und gröser geworden, als alle seine Vorfahren. Er erhielte im Jahr 1254 die Belehnung von dem Bischof

Geschichte der Herren

schof Heinrich von Utrecht, (i) vermehrte in diesem Jahr die Stiftung von St. Gangolf zu Heinsberg (k), und verglich sich zwei Jahr vorher mit dem Erzbischof Johann von Kölln, welcher ihn nach dem Tod seines Oheims, des Graven Heinrichs von Sain, aus dem Besiz seiner Sainischen Güter geworfen hatte, (l) starb aber schon zwischen den Jahren 1257 und 1260 (m), mit hinterlassung zweier Söhnen, und einer Tochter. Seine Gemahlin lebte noch im Jahr 1267. (n)

§. V.

Seine Tochter Adelheid wurde an Grav Dietrich von Clev vermählet, Die Tochter von Heinrich von Heinsberg war Adelheid von Cleb, die Gemahlin des Graven Dietrichs, dem sie die Herrschaften Saffenberg und Hilkerade, nebst den Vogteien über Bonn und das Domstift zu Kölln, mit allen auf der Köllnischen Seite des Rheins gelegenen Zubehörungen zugebracht hat. Dann was auf der Seite, wo Blank-

---

(i) *in vigilia beati Lucae.* Urkunden N. II.

(k) *datum & actum apud Heinsberg in annunciatione Domini* 1254.

(l) *dat. Coloniae sabbato ante nativitatis beati Johannis Baptistae* 1252 *quod nos presatum Dominum de Heynsberg restituemus in possessionem bonorum suorum in qua fuit post mortem avunculi sui olim Heynrici Comitis Seynensis* Urkunden N. II.

(m) Denn im Jahr 1257 kommt er nach einer Sainischen Urkunde *ipso die sancte Pentecostes* noch unter den Zeugen vor, im Jahr 1260 aber zeigt sich schon sein Sohn Dietrich als Herr zu Heinsberg in einer Urkunde *in octava beatorum Apostolorum Petri & Pauli.* In dem Jahr 1259 *quinto Idus Novembris* befreite sein Sohn Dieterich von Heinsberg und Blankenberg und seine Gemahlin Johanna dem Kloster zu Blankenberg seinen Hof zu Elsendorp von der Herbstbeed: *pro remedio animarum parentum nostrorum* unter welchen also auch unser Heinrich gemeynt seyn kann.

(n) nach einer Urkunde von diesem Jahr *feria tertia post Dominicam qua cantatur: factus est Dominus.*

Blankenberg ist, das ist, auf dieser Seite des Rheins gelegen war, hatte Heinrich sich vorbehalten. Auch dieses waren Sainische Erbschaftsstücke, welches Dietrich von Heinsberg, Heinrichs ältester Sohn, in der Genehmigungs-Urkunde vom Jahr 1255 ausdrücklich sagt (o), und beifügt, daß Heinrich sich auch noch seinen Antheil an den Sainischen Allodien vorbehalten habe, welche ihm und seinen Miterben nach dem Tod der Sainischen Frau Wittib gebührten. Die Güter zu Arweiler gehörten auch zu dieser Schenkung, welche jedoch, wie selbst die vorher benannten, nach unbeerbten Absterben des Clevischen Grafen wieder an die Herrschaft Heinsberg zurück fallen sollen. Allein dieser Fall erfolgte nicht, weil Adelheid ihrem Gemahl eine Zahlreiche Nachkommenschaft gebracht hat. (p). Ich finde noch beide in einer Urkunde vom Jahr 1261, worinn sie dem Probst und Stift zu Heinsberg das Eigentum von sichern Gütern nachgegeben, die sie von einem, Namens Bolte, erkaufet hatten. (q)

Von den Herren von Heinsberg aus der Leiwenbergischen Linie.

§. VI.

Unter den Söhnen Herrn Heinrichs von Heinsberg werden uns nur zwei mit Gewißheit genannt, Dietrich und Johann. Denn der Ausdruck des erstern und dessen Gemahlin Johanna in einer Urkunde vom

Seine Söhne Dietrich und Johann aber theilten

(o) *in die Maurizii & sociorum* in *Teschenmacher Annal. Cliviae & Juliae* in Cod. diplom. N. XLI. p. 34.

(p) *Teschenmacher* l. c. S. 224. und Genealogische Geschichte der Grafen von Sponheim S. 97.

(q) *Dat. Cliviae in die beati Viti martyris*

die väterl. und mütterl. Landen,
vom Jahr 1271: ob fpeciales preces dilecti *fratris nostri Henrici* Canonici Colonienfis läßt uns noch einen Zweifel zuruck, ob dieser ein Bruder von Dietrich von Heinsberg oder von seiner Gemahlin gewesen seye, wiewohlen doch im Jahr 1291 ein Henricus de Heynsberg, thefaurarius Colonienfis vorkommt. Henrich von Heynsberg ein Canonicus von Kölln wird im Jahr 1271 von Grav Dietrich von Clev und seiner Gemahlin Adelheid ihr Sororius genennt. Daß aber würklich mehrere als obige zwei Brüder gewesen, ist aus einem Vergleich Herrn Dietrichs von Heinsberg mit dem Graven Gotfrid von Sain und deffen Gemahlin Jutta vom Jahr 1267 gewiß. Denn Dietrich sagt darinn, daß er seine Brüder anhalten wolle, auf das Schloß Vroizberg Verzicht zu thun. (u) Unter diese mag Heinrich gehöret haben. Auch lernen wir daraus, daß diese Herren damalen noch unvertheilt gewesen find. Dieterich erhielte aber nachher die Herrschaften Heinsberg und Blankenberg, und Johann die Herrschaft Lewenberg, von welcher er und seine Nachkommenschaft den Titul der **Herren von Lewenberg** angenommen hat. Weil seine Nachkommenschaft viel früher, als die von dem ältern Bruder erloschen ist, so will ich auch ihre Begebenheiten zu erst erzehlen.

§. VII.

Der letztere bekommt die
Wie sein Herr Vatter wegen seinen Sainischen Gütern Händel mit dem Erzstift Kölln gehabt, so bekam sie Johann von Lewenberg mit

---

(r) *Feria sexta post exaltationem sanctae crucis.*
(s) *Secundo Kalend. Jul.*
(t) *Feria II post nativit. B. Mariae virginis*: quod nos ob fpeciales preces dilecti nobis Domini Henrici de Heynsberg Canonici Colonienfis nostri sororii remittimus &c.
(u) die Urkunde davon ist unten N. IV.

von Heinsberg

mit den Burggraven Johann und Ludwig von Wolkenburg, sodenn mit Johann von Dollendorp und Lambert von Hunf, die ihm das Schloß Lewenberg abgenommen. Er erhielte es aber durch den Ausspruch wieder, welchen der Erzbischof Engelbrecht von Kölln, als erwählter Schiedsrichter, am 15 Sept. 1273 (x) zu Bonn gethan hatte. Dadurch wurde er zugleich in dem Besiz des Gewälds zu Hunf bestättiget, so wie es ehemals Grav Heinrich von Sain, sein Vatter Heinrich von Heinsberg, und sein Bruder Dietrich mit denen von Hunf benuzet hatten. Dieser lezte Umstand ist ein Beweis, daß sich schon damalen beide Brüder in die vätterlichen Lande getheilet hatten. Ihr gemeinschaftlicher Anlaßbrief vom Jahr 1285 (y) bestätigt es noch mehr, weil darinn namentlich ihrer Theilungszwistigkeiten gedacht wird. Drei Jahre darauf machte Johann von Lewenberg sein Schloß Reisterdorp zu einem Gülchischen Lehen (z), befreiete in dem nämlichen Jahr die in den Hunfer und Kasseler Pfarreien gelegene Güter des Klosters Cissendorfs, (a) und kommt noch vor in einer Urkunde vom Jahr 1298. (b)

Herrschaft Lewenberg und stiftet die besondere Lewenbergische Linie.

VIII.

Heinrich von Lewenberg, welcher nebst seiner Gemahlin Agnes, aus dem Hause derer von Kuik, im Jahr 1311 (c) ihre Güter und Gerichts-

Von seinen Söhnen.

(x) X*VII. Kal. Octobr.* Urkunden N. VII.
(y) *dat. sabbato infra festum nativitatis Domini.* Ebend. N. VIII.
(z) *apud Tulpetum feria sexta post festum beati Severini episcopi* 1288.
(a) *Feria quinta post purificationem virginis gloriosae*
(b) Genealogische Geschichte von Sponheim S. 103.
(c) *Apud Bensbure in vigilia ascensionis Domini,* daran besonders der Agnes Siegel merkwürdig ist, weil daraus ihr Stammhaus von Kuik erwiesen werden kann. Urkunden N. XIII.

Gerichtbarkeit zu Albenrod, Upperheide, und Querrod an Grav Adolf von Berg verkauft, und im Jahr 1317 das Dorf Hunf zu einem Köllnischen Lehen gemacht (d), war vermuthlich ein Sohn von Johann von Lewenberg. Mit seinem Bruder, dem jüngern Johann von Lewenberg, hatte er wegen der väterlichen Erbschaft Streit, den aber beide im Jahr 1325 ihrem Vetter, Herrn Gotfrid von Heinsberg zur Entscheidung hingegeben. (e) Dieser Johann von Heinsberg war aber nicht der einzige Bruder unsers Heinrichs. Denn in dem Bündnis, welches dieser im Jahr 1330 (f) mit Gotfrid von Heinsberg errichtet, werden annoch des Heinrichs von Dollenborp, Johannen von Merheim, und Dietrichs von Escherscheit gedacht, die Heinrich von Löwenberg ausdrucklich seine Brüder heißt. Wenigstens kommen die beiden leztern unter diesem Namen noch im Jahr 1338 vor, (g) und stehen in einer Urkunde vom Jahr 1336 unter den eblen Zeugen, welches ein starker Beweis von ihrer Ebenbürtig-

---

(d) in *Cymiterio Hunfo ipsa die coene Domini.*

(e) zu Geystingen des Saterdags vor St. Johanns tage Baptisten dat he geboren wart. Urkunden N. XV.

(f) *Dominica proxima post assumptionem beate Virginis gloriose*, worinn Heinrich am Ende sagt: Seriose requirendo rogantes Henricum de Dollendorp militem, Johannem de *Merheym*, Theodericum de *Escherscheit nostros fratres* & amicos dilectos quatenus ad supradicta omnia & singula firmiter & inviolabiliter obfervanda fuis viribus & auxilio confilio & favore femper affiftant. Et nos Henricus de Dollendorp miles, Johannes de Merheym, Theodericus de Escherfcheyt ad preces & rogatum Domini de Lewenberg dicti nostri Domini - - - promifimus. Urkunden N. XVI.

(g) Op Antage Sente Martins des heiligen Bischofs — Ind wir Heinrich Here von Lewenberg ind unse Huisvrauwe burgenannt liesen ind nemen van unsern seliten heren Diderich van Ekerscheit unsen Bruder .... Herrn Henckelin von Offendorp Rittere ind Johannen von Merhelm unsen Broder ꝛc.

bürdigkeit ist, weil sonst die natürlichen Söhne der Graven meistentheils in den niedern Adel versezet worden.

§. IX.

Weil Heinrich von Lewenberg allein einen natürlichen Sohn, Johann von Endenich genannt, (h) sodenn auch eine Tochter mit Namen Margaret hatte, die an einen militem, Heinrich genant Itter, verheiratet war (i), so dachte sein Bruder Johann von Lewenberg noch bei Heinrichs Lebzeiten darauf, sich seines Erbe zu versichern. Es war solches um so nothwendiger, weil Heinrich bereits angefangen hatte, seine Güter fremden zuzuwenden. Denn dahin zielte, wie mich deucht, der Bundbrief mit Grav Wilhelm von Gülch vom Jahr 1333 (k), in welchem er diesem gegen Erhaltung 1500 Mark Silbers die Herrschaft und das Hochgericht Rudekoven mit den Dörfern Ramersdorp, Holtdorp, Limberg, und Buwele, nicht weniger das Hochgericht zu Albenrad, Reide und Kassele, nebst Reide und Rodenkirchen verschrieben, und zu Mannlehen gemacht hatte. Das beste Mittel war, mit der Heinsbergischen, als der mächtigern Linie, den Vortheil der künftigen Erbschaft zu theilen. Dieses geschahe würklich durch die Erbverbrüderung, welche Johann von Lewenberg, und seine beiden Söhne, Heinrich und Dietrich, im Jahr 1336 mit Grav Dietrich von Loen und Chyni, Herrn zu

Versicherung der Erbfolge in die Güter der Lewenbergischen Linie vor die Heinsbergische

---

(h) Denn so heißt es in dem Uebergabsbrief Herrn Heinrich von Lewenberg, die Herrschaft Lewenberg betr. an Herrn Dietrich von Heinsberg vom Jahr 1336 — dort gewen wir Johan unsem sone van Endenich visslig Marc geldes ballens erstlich zu einem burglehen zu Lewenberg. N. XXI.

(i) besage einer Urkunde von ihm, worinn er das Schloß Morenhoven als ein Adlünisches Lehen empfangt vom Jahr 1345.

(k) des dunrisdachs up Sent Agneten dag.

Heinsberg und Blankenberg aufgerichtet hat, um, wie er selbst sagt, in solcher Erbschafts-Sache bei diesem Hülf und Beistand zu finden. Die Herrschaft Lewenberg solte hiernach zwischen beiden Theilen gemein bleiben (l), auch beide einander mit allen Kräften beistehen, wenn sie deswegen nach Heinrichs Tod angegriffen werden solten. Nun suchte man zwar, so viel möglich, den Unruhen vorzubeigen. Denn Heinrich sezte nicht nur seine künftige Erben, sonderlich den Loßischen Graven, noch bei seinem Leben in den würklichen Besiz der Herrschaft Lewenberg (m) und des Schlosses Hunf, ja selbst der Herrschaften Kubekoven und Altenrod ein (n), welche leztere schon ehemals an den Graven von Gülch verschrieben waren, sondern er bewürkte auch, daß Dietrichen von Loen und dem jüngeren Lewenbergischen Heinrichen im Jahr 1340 die Gülchische Belehnung über das Schloß Lewenberg versichert (o), nicht weniger beide Herren im Jahr 1344 von Kaiser Ludwig IV mit Hunf zu gesammter Hand belehnet worden (p). Allein dem ohngeachtet konnte doch nicht verhindert

---

(l) an alle dem Guten, heißt es, inde zu alle dem Gute dat vns eruallen mag of ersteruen, willcher wys it geschie van vnsem broder Heren Henrich Heren zu Lewenberg inde van Brauwen Agnesen some wylichen wyue it sy an Lewenberg dem hus · · · mit Mannen mit Burgmannen mit Landt mit Luden mit Sloffen . . . . dat wir Johann von Lewenberg inde vnse Eruen vorgenant mit vnsem vorsprochen Heren van Loin ind mit synen Eruen inde he inde synen Eruen mit vns inde mit vnsen Eruen dat vorsprochen Gutt inde Herrschaft . . . dellen sulen gelich half zu alle der zyt dat vellich is of velt.

(m) Besage der erst erwehnten Urkunde dat. zu Lewenberg des neisten Godinstagis na dem dreizehnden dag den man heischt *Epiphania Domini* 1336. N. XXI.

(n) vp Antag Sente Martins des heiligen Bischofs 1338.

(o) besage der Versicherungs-Urkunde des Marrgraven Wilhelms von Gülch dat. zu Blankenberg des neisten sonntags vur Valentini 1340.

(p) zu Franchenforde am Samstag vor sant Bartholomäus tag.

bert werden, daß nicht nach des Heinrichs von Lewenberg Tod wegen eben diesem Hunf ein Krieg mit dem Erzbischof Walram von Köln entstanden, welcher die ganze Herrschaft Hunf als ein heimgefallenes Köllnisches Lehen an sich gezogen. Doch der Streit wurde bei zeiten und schon im Jahr 1345 zu Köln verglichen, also daß von dem ganzen Hunfer Kirchspiel das Erzstift ein Drittel behalten, die übrigen zwei Drittel aber als ein Köllnisches Lehen dem Graven von Loen und Heinrich von Lewenberg zu theil werden sollten. Von dieser Zeit an finde von Heinrich von Lewenberg und seiner Nachkommenschaft nichts mehr, daß mithin sehr wahrscheinlich wird, daß er um diese Zeit gestorben, (q) und seine Güter an die Heinsbergische Linie gefallen sind.

Von den Herren von Heinsberg, aus der Heinsbergischen Linie, bis auf Gotfrid II, welcher die Dalenbrugische Linie gestiftet hat.

§. X.

Diese Linie stiftete Dietrich von Heinsberg, der älteste Sohn Herrn Heinrichs von Heinsberg. In dem Utrechtischen Lehenbrief vom Jahr 1254 finde ihn zum erstenmal (r), das Jahr darauf aber

Die Heinsbergische Linie stiftet

(q) Denn im Jahr 1341 war Heinrich von Lewenberg noch im Leben, da er und seine Gemahlin Agnes *in octava Epiphaniae Domini* die neue Kapelle zu Hunf gestiftet. Daß er aber auch noch 1343 gelebet, ist daraus sehr wahrscheinlich, daß noch in eben diesem Jahr Grav Dietrich von Loen mit dem Erzbischof Walram von Köln und Gr. Adolf von Berg zur Sicherheit und Ruhe ihrer Landen einen Bund gemacht, das Jahr darauf aber sich schon der Krieg wegen Hunf entzündet, das als ein von Heinrich v. Lewenberg angefallenes Lehen betrachtet worden.

(r) oben §. IV.

Geschichte der Herren

Dietrich Herr zu Heinsberg, dessen Geschichte

aber willigte er schon durch eine besondere Urkunde in die Abgebung der Herrschaft Saffenberg an Grav Dietrich von Clev (s), welches mich vermuthen läßt, daß er schon damalen ein erwachsener Herr gewesen seyn muß. Gegen das Jahr 1260 aber kam er zur Regierung. Wegen den Sainischen Gütern machte Grav Gotfrid von Sain Ansprüche. Nachdem aber diese im Jahr 1267 zu Eipen verglichen waren, und Graf Gotfrid auf das Schloß Lewenberg, Dietrich von Heinsberg und seine Brüder aber auf das Schloß Vroizberg Verzicht gethan, verfiel er mit Grav Adolf von Berg wegen dem Ueberzug beiderseits Unterthanen in einen Krieg. Doch auch dieser wurde durch Vermittelung des Bischofs Heinrich von Lüttich, Herzogs Walram von Limburg, und des erstgenannten Sainischen Graven noch im Jahr 1268 (t) geendiget. Unter den Friedens-Artikeln ist besonders dieser zu bemerken, daß Dietrich versprechen müssen, die Webestigungen bei Bleise niederzureissen, und keine neuen anzulegen, die dem Graven von Berg näher als Blankenberg und Lewenberg gewesen. Gegen ihn solten auch die Bergischen Schlößer Wenberg, Syberg, und Windeke die nächsten seyn. Dietrich mußte sich noch darzu verbinden, daß sein Bruder Johann von Lewenberg 25 Mark von seinen Einkünften zu einem Bergischen Lehen machen wolle. In den übrigen Stüken wurde der Vertrag zum Grund geleget, der ehehin zwischen dem Herzog Heinrich von Limburg, als Graven von Berg, und dem Graven Heinrich von Sain errichtet worden, und jezt in allen seinen Artikeln auf das genaueste erfüllet werden solte. Im Jahr 1273 belehnte Dietrich von Heinsberg Herrn Fridrichen von Reiferscheid, welcher sich in dem Lehen-

Revers

(s) oben §. V.

(t) dat. Tuitii *Feria secunda proxima post dominicam qua cantatur Reminiscere.* Urkunden N. V.

von Heinsberg.

Revers (u) verbinden müssen, nach dem Tod der Sainischen Wittib auch das Schloß Bebbur, als ein Heinsbergisches Lehen, zu vermannen. So belehnte er auch im Jahr 1275 (x) den Schenck Wilhelm von Ribbeggen mit einigen Gefällen zu Brackel. Im Jahr 1277 aber finde ich ihn in dem grosen Bündnis gegen den Erzbischof Sigfrid von Kölln (y), und im Jahr 1280 in dem gegen die Reichs-Stadt Aachen (z).

§. XI.

Unter die Erwerbungen unsers Dietrichs gehören die Güter zu Myllen, welche ihm Arnold ein Herr von Mylle im Jahr 1282 verkaufet hat. Sie waren ein Lehen vom Bistum Lüttich, daher der Verkäufer den Lehenherren vorher bitten mußte (a), Dietrichen statt seiner damit zu belehnen. Ein dergleichen Stück waren auch die Reiferscheidischen Güter zu Wailgenberg, welche ihm Herr Johann zu Relferscheid im Jahr 1290 zu Lehen gemacht hat (b), sodenn das Schloß Emmendorp, über welches die Gebrüder Dietrich und Johann von Emmendorp, Johanns Söhne, im Jahr 1296 die Heinsbergische Lehnbarkeit anerkannt. (c) Dietrich von Heinsberg lebte noch

C im

(u) Dat. *Noviomagi proxima feria V post Epiphaniam Domini.* N. VI.

(x) *Dominica qua cantatur invocavit me.*

(y) Dat. *apud Tuitium feria quarta proxima post dominicam quasi modo geniti.*

(z) wenigstens wird er in dem Frieden, der zu Schönowe bef Aachen in vigilia B. *Mathaei apostoli & evangelistae* 1280 geschlossen worden, namentlich genennt.

(a) *Dominica qua cantatur invocavit.*

(b) *Feria quarta post festum beati Servatii episcopi.*

(c) *Feria secunda ante festum omnium sanctorum.*

18 Geschichte der Herren

im Jahr 1301, da er eine Heinsbergische Stiftspfründe dem dasigen Decanat beigeleget hat. (d) Ja noch das folgende Jahr trift man sein Siegel an Urkunden an, daß er also erst in diesem oder in dem folgenden 1303 Jahr gestorben seyn muß, in welchem er auch als tod vorkommt (e).

§. XII.

Seine Gemahlin,

Seine Gemahlin war Johanna, eine Tochter Herrn Gotfrids von Löwen und Herstal. Schon im Jahr 1253 war er mit ihr vermählt (f). Heinrich von Löwen, Herr zu Herstal und Arnold waren ihre Brüder. Dieses sagen sie selbst in ihrer Beitrettungs-Urkunde zu dem Frieden ihres Schwagers, Herren Dietrichs von Heinsberg, mit dem Graven Adolf von Berg vom Jahr 1268 (g), worinn sie ihn ihren sororium nennen. Daß sie aber Johanna geheisen, sagt Dietrich selbst in zwei Urkunden. In der ersten, die vom Jahr 1275 ist (h), gab er mit ihrer Genehmigung dem Kloster zu Heinsberg einen Wald bei Geilenkirchen, und in der anderen vom Jahr 1290 (i) erklärten sich beide über die Rechte der Stifts-Kirche

von

(d) *in vigilia beati Thomae apostoli.* N. X.

(e) *in crastino S. Jacobi apostoli.* N. XI.

(f) Urkunde von der Maria, der Wittwe Herrn Gotfrids von Löwen, dat. *feria secunda post ramos palmarum* 1253 in *Butkens trophées de Brabant* in den *preuves* p. 220. quod ego Johannæ filiæ meæ fructus & spolia viginti modiorum nemoris mei, qui vocatur Faisbertain ... in eleemosinam pro auxilio sui matrimonii contuli &c.

(g) *dat. crastino dominicae reminiscere.*

(h) *in die Kalend. Augusti.*

(i) *in festo purificationis beatae Mariae Virginis.* Urkunden N. IX.

von St. Gangolf in Heinsberg. Dietrich II von Heinsberg, ein Enkel des ersten, hieße daher in einer Urkunde vom Jahr 1334 die Beatrix von Lovanio und von Gosebeke seine consanguineam (k), welches von dieser Verbindung herkommen muß.

§. XIII.

Mit der Johanna von Löwen erzielte Dietrich I von Heinsberg und Blankenberg drei Söhne und eine Tochter. Diese war Adelheid, die Gemahlin Grav Heinrichs von Nassau-Siegen. Der Herr Geheimbde Rath Reinhard zu Carlsruh gibt sie vor eine Grävin von Arenberg aus (l). Sein aus des Textors Nassauischen Chronik genommenes Zeugnis wird aber dem unsrigen weichen müssen, da Adelheid in dem Verzichtbrief auf ihres Bruders Walram von Blankenberg Erbschaft vom Jahr 1333 (m) sich selbst vor eine Schwester Gotfrids I von Heinsberg und Blankenberg angibt, und beifügt, daß mit ihrem Verzicht sowohl ihr Gemahl, Grav Heinrich von Nassau, als auch ihre beiden Söhne Otto und Heinrich zufrieden seyen, davon der leztere Dompropst in Speyer gewesen war. Dieser Umstand beweißt klar, daß Heinrich von Nassau der nämliche Heinrich ist, von dem Herr Reinhard geredet hat. Ihre Brüder waren also Walram und Gotfrid der erste von Heinsberg, und außer diesen noch einer, Namens Heinrich, der im Jahr 1282 in dem Verzichtbrief seiner Eltern auf die Lehnbarkeit gewisser Güter vorkommt,

und Kinder

(k) *dat. in vigilia omnium sanctorum.*
(l) in dem zweiten Theil seiner Juristisch Historischen kleinen Ausführungen. S. 213.
(m) *Feria quarta post diem beatae Agathae.* N. XIX.

welche Gotfrid genant Luscus dem Stift Heinsberg verkauft hat (n). Er muß aber vor ihnen gestorben seyn.

§. XIV.

Walram von Heinsberg Herr zu Blankenberg Walram war der älteste, und erhielte in der brüderlichen Theilung die Herrschaft Blankenberg, von der er auch den Titul angenommen hat. Gotfrid hingegen schrieb sich allein von der ihm zu seinem Loos gefallenen Herrschaft Heinsberg. Der Burgerbrief der Stadt Kölln vom Jahr 1303 (o), worinn sie Walramen zu ihrem Mitburger aufgenommen, und ihm die schon von seinem Herrn Vatter genossene damit verknüpfte jährliche Rente von 30 Mark angewiesen hat, ist ein vortreflicher Beweis von dieser Warheit. Allein Walram lebte nicht länger, als bis höchstens in das Jahr 1307, in welchem man findet, daß die Herrschaft Blankenberg mit der von Heinsberg in der Person des jüngern Bruders wieder vereinigt gewesen. Denn anstatt, daß Gotfried sich noch im Jahr 1305 (p) allein einen Herrn von Heinsberg geschrieben, so nennte er sich

in

(n) Hinc est quod nos Theodericus nobilis Dominus de Heynsberg & Domina Johanna collateralis nostra ... duximus significandum .... Testes hujus facti sunt Dominus Henricus filius noster &c.

(o) *in crastino S. Jacobi apostoli*, worinn es unter anderm heißt: quia nobis vir Dominus Walramus de Heynisberg Dominus de Blankenberg in divisione bonorum facta inter nobilem virum Godefridum Dominum de Heynisberg *fratrem suum* ex una parte & ipsum Dominum Walramum ex altera tanquam *primogenitus* nobilis viri Domini Theoderici Domini de Heynisberg bone memorie successit eidem Domino Theoderico *patri* suo in reditibus triginta marcarum quas ipse Dominus pater ejus a nobis & civitate Colonienfi ratione concivitatis sue habuit annuatim.

(p) In einer Urkunde *die octavarum Martini episcopi.* 1305.

in dem Jahr 1307 zum ersten mal (q), und in allen folgenden Urkunden wieder einen Herrn von Heinsberg und Blankenberg. Walram kommt auch seit dieser Zeit nicht mehr vor, vielmehr belehnte jezt Gotfrid sowohl die Heinsbergischen als Blankenbergischen Vasallen ohne Unterscheid (r).

XV.

Gotfrid I von Heinsberg und Blankenberg war also der Herr von diesen beiden Herrschaften, davon er die erste durch Ankaufung verschiedener Güter treflich vermehret hat. Hierher gehöret die Gerichtsbarkeit über das Randerabische Dorf Linghen, die er im Jahr 1307 von Arnolden Herrn von Randerabe erkauft (s), die ganze Erbschaft des Steffans von Brackel, Gotfrieds Sohns (t), sodenn die Güter des Johann von Kerke hinterlassenen Wittib Luccard, und ihrer Tochter Cecilia (u), und endlich das Oefnungsrecht in dem Schloß Randerab, welches er sich im Jahr 1310 gegen Arnold von Ran-

dessen Bruder Gotfrid I Herr zu Heinsberg und Blankenberg pflanzte den Stamm fort,

---

(q) In dem Lehenbrief von Arnolden Gymnich über den Hof zu Rolbe bei Ribbeggen, *feria secunda post diem beati Urbani* 1307.

(r) davon mir verschiedene Beispiele von den Jahren 1310 und in den folgenden Jahren vorgekommen sind.

(s) Laut Kaufbrief, so datirt ist *apud Oitroyde feria quarta post dominicam Judica* 1307. Doch bliebe das Eigentum des Dorfs Lingen selbst noch dem Randerablichen Haus. Denn *feria tertia proxima post Dominicam oculi* 1317 reversirte sich noch eben dieser Arnold, daß weder er noch sein Sohn Ludwig ihre villam Linghe versetzen oder verkaufen wollten, sie haben sie denn vorher Herrn Gotfrid von Heinsberg und Blankenberg angebotten.

(t) besage Kaufbriefs, so datirt ist *feria sexta post diem beati Martini hyemalis* 1308.

(u) der Kaufbrief ist datirt *feria quinta proxima post festum beati Martini hyemalis* 1317.

Randerad ausbehalten hat (x). Das fürnehmste Stück aber war die an das Heinsbergische anstossende Herrschaft Waffenberg, welche er im Jahr 1317 in sein Haus gebracht hat (y). Zwei Jahre vorher (z) hatte ihm auch der Burggrav Rutger von Drachenfels das Oefnungsrecht in dem Schloß Drachenfels verschrieben.

XVI.

<small>dessen Gemahlin</small>   Gotfrids I von Heinsberg und Blankenberg Gemahlin war Mechtild von Los, eine Tochter des Graven Arnolds. Ich finde beide schon im Jahr 1301 noch bei Leben des Herrn Vatters (a), wo er schlechthin unter dem Namen miles vorkommt, sodenn noch in zwei Urkunden vom Jahr 1307, davon die eine feria quarta post dominicam judica, die andere aber in vigilia assumtionis virginis <small>und Kinder</small> datirt ist. Er erzielte mit ihr drei Söhne und eine Tochter, Dietrich II, Johann I, Gotfrid von Ehyny und Margaret.

<small>Margaret Aebtißin von Thorn</small>   Margaret wurde am 28 Novemb. 1337 zur Aebtißin in Thoren erwählt, wo sie vorher Canonissin gewesen war (b). Schon im Jahr 1328 hatte ihr der Herr Vatter noch bei seinem Leben den Hof Craitrod zu ihrem Unterhalt ausgesezt, worinn ihre drei benannte Herren Brüder eingewilliget haben (c). Der ältere Dietrich II bestätigte

---

(x) *in vigilia beatorum apostolorum Petri & Pauli* unten N. XII.

(y) *die dominica proxima post festum beatae Katharinae virginis,*

(z) *apud Blankenberg in crastino omnium sanctorum* 1315. Urkunden N. XIV.

(a) Urkunden N. X.

(b) Vermög der Erwählungs-Urkunde, die am 28 Nov. 1337 ausgefertigt worden.

(c) die darüber ausgefertigte Urkunde ist datirt *in vigilia beatorum Philippi &*

ståtigte nach angetretener Regierung im Jahr 1334 diese Abtrettung noch besonders (d), welche in dem nämlichen Jahr auch ihr Oheim, Grav Ludwig von Los, gut geheisen hat (e). Denn Gotfried I war schon im Jahr 1331 den Weg alles Fleisches gegangen, nachdem er kurz vorher noch das Vergnügen gehabt hat, daß der mit seinem Anverwanden Grav Gotfrid von Sain gehabte Streit am 7 August eben dieses Jahrs durch den Bischof Adolf von Berg zu seinem Vortheil entschieden, und der Grav angewiesen worden, ihm als ein Heinsbergischer Lehenmann in dem nächsten Jahr nach Ritters Recht mit 100 Mann zu dienen (f).

§. XVII.

Da des ersten Gotfrieds jüngerer Sohn, Gotfrid von Chiny den geistlichen Stand erwählet, und ein Domherr zu Lüttich, auch Probst

Johann I Herr zu

& *Jacobi apostolorum* 1326, woraus ich zum Beweis solcher Abstammung einen Auszug hierher setzen muß: *Nos Goydefridus Dominus de Heynsberg & de Blankenberg* notum facimus ... quod nos .. cum unanimi consensu & voluntate *filiorum nostrorum* subscriptorum videlicet *Theoderici* nostri *primogeniti, militis, Johannis & Godefridi* dedimus - - - *Margaretae nostrae legitimae filiae predilectae* curiam nostram dictam Creytroide &c.

(d) *in vigilia omnium sanctorum* 1334. Nos Theodericus de Heynsbergh & Blankenbergh terrarum Dominus - - - quod nos - - - assignamus Margarethæ de Heynsbergh *sorori nostrae* . . . . quod dicta soror nostra . . . iisdem conditionibus quibus a nobili viro & Domino, Domino Godefrido *Domino quondam* de Heynsbergh & de Blankenberg *progenitore nostro* bonæ memoriæ dicta hereditas dictæ nostræ sorori assignata fuerat.

(e) *Dominica post festum beati Martini hyemalis*, an welchem Tag auch Grav Dietrich ihr Bruder noch eine besondere Anweisung vor sie ausfertigen lassen.

(f) des Gudestages vur (alibi nach) Sente Laurentzys dag 1331 N. XVIII.

Heinsberg und Dalenburg Probſt zu unſerer lieben Frauen zu Maſtricht geweſen, wie es in einer Urkunde von 1334 (g), und in einer andern vom Jahr 1345 (h) heiſet, auch der zweitere Bruder Johann ſchon vor mehrern Jahren (i) mit der Herrſchaft Waſſenberg noch von dem Herrn Vatter verſorget war, ſo kame das übrige von den vätterlichen Landen auf den älteſten Bruder Dietrich II Herrn zu Heinsberg und Blankenberg. Allein beide verfielen mit einander gleich anfänglich, vermuthlich weil Johann einen gleichen Antheil haben wollen, ſo daß ſie erſt der Biſchof von Lüttich, Grav Ludwig von Los und Chiny, Heinrich von Lewenberg, Wilhelm von Horn und Altena, und Arnold von Stein wieder vereinigen müſſen. Johann gewann dabei nichts, weil in dem Schiedsrichterlichen Ausſpruch vom 13 Merz 1332 ihm allein die Landen von Waſſenberg, Sittert, Dalenbrug, und Nyle, das iſt, dasjenige zugeſprochen worden, was ihm bereits ſein Herr Vatter zugetheilet hatte (k). Vor die 400 Pfund ſchwarzer Turonen, welche noch zu ſeinem Erbtheil gehörten, bekam er die

Dörfer

(g) *dat. in vigilia omnium ſanctorum* — Godefridus de Heynsberg Canonicus Leodienſis & præpoſitus beatæ Mariæ Trajectenſis ſupra Moſam frater noſter, nemlich Theoderici II de Heinsberg.

(h) vp den billigen truitzien dach — Ind wir Wilhelm van Goetz gnaden Marckgreue zo Guvlch, ind wir Goedert van Loen proffſt Sente Meryen zo trecht broder des vurgenanten Greuen von Loen (Dederichs)

(i) *feria quarta poſt ipſam diem pentecoſtes* 1327.

(k) terras, heiſt es, de Waſſenberg, de Sittern, de Dalenbrugh. de Nyle & alia quæcunque bona ſeu redditus quæ & quos Dominus quondam Godefridus Dominus de Hensberg & de Blankenbergh ipſorum fratrum pater dicto Domino Johanni contulit dum vivebat. Dieſe Urkunde iſt in der Abſchrift zwar vom Jahr 1331, ich habe aber keinen Anſtand, das folgende zu ſetzen, weil ſonſt ein ſtarker Widerſpruch mit der ſchon angeführten Urkunde vom 7 (14) Aug 1331 heraus kommen würde. Sie iſt unten N. XVII.

Dörfer Kercke, Byge und Ende, davon er und seine Erben das lezte, desgleichen Nyle als ein Lehen von seinem Bruder Dietrich II und dessen Erben empfangen solte.

Allein Johann lebte nicht lang mehr darnach. Denn im Jahr 1335 treffe ihn schon als tod an. Nach einer Urkunde der Aebtißin und Convents zu Dalheim in der Herrschaft Waßenberg vom 10 Julius dieses Jahrs (l) solte seine Jahrszeit allemal auf Jacobi Tag (25 Jul.), an welchem er gestorben ist, gehalten werden, woraus folget, daß er schon das Jahr vorher die Welt verlaßen haben muß.

§. XVIII.

Seine Gemahlin war Katerina von Virnenburg. Er erzielte mit ihr zwei Söhne, Heinrich und Gotfrieden von Heinsberg, die unter die Vormundschaft Herrn Otten von Kuyk, ihres Grosonkels, gekommen sind. Dieses bezeuget der schiedsrichterliche Spruch zwischen ihm und Herrn Dietrich II von Heinsberg und Blankenberg, welchen der Grav Reinhard von Geldern und Zütphen am Satertag nach St. Laurenzius 1335 ausgesprochen hat, und wornach Otto von Kuyk als Mompar Herrn Johannis von Heinsberg seel. Kinder diesen vor 2500 ℔ Sicherheit geben, und davor zugleich 250 ℔ jährlicher Renten auf sein Gut zu Ruire, Merheim und Nyle anweisen mußte (m). Nun bewittumte er zwar gleich das folgende Jahr auch seine Gemahlin Johanna darauf (n). Allein der Ruk-

Seine Gemahlin und Kinder

fall,

(l) *Feria quinta ante divisionem apostolorum* (10 Jul.)

(m) Wy Reynart Greue van Gelre ... voorn kundt ... dat ein Edelman Herr Dietherich here van Heinsberg ende van Blanckenberg evschen mogt einen Edelen Manne here Otten van Kuyk van synre Neue wegen Herr Johans Kinder van Heinsberg als Momber daraff.

(n) Dinstag na Andacht Palschen 1336.

fall nach ihrem Tod auf die Heinsbergischen Kinder wurde ausbehalten, und diesen indessen 300 ℔ auf den Zoll zu Ruyck angewiesen.

Auf gleiche Weise nahm sich Dietrich von Heinsberg seiner Neven an, als ihre Frau Mutter sich zum andernmal an Johann Herrn von Falkenburg, Born, und Sittart vermählet hatte, und von ihrem Wittum die Rede war. Auch hier war der Herzog von Geldern wieder der Schiedsrichter, der die Sache am Sonntag nach dem H. Creuztag inventionis 1342 also entschieden (o), daß Katerina alles das Gut, das sie in Leibzucht weis von der Graufchaft Loos habe, noch ferner behalten, das Gut zu Nyle und Steinkercken aber Johanns Kindern von Heinsberg bleiben solle. Sie sollte noch darzu 300 ℔ lebenslänglich geniesen. Da ihr Otto von Ruyck von ihrer Frau Mutter her, die seine Schwester gewesen, noch die Mitgift schuldig war, so wies er ihr davor im Jahr 1347 (p) sein

Gut

(o) „Wy Reynnart Herzouge van Gelre ... want Herr Dietherich Greue van Loyn ind van Schiny here van Heinsberg ... ind Herr Johan vaan Falckenburg here van Borne ende van Sittart vusse Neuen vnd eins seggen gelouft hebben van al solchen gebreche ... tuschen den Greuen vorschr. ind synen Neuen Herrn Johnns Kinder van Heinsberg syns Broders van die eine syde ind Herren Johannen van Falckenburg vorschriben ind Frauwen Cathrynen synen wytlichen wyue, Moeder herren Johans Kinder van Heinsberg, der broeder was des Greuen van Loyn vorschrieben N. XXVI.

(p) den andern tag na St. Laurents tag — „Wir Otto here van Ruyck .... dat wy Frauwen Catherynen van Vernenborg Frauwe van Borne ind Sittart vnser lieuer Nichten ind hoeren Ryndern gegeuen hebben ind geuen na vnsern leuen vns guet tot Werheym to Nyle ende to Rote. Doch solten es die Heyren van Ruyck wieder lösen können mit xxxvC. ponden einen Schild von goud guet ente schwer van gewichte vor xvi groit einen guten Realen vur xv Groit gerechent .... wylcke Summe Gelts wy bekennen dat wy huer schuldig syn van huere Moeder Medegauen ꝛc.

von Heinsberg.

Gut zu Merheim und Nyle an, welches von dem Wittum seiner Gemahlin wieder frei war.

Johann von Falkenburg zeugte mit der Katerina von Virnenburg den Reinold von Falkenburg, Born, und Sittart, der also des Heinrichs und Goifrieds von Heinsberg Halbbruder war, wie er selbst sagt in dem Versazbrief, wodurch er und erstgedachter Gotfrid die von ihrer Frau Mutter ererbte Kupkische Pfandschaft zu Merheim, Kur, Herten, und Nyle an St. Johanns Baptisten Tag 1365 weiter an Rogier von Haaren verpfandt haben (q). Denn daselbst wird nicht nur die Katerina von Virnenburg vor die Mutter beider Herren angegeben, sondern auch noch angefügt, daß Gotfrid von Heinsberg solche Pfandschaft auch wieder allein an sich lösen könne, wenn sein Bruder der von Falkenburg vorher versterben sollte (r). Er lebte aber noch im Jahr 1367, in welchem er in einer Urkunde Gotfrids von Loen, Herrn zu Heinsberg, vorkommt (s). Seine Schwester, Philippa von Falkenburg, wurde an Grav Johann von Salm vermählt.

§. XIX.

(q) Wir Godart van Loyn here zo Heinsberg van Blanckenberg ind van Lewenberg Philippa van Gunlge Frauwe van denselven Landen ind Rennalt van Falckenberg .... vnse guete tot Merheym Ruer Herten ind Nyle mit allen hueren toebehoeren alymlich, soe, wie die vorgenante Guede van der herligkeit van Ruyck an vnse lieve Frawe ind Moder ind fort an vns kommen.

(r) weret sake dat wyr Reinalt van Valkenberg vorgenant vam leven ther doet quemen, ehe dieſſe vorgenant loeſſunge der vorg. guede geſchiet ware, So sal ind mag herr Godart van Loyn vuſſe broeder vorgenant off ſyne erffgenahmen dieſſe vorg. guede löſſen.

(s) up Sante Valentins dach — ein voort gegeven ... vnſern lieben Neue hern Arnde heere van Randerade ende Reynaude van Valckenborch vuſen lieven broeder dat ſye haere segele by dat onse ... willen hangen .... Ende wie Arnd herre van Randerade ende Reinoult heere van Valckenborch om bede willen des Hern van Heynsbergh ons lieven Neven ende broders.

§. XIX.

Dietrich II. Grav von Loen und Herr zu Heinsberg

bekommt die Gravschaften Loos und Chyni

Und so hätten wir die Heinsbergische Geschichte bis auf Johann I. Nun wollen wir auf die von seinem ältern Bruder Dietrich II zurück gehen, die uns unmittelbar wieder auf Johannsen Nachkommenschaft bringen wird. Bis auf das Jahr 1336 führte Dietrich allein den Titul eines Herrn von Heinsberg und Blankenberg (t), in diesem Jahr aber sezte er den von den Gravschaften zu Loos oder Loen, wie es in den Deutschen Urkunden heißt, und Chiney darzu (u), die er von seiner Mutter Bruder, Grav Ludwig von Loos und Chiney, dem leztern dieses Geschlechts, geerbet hat. Denn solcher starb am 22 Jenner dieses Jahrs ohne einige Leibeserben (x). Das Hochstift Lüttich machte aber dagegen starke Bewegungen, indem es bei dieser Gelegenheit zwei alte Verschreibungen geltend machen wollen, die es über die Gravschaft Loos in Händen hatte. In der einen hatte Arnold von Loos bereits im eilften Jahrhundert unter dem Bischof Baldric, der auch ein Grav von Loos war, dieser Kirche seine

Grav-

(t) In der schon angeführten Naßauischen Renunciations-Urkunde vom Jahr 1333 unter den Urkunden N. XIX. ist ein Beweis davon. Einen andern gibt sein Schenkungsbrief vor den St. Georgen Altar auf dem Schloß Blankenberg *in festo omnium sanctorum* von dem nämlichen Jahr, sodenn der Geldrische Schiedsspruch zwischen ihm und Herrn Otten von Kuyck am Saterag na St. Laurenz tag 1335.

(u) wie z. B. in dem Verbrüderungsbrief mit den Herren von Lewenberg, (davon oben p. 13) und in dem von Herrn Otten von Kuyck vom Dinstag na Undacht Palchen 1336, worinn der er bekennte, daß er von Herrn Dietrich Grav von Los und Chyni Herrn zu Heinsberg und Plankenberg die Erlaubnis habe, seine Gemahlin Johanna auf Rure, Merheim ꝛc. zu bewittumen.

(x) *ipsa nocte S. Vincentii.* S. *Teschenmacher in Annal. Juliae & Cliviae* &c. p. 409.

Grafschaft geschenkt (y), in der andern aber hatte erst im Jahr 1202 Graf Ludwig von Loos, als er mit den Brabantern im Gedräng gewesen, und die Lüttichische Hülfe nöthig gehabt hat, die Lüttichische Lehnbarkeit seiner Grafschaft freiwillig anerkannt (z), also daß dieses Hochstift jezt, da das ganze Geschlecht im Mannsstamm erloschen war, die Grafschaft Loos als ein ihm heimgefallenes Lehen betrachtet hat. Ob Dietrich von Heinsberg überhaupt der Lüttichischen Lehnbarkeit widersprochen, oder nur die Eigenschaft eines Weiberlehens behauptet, weis ich nicht, sondern nur dieses, daß darüber grose Unruhen entstanden sind. Zweimal nahm der Bischof Adolf, ein gebohrner Graf von der Mark, davon Besiz, und zweimal ist er wieder daraus geworfen worden. Wiewohl das Kapitel ihm schuld gegeben, daß er dabei keinen rechten Ernst gezeiget, und er die Grafschaft lieber seinem Schwager (denn Dietrich von Heinsberg war der Gemahl seiner Schwester) als dem Bistum gegönnet habe. Dieses, sonderlich die Ortschaften des Domkapitels wurden darüber mit Feuer und Schwerd verheeret, bis endlich die Sache im Jahr 1344 durch einen Schledsspruch ausgemacht worden. Dietrich blieb darnach in dem Besiz der Grafschaft (a), und soll auch damit von Bischof Engelbert, Adolfs Nachfolger, würklich belehnt worden seyn (b).

D 3 §. XX.

(y) *Magnum Chron. Belg. ap. Pistor.* T. III. *Rer. Germ.* p. 104. Ariolphum Comitem de Loss liberis orbatum induxit (Episcop. Baldricus) ut ecclesiam Leodiensem sibi heredem constitueret. add. R. P. *Foullon Historia Leodiens.* T. I. L. IV. p. 210.

(z) *Foullon* c. p. 308.

(a) *Foullon* l. c. p. 411 bis 418.

(b) *Teschenmacher* l. c. p. 410.

§. XX.

dessen welter
re Geschichte

Im Jahr 1339 tratt Grav Dietrich von Loen Herr zu Heinsberg und Blankenberg die Oberherrlichkeit über ein sicheres Gut zu Venlo, über die Vogtei Strahlen und sein Recht an Genepp gegen das Dorf Teuern an den Herzog Reinald von Geldern und Zütphen ab (c), und wiese zu gleicher Zeit die Geneppischen Vasallen an ihn an. Im Jahr 1343 aber (d) richtete er mit dem Erzbischof Walram von Kölln und mit Grav Adolf von dem Berg ein Bündnis auf, in welchem man sich zur Ruhe und Sicherheit allerseits Landen gewisser Austrägen verglichen hat. Das Jahr darauf aber war er zu Frankfurt, wo er am Samstag vor Bartholomäi die Belehnung über Hunf von Kaiser Ludwig IV erhalten hat. Aber eben dieser Umstand störte wieder das gute Vernehmen mit dem Erzbischof, welcher an Hunf einen Anspruch gemacht hat. Es entstunde sogar ein kleiner Krieg daraus, der aber zu Kölln im Jahr 1345 (e) zu beiderseits Parteien Zufriedenheit geschlichtet worden, wie wir schon oben (f) gehöret haben, und auch noch eine weitere Urkunde dieses Erzbischofs von dem nämlichen Jahr besaget (g). In dem Krieg, welchen die Söhne des Marggraven Wilhelms von Gülch, der diese Fürstliche Würde erst im Jahr 1336 von Kaiser Ludwig bekommen (h), mit dem Herrn Walter geführet, war er auf dieses Seite,

welches

(c) vp St. Jacobs dag des Apostels. Urkunden N. XXIV und XXV.

(d) zu Grayn Rindorpe beneden Bunne des Gudestages na dem eyrsten Sundage in der Vasten.

(e) vp den heiligen drutzien dag.

(f) p. 15.

(g) in die Epiphaniae Domini. N. XXVII.

(h) in castris prope Landowe feria quarta post assumptionem beatae Mariae.

welches aus dem Friedbrief erhellet, der zu Heimbach am Dinstag nach St. Peter und Pauls Tag 1349 zwischen ihnen besiegelt worden. Er schloß darauf selbst mit den Graven Gerhard und Wilhelm von Gülch auf Lebenslang einen Bund (i), machte noch im Jahr 1360 (k) das Schloß Gailenkirchen von dem Anspruch einiger Glaubigern frei, und starb darauf das folgende Jahr, ohne einige Leibes Erben zu hinterlassen (l).

§. XXI.

Denn sein einziger legitimer Sohn, Grav Gotfrid, welchen er mit seiner Gemahlin Cunigund von der Mark, Grav Eberhards III Tochter erzielet (m), war schon vor ihm gestorben. Die erste Nach- und Sohn Gotfrid Herr zu Millen und Elsse

---

(i) des irsten Gudes dages na dem Sonntage *Invocavit* in der Vasten 1350 Urkunden N. XXVIII.

(k) des Suntags vur Sinte Remeisbach. Die Glaubigere waren Jutta und Nesa von Schwesberg und Katerine von Boeseler, die 300 alte Schilde von Gold zu fordern gehabt.

(l) *Magnum Chron. Belg.* l. c. p. 380. — Anno Domini MCCCLXI mortuo Theoderico Domino de Heynsberch ac Comite Lossensi absque liberis, Dominus Engelbertus Leodiensis episcopus recepit dominium comitatus Lossensis secundum literas, quas capitulum Leodiense super illo habuit, & quanquam Dominus de Dayllenbroch cum Domino de Rummis & quibusdam aliis se apposuerunt episcopo, tamen non prævaluerunt. Nach dem *Foullon* p. 431 wurde er zu Haffel bei den Augustinern begraben, und zwar an einem unheiligen Ort, weil er im Bann gestorben seyn solle.

(m) *Teschenmacher* l. c. p. 268. wo er die Vermählung in das Jahr 1320 setzt. In der Renunciations-Urkunde über die Vogtei zu Strahlen vom Jahr 1339 kommt sie mit ihrem Gemahl und Sohn Gotfrid vor. Denn darinn sagt Grav Dietrich am Ende — ende vm die meere vestenisse so heben wi heben Vrau Chunegbunde onse wittliche Gesellne ende Herren Godert onsen Sone dat sie alle dusse vorschriben ponten mit ons handen Ende haer segeln aen desen brief. Urkunden N. XXIV.

Nachricht, die ich von diesem Gotfrid gefunden, ist in dem Verbrüderungs-Tractat seines Herrn Vatters mit seinen Vettern von der Lewenbergischen Linie vom Jahr 1336 (n). Er schrieb sich einen Herrn von Myllen und Eyck, zweien über der Maas gelegenen Herrschaften, und war an Mechtild von Geldern vermählet (o), mit der er aber keine Erben gehabt hat. Doch hinterließ er einen natürlichen Sohn, auch Gotfrid genannt, zu dessen Unterhalt er in seinem am 24 Jenner 1342 verfertigten Testament den Zehnden zu Hodinghen ausgesezt hat (p). Sein Schwiegervatter, der Herzog Reinold von Geldern, war darinn zum Vollstrecker ernannt (q). Weil er vorzüglich vieles in die Kirche zu Eif (Maaseik) vermacht, so ist zu vermuthen, daß er auch daselbst seine Begräbnis werde erwählet haben. Seine Frau Wittib erhielte im Jahr 1342 von ihrem Schwieger Vatter Bucht zur Leibzucht, welches ein gewisser Beweis ist, daß Gotfrid in diesem Jahr gestorben ist. Ein natürlicher

Bru-

(n) Urkunden N. XX.

(o) und zwar schon im Jahr 1338, in welchem Grav Reinald von Geldern als sein Schwiegervatter vorkommt in der Urkunde *dat. in vigilia Laurenzii Martyris.* Unten N. XXII.

(p) die Worte davon lauten also: Nos Godefridus nobilis viri Domini Theoderici Comitis Loffensis & Ciniacensis Domini de Heinsberch & de Blankenberg primogenitus de Myllen & Eyke Dominus ... testamentum condimus & ordinamus ... legamus insuper *in puram & veram eleemofynam Godefrido filio noftro naturali* decimam noftram in Hodinghen cum juribus & pertinentiis ejusdem.

(q) præfentis vero noftri teftamenti & ultimæ voluntatis elegimus & rogamus virum magnæ nobilitatis & illuftrem Dominum Raynaldum ducem Geldriæ .. in executorem .... Et nos Reynaldus Dei gratia Dux Geldriæ prædictus ad preces Domini Godefridi dilecti *noftri generi* prædicto teftamento figillum noftrum præfentibus duximus apponendum.

von Heinsberg.

Bruder von ihm war derjenige Theodericus, dem Grav Dietrich von Los und Chiney in craſtino beati Aegidii confeſſoris 1344 curtem in villa Scarpenſeyle mit Genehmigung ſeiner Gemahlin gegeben (r), die alſo damalen noch gelebet hat. Im Jahr 1357 aber finde ſie als tod, und den Graven im Witwerſtand (s).

Von den Herren von Heinsberg aus der Dalenbrug-
iſchen Linie, von Gotfrid II an bis auf die weitere Theilung.

§. XXII.

Der Erb- und Lehenfolger Grav Dietrichs von Loen, Herrn zu Heinsberg und Blankenberg, war ſeines Bruders Sohn, Gotfrid von Dalenbrug, von deſſen Herrn Vatter, Johann I von Heinsberg, ſchon oben (t) geredet worden.

Seinem ältern Bruder, Heinrich von Dalenbrug, war die Herrſchaft Löwenberg zu ſeinem Siz beſtimmt, zu dem Ende ſie Grav Dietrich von Loen im Jahr 1350 dem Gülchiſchen Lehenhof aufgegeben hat, damit erſtgenannter ſein Neve wieder mit ſelbiger belehnt werden können (u). Er mag ſie aber nicht lange genoſſen haben.

Heinrich von Heinsberg Herr zu Dalenbrug

E   Denn

(r) Nos Theodericus Comes de Los & Chynei Dominus de Heynsbergh & de Blankinberg notum facimus - - - - - quod nos de Dominae Cunegundis noſtræ præamatæ conthoralis conſenſu & aſſenſu - - - curtim noſtram ſitam in noſtra villa Scharpenſeyle *Theoderico noſtro filio naturali* - - - dono inter vivos conferimus.

(s) In der Eheberedung Herrn Gotfrids von Dalenbrug mit der Gülchiſchen Phillippa vom Dienstag nae unſer Braumendag puriſicatio.

(t) §. XVII. ſeq.

(u) des irſten Gudes dages na dem Sonntage invocavit in der Vaſten. Urkunden N. XXIX.

Denn man findet, daß er schon am 28 Aug. (x) 1354 seinen lezten Willen auffezen lassen, und wahrscheinlicher weis auch damals zu Heinsberg in Gegenwart der ganzen Verwandschaft gestorben ist, unter welchen uns sein Bruder Gotfrid von Heinsberg, Herr zu Dalenbrug, seine Muhme, die Aebtißin von Thoren, und seine beiden Vattersbrüder, Grav Dietrich von Los, und Grav Gotfrid von Chiney genennet werden, davon der lezte ein Lüttichischer Dommherr und Probst zu Mastrich gewesen, wie schon oben erwiesen worden. Es war dieser Gotfrid von Chiney zum Testamentsvollzieher ernannt, nebst noch einem andern Lamperten von Heinsberg, der miles und dapifer von Blankenberg heißt, und den ich eben wegen diesem Ausdruck wieder unter die natürlichen Kinder des Heinsbergischen Hauses seze, an welchem es zu allen Zeiten einen reichen Seegen gehabt hat. Eine von den Verordnungen unsers Heinrichs von Dalenbrug war, daß seine Jahrbegängnis in der Kirche des H. Gangolfs zu Heinsberg gehalten werden sollte, woraus ich schliese, daß er darinn begraben liege.

§. XXII.

Gotfrid II von Heins-

Gotfrid von Dalenbrug war also nun der einzige Herr, auf welchem, bei Absterben der Losischen Graven, die ganze Hofnung des Heins-

---

(x) in die beati Augustini Episcopi. Unter N. XXX. worinn es unter andern heißt: quod ego Henricus de Heynsbergh *filius Domini Johannis de Heynsbergh* Domini de Dalenbroich - - - - condo & ordino testamentum meum - - - de pleno consensu Domini Godefridi de Heynsbergh Domini de Dalenbroich *fratris mei dilecti* & de consensu & voluntate Dominorum meorum & *avunculorum* scilicet Comitis de Los & Domini Godefridi Comitis de Chiney *fratrum* & *sororis eorum* Dominæ Margaretæ de Heynsbergh Abbatissæ Thorensis Dominæ *Materterae meae* dilectæ & Domini Lamberti de Heynsbergh militis Dapiferi de Blankenberg &c.

von Heinsberg.

Heinsbergischen Hauses beruhet hatte. Er wollte daher auch berg und die sämmtlichen Güter desselben beisammen behalten. Allein wegen Blankenberg der Grafschaft Los war er unglücklich, wenigstens gegen das Hochstift Lüttich nicht mächtig genug, sie zu behaupten (y). Er verkaufte daher im Jahr 1363 so gar sein Recht darauf an seinen Anverwandten Arnold von Rummen. Doch führte er davon bis an seinen Tod den Titul von Loen; mit dem von Chincy aber treffe ihn nur in der einzigen Urkunde vom Jahr 1361 des nächsten Tages St. Johannis Baptisten an. Und diß war alles, was er von beiden Grafschaften davon getragen hatte. Im gegentheil verschuldete er sich darüber nicht wenig. Denn noch im Jahr 1363 versezte er seine Herrschaft Blankenberg an Herzog Wilhelm von Gülch (z), die Herrschaft Millen mit den Städten Gangelt und Wucht aber an den Herzog von Geldern, der sie das Jahr darauf weiter an Herrn Johann von Mörs um 3000 Schilte abgegeben hat (a). Von daher kamen auch die 1200 Mark jährlicher Erbgülten, welche Gotfrid von Dalenbrug Frauen Agnes von Gleiden, Frauen zum Stein, auf Lewenberg verschrieben hat, worüber sein Sohn Joh. II anfänglich mit dem von Stein, und nachher mit dem Herzog Adolf von Berg, der die Schuld an sich gebracht, Händel bekommen. Denn in dem Compromiss, welches beide deswegen an St. Lucien Abend 1414 auf den Herzog Reinald

E 2 von

(y) S. die schon oben p. 31 aus dem *Chron. magno Belg.* angeführte Stelle, und den *Fullon* l c. p. 431. sq.

(z) vp St. Lamprechts Abend des H. Bischofs N. XXXI. Da in dieser Verschreibung das völlige Eigenthum der Herrschaft Blankenberg, im Fall sie innerhalb sechs Jahren nicht ausgelöset würde, von Seiten Gülch ausbehalten worden, auch in den folgenden Zeiten der Titul von Blankenberg nicht mehr unter den Heinsbergischen vorkommt, so ist zu glauben, daß solche Herrschaft von dieser Zeit an Gülchisch geblieben

(a) Dat. Gelre vp St. Johannis tag Baptisten decollatio 1364.

von Gelbern gestellt, heißt es, daß Gobbart von Coen und Chini Herr zu Blankenberg und Lewenberg und Philippa von Gülch diese Schuld gemacht, welches wegen dem Titul: von Los und Chiny in diese Zeiten einfallen muß.

§. XXIV.

dessen Geschichte

Doch muß es auch selbst wegen der Herrschaft Heinsberg einige Schwierigkeiten gegeben haben. Denn erst im Jahr 1366 (b) nahm Gotfrid die Huldigung daselbst ein, und das Jahr darauf wurde er auch erst von Herzog Eduart von Gelbern damit belehnet (c). Der Beisaz, daß Gotfrid das Schloß Heinsberg zu des Herzogs offenen Haus machen müssen, und daß diese Lehenverbindlichkeit sich nicht weiter als auf die Person des Herzogs, und seine Erben, *von synem Lyue commende* erstrecken sollen, zeigt wenigstens an, daß deswegen Tractaten gepflogen worden. Auch empfieng Gotfrid von Dalenbrug damals die Burg Geilenkirchen mit allem, was darzu gehöret, als ein Geldrisches Lehen. Allein die Lehenverbindlichkeit hörte bald wieder auf, weil der Herzog Eduart von Gelbern im Jahr 1369 ohne Leibeserben gestorben ist (d). Ob Gotfrid mit in dem Bund gewesen, welchen der Erzbischof Fridrich von Kölln, Herzog Wenzel von Luxenburg, Herzog Wilhelm von Gülch, und die Städte Aachen und Kölln zu Befestigung des Landfriedens in selbigen Gegenden im Jahr 1375 mit einander aufgerichtet, ist fast nicht zu zweifeln, weil ihn die von Kölln in dem nämlichen Jahr (e) zu ihrem Mitburger

---

(b) des neisten Saterdags na Paischen
(c) op sante Valentins tag 1367.
(d) *Magn. Chron. Belg.* l. c. p. 337. 339.
(e) *Feria secunda post Epiphaniam Domini.*

burger aufgenommen hatten, von welchem alten Recht des Heinsbergischen Hauses schon oben geredet worden (f). Mit Arnold von Randerad hatte er weitläuftige Streitigkeiten, die vor seinem Schwager, dem Herzog Wilhelm von Gülch, verhandelt worden (g). Noch gröser aber waren die mit seinem halb Bruder, Reinald von Falkenburg, welcher nicht nur die Herrschaft Dalenbrug, sondern auch den Zoll zu Rupk, und die Dörfer Herten, Merheim, Kure und Nyele völlig an sich gerissen hatte. Grav Adolf von Clev wurde darinn zum Schiedsrichter erwählt. Er that den Ausspruch gegen den Falkenburger (h), daß er alle solche Stücke innerhalb drei Monaten an die von Heinsberg zurück geben, und diese sie künftig vor erb- und eigenthümlich besizen sollten. Reinald von Falkenburg gab der Urthel in einer besondern Urkunde vom 8 May 1393 nach, worinn er das Unrecht selbst bekennet, welches er seinem Bruder, und dessen Sohn Johann von Heinsberg in Zuruckhaltung solcher Güter angethan hatte. Er sagt zugleich, daß er wegen eben dieser Forderung die Dörfer Hölke, Durasch und Montenack an den Herrn von Arkel versezt habe. Denn auch von diesen Gütern war die Frage, und heißt es in dem Clevischen Ausspruch ausdrucklich, daß der von Falkenburg und seine Erben dasjenige, so versezt seye, innerhalb zwei Jahren wieder frei machen sollten. Vermuthlich ist es auch deswegen geschehn-

---

(f) p. 20.

(g) denn im Jahr 1379 *ipso die Agathae virginis* bracht der von Heinsberg seine Klagen zu Gülch an, worauf der von Randerad erst am Donnerstag na Sente Martens dag 1384 geantwortet.

(h) up den Frytag nach dem helligen Paisch tag 1393 unter den Urkunden N. XXXIII.

geschehen, daß Reinald von Falkenburg am 20 Mai noch besonders 200 fl. Renten auf den Zoll zu Falkenburg anweisen müssen.

§. XXV.

Da in diesem Rechtsstreit mehr der jüngere Johann von Heinsberg als sein Herr Vatter, der alte Gotfrid von Loen, als klagender Theil erscheinet, so kann es seyn, daß dieser als ein alter Herr die Regierung seinem Sohn überlassen, wenigstens sich solcher damals nicht sonderlich mehr angenommen hatte. Denn er starb auch bald darauf im Jahr 1395 (i).

Anfänglich schrieb er sich allein einen Herren von Heinsberg und Dalenbrug (k). Nachdem ihm aber a. 1361 die Losische Erbschaft angefallen, sezte er den Titul: von Loen und Chiney, auch Blankenberg dazu (l). Im Jahr 1363 ließ er den von Chiney weg, und gebrauchte sich statt dessen noch des von Lewenberg, von dem Jahr 1366 aber bis an seinen Tobt kommt er allein unter dem Namen Gotfried von Loen Herr zu Heinsberg vor, woraus man die Abwechslung der Heinsbergischen Güter erkennet, die unter unserm Gotfrieden mehr ab= als zugenommen haben.

Jedoch durch seine Vermählung mit der Gülchischen Philippa be=

(i) *Teschenmacher* l. c. p. 396.

(k) wie z. B. in dem Testament seines Bruders, Heinrich von Dalenbrug, vom Jahr 1354, und in seiner Eheberedung mit der Philippa von Gülch vom Jahr 1357, nicht weniger in dem Revers Gobarts von Cimpt über die Einlösung des ihm von Gotfrieden versezten Zehnden zu Kuyl, Herten, Merheim, und Rure vp vnser Frauen tag conceptionis von dem nemlichen Jahr.

(l) von den ersten ist schon oben p. 35 eine Urkund angebracht worden, von dem Blankenbergischen Titul aber, wie auch von dem von Lewenberg reden die Urkunden von den Jahren 1363, 1364 und 1365.

bekam sein Haus wieder neue Hofnung zur Vergröserung, die, wie wir unten hören werden, so wenig verfehlet, daß vielmehr unter seinen Nachfolgern die Heinsbergischen Güter mit einem vierten Theil des Herzogthums Gülch vermehret worden. Durch die am 7 Hornung 1357 (m) zwischen unserm Gotfrid und der Philippa von Gülch zu Mastrich geschlossene Eheberedung wurde der Grund darzu gelegt. Denn Herzog Wilhelm von Gülch, sein Schwiegervatter, versprach ihm darinn einen Brautschaz von 16000 Gulden, vor welchen und die bis auf das Jahr 1364 aufgewachsene Zinsen, am ersten Tag in der Heu=Ernde eben dieses Jahrs von seinem Schwager Herzog Wilhelm dem jüngern ein Capital von 22500 Gulden auf das Herzogthum Gülch versichert worden, aus welchem Gotfrid von Heinsberg und seine Erben alle Jahr eine Rente von 2250 Gulden davor ziehen sollen.

Von seiner Gemahlin

Diese Philippa von Gülch kommt in den meisten Urkunden mit ihrem Gemahl zugleich vor (n), und starb am 24 Aug. 1390 (o), nachdem sie ihm einen Sohn, und drei Töchter gebohren hatte.

§. XXVI.

Jener war Johann der II von Loen, Herr zu Heinsberg und Lewenberg, von dem unten geredet werden soll. Von den Töchtern aber

und Kindern

(m) dat. Tricht dinstag na unser Vrauwendag *purificatio*, worinn es unter andern heißt — So sin wir eindrechtlich worden eyns ganzen flieblichs tuschen Phillippen dorchter vns Herzogen Ind Suster vns Greve van dem Berg (dieser war ein Bruder des jüngern Herzogen van Gülch) vurf. op ein syde Ind Goebarde van Heinsberg here zu Dalenbroch Broyder Sun vns Greven van Loen op die ander syde. Urkunden N. XXXI.

(n) zum Beispiel in den Jahren 1363. 1364. 1365. 1367.

(o) *ipsa Bartholomaei. Teschenmacher* l. c, p. 396.

40   Geschichte der Herren

Johanna von Horn und Altena

aber war Johanna von Heinsberg an Wilhelm Herren von Horn und Altena vermählt, der sie am 30 Maj. 1374 (p) auf seine Herrschaft von Horn, oder das sogenannte Maasland, bewittumet hat. Zwei Tag darauf (q) verschrieb er ihr seine Höfe zu Ruborp und Weyels zur Morgengabe, welches ein Beweis ist, daß damals die Vermählung vor sich gegangen. Von ihrem Herrn Vatter wird zwar weder in der einen noch in der andern Urkunde etwas erwähnet. Ich schliesse aber aus der Zeitrechnung, daß sie eine Tochter von Gottfrieden von Loen gewesen. Von ihrer Schwester Philippa, welche

Philippa, welche mit Gerhard Herrn von Thomberg und Landécron,

die Gemahlin Herrn Gerhards von Thomberg und Landécron war, ist solches schon gewisser, weil sie im Jahr 1394 von ihrem Herrn Vatter und Bruder, Gotfried und Johannen, gegen einen Verzicht auf die vätterlichen und mütterlichen Lande mit 350 Gulden jährlicher Renten ausgestattet (r), von ihrem Schwiegervatter, Herrn Friedrich von Thomberg, aber auf diese Herrschaft bewittumt worden (s). Sie zeugte mit ihm verschiedene Kinder, sonderlich Friedrichen

---

(p) des Saderdages na sancte Seruaes dag — We Willem Here van Hoern ende van Altona doen cond ... dat wi ... Johannen van Heynsberg vnse elich wysende lieue Geselline geliftochtende gewedompt hebben aen adythonbert Gulden ... vit vnsen Lande van Horn dat gehelten is Ma'elant mit Namen in den dinckstoelen van Weffem, van Geistingen, van Helthusen, van Neer, van Haelen, van Beerden ende in allen dien dat binnen hoert rc. Die völlige Urkunde ist unter der N. XXXII.

(q) des negsten Monedages nach den achten Dach von Sente Seruaes 1374.

(r) Wir Gobart van Loen Here zo Heinsberg ind Johan van Loen sin elich Soen Her zo Dalenbroich doen kundt ..... dat wir ... Gerharde elige Sone Herren Frederichs Heren zu Tonberg ind Landécrone ... vnse elige leue Dochter vnd Suster Phillippa zo eime elige Wiue ind Peddegenolssen geuen. Der Verzichtbrief aber ist datirt *Feria sexta post festum beatae Agathae virginis & martyris* 1394.

(s) *ipso die beatae Agathae virginis & martyris* 1394.

von Heinsberg.

brichen vou Tomberg. Weil dieser aber seinem Herrn Vatter, der schon im Jahr 1400 tod war, ohne weitere Leibeserben, noch bei Leben des alten Friedrichs von Tomberg, in die Ewigkeit nachgefolget (t), so verfiel die schon bemerkte Rente von 350 Gulden, oder das davor angerechnete Kapital von 3500 Gulden auf seinen Halbbruder, Gumbrecht von Nuenar, welchen Philippa von Heinsberg in der zweiten Ehe mit Gumbrecht dem ältern von Nuenar erzeuget und in zweihatte. Beides beweiset eine Urkunde vom Jahr 1429, worinn der ter Ehe mit jüngere Gumbrecht seinen Oheim, Johann II von Loen, über 3000 brecht von Gulden quittiret (u), welche dieser auf die Heurathsgelder seiner Nuenar vermählet war Frau Mutter auszahlen lassen. Eine andere Urkunde beim Freiherrn von Gudenus vom Jahr 1400 (x) beweiset auch, daß diese zweite Vermählung schon damals geschehen gewesen, weil darinn beide Eheleute vorkommen, und der alte Friedrich von Tomberg, als Vormunder über seine Enkel, Gerhards Kinder, Fridrich und Cunigund von Tomberg, vor die weitere Sicherheit des mehrgenannten Brautschazes besorgt war. Er fiel aber auf ihren Stiefbruder von

F   Nue-

(t) Nämlich vor dem Jahr 1419, wie aus einer Urkunde Heinrichs von Eiche zu ersehen, welcher seine Schwester Cunigund von Tomberg und Landscron zur Gemahlin gehabt, und schon damals auf dessen Erbschaft Ansprüche gemacht hat *in Gudeni Cod. Dipl. T. II. p.* 1250.

(u) vp Sant Thomas dag des H. Apostels. Doch wurde Johann II und seine Erben auf den Fall des ohnbeerbten Ablebens Herrn Gumbrechts von Nuenar in Ansehung dieser 3000 Gulden *quinta feria post Valentini martyris* 1430 wieder auf das erst ererbte Gut zu Merken versichert. — Ich Gomprecht von Newenar Erffvogt zo Colne, Herr zu Alpen ... als nyn leuer Gemeynder Her Ind Ohem Her Johan van Loin Her zu Gulich zo Heinsberg Ind zu Lewenberg myr Ind nynen Eruen an alsolcher Jahr Renten as ich van Snilchs Gielde myner Moder Fraume Philippa seligen der Got gnade zo Gulich gehat hain affgeloist hat jahrlichs III. C. Reinsche Gulden mit drei duyrent derseluer Gulden rc.

(x) *Gudenus* l. c. p. 1268.

42 Geschichte der Herren

Muenar, als beide im Jahr 1419 ohne Erben gestorben, und die Tombergische und Landcronische Landen durch ihre Muhme, die Elisabet von Tomberg, in die Familie der Herren von Saffenberg gekommen waren (y). Im Jahr 1429 war unsere Philippa von Loen schon tod (z).

Katerina von Buiren   Die dritte Tochter von Gotfried II von Loen und Heinsberg war die Katerina von Loen. Sie vermählte sich im Jahr 1389 an Gisbrecht von Buiren, Herrn Alards von Buiren und Boesenheim und Elisabeten von Bronkhorst Sohn. Ihr Verzichtbrief auf die Heinsbergischen Lande, den sie und ihr Gemahl am Freitag nach St. Laurenzien Tag eben dieses Jahrs ihrem Bruder und Schwager, Johann II von Loen, versprochen, ist zugleich ein Beweis von ihrer Geburt, weil es darinn heißt, daß ihre Schwester Philippa und ihr Gemahl innerhalb Jahr und Tag das nemliche thun sollen (a), woraus man folgern könnte, daß Philippa von Loen damalen zwar mit Gerhard von Tomberg verlobt, aber noch nicht vermählet gewesen.

Ausser diesen dreien Heinsbergischen Töchtern kommt um diese Zeit noch eine vierte, nämlich Maria von Loen vor. Sie war die Gemahlin Herrn Heinrichs von Reiferscheid, welches dieser in einer Urkunde wegen Bedbur vom Jahr 1384 selbst sagt (b). Weil aber

weder

(y) davon die eben daselbst p. 1358. sq. befindliche und beurkundete Geschlechtstafeln nachzusehen.

(z) S. die Urkunde eben not. u p. 41.

(a) doch bekennen wir ... Ind glouen Junker Johan von Loin Son zo Heinsberg dat rcht Gisbrecht Ind Jungfrawe Cathrine min wnne vorschreuen up alle Erue Ind Guet verzichnisse doen sullen glych Jungffraw Philippa haer Suster mit haer Manne doin sollen.

(b) vom 5 Merz — Ich Reinhardt Herr zu Reiferscheid ... dat ich mit gutem vurworde meine mage ... vnd gutem willen Marien von Loen melner eelicher Husfrauen van Heinsberg ꝛc.

weder ihres Herrn Vatters noch Geschwister darinn gedacht wird, so wage ich es noch nicht, sie vor eine Schwester von den obigen anzugeben. Der Zeitrechnung nach könnte es seyn.

§. XXVII.

Noch ehe Johann II die väterlichen Lande bekommen, hatte er als Herr zu Dalenbrug Händel mit dem Herzog Philipp von Burgund, dessen in dem Herzogthum Limburg gelegene Herrschaft Walkenberg er feindlich angefallen hatte. Es war dieses im Jahr 1393 geschehen, in welchem ihm auch der Herzog solchen Fehler verziehen und ihn wieder zu Gnaden aufgenommen hat (c). Auf gleiche weise bekriegte er Herrn Johannen von Stein wegen der Herrschaft Lewenberg. Dieser hatte eine Summe Gelds darauf zu fordern, und hatte zur Sicherheit das Schloß selbst Amtsweis innen. Johann von Heinsberg wurde aber, ich weis nicht, warum? sein Feind. Aber der Erzbischof Friedrich von Kölln brachte beide dahin, daß sie sich am Samstag nach St. Georgius Tag 1395 zu Groen Ryndorp in der Herrschaft Lewenberg verglichen haben. Das Schloß wurde in die Hände eines dritten, nämlich Herrn Reinhards von Schoinrad, eines Ritters, gestellt, welcher es so lange innhaben, und gegen fremde Gewalt schützen sollte, bis sie sich wegen demselben näher verglichen, oder die Halbscheid der Renten, die Johann von Stein lebenslänglich geniesen sollte, an diesen oder seinen Erben richtig abgeliefert worden. Woher solche Abgabe gekommen, ist einiger maßen aus dem Vorbehalt zu errathen, welchen Johann von Stein in Ansehung der Kirchspielen Dollendorp und Rüdenkoven sowohl wegen

Johann II von Loen, Herr zu Gülch, Heinsberg und Lewenberg

seines

(c) *fait à Boulogne sur la Mer le 16. d' Avril 1393.*

seines eigenen, als auch wegen des von seiner Muhme und Nichten auf ihn gekommenen Erbrechts bemerken lassen. Vielleicht kame solche auch von der Gleidischen Schuld her, davon schon oben geredet worden. Denn Johanns von Stein Gemahlin war die Agnes von Gleiden, die mit 400 Gulden Renten noch besonders auf die Herrschaft Lewenberg bewittumt war (d). Jedoch schon das folgende Jahr gab es einen neuen Vergleich, in welchem Johann von Stein statt der Halbscheid der Lewenbergischen Renten sich mit einem jährlichen Leibgeding von 1500 Gulden Rheinisch abfertigen lassen (e). Womit auch sein Tochtermann, Grav Gerhard I von Sain, zufrieden gewesen; der wie auch seine Gemahlin Sophia von Stein zugleich auf alle Ansprüche an Lewenberg Verzicht gethan, von der ihr Schwiegervatter sogar den Titul angenommen hatte (f). Diese Herrschaft kam also jezt wieder an das Heinsbergische Haus, und vermehrte von neuem die Heinsbergischen Titul mit dem von Lewenberg, welchen seit dem Abgang der Lewenbergischen Linie die Herrn von der Dalenbrugischen fahren lassen; welches mich vermuthen laßt, daß von dieser Zeit an Lewenberg in fremden Händen gewesen war (g). Denn mit diesem

---

(d) vnd beheltnis auch Frawen Agnesen van der Cleyden des vorß. heren Johans ehelichen Haußfrawen vnd ihr erven mit namen vierhundert Gulden Renten na bote des vorsagten hern Johans die ihr bewyst sint an dem Niederlande van Lewenberg.

(e) dat. Renn donnerstag nach St. Gereons tag 1396.

(f) wie aus dem Schluß des Burgfriedens erhellet, welchen vnser Gerhard von Sain auf St. Agathen Tag 1385 mit seinem Vetter, Grav Salentin von Sain vnd Homburg, errichtet hat, wo es am Ende heißet — vnd dyß zu Dirkunde han wir Gerhard Jnnge Grev zu Seyne .... geben .... Herrn Johannen von Steine heren zu Löwenberg vnsen Eweirherrn, in dem Rechtsgegründeten Bedenken, daß den Herrn Graven von Witgenstein wegen ihrer prætension auf Sain keine action gebühre p. 135.

(g) Denn noch im Jahr 1394 in dem Wittumsbrief der Frauen Philippa von Tom-

fem Titul kommt er unter andern in dem Vertrag vor, welchen er am 16 Jun. 1396 mit dem Herzog Phillpp von Burgund errichtet (h), sodenn in dem Lehenbrief, durch welchen er am Sonntag nach St. Andreas Tag eben dieses Jahrs den Heinrich und Hermannen Mont von Nuwenstatt wegen eben dieses Schloßes Lewenberg mit einer Rente von zwölf Rheinischen Gulden belehnet hat. Ja er bediente sich dieses Tituls auch noch nachher, als er schon im Jahr 1397 die Herrschaft Lewenberg von neuem verpfändet hatte (i), um seine Loslassung aus der Clevischen Gefangenschaft zu bewürken, in welche er nach der am 7 Jun. verlohrnen Schlacht bei Cleverhamm gerathen war, bei welcher Gelegenheit auch die Halbscheid von der erheuratheten Herrschaft Genepp wieder fortgegangen seyn solle (k).

§. XXVIII.

Oben ist bereits erwähnet worden, daß schon Gotfrid II von Dalenbrug mit seinem Halbbruder, Reinald von Falkenburg, Herrn zu Born und Sittart, zwei hundert Gulden auf den Zoll zu Falkenburg angewiesen bekommen. Nachher war die Frage, ob damit nicht ein sicherer Antheil an dem Zoll abgetretten worden. Die Sache kam zu Weiterungen. Doch Reinalds Erbe, Grav Simon von Salm, Herr zu Born und Sittart, welchen Reinalds Schwester, Philippa von Falkenburg, mit Grav Johann von Salm ge-

F 3   zeuget

Lemberg versprachen unser Johann nnd sein Herr Vatter, Gotfrid II von Loen, dieie auf Lewenberg zu bereelien — dat yrst vns Gott gan dat ban dat Sloß vnd Land van Lewenberg an vns kompt ec.

(h) donné a Arras le XVI Jour de Juing.

(i) *Teschenmacher* l. c. p. 414.

(k) Ebenderselbe p. 447.

zeuget hatte, gab nach, und erklärte in einer besondern Urkunde vom Jahr 1396 (l) daß Johann II von Loen auch die Verbesserung solchen Zolls künftig geniesen solle, so wie er würklich zu Heppenart, Lyne, Polle, und zu Buggenen erhoben werde, und von seinen beiden Oheimen seel. Herrn Walram und Reinald besessen worden.

§. XXIX.

Im Jahr 1404 wurde unser Johann Statthalter über das Herzogthum Limburg, und über die davon abhangende Herrschaft Valkenberg, (Fauquemont) welche Stelle ihm die Herzogin Margaret von Burgund, Gräfin von Flandern und Artois, durch eine besondere Urkunde übertragen hat, die zu Arras am 5 Jenner ausgefertigt worden. Noch merkwürdiger aber ist das im Jahr 1410 mit dem Herzog Reinald von Gülch und Geldern errichtete Bündnis (m), in welchem Johann von Loen, gegen Erhaltung einer gewissen Summe Gelds, auf alle Ansprüche verziehen, die er an den Herzog und sein Land gehabt hat. Doch vorbehaltlich des Rechts, welches ihm und seinen Erben von seiner Frau Mutter, Philippa von Gülch, Reinalds Muhme, angestorben (n), und, wie wir oben gehöret haben, in einer jährlichen Rente von 2250 Rheinischen

Gulden

(l) des Sonntags na half fasten *qua cantatur in ecclesia Dei letare Jherusalem.*

(m) des Goedestaigs vp den heiligen Paschdag. Urkunden N. XXXV.

(n) vorbehetllich doch ons, heisst es, ind onsern eruen alsulcher erfsalen Renten ind Gulden as ons anerstoruen ind ongeerfst synt in dem Lande van Guilche van wilne der hochgeborner Brauwen Philippen ran Guilche Brauwen zu Heynsberch ind zu Lewenberch was onser allerliefster Brauwen Moeder der Got genalde as van yrer Medegaeuen ind bestaedingen.

Gulden bestanden war. Auf dieses Bündnis folgte von dem Herzog das Jahr darauf (o) eine andere Verschreibung über 8000 Gulden Rheinisch, welche ihm Johann von Loen und Heinsberg zu Einlösung des Schlosses und Landes Schönforst und Münstereyen geliehen hatte. Johann bekam zugleich solche Lande zu seiner Sicherheit Amtsweis innen, und heißt es sogar, daß er auf des Herzogs ohnbeerbtes Absterben damit, sodenn mit dem Schloß Geilenkirchen, wegen Gülch gänzlich abgefunden seyn solle. Seine Söhne mußten sich noch besonders verbinden, daß sie es allezeit mit dem Herzog halten, und diesem sowohl, als auch dem Lande Gülch eine ewige Oefnung aller ihrer Schlösser gestatten wollten.

§. XXX.

So schlecht es jezt mit der ehemaligen so schönen Aussicht der Heinsbergischen Vergrösserung in Rucksicht auf die Gülchische Erbfolge ausgesehen, so bald änderte sich die Gestalt der Sachen. Denn schon am 31 Merz 1420 versprachen der Herzog Adolf von Berg und unser Johann, welche beide mit dem Herzog Reinald von Gülch Geschwister Kind und Enkel gewesen, und seit dem 12 Dec. 1414 (p) in einem ewigen Bündnis gestanden, einander auf das heiligste, daß sie diejenige Ordnung unverbrüchlich halten wollten, welche ihr gemeinsamer Oheim, der erstgenannte Herzog Reinald, auf den Fall seines Abl.bens wegen seinen Landen zwischen ihnen machen werde.

Ja

(o) des Moindags na Sent Nicolaus dage des heiligen busschoffs ind Confesseirs 1411.

(p) durch die Einnung, so am Gedestag vp St. Lucien Abend der 5. Jungfrauen 1414 aus Gelegenheit des Köllnischen und Mörsischen Kriegs besiegelt worden, welcher damals über der streitigen Bischofswahl entstanden ist, unter den Urkunden N. XXXVII.

Ja sie verglichen sich den Tag darauf (1 Apr.) schon würklich über der künftigen Erbschaft (q), also, daß der Herzog das Schloß und die Stadt Randenrad, unser Heinsberger aber das Schloß und das Land von Vorn, nebst den Städten Sittart und Süstern, welche noch nicht lange vorher an das Gülchische Hauß gekommen seyn müssen, voraus haben, die übrigen Landen aber zu drei Viertel und ein Viertel unter ihnen gemein bleiben sollten. Das Lehenwesen sollte von dem Herzog in beider Namen allein besorget werden. Diese vorläufige Verabredung sollte in einen förmlichen Receß gebracht werden, welches 14 Tage darauf (15 Apr.) zu Kölln geschehen ist, wo auch beider Söhne erschienen sind, und den Vertrag auch mit ihren Siegeln bestäti-

---

(q) unter den Urkunden N. XXXIX. Nachstehendes Schema wird diesen Erbfall deutlicher machen.

Wilhelm Marggraf von Gülch und erster Herzog 1361.

Gerhard Graf von Berg und erster Herzog von Berg.	Wilhelm. II Herz. von Gülch † 1393 Gem. Maria von Geldern † 1361.			Philippa Gem. Gotfrid II von Leen, Herr zu Heinsberg.
Wilhelm.Herz. von Berg Gem. Anna Pfalzgräfin Schwester Königs Ruprecht	Wilhelm III. Herz. von Gülch und Geldern, welches Herzogthume a. 1371 von seiner Mutter Bruder Eduart von Geldern geerbt † 1402.	Reinald Herz. v. Gülch und Geldern † 1423 ohne Kinder Gem. Maria Gräfin von Artois	Johanna Gem. Johann von Arckel.	Johann II von Loen Herr zu Gülch und Heinsberg.
Adolf Herzog von Gülch und Berg.			Maria Gem. Johann von Egmond	
Ruprecht, Gem. Maria von Artois Witwe Reinalds von Gülch und Geldern		Arnold von Egmond erobert 1423 das Herzogthum Geldern.		

von Heinsberg.

städtiget haben. Ein Haupt-Artikel war noch, daß einer dem andern in Einnehmung des Landes zu seiner Zeit getreulich beistehen, einen gemeinen Burg-Städte- und Landfrieden beschwören, und sie nur diejenigen von der Gülchischen Ritterschaft beschützen wollten, welche solchen Vertrag annehmen, und sie vor ihre Landesherren erkennen würden.

§. XXXI.

Daß dieses alles mit gutem Wissen und Willen des Herzogs von Gülch und Geldern geschehen, ist aus seiner Belehnung des Wernern von Blatten mit dem Schloß und Herrschaft Drinberg vom 12 Aug. (r) 1420 offenbar, indem darzu sowohl des Herzogs Adolf von Berg, als auch unsers Heinsbergers und seiner Söhnen Einwilligung erfordert worden (s). Es währete auch nicht lang, so geschahe der Fall würklich, indem der Herzog Reinald am 26 Jun. 1423 ohne einige Leibeserben zu hinterlassen plötzlich verschieden ist (t).

Das erste war, daß beide voraus bestimmte Erben von den ihnen angestorbenen Landen den Besiz ergriffen. Sie waren auch darinn, was Gülch anbelangt, glücklich, indem aus ihrem gemeinschaftlichen Revers, den sie am lezten Junius eben dieses Jahrs der Gülchischen Ritterschaft und Städten über ihre und des Landes-Freiheiten eingehändiget, erhellet, daß sie von diesen als ihre Landesherren erkannt und angenommen worden, doch vorbehaltlich eines jeden

---

(r) Montag nach St. Laurentius tag.

(s) op den Gudestag na Sent Bartholomeus tag 1420.

(t) S. Mappii und Brosii, oder vielmehr des ehemaligen Kurpfälzischen Bibliothekars Bickels, *Annales Juliae & Montium Comitum* T. I. p. ult.

anbern Rechts auf das Herzogthum Gülch (u), wodurch ich glaube, daß vornemlich auf Arnolden von Egmond gezielet werde, welcher von des Erblassers einigen Schwester, Johanna von Arkel abgestammet, und von den Geldern auch würklich zu ihrem Herzog angenommen worden (x). Herzog Adolf von Berg schrieb sich also von nun an einen Herzogen von Gülch und Berg, und Johann von Loen und Heinsberg einen Herrn von Gülch (y), welchen Titul seine Nachkommen bis zum Ausgang des Heinsbergischen Hauses beständig beibehalten haben.

Da beide schon am 15 Apr. 1420 zu Kölln versprochen, daß sie einander auch zu denjenigen Gülchischen Erbschaftsstücken verhelfen wollten, welche von dem Herzog Reinald versezt, verkauft, oder sonst verdußert worden, und sie sich darzu auch jezt bei der Besiznehmung des Herzogthums gegen den Gülchischen Landständen verbunden hatten, so war es vor den Herzog Adolf eine doppelte Schuldigkeit, daß er am 17 Hornung 1424 unserm Heinsberger vor das Schloß und Land Born, sammt den Städten Sittart und Sustern, welche diesem nach der Vereinigung vom 1 Apr. 1420 voraus gehören sollten, aber von dem Erblasser noch bei seinem Leben an Grav Friedrich von Mörs

---

(u) doch beheltlich mallich seyns rechten de rechte anspraiche jo dem burg. Hem jouchcum tebbe.

(x) Denn so muß der Verfasser des *Magni Chronici Belgici* verstanden were welcher beim *Pistor* T. 3. *Rer. Germ.* p. 396. also schreibt: Anno Domini MCCCCXXIII obiit Reynaldus, Dux Gelriæ & Juliæ, sine liberis, anno ducatus sui XXII sepultus in claustro Carthusiensium dicto Monichhusen prope Aernhem ... *cui successit eodem anno Arnoldus, filius Domini Joannis de Egmunda*, natus ex filia Domini Joannis de Arckel tanquam verus haeres Ducis Reynaldi.

(y) Wir Adulf van Goiz Genaden Herzouge 30 Guylche, 30 dem Berge ind Greue 30. Rarensberge ind Johan van Loen here 30 Guylge 30 Heynsberg ind jo Xewenberg ic, ist der Anfang einer Urkunde vom 30 Junius 1423.

von Heinsberg.

Mörs und Saarwerden vor 9000 Gulden versezt worden, eine jährliche Vergütung von 600 Gulden auf seine drei Viertel von dem Gülland angewiesen, und ihm auch noch besonders wegen der herrlichen Hofstaden, die er selbst an den Köllnischen Domherrn und Probsten von St. Gereon, Johann von Lenepp, um 2000 fl. verpfändet, eine jährliche Rente von 50 fl. auszahlen lassen. Aus der ersten Urkunde erscheinet zugleich, daß beide Herren auch ihre Ansprüche an das Gelderer Land durchzutreiben gesucht haben, und daß besonders der von Heinsberg eine gute Anzahl Reiter in das Geldrische einrücken lassen, daß sie aber auch beide selbst in verschiedenen Stücken uneins gewesen, und sich daher am 27 Febr. 1426 (z) auf den Köllnischen Erzbischoff Dietrich, sodenn auf die Gülchische Ritterschaft veranlaßet haben. Durch die neuere Berufung vom 5 Aug (a) wurden noch der Erzbischof Otto von Trier, und der Grav Ruprecht von Virnenburg darzu gethan, mit welchen sie am 24 Sept. (b) zu Rimagen am Rhein persönlich zusammen kommen, und sowohl in Ansehung des Herzogthums Gülch, als auch des Herzogthums Geldern die Streitigkeiten abthun wollten. Doch diß geschahe erst am 16 Apr. 1429, an welchem Tag beide Theile den Gülchischen Burg- und Suldte-Frieden von neuem auf ewig beschworen, zu Abschneidung künftiger Streitigkeiten Austräge verglichen, und die gemeinschaftliche Regierung des Landes auf einen festern Fuß gesezet haben (c). Zu gleicher Zeit wurde auch die Streitigkeit wegen Vergebung der geistlichen Lehen des Landes, besonders der Probstei zu Aachen,

---

(z) dat. Coloniae feria IV post dominicam reminiscere 1426.
(a) dat. Coloniae feria V ante Laurent. Martyr. 1426.
(b) den nächsten Dinstag über 7 Wochen.
(c) unter den Urkunden N. XLIV.

vorgenommen (d). Sie konnte aber nicht entschieden werden, vielmehr wurde ein neuer Anlaßbrief auf Kur-Mainz, Kölln, und Pfalz ausgefertigt, die Sache durch ihre Räthe ausmachen zu lassen. Von Seiten Kur-Mainz wurden Grav Philipp von Naßau-Saarbrücken, Johann Boos von Walbeck, und Diether Kämmerer von Worms, von Seiten Kur-Kölln Rollmann von Datenburg, Ritter, Johann von Einenberg und Bernhard von Hurde, und von Kur-Pfalz Emmerich von Ingelheim, Werner Knebel, und der Winterbecher darzu ernannt, welche am 22 Jun. zu Bopparb zusammen getretten, und den Entscheid nach der ersten Landestheilung eingerichtet haben, also, daß der von Heinsberg zu seinem vierten Theil auch an der Vergebung der geistlichen Lehen Theil haben sollen. Diesem Ausspruch tratten an dem nämlichen Tag der Erzbischof Otto von Trier und der Wirnenburgische Grav als Obmänner bei, und erklärten in einer besondern Urkunde, die zu Ehrenbreitstein gegeben ist, daß die ehemalige Verschreibung wegen Born und Sittart (vom 17 Febr. 1424) ungültig seyn, und Johann von Heinsberg deswegen aus Herzog Adolfs Antheil mehr nicht als jährlich 300 fl. und zwar so lange ziehen sollte, bis ihm 5000 fl. bezahlet wären. Das vornehmste in dieser Urkunde ist noch, daß wir daraus sehen, daß Herzog Adolf und Johann von Heinsberg wegen diesen ihren Streitigkeiten in einem offenbaren Krieg mit einander befangen gewesen, weil jetzt ein jeder Herr denjenigen Lehenleuten ihre Lehen wieder verleihen sollte, welche solche während dem Krieg aufgesagt hatten.

§. XXXII.

(d) darüber war ein besonderer Anlaßbrief dat. *Coloniae* 7 Febr. 1729 verglichen.

von Heinsberg

§. XXXII.

Und dieses waren nun die fürnehmsten Regierungs-Umstände unsers Johannen, besonders in Rucksicht auf die Gülchische Erbschaft, die er und seine Nachkommen von jezt an ruhig besessen haben. Es sind aber auch noch einige andere übrig, die sein Leben nicht minder merkwürdig machen. Dahin rechne ich, daß er am 23 Maj. 1406 der St. Georgen Kirche zu Wassenberg das Vorschlagungs-Recht zu der zu Steinkerken geschenkt, und daß er wegen eben diesem Wassenberg am 11 August 1413 (e) eine neue Verabredung mit dem Herzog Anton von Lothringen und Brabant getroffen hat, durch welche solche Herrschaft seinem Hause immer mehr bevestigt worden. Herzog Johann von Lothringen und Brabant that am 13 Nov. (f) 1420 das Land von Millen mit den Städten Gangelt und Vucht darzu, und Johann von Loen vermehrte seine Besizungen an der Maas selbst noch mit der Herrschaft Limberg, welche er am 10 Febr. 1423 von Herrn Arnd Ritter von Stein an sich gebracht hat (g), der sie von seiner Mutter Gertraud, Frauen von Limberg, ererbet hatte. Auf St. Bartholomäus Tag eben dieses Jahrs verband er sich mit dem Erzbischof Dietrich von Köln, und erhielte im Jahr 1429 (h) von dem Abt Heinrich zu Prüm die Vogtei über Gusten, womit vorher die Graven und Herzogen von Gülch belehnet worden. Zu Anfang des 1432 Jahrs verfiel er mit dem Herzog Adolf von Clev, dessen

---

(e) *in vnserm Leger Ettelbrügg.*

(f) *dat. Tricht des Godenstags na Sente Mertens tag.*

(g) unter den Urkunden N. XLI.

(h) *in crastino purificationis Mariae.*

Leute in sein Land eingefallen waren (i), in der Mitte desselben aber (k) verglich er zu Cölln die Forderungen, die er und der Erzbischof Dietrich gegen einander gehabt haben. Er bekam noch ein Lehen von 500 Rheinischen Gulden Renten auf den Zoll zu Bonn und zu Bueren heraus. Hierauf kommt er noch in verschiedenen Urkunden von den Jahren 1436 (l) vor, und starb endlich in vigilia conversionis S. Pauli (24 Jan.) 1438 (m). Er wurde in der Stiftskirche zu Heinsberg neben seiner ersten Gemahlin Margaret von Genepp beigesezt, und beiden ein prächtiges Grabmahl daselbst aufgerichtet, welches noch jezt zu sehen ist. Die dritte Person, welche darauf erscheinet, mag wohl Johann III seyn, welcher sechs Jahre darauf gestorben ist.

§. XXXIII.

Johann II hatte zwei Gemahlinnen, näml.

Johann II von Loen, Herr zu Gülch und Heinsberg war zweimal vermählt. Die erste Gemahlin war die so eben genannte Margaret von Genepp. Ich finde sie zum erstenmal in dem Vergleich ihres

---

(i) wenigstens ließ dieses Johann von Heinsberg am Freitag vor dem 13ten tag 1432 der Clevischen Ritterschaft und Städten wissen, und den nämlichen Tag klagte er es auch der Gülchischen Landschaft.

(k) die visitationis B. Mariae virginis.

(l) vom 9 April, worinn er und sein ältester Sohn, Johann III, sich mit der Stadt Heinsberg wegen ihren Rechten und Abgaben verglichen haben. Auch Johann IV, des zweiten Enkel, bestätigte ihn in einem besondern Brief von dem nämlichen dato — Wir Johan von Loene Sone zu Heinsberg doin kunt allen luden also as hube biß dags datum dis brieffs der hoaeborne myne lieue vnd seer gemynde Anhere here Johan von Loene here zu Heinsberg vnd der Edel myne lieue vnd seer geminde Vader Johan elste Sone zo Heinsberg.

(m) Teschenmacher p. 411 sezt das Jahr 1439. Aber nach der Urkunde hat, des andern dags nae alre heiligen (3 Nov,) war er schon tod.

von Heinsberg.

Ihres Gemahls mit Herrn Johann von Stein wegen der Herrschaft Margaret
Löwenberg vom Jahr 1395 (n), sodenn in der Eheverspechungs- von Geneyp
Urkunde ihres jüngern Sohns Wilhelm mit Elisabeten von Blank-
enheim von 13 Merz 1411. Denn da hierinnen schon vorläufig die
brüderliche Theilung der Heinsbergischen Söhnen entworfen war, so
hieß es bei dem Schloß und Land Geilenkirchen, daß davon die Nuz-
niesung ihrer Frau Mutter, Margaret von Geneyp, vorbehalten seyn
(o), nach ihrem Tod aber beide Brüder sich in die mütterlichen Güter
gleich theilen sollten (p). Sie hatte also ihrem Gemahl Güter mit-
gebracht, worunter die in dem Herzogthum Clev an der Maas lie-
gende Herrschaft Geneyp vorzüglich gehöret hat, von der er nach ih-
rem am 4 Oct. 1419 erfolgten Tod (q) sogar den Titul angenommen.
(r) Er ließ ihn aber wieder fahren, als er sich im Jahr 1423 mit
Annen

(n) S. oben p. 43.

(o) Ind dat Huiß und Land zu Gellenkirchen mit allen dren Dorperen Ind zu-
gehoeren beheltlich onser lieuer Geselltnnen Frauwe Margrite van Genepe
ire Lyffzucht an dem Lande van Gellenkirchen na Inhalde hre Lyffzuchts
brieue.

(p) Dort so is gevurwert wanne onse lieue Geselline Vrauwe Margriet van
Geneppe nit me op erden en is so sollen onse eltste Sonne Johan und Wilhelm
onse Soon gebruder vorgeschriuen glych vordern hauen Ind beylen alle alsolch
erffnisse Renten Ind Gulden, leen Ind eigen wie Ind von die gelegen syn die
so an ons bracht hat off van ye gekomen off verstorwen syn off natmals ko-
men moyen.

(q) Streithagen in successione Principum Juliae Cliviae ac Montium.
edit. Dusseldorpii 1629.

(r) Denn so nennte er sich in der Vereinigung mit dem Herzog Adolf von Berg
op den Leiten dach van deme Marte 1420 — Wir Adulph van Gotz Gna-
den Herzong zo dem Berge . . . . . Ind Johan van Loin here zo Heynsberg
zo Lewenberg Ind zo Genepe ic, und in den andern in diesem Jahr vor ihm
ausgefertigten Urkunden. Auch 1423 am 10 Oct, hatte er ihn noch,

nicht

Annen von Solms zum andernmal vermählet hatte, welches erst nach dem 1 Oct. dieses Jahrs geschehen seyn muß, weil er nach einer Urkunde von diesem Tag annoch im Witwerstand gewesen war (s).

und Anna von Solms — Diese Anna von Solms war eine Tochter von Grav Otten von Solms, und vorher an Grav Gerhard I von Sain vermählet, dem sie die beiden Graven, Dietrich und Gerhard II von Sain, gebohren hat, die also unsers Heinsbergischen Johannen Stiefsöhne waren. Ihre Frau Mutter aber, die Agnes geheisen, war eine Falkensteinische Dame, und eine von den Erbinnen des lezten Münzenbergischen Herrn, Erzbischofs Werners von Trier, welcher den 13 Oct. 1418 gestorben ist, und den alten Falkenstein-Münzenbergischen Stamm beschlossen hat. Sie brachte also von diesen Landen zwei Drittheile in das Solmsische Haus, von denen auch ein guter Theil wieder auf unsere Anna von Solms gefallen ist, den sie anfänglich ihrem ersten Gemahl, Grav Gerharden von Sain, nach dessen Tod aber unserm Heinsberger zugebracht hat. Das erste beweise ich aus der Falkensteinischen Theilung vom Jahr 1419 (t), worinn Gerhard von Sain we-

---

nicht aber in der Urkunde vom 1 Oct. worinn er seinem Sohn, dem Bischof Johann von Lüttich, den lebenslänglichen Genuß von Mülem, Gangelt, und Vucht ausgeworfen, ob er gleich damals noch ein Witwer war, weil es darinn heiset — offt Sache were, dat wir Johann van „ Loen here zu Gülich (pater episcopi) vurschriuen hernamals ein wyff zur ee nemen mit der dat wir Mansgeburt Son off Svene gewunnen rc.

(s) wie der erst mitgetheilte Auszug klar beweiset. Daß er sich aber noch in dem Jahr 1423 vermählet, ist aus dem Auszug seiner Heuratsverichtelbung richtig, der in dem Rechtsgegründeten Bedenken, daß denen Herren Graven von Wittgenstein wegen ihrer prætension auf die Gravschaft Sain keine aſſion gebühre p. 136 mitgetheilet wird. Sie ist ganz beim *Ludolf in hiſtoria Comitatus Falkenſteinenſ. in ſymphor. conſultat. & deciſionum forenſ.* vol. III. P. II. p. 261.

(t) dat. Butzbach Mitwoch vor St. Urbins tag l. c. p. 267.

von Heinsberg.

wegen dieser seiner Gemahlin unter den Solmsischen Kindern und Tochtermännern, als Falkenburgischen Erben, oben anstehet, und aus dem Lehenbrief Kaisers Sigmund vom Jahr 1420 (u), wodurch sie von dem Monarchen nach dem Tod ihres kurz vorher verstorbenen Sainischen Gemahls mit den Reichslehen ihres Münzenbergischen Erbtheils belehnet worden, welcher nach der weitern Theilung vom 27 Mai (x) eben dieses Jahrs, in Gemeinschaft Herrn Diethers von Isenburg, in Schloß und Herrschaft Assenheim, in dem Dreieicher Hain (y), Burg und Stadt Oberirlebach, Schloß und Dorf Wilbel, Weisenau, und Herheim bei Mainz ꝛc. bestanden hatte. Daß sie aber

H alle

(u) zu Prag donnerstag nach St. Alexii tag l. c. p. 379. — daß für uns kommen ist der Edel Diether von Isenburg Herr zu Büdingen ..... von sinen und der Edeln Anna von Solms Grafinne zu Saine Witwe wegen als ihr Lehenträger ꝛc.

(x) Dat. Licke tertia feria proxima post diem S. Urbani l. c. p. 276.

(y) Darinn lag unter andern das Dorf Langen, wegen dessen sogenannten Mal-Gericht, nicht weniger wegen der Vogtei zu Münzenberg unser Johann II von Loen und dessen Gemahlin Anna von Solms uff Mitwoch nebst nach unsers Herren offart dage 1426 mit Diethern von Isenburg, Herrn zu Büdingen, und Elisabeten von Solms, dessen Gemahlin, einen Vertrag errichtet beim *Buri* in den behaupteten Vorrechten der Königl. Bannforsten unter den Urkunden N. 23. Mit dem nehmlichen Dietrich von Solms, wie auch mit Reinhard Herrn zu Hanau, sind beide das Jahr vorher *feria I' post dominicam quasimodogeniti* auch wegen des Schloßes zum Hayne gelegen in Dreyeiche einer gemeinen Theilung und Burgfriedens überein gekommen beim *Gudenus* in *T. V Cod. Dipl. p. 906, sqq.* wo meine Leser noch mehrere dahin einschlagende Urkunden antreffen werden, vornehmlich einen Entscheidbrief Graf Bernhards von Solms geschehen zum Hayne uff Mitwochen nach Sant Fabian und Sebastian am dage 1426, wodurch die Irrungen zwischen seiner Schwester, unserer Anna von Solms, und mehr gedachten Diethern von Isenburg beigelegt worden, sodenn eines andern von eben diesem Jahr *Sabbatho proximo post dominicam invocavit*, welcher enthält, daß Ruprecht Grav von Virnenburg, unser Johann, und seine Solmsische Gemahlin, die Graven Bernhard und Johann Gebrüder von Solms,

und

alle solche Güter mit ins Heinsbergische Haus gebracht, sagt Johann von Heinsberg selbst in dem Verzichtbrief auf solche Erbschaft, welche seine beiden noch mit Annen von Solms erzeugte Töchter, Maria und Jacoba von Loen und Heinsberg, am 25 Nov. 1433 (z) an ihre Stiefbrüder, Dietherich und Gerhard von Sain, gegen eine Summe Gelds überlassen haben, aus welchem und dem zu gleicher Zeit ausgefertigten Kaufbrief erhellet, daß Anna von Solms damals schon tod gewesen ist. Schon vorher hatten diese Graven an ihre Stiefschwestern auch ein Capital von 3000 Gulden abgetretten, wofür unser Johann bis daher jährlich 300 Gulden Zinß aus der Herrschaft Lewenberg zahlen lassen. Die Verschreibung, welche Johann von neuem ausfertigen lassen (a), wurde ihren Vormündern übergeben, welches wieder ein Beweis von unserer Anna Abscheiden ist. Ihr erster Gemahl war der nehmliche Grav Gerhard von Sain, der vorher die Sophie von Stein zur Gemahlin, und nebst

seinem

---

und Diether von Isenburg, Herr zu Büdingen, ihre gemeinschaftliche Briefe vns gemeynlich sprechent, ycklichen na anzale hee der Hirrschaft van Salkenstein innebait vnd zu teyle worden ist, hinter den Commendur zum H. Grab zu Mainz geleget hat.

(z) *ipsa die beatae Catharinae* l. o. p. 360. worinn der alte Johann von Loen und Heinsberg sagt, daß die Edele Anna von Solms Fraue von Heynsberg seelliger Gedächtniß, unse liebe Hunßfruwe und Gesellin von Todts wegen affegangen ist und wir an solchem Theile der landen, als ir von den Grafschaften und Herrschaften Falckenstein und Münzenberg zugefallen ind ufferstorben, was des sie zu uns brackte, daß wir auch mit ihr inne gehabt und besessen bain unse lyffzucht, gerumbe und fahrende Haabe daran haben sulten und na vnse todte vnse eheliche tochter Maria und Jacoba zo vrem teyle und rechten als rechte Erben ꝛc. Man nehme darzu die Ankündigung der Lösung der an Kur-Mainz versezten Stücken im Dreieich und in der Wetterau von Johann von Loen dat. *ipsa die beate Katerine virginis* bei *Gudenus* l. c. p. 916.

(a) *ipsa die beate Elizabet vidue & martyris* (19 Nov.) 1433.

von Heinsberg.

seinem Schwiegervatter, Johann von Stein, noch im vorigem Jahrhundert die schon erzehlte (b) Händel wegen Lewenberg mit unserm Heinsberger gehabt hat.

§. XXXIV.

Mit beiden Gemahlinnen hatte er Kinder. Denn von der Genoppischen Margaret sind mir, ausser einer Tochter Philippa, noch drei Söhne bekannt, nämlich Johann, Wilhelm, und Johann, davon sich die zwei ersten in die vätterlichen Lande getheilet, der lezte aber Bischof zu Lüttich worden. Von der Solmsischen Anna aber waren die schon vorgenannten beide Schwestern Maria und Jacoba.

von seinen Töchtern

Die Philippa wurde die Gemahlin Grav Wilhelms von Wied, Herrn zu Isenburg, und Maria die von Grav Johann von Nassau-Dillenburg. Jenes beweiset eine Urkunde von Wilhelm II von Loen, Herrn zu Gülch, und Graven von Blankenheim vom Jahr 1460 (c), worinn der Bischof von Lüttich ihr Bruder, und Grav Wilhelm von Wied ihr Gemahl namentlich gennenet werden, und der Heurathsbrief selbst, der schon im Jahr 1402, also in ihrer Kindheit, ausgefertiget worden,

Philippa Gräviin von Wied

H 2

(b) oben p. 44.
(c) vp Donnerstag na vnser lieuen Frawen assumptionis Abent — So als ... Gerhart von Loyn here zu Gülch vnd Greue zu Blankenheim onse leue here vnd Vader seliger Gedechtnis vnn die wolgebornen Philippen von Loyn dochter zu Heinsberg Greuinne zu Wede .... gekauft hat alle ire Gerechtigkeit der Landen van Millen, Gangel, Vucht, Lumpen, Stein Merzenaw ... die der Erwürdiger Herr Johan van Loyn here zu Heinsberg zu Millen ... derseluer vnser lieuer Moenen bruder seliger gedechtnis nachgelassen hat .... So bekennen wir .. dat der vorgenanter vnser lieuer Schwager von Nassau here zu Heinsberg .... vernüget vnd vnserm lieuen Oheimen Wilhelm Graue zu Wede ind Philippen Grauinne zu Wede syner Gesellinnen ... bezalt.

worden (d), dieses aber eine Urkunde des Herzog Philipps von Burgund vom 29 Mai 1462, worinn Maria von Loen und ihr Gemahl, Grav Johann von Naßau, Dietz, und Wianden, Herr zu Breda beisammen stehen (e). Der Innhalt von beiden Urkunden betrift die Erbfolge in die Herrschaft Millen, Gangelt und Wucht, welche die Maria und ihre Schwester Jacoba nach dem Tod des Lüttichischen Bischofs, wie wir unten hören werden, in Anspruch genommen haben. Maria war schon im Jahr 1440 im verheuratheten Stand, wie eine Urkunde von diesem Jahr besaget (f). Daß beide von der Solmsischen Gemahlin, ist aus den schon angeführten Verzichtbriefen auf ihren Münzenbergischen Erbschafts-Antheil klar, und von der Maria von Loen und Heinsberg ist so gar gewiß, daß sie gleich in dem ersten Jahr der Vermählung gebohren worden. Denn schon im Jahr 1424 wird ihrer gedacht, in einer Urkunde ihres Herrn Batters (g), worinn er bekennt, daß er zu behuf seiner Gemahlin Anna, und Tochter Maria einige Briefschaften zu St. Katerinen in Kölln hinterlegt, die, wie aus dessen weitern Urkunde vom Jahr 1427 (h) zu schlie-

---

(d) Die Wittums verschreibung hingegen ist vom Jahr 1405 Im Jahr 1412 quittirte Grav Wilhelm von Wied über 1500 Gulden bezahlten hinliches Geld.

(e) cum hesterua die super controversiis differentiis & questionum materiis inter magnificos & generosos Johannem Comitem de Nassouwe de Dietze & de Vianden, Dominum de Breda consanguineum nostrum & Seneschalcum Brabantiæ ac domicellas Mariam de Loos suam conthoralem & Jacobam de Loos ejusdem Mariæ sororem filias de Heinsberg &c.

(f) geben off Sanct Bitz dach bei *Guden.* l. c. p. 923. Wir Johan jung Greue zu Nassauwe Son zo Leeck vnd zo Breda ind Marie van Loen, Elude, doin komen kont ꝛc. Eine andere von 1443 op den 13 dach van April ist ebendaselbst p. 927.

(g) Jovis post Pentecostes.

(h) des neisten Donnerstags na dem Pinxstage.

schliesen, das eingebrachte Vermögen der Annen von Solms betroffen haben, welches jezt durch Schuld- und Pfandbriefe gesichert worden. Noch jezt kommt die Maria von Loen allein vor, ein Beweis, daß ihre Schwester Jacoba im Jahr 1427 noch nicht gebohren gewesen. Diese erwählte nach dem Tod des Herrn Vatters den geistlichen Stand und wurde eine Nonne zu Mecheln (i).

und Jacoba

Ausser diesen drei Schwestern hatte Johann II von Heinsberg auch noch eine natürliche Tochter, Namens Elisabet, welche er im Jahr 1429 an Arnold von Huern, genannt der wilde, verheurathet hat. Er versorgte sie mit dem an der Maas unterhalb Maaseick gelegenen Schloß Kessenich (k), welches jedoch nach ihrer und ihrer Erben Todt an die Herrschaft Heinsberg zurück fallen sollen.

Von den Herren von Heinsberg aus der besondern Heinsbergischen Linie bis zu deren Ausgang.

§. XXXV.

Unter den Söhnen Johann II von Loen und Heinsberg war Johann III der erstgebohrne. Er kommt mit seiner Frau Mutter, Margaret von Genepp, schon vor in dem Vergleich seines Herrn Vatters mit dem von Stein vom Jahr 1395 (l), worinn es heißt, daß er ihn

Johann III von Loen und Heinsberg

mit

(i) *Magnum Chronicon Belgicum* beim Pistor T. III, Rer. Germ. p. 399. anno Domini MCCCCLII. ipso die Cœciliæ virginis, *Johannes de Heynsberch episcopus Leodiensis* constituit procuratores ...... *sorore ejus* valedicente seculo in domo sororis ordinis Canonicorum regularium juxta Mechilineam cum multo gaudio & devotorum hominum applausu recepta &c.

(k) besage Urkunde vp St. Bartolomeus tag des H. Apostels 1429. unten N. XLIV.

(l) am Sonntag nach St. Georgius tag.

mit angeloben follte, fo bald er zu feinen Jahren gekommen feyn
würde. Und diefes, daß hier allein des Johannen gedacht wird,
erweckt in mir die Vermuthung, daß der mitlere Bruder Wilhelm
ungleich jünger gewefen feyn müffe. Nach der Aeufferung des Herrn
Vatters, die er aus Gelegenheit Wilhelms Eheverfprechung mit der
Blankenheimifchen Elifabet im Jahr 1411 gethan (m), follte er von
den Heinebergifchen Gütern die Herrfchaft Heineberg, das Haus
und das Land Geilenkirchen, die Herrfchaften Millem, Gangelt,
und Bucht, nebft Waffenburg und der Forderung an Gülch (n) ha-
ben, die jüngern Brüder aber, und zwar Wilhelm von Loen mit der
Herrfchaft Lewenberg und Hunf, und Johann der jüngfte unter ih-
nen, der fchon damals Probft von unferer lieben Frauen zu Aachen
und von St. Servatius zu Maftricht gewefen, mit der Burg und
dem Land zu Dalenbrug, welches bisher an den Herrn von Wicken-
rad verfezt gewefen, feit kurzem aber wieder eingelöfet worden, ab-
gefunden werden. Dem lezten Antheil hatte der Herr Vatter auch
die Erbfchaft zugefchlagen, welche ihm noch von feinem Neven God-
dart von Chiney anfallen werde (o). Wer diefer Goddart von Chi-
ney gewefen, weis ich nicht. Wenigftens kann er der Gotfrid von
Chiney nicht feyn, der fchon im Jahr 1334 als ein Domherr zu Lüt-
tich vorkommt (p). Denn diefer war unfers Johann II Grosoheim,

und

(m) des *XIII* dages in dem Merze.

(n) davon fchon oben p. 39. gehandelt worden.

(o) Wort fo lt gefurwert dat Johan unfe jüngfte Sone Proift zu Alche ind zu
Tricht na vnfem boit hauen ind behalden fal alle alfolche verfterniffe as
vns von Goedart van Sinay vnfen Neue anerfteruen mag ind die burg
ind dat lsnd van Dalenbrolch mit den dorperen luden renten herlicheid ind
gulde darzu behorende wanne die geloift fin van den van Wickralde 2c.

(p) oben p. 23.

und folglich nicht fein Neve. Die Zeitrechnung litte es auch nicht. Aber alles dieses änderte sich in der Folge. Denn schon im Jahr 1413 bezogen sich ihre Eltern auf einen andern Entscheid zwischen ihren Söhnen, und dachten dem ältern auch das Schloß Schönforst mit seinem Bezirk zu, welches sie neuerlich erworben hatten (q), und im Jahr 1423 (r) vermachte der Herr Vatter dem Jüngsten, der indessen von der Würde eines Archidiaconen in Hasbanien zum Bischof von Lüttich erhoben worden (s), die Schlösser, Städte und das Land von Millen, Gangelt, und Wucht, welche er jedoch nur lebenslang geniesen, und weder versezen noch verkaufen sollte. Weil aber indessen die Gülchische Erbschaft angefallen war (t), so veranlaßte

---

(q) gegeuen des neunten dags im Aprille — Jnd want wir na der vurgenannten scheidungen das sloß ind lant van Schoenforst anerworben haint in sügen as onse brieue darup sprechende dat cleirlich ynne haldent, so hain wir darselue sloß Schoenforst mit lande ind luden darzu gehoerende Johannen von Loen onsem elsten Sone van Heinsberg na onsem dode sutterlichen gegeuen.

(r) vp St. Remeis dag.

(s) *Magnum Chronicon. Belgicum* beim *Piſtor* T. III. p. 398. anno Domini MCCCCXIX pontificatus Martini Papæ quinti anno secundo mensis Junii die XVI fuit nobilis Dominus Joannes de Loſſ, filius Domini de Hynsberch & de Lewenberch, archidiaconus Hasbaniae, pulcher iuvenis. aetatis XXIIII annorum vel circiter per Dominos de capitulo Leodienſi in epiſcopum concorditer poſtulatus, & miſſis ambaſiadoribus Florentiam, ubi Papa Martinus cum curia reſidebat, confirmatus: & tum receptus Leodii in perſona propria, cum pulcro ducis Clivenſis & Domini de Hynsberch patris ſui, & plurium aliorum baronum ac nobilium comitatu — In vigilia vero nativitatis Chriſti proxime ſequenti, dictus Dominus Joannes in ſacerdotem & deinde (ad laetare Hieruſalem) ſubſequente anno ſalutis MCCCCXX in epiſcopum in eccleſia Leodienſi publice per tres ſuffraganeos, ſcilicet Archiepiſcopi Colonienſis & Epiſcoporum Leodienſis & Trajectenſis & per Abbates intra & circa Leodium mitratos & non mitratos ... ſolenniter fuit conſecratus.

(t) Siehe oben p. 49.

laßte dieser Umstand im Jahr 1424 eine abermalige Theilung (u), in welcher dem ältern Bruder und seinen Erben das angestorbene Gülchische vierte Theil, nebst den Schlössern Heinsberg und Elsheim, dem jüngern Wilhelm und seinen Erben aber die Herrschaften Lewenberg und Dalenbrug, nebst dem, was von Blankenberg noch übrig gewesen, und der Heinsbergische Zoll auf der Maas (x) zugetheilet worden. Die mütterliche Herrschaft aber sollte zwischen beiden gemein seyn. Aber auch solche vätterliche Verordnung, ob sie gleich unveränderlich seyn sollte, und von beiden Brüdern beschworen worden, erlitte doch abermals, und besonders unter ihren Söhnen, im Jahr 1444 eine Aenderung, indeme der ältern Linie, oder Johann V von Loen und Heinsberg, die Herrschaften Heinsberg, Lewenberg, Dalenbrug und Geilenkirchen (y), der Jüngern aber, oder dem Gerharden von Loen und Graven von Blankenburg, das Viertel von Gülch und ein Achtel von Lewenberg durch ihren Oheim, den Bischof von Lüttich, am 26 Octob. ist zugesprochen worden (z).

§. XXXVI.

Verfolg seiner Geschichte

Als Johann II von Loen und Heinsberg im Jahr 1414 den schon oben (a) angeführten ewigen Bund mit Herzog Adolf von Berg errichtet

---

(u) den 18 Febr. unter den Urkunden N. XLI.

(x) darüber Wilhelm am 20 Febr. eine besondere Verschreibung von sich gegeben hat.

(y) diese Herrschaft war Frauen Annen von Solms in ihrem Hinlichsbrief vor Erb- und eigentumlich verschrieben. Aber 1425 hat sie wieder darauf verziehen.

(z) unter den Urkunden N. XLVIII.

(a) p. 47.

von Heinsberg.

richtet hatte, mußten nicht nur Johann III, sondern auch dessen Brüder denselben zugleich beschwören, weil jezt alle zu ihren völligen Jahren gekommen waren. Der Herzog gab dabei dem ältesten Bruder, in Betracht dessen Mörsischen Gemahlin, die eine Schwester des durch eine zweispaltige Wahl gewählten Erzbischofs Dietrich von Kölln gewesen, in einem besondern Brief nach, daß er, dieses Bündniß ohngeachtet, in dem damaligen Köllnischen Krieg es mit der Mörsischen Partei halten dörfe (b). Uberhaupt treffen wir diese Herren künftig bei allen wichtigen Handlungen ihres Herrn Vatters an, denen sie durch ihre Mitbesiegelung ihre Kraft geben müssen. Es geschahe dieses bei der ersterwähnten Einnung mit Herzog Adolf von Berg, bei den Verträgen über die Gülchische Erbschaft vom Jahr 1420 (c), bei dem Vertrag zwischen Gülch und dem Erzstift Kölln vom Jahr 1423 (d), und bei der 1431 geschlossenen Eheberedung des jungen Gerharden von Loen und Blankenheim mit Margreten von Mörs. Im Jahr 1436 (e) machten beide Johannen, der zweite und der dritte, Vatter und Sohn, einen Vertrag mit der Stadt Heinsberg, welchen auch der jüngste Johann, oder der vierte, durch einen besondern Brief zu gleicher Zeit bestätigen müssen. Johann III genehmigte noch in dem nehmlichen Jahr (f) die zwischen seinem Herrn Vatter und Herzogen Adolf von Gülch und Berg vorlängst aufgerichteten

J

ten

(b) an St. Lucien Abend der H. Jungfrau 1414. Urkunden N. XXXVIII. Man schlage dabei *Magnum. Chron. Belgicum.* l. c. p. 389. sqq. nach

(c) oben p. 47.

(d) gegenen 30 Colne up Sent Bartholomeus dach des heiligen Apostolen.

(e) den 9 April.

(f) des negsten donnerstag nach unser lieben Frauen tag conceptionis.

66   Geschichte der Herren

ten Verträge, und söhneten sich mit diesem das Jahr darauf (g) auch wegen den übrigen Irrungen aus, die bis zu Befehdungen gekommen waren. Den 18 Mai (h) 1440 befreiete er die Herrschaft Daslenbrug von der Lehnbarkeit, womit sie Herrn Wilhelmen von Flodorp, als Erbvogten von Ruremond, verpflichtet war, wohnte 1442 der Krönung Kaisers Friedrich IV zu Aachen bei (i), und starb das Jahr darauf am ersten Tag des Monats Mai (k).

Von seiner Gemahlin und Kindern nämlich Margreten von Naßau und Saarbrücken

 Mit seiner Gemahlin Walpurg, einer Tochter Grav Friedrichs von Mörs und Herrn zu Bar, mit der er schon 1414 vermählt gewesen (l), und die auf die Helfte der Schlößer und Herrschaften Leiden und Lewenberg verwittumt war (m), erzielte er nur zwei Kinder, die mir bekannt sind, nämlich Johann IV von Loen, Herrn von Heinsberg, und Margreten. Diese war den 25 Jul. 1426 gebohren, und schon am 7 Jenner 1438 an Grav Philipp II zu Naßau und Saarbrücken verlobt, doch so, daß das Beilager nicht eher, als

---

(g) den negsten Gudestags nach dem heiligen Druzendag.

(h) besage der Lehenherrlichen Renunciations-Acte dat. des negsten Gudestags nae dem heiligen Pingstage unter den Urkunden N. XLVII.

(i) *Teschenmacher* l. c. p. 411, wo aber irrig das Jahr 1440 statt 1442 stehet.

(k) Eben daselbst.

(l) In dem schon oben angeführten und unter den Urkunden N. XXXVIII. steheuden Revers des Herzogs Adolf von Berg dat. des Goedestags vp St. Lucien Abent der heiligen Jungfrauen 1414 heißt es — Umb want der vorgeschriben Johan elste Soen zu Heinsberg dochter beren Friedrichs Greuen zu Merse ind beren zu Baer di Suester is here Cietherichs van Moerse der sich des Gestichts van Colne onderwindet zu Wrue hat, so mag derselue vnse Neue Johan elste Son bei den Moerschen bliuen ind inen bistuen ind helpen druyle dat die zwydracht umb des Gestichts willen van Colne die nu vperstanden is weren sal.

(m) des negsten dags nach St. Jacobi 1440.

als bis sie das 14 Jahr erreichet, das ist, auf St. Jacobs Tag 1440 vollzogen werden sollen (n). Sie gebahr ihm zwei Söhne, Johann III, den Stammvatter aller heutigen Fürsten von Naßau, Walramischen Stamms, und Philippen (o), und starb den 13 Hornung 1446 zu Weilburg, wo sie auch begraben liegt (p).

§. XXXVII.

Johann der IV aber wurde schon im Jahr 1425 an Johanna von Dieft, die einzige Erbtochter des schon damals verstorbenen Johannen von Dieft, Ziechen und Zeelen, auch Burggraven zu Antwerpen, versprochen, welche dieser mit Johanna von Parwyß (q)

und Johanna IV von Loen und Heinsberg

J 2 gezeu-

(n) vermöge der Eheberedung vom 7 Jenner 1438, daraus folgender Auszug in Hagelgans Naßauischen Geschlechtstafel p. 47. stehet — Wir Johann van Loen eltefte Son zo Heinsperg vnd zo Lewenberg ic. off eine — vnd wir Philips Grave zo Naßau vnd zo Sarbrüggen vff die ander seyde bekennen .. daß wir ... vns vereynigt haben ... daß wir Philips Grave fürgenant zer heiligen Een zu einer wyßlichen Gesellynnen vnd ebellichen Wywe hauen vnd nemen sollen die eblen Margreta vou Loen eheliche dochtern vnser vorgenant Johans van Loen .... da nach sie zu ihrem vierzehen jaren komen ist, das ist nemlich von vß St. Jacobs dag naeft kombt ouuer zwey jahren datum diß briefs vier oder seß wochen darnach ungeverlich .... datum vf den seventen tag Januarii 1438.

(o) *Hagelgans* l. c. p. 56. sq.

(p) besage ihrer Grabschrift, welche Hagelgans ans dem vortreflichen Epitaphienbuch des Jdsteinischen Archivs mitgetheilet hat, und also lautet: ANNO DNI. M. CCCC. XLVI. IDVS. FEBRUARII. QVE. ERAT. TREDECIMA DIES. EIVSDEM. MENSIS. OBIIT. MARGARETA. DE. LOEN. COMITISSA. IN. NASSAVWE. ET. SARAPONTE. CVIVS. AIA. REQESC.

(q) eine alte Herrschaft im Brabantischen, im Quartier von Löwen, und in der Mayerei Incourt.

gezeuget hatte. Es war dabei ausgemacht (r), daß alle Dieſtiſche Landen, in dem heutigen Herzogthum Brabant, benanntlich die Stadt und die Herrlichkeit von Dieſt, das Land von Buiſenbieſt, das Land von Zeelen, die Burggrafſchaft von Antwerpen, und das Schloß und die Stadt von Ziechem mit allen darzu gehörigen Dörfern, nach Abſterben des alten Thomas von Dieſt, Johannſen Watters, der noch damals gelebet, auf den Bräutigam und ſeine Erben fallen ſollten. Auch die Güter, welche Johanna von Parwyß noch inne gehabt, und welche in dem Land von Honnef, in dem Schloß von Wyher, und in den Dörfern Koeſen und Karthyß beſtanden, ſollten nach ihrem Ableben auf ihn kommen. Johann ſezte darauf den Titul von Dieſt und Sichem ſeinen altvätterlichen von Heinsberg und Lewenberg bei, und nahme alle dieſelben auf die verabredete Art in Beſiz, obgleich von dem Dieſtiſchen Hauße noch Agnaten vorhanden geweſen, die ſich aber mit dem begnüget, was ſie vorher beſeſſen hatten. Der Ausſpruch der Scheffen zu Dieſt vom Jahr 1437 über einige Renten zu Dieſt, welche Hinrich Herr von Dieſt noch damals zu erheben gehabt hat, beweiſet es. Aber Johann von Heinsberg

---

(r) Durch die Eheberedung vom 13 Auguſt 1425 unter den Urkunden N. XLI. worinn es unter andern heißt — alſo dat Johan von Loyn der jüngſter hauen ſal Johannen dochter zu Dieſt ... end ſol darmede hain zu rechter medegauen end Brutſchatz alſolche Schloſſe Stede Laue Lude in Herlichen na bode mons Thomas Here zu Dieſt vorſchr. ... mit Nahmen end ten erſten die Stadt end Herlicheit van Dieſt. Item dat Land van Buiſen Dieſt mit den dorpern zu wiſſen Schaffenen Aſſent en die helffte van Webbikeyn. Item dat Landt van Sellem. Item die Bur graffſchaft van Antwerpen. Item dat Sloß end Statt van Zichem mit den dorperen die darzu geheerende zu wiſſen Thelte, Cencte Martins Thelte, Houdert, Neirerode, Wenrode, Miſſtem, Beckevort, Molebeek end Werßbeke. Item die dorp van Mershoudt ende van Vorſt. Item die Goede end rente van Thenen, dat Dorp van Holede end die goete end Rente van Nodefort van Willebrengen end da umbtrinnt. Item den Hof zu Herſelen ꝛc.

von Heinsberg

berg erbte damit auch Schulden, die sich nach sichern Urkunden vom Jahr 1438 auf hundert tausend Mark erstrecket haben. Wegen den Heinsbergischen Landen bekam er mit seinem Vetter Gerhard, aus der Gülchischen oder Blankenbergischen Linie, gleich anfangs Händel. Der Streit betraf besonders das Gülchische Viertel, an welches, ohnerachtet es schon seit dem Jahr 1433 (s) von Johann II von Heinsberg an die Blankenbergische Linie abgetretten war, die Herren von der Heinsbergischen noch immer Ansprüche gemacht hatten, weil es einmal in der brüderlichen Theilung von 1424 (t) dem Johann III zugetheilet, und dieses noch leztlich in Johann IV Eheberedung mit Johanna von Dieß vom Jahr 1425 (u) wieterholet war. Allein ihr Oheim, der Lüttichische Bischof Johann, entschiede sie am 26 Octob. 1444 also, daß Johann IV die Herrschaften Heinsberg, Lewenberg, Dalenbrug und Geilenkirchen (x), Gerhard aber den vierten Theil von Gülch, die helfte von der Gülchischen Verschreibung, und ein Achtel von Lewenberg vor sich und ihre Erben haben und behalten sollten.

(s) vp den neisten Mandach na des hilgen Sacraments dage unter den Urkunden N. XLVI.

(t) S. oben p. 64.

(u) worinn es unter andern heißet: — So sal Johann van Loyn der jongste (IV.) vorschr. vor syn Medegaue ind rechte Brutschatz na bode sons Vaders (Joh. III) ind Aldenvaders (Joh. II.) hauen halden end besitzen alsolche Schlossen, Steden, Landen, Lulden ind Herlichelten, als ind tarju syn Vader Johann van Loyn Dudste Sohn ju Heinsberg vorgenant na bode sons Vaders in Proeder Scheidungen gedeilt end geicheiden ist dat ist ju wissen mit nahmen dat Schloß Statt und Land van Heinßberg mit siner Herrlicheit ende toebehoeren. Item alsolchen deile an den Landen end Hertzogthumb van Guilch 2c.

(x) Nach der Erklärung des alten Johann II von Heinsberg vom 4 Mai 1431 sollte Geilenkirchen zwischen beiden Linien gemein seyn.

ten (y). Gerhard von Loen und Grav von Blankenburg nahme sogleich auch den Titul von Lewenberg an (z), er ließ ihn aber auch wieder weg, als er noch in eben diesem Jahr (a) dieses sein Achtel seinem Vetter von Heinsberg mit der Bedingung überlassen hatte, daß dieser auch allein die daraufhaftenden Schulden bezahlen sollte, die überhaupt bei Johann nicht gering gewesen seyn müssen (b), weil er deswegen noch in dem nehmlichen Jahr alle seine Landen in die Verwaltung des Lüttichischen Bischofs hingegeben hatte, der ihn dafür am 21 Febr. 1446 zu seinem Erben in den Herrschaften Millem, Gangelt, und Wucht erkläret hat. Etliche Monate darauf that dieses auch seine Gemahlin Johanna von Dieß (c), welche damals ihrem Lebensende sehr nahe gewesen ist, ob sie gleich nachher noch bis den 8 April 1472 gelebet hat. Vor seine mit ihr gezeugte Tochter Johanna war solches ein groser Vortheil, weil Johann den 27 Jenner 1448, ohne einigen weitern Erben zu hinterlassen, als der letzte seiner Linie gestorben, und die Frau Mutter, Johanna von Dieß, 1461 mit Hermann von Generos wieder zur zweiten Vermählung geschritten ist.

Dieser beschließt die besondere Heinsbergische Linie

(y) unter den Urkunden N. XLVIII.

(z) in der Urkunde über die Annehmung obigen Entscheids dat. 26 Oct. 1444. — Wir Gerhard von Loen ein Here zu Gülich Greve zu Blankenheim ind Here zu Lewenberg doen kunt ɪc.

(a) vp vnser lieben Frauwen dag conceptionis 1444 — doch also dat der vurschr. Johan van Loyn vnd sin Eruen afflegen verrichten ind bezalen sollen alle die verschryvongen die vnser beider aldern Vader her Johan van Loyn her zu Heinsberg, Johan van Loyn syn Vader ind Wilhelm van Loyn Greue zu Blankenheim vnser Vader ind wir . . . verschriben haben.

(b) dieses beweiset dasjenige, was unten beim §. XXXVIII gesagt werden solle.

(c) den 10 Julius 1446.

von Heinsberg. 71

ist (d). Denn Johanna von Loen war jetzt die einzige Tochter ihres Herrn Vatters, auf welche alle von ihm besessene sowohl Heinsbergische als Dießische Landen gefallen sind. Beide sind schon oben beschrieben worden, und kann aus der Johanna von Diest erst angeführten Testament den Heinsbergischen noch die Herrschaften und Schlösser

---

(d) Diese beiden und mehrere Umstände erzählet Hermann von Generos selbst in einer Urkunde vom Jahr 1477 up den dienstag na unser lieuer Frauwen tag conceptionis, worinn er den Herzog Wilhelm von Gülch wegen rückständigen Wittumsforderungen quittirt — So as in vurzyden eine hylichs furwerde . . . beslossen is gewest tuschen dem Edelen und wohlgeborenen Juncker Johannen van Loyn Herrn zu Heynsberg ind zo Lewenberg an eine ind der Edeler Jumffer Johannen van Diest an die ander syte . . . ind asdan der vursagt Juncker Johan mit der vurß. Junfer Johannen syner ellger Huysfrauwen eine dochter gewonnen in nagelaissen hat mit Namen Junffer Johanne van Loyn Erffsrauwe van Heynsberg ind Lewenberg, die elige Huysfrauw worden is des Edelen ind wallgebornen Juncker Johans Grauen zo Nassau ind zo dan der vurß. Juncker Johan van Loyn dolß halmen vur der vurß. Junffer Johannen syner Huysfrauwen affgynge in den jaeren uns heren dusent vier honbert echt und vierzig, darburch alle syne Lande vurß. zo gebruichen in hauden syner Huysfrauwen von Macht des vurß. testaments ind besatzongen verfallen syn biß zur zyt die vurß. Junffer Johanne yr eliche dochter mit raide der Frunde an den vurß. Juncker Johan Greue zo Nassauwe bestaet wart, wilch bestetenus geschach in den jairen uns heren dusent vier hondert zwey ind dunffzig . . . . in so die vurß. Junffer Johanne van Diest na deme bestetenisse yrer dochter vurß. im leuen bliuen is bis in dat jair uns heren dusent vierhundert ind zwei und sewenzich den echten tag Aprilis da binnen yre alle jairs dusint ouerlensiche Rynsche Gulden . . . gefallen synt . . . Ind wänt dan ich Herman vurß. die vurß. Junffer Johanne van Diest mit yren gueden willen zo einer ellger Huysfrauwen ind Geselinne i kriegen ind genomen, ind na gesezen der hyliger kirchen in elichen stait umbtrinnt zwelf jair lanck gesessen hain . . . daro zu die vursagte Junffer Johanne myne eliche Huysfrauwe zo merer vestichcheit mir bleselue schoult in eume testament und yrme letzten willen luterlich gegeuen . . . . so bekennen ich 2c.

Daß aber Johann IV am 27 Jenner (ipsa die S. Chrysostomi) gestorben, behauptet *Teschenmacher* l. c. p. 412. Nach dem Lüttichischen Lehenbrief vom 24 Dec. 1460 über das Schloß Wier auch Hauß und Dorf Eoesen, welches der Johanna von Diest angefallen, war sie damals noch Wittwe, also fällt ihre zweite Vermählung in das Jahr 1461.

Schlöffer Rode und Elmt oder Elmoheim beigefüget werden. Ich finde nicht, daß Gerhard von Loen, aus der Blankenheimischen Linie, sich dargegen gesezt, welches anzeiget daß beide Heinsbergische Linien sich völlig von einander abgesondert hatten, daher auch die Herren von der Blankenheimischen nicht einmal mehr den Heinsbergischen Titul, und die von der besondern Heinsbergischen nicht den von Gülch geführet haben, obgleich beider Landen der gemeinsame Stammvatter, Johann II, beisammen gehabt hat. Dieses mag die Ursache seyn, daß neuere Schriftsteller (e), die den Zusammenhang beider Linie nicht gewußt, geglaubet haben, daß durch Johanns Tod das ganze Heinsbergische Geschlecht schon in diesem Jahr erloschen seye, welches jedoch in der Blankenheimischen oder Gülchischen Linie bis auf das Jahr 1468 oder 1469 also noch zwanzig und mehrere Jahre fortgedauert hat.

§. XXXVIII.

Seine Landen kommen durch die Erbtochter Johanna von Loen an das Naßauische Haus

Die Landen der Heinsbergischen Linie fielen also auf die lezte Erbtochter, Johanna von Loen, und mit dieser kamen selbige bald darauf an das Naßauische Haus. Denn schon 1450 wurde sie von ihrem Vormunder, dem Lüttichischen Bischof, an Grav Johann von Naßau und Saarbrücken, versprochen. Nach der Eheberedung vom 30 Nov. (f) sollte sie die vätterlichen Lande, nebst den Diestischen

---

(e) wie z. B. der Herr Geheime Rath *Reinhard* in dem zweiten Theil der Jurislisch-Historischen kleinen Ausführung in der zwölften Ausführung von dem Geschlechts-Register des Fürstlichen Hauses Naßau, Ottonischer Linie §. XLIV. p. 241. gethan hat, wo meines ermessens auch die Herrschaften Herrnthal, Rütt, Steinfurt und Herstal am unrechten Ort stehen.

(f) unter den Urkunden N. XLIX, worinn es unter andern heißt — dat die egenante Johanna von Loyn zu rechten Hylichsgut an den vorschriben Johan
Greven

von Heinsberg. 73

schen und Parweisischen Herrschafften, die ihr von ihrer Frau Mutter und Grosmutter noch ansterben würden, als einen Brautschaz in das Naßauische Haus mitbringen, und alle Beamten und Unterthanen wurden zur Versicherung dieses Rechts zugleich angewiesen, ihr und ihrem künftigen Gemahl zum voraus zu huldigen. Nur die Herrschaften Heinsberg und Geilenkirchen sollten noch zur Zeit, vermuthlich wegen noch nicht ganz bezahlten Schulden, in den Händen und im Genuß des Bischofs bleiben, doch so, daß er selbige weder versetzen noch verkaufen dörfe, worüber der Naßauische Grav dem Bischof einen besonderen Versicherungsbrief geben müssen (g). Der Braut wurde dagegen die Burg und die Stadt Werls an der Saar, welche Grav Johann von dem Herzog von Lotharingen pfandweis inne gehabt hat, deßgleichen die Herrschaften Kirchheim, Stauf, und Dannenfels am Donnersberg in der Pfalz zum Wittum verschrieben.

Da Johanna von Loen damals noch nicht einmal das zehende Jahr ihres Lebens zuruck gelegt hatte, so wurde wegen ihrer Vermählung auf den Fall, wenn sie noch vor ihren Mannbaren Jahren nothwendig würde, die Erlaubnis des Metzischen Bischofs zum voraus
K   erfor-

Greuen zu Nasaw bringen vnd ihme mit yr werden sal vre erue Lande vnd Herschaft der Schlosse lnd Stede Heinsberg Geilenkirchen vnd Dalenbrug ... lnd auch die Schloß Stedte vnd Pantschaft Wassenberg lnd des Herzogenroide ... lnd darzu solche Erbeschaft, Land lnd Herrschaft, die ihr von ihrer Moder lnd Altmoder anersterben mogen mit Nahmen Dlest, Meerhout, Zelem, Holey, Wyher, in allen andern guedern daran gehoerende ic.

(g) dat. vp St. Andreas tag 1450. Daher der Luttichische Bischeff auch noch in den folgenden Jahren in der Gestallt eines tutoris dominii Heinsbergensis vorkommt. z. B. in einer Schuldverschreibung des Naßauischen Graven von 1450 na Sent Nicholaus dach des beylichen Busschofe, sodenn in der Urkunde vom Jahr 1452 *ipso die ascensionis Domini*, durch welche er die Pfarrkirche zu Waldfucht in Ansehung des Vorschlagsrecht mit der Collegiatkirche zu Heinsberg vereiniget hat.

erfordert. So bald war diese nicht da (h), so genehmigte auch ihre Frau Mutter die Eheberedung am 28 Jenner 1451 nach ihrem ganzen Innhalt (i), und der Bräutigam mußte gleich darauf besiegelte Briefe von sich geben, daß Johanna von Loen wieder nach Heinsberg oder Millen geliefert werden sollte, im Fall er vor der Vollziehung des Beilagers ohnvermuthet sterben würde (k). Er hatte also seine Braut mit sich in das Saarbrückische genommen, deßwegen auch die Mezische Erlaubniß auf den Dechant der Collegiatkirche zu St. Arnual gestellet worden. Diese von Seiten des Naßauischen Graven genommene Versicht war nöthig, um sich der ihm versprochenen Landen desto besser zu versichern, zu deren Auslösung aus fremden Händen er bereits grose Summen verwendet hatte (l). Und damit

---

(h) nämlich am 20 Jenner 1451, an welchem Tag sie datiret ist.

(i) vp Donnerstag nach St. Paulus tag conversionis 1451.

(k) vp vnser lieuer Frawen Abent purificationis 1451.

(l) wie es in der Mezischen Bewilligungs-Urkunde heiset: attendentes, quod præfata dominia ac terræ & feoda per quondam nobilem virum Johannem de Heinsberg ipsius domicellæ patrem diversis personis & creditoribus pro nonnullis gravibus pecuniarum summis erant obligata & hypothecata & quod nisi in brevi redimerentur verisimiliter dubitabatur eorum occasione posse magnas guerras & controversias inter partes suscitari . . , tandem ipsam domicellam . , . cum dicto Johanne Comite . . . desponsarunt seu desponsari fecerunt & procurarunt expresso pacto interveniente quod ipse Comes ad solemnisationem matrimonii etiam ante annos pubertatis cum eadem procedere posset si necessitas hoc exigeret cum licentia tamen ecclesiæ, post quæ quidem sponsalia præsatus Johannes pro redemptione terrarum & dominiorum nonnullas graves & magnas expensas favore dicti matrimonii de futuro realiter exposuit, unde si contingeret ipsam domicellam ante solemnisationem hujus matrimonii cum ipso Comite contrahendam ab humanis decedere . . . . dictis terris & dominiis ac pecuniis per eum præmissorum occasione expositis frustraretur ac grave incurreret damnum, guerræque & quam plurima alia scandala suboriri possent rursus prout eadem petitio

damit er auch vor den künftigen Ansprüchen seines Bruders, des Grafen Philipp II von Naßau und Saarbrücken, gesichert seye, welcher, wie wir oben (§. XXXVI.) gehöret, Margreten von Heinsberg, die Batters Schwester der jungen Johanna, zur Gemahlin gehabt, und mit ihr einen Sohn Namens Johann gezeuget, der noch damals gelebet hat, so wurde vor diesen zu gleicher Zeit die Herrschaft Lewenberg abgetretten, dagegen aber alle übrige sowohl Heinsbergische als Dießische Landen der Johanna und ihren Erben versichert (m). Von dieser Zeit an kommt daher Grav Philipp von Naßau als ein Herr von Lewenberg vor, der in dieser Eigenschaft die Lewenbergischen Lehenleute schon am 13 Merz 1452 belehnet hat.

---

titio subjungebat ipsa Johanna domicella sponsa decimum suæ ætatis annum in proximo attinget & satis propinqua sit pubertati & satis corpulenta & in tuitione dicti Domini Comitis ac disposita ad matrimonium contrahendum &c.

(m) In einem besondern Vertrag, welchen Johann 1456, also nach seiner würklichen Vermählung bestätiget hat, und woraus Hugelgans in der Naßauischen Geschlechtstafel des Walramischen Stamms p. 49. folgenden Auszug liefert — Wir Johann Greve zo Naßaume vnd zo Sarbruegen dont kunt allen Luden also as durch Willen vnd Gebott des allmechtigen Gotz die Sloße Stede Lande vnd Lude van Heinsberg, van Dieß vnd van Spchem ic. nu zo rechter erffschaft ersturuen vnd komen sont an de edele Johanne, eliche dochter derselver Lande, die wilche dochter der erwerdige in Gode Fürst vnd Herre, Her Johann Busschowe zo Lutge Hertzouch zo Bullion vnd Greue zo Loen, geboren vnd angenomen Wurmunder derselver Dochter vnd Landschaft vns zo eyme ellgen Wyue bewißt . . . vnd as dan der edel Philips Greue zo Naßaume vnd zo Sarbruegen vnse lieue Broder, vnser egenanten Juyßfrauwen Moene nemlichen vrs Vaders Suster zo eyme ellgen Wiffe gehat hait, der Got benade, daruon vnße Broder vurß. eynen jongen ellgen Son leuende behalten hait, darumb vnd vmb mencherleye zwist . . . zo verhueden vnd fordere Fruntschaft vnd Werepnongen zo stedigen . . . vnse lieue Herr vnd Swager Busschoff zo Lutge vnsern lieuen Broder vnd synen eruen dat Sloß, Lant vnd vnderseyßen van Lewenberg . . . oeurgeuen vnd daryune gewilliget hait . . . so hayn wir Johann Greue zo Naßaume . . . verzich des Sloß . . van Lewenberg . . . beleist, beloft

hat (n). Es ist daher ohnmöglich, daß diese Abtrettung, wie der verstorbene Fürstlich Nassauische Archivrath, Herr Hagelgans, behauptet (o), erst nach dem Jahr 1456 geschehen seye, und noch weniger ist es wahr, daß damals noch ein zweiter Sohn, Grav Philipp Nassau, von der Heinsbergischen Margaret da gewesen ist, welcher um das Jahr 1443 gebohren worden seyn, und noch 1471 gelebt haben solle (p). Denn der Vertrag redet nur von dem einzigen Johann III von Nassau, dessen Geburtstag auf den 27 Jun. 1441 (q), mithin in das erste Vermählungs Jahr seines Herrn Watters einfällt (§. XXXVI.) Der jüngere Philipp muß also von der Wittgensteinischen Veronica seyn, Philips zweiten Gemahlin, welche er sich nach dem Tod der ersten Heinsbergischen, also nach dem Jahr

1446

---

beloft, bewilligt ꝛc. . . . vnd so wanne Johanna vnser elige Huyßframe mondich wurden vnd der hylich volfurt ist, so sal sun alle vnd ieliche dis brieffs punten ouch willigen . . . hiemit ist ouch beredt . . . daz der obgen. Philips vnßer Broider, Johan syn Son, vnser Vetter vnd vre eruen . . . vns Johan Greuen egntlich vnde vnse eruen by den Herschaften, Steden, Slossen, Landen vnd zogehoerungen Herneberg, Seylenkirchen, Da'enbrug, Waßenberg, Hertzogenrode, Dieste Eichem ꝛc. . . . . die vns mit der Edelen zokommenden Huysfrau Johanna von Loen, . . . jekommen synt vnd zokommen werden besslich vnd fredelich laissen ꝛc.

(n) *feria secunda post dominicam oculi* in der Person Salentin Herrn von Jienburg. Auf die nehmliche weise belehnete er am Freitag nach St. Lucien tag eben dieses Jahrs Engelbrechten von Orebeck, und *feria VI post Luciae* Wiganden von Steinbach, sodenn am Dienstag St. Dorotheen tag und *feria III post beatum Bartholomeum* 1453 Gobbarten zu Drachenfels Herrn zu Olbruck, und seinen Bruder Heinrich, in welchen Urkunden er den Titul: Grav von Nassau und Saarbrücken und Herr zu Lewenberg führet.

(o) l. c.

(p) wie eben dieser Hagelgans behauptet p. 57.

(q) l. c. p. 56.

von Heinsberg.

1446 beigeleget hat (r). Diesen giengen daher die Heinsbergischen Güter nichts an. Aber auch Lewenberg muß etliche Jahre darauf wieder zu den übrigen Heinsbergischen Gütern gekommen seyn, indeme Grav Johann II von Naßau seit dem Jahr 1457 sich nicht nur einen Herrn von Lewenberg geschrieben (s), sondern auch die Lewenbergischen Vasallen belehnet hat (t).

§. XXXIX.

Wenn er aber mit seiner Johanna von Loen das würkliche Beilager vollzogen, weiß ich so genau nicht. Sein Stiefschwoher, der von Generos, redet in seiner schon oben (u) angeführten Quittung vom Jahr 1452, und Teschenmacher (x) von 1454. Aber ihre eigene Mutter in dem feierlichen Uebertrag des Regiments über ihre Diestische Landen an ihren Tochtermann vom Jahr 1455 (y) wußte damals noch

---

(r) l. c. p. 84.

(s) In dem Versatzbrief über das Schloß und Herrschaft Dalenbrug, welche vor 5000 Gulden dem Gebbart von Slodorp, Herrn zu Leiten, zugleich Amtsweise auf Wiederlosung ingegeben worden Dat. auf den Sonntag na St. Mattheis tag 1457, davon der Anfang dieser ist — Wir Johan Greue zu Nassaw ind zu Sarbruggen here zu Heinsberg zu Lewenberge zu Dyest ind zu Sychen ind Johanna van Lonn Greuinne ind Frawe der Lande vorschrieuen doen kundt ꝛc. Auch auf seinem Grabmahl zu St. Arnoal in der Gravschaft Saarbrücken vom Jahr 1472 hatte er noch den Lewenbergischen Titul. Hagelgans l. c. p. 50.

(t) z. B. Heinrichen von Wildenberg uf St. Johanns Baptisten tag, Hermannen und Eberharden Mont von Nuwenstatt den 22 Dec, Salentin Herrn von Djenburg, und Johann von Elz uf St Johannis Evangelisten tag, und endlich Wilhelm von Drebeck, Herrn zu Dilbruggen den 29 Dec. 1458.

(u) p. 71.

(x) p. 412.

(y) dat. op Sonntag St. Bartholomeus tag, worinn es unter andern heißt

noch nichts davon, vielmehr sagt sie selbst, daß das würkliche Eigenthum erst alsdann vor dem Landes- und Lehenherrn übergeben werden sollte, wenn Grav Johann vnse lieue Dochter vorschrieben getrauwet ind in hylichs gewyse beschlaffen hat. Da nun die würkliche Belehnung von Herzog Philipp von Burgund, Lotharingen und Brabant erst am 20 Dec. 1456 erfolgt ist, auch in diesem Jahr die Schöffen von Löwen Zeugnis geben, daß Johanna von Heinsberg, die Gemahlin des Grauen Johan von Naßau, in die Landen des Johannen von Diest, in Erbschafts- und Erbkaufs Weise, eingewiesen worden, so mag auch erst damalen die würkliche Vollziehung der Heurath geschehen seyn (z). Etwas besonders aber ist es, daß erst noch in diesem 1456 Jahr der ehemalige Revers von 1451, die Braut an den Bischoff von Lüttich zurück liefferen zu lassen, von Grav Johann von Naßau wiederholet worden, wie Herr Hagelgans versichert (a). Genug, Grav Johan von Naßau erzielte aus dieser Ehe wieder zwei Töchter, Elisabet und Johanna, auf welche die mehrerwähnten Mütterliche, sowohl Heinsbergische als

Diest-

---

heißt — dat wir Johanna Witwe zu Heinsberg Frawe zu Diest, vnd zu Zeelem vorschrieben dem egenanten Johan Grauen zu Naßaw vnseren lieben Soene von wegen der Edeler Johannen von Loyn Dochter zu Heinsberg itzundt volmechtig ouergeuen hatten vnd in Macht dieses brieffs ouergeuen dat Regimente van allen vnd ieglichen diesen vnsen Landen Herrlicheiden, Schlossen, Dorperen, Ambtleuten ind Vnderseßen mit Nahmen Diest, Siechen, Zelem, Merhout, Holey ind die Burggraffschafft zu Antwerpen 2c.

(z) Denn das folgende Jahr hatte Grav Johann von Naßau schon den Titul von Heinsberg, Diest und Siechen 2c. den seinigen beigesezt, und in einer besondern Urkunde vom 25 Apr. die Freiheiten dieser seiner neuen Landen bestätiget. Den 18 Sept. eben dieses Jahrs 1457 genehmige er vnd seine Gemahlin auch die ehemalige Ueberlaßung der Herrschafften Heinsberg und Gellenkirchen an den Bischof von Lüttich.

(a) l. c. p. 49.

von Heinsberg.

Dieſtlſche, ja ſelbſt die Großmütterliche Parweyſiſche Landen (b) wieder vererbet worden, nachdeme die Frau Mutter, Johanna von Loen und Heinsberg, am 3 Sept. 1469 zu Mainz, der Herr Vatter, Grav Johann von Naßau, aber am 5 Jul. 1472 zu Wehingen im Würtembergiſchen geſtorben war, als er eben ſeinen Schwager, den Grav Eberhard von Würtemberg, beſuchen wollen, deſſen Schweſter Eliſabet ſeine zweite Gemahlin geweſen war. Beide wurden in der Stiftskirche zu St. Arnual beigeſezt, und beiden zu ihrem Andenken prächtige Grabmähler aufgerichtet, auf welchen man zugleich ihre Beſizungen leſen können (c).

§. XL.

(b) von welchen es noch in erſt erwähnten Regiments-Uebertragungs-Urkunde von 1455 heiſet: — Ind off vns by vuſem leuen einig erff ober gutt, ge-reit off vngereit anerſturue off zugefiele von der Edeler Johannen von Par-weiß Wittwe Srawe ꝛc Wier vnſer lieber Moder off van anders davon ſal derſelue Graue Jan alsdan auch dat Regiment hauen ꝛc. und weiter — vort iſt gedebingt ſo wannehr die Edel Johanna van Parrwyß Wittwe vnſer Jo-hannen Wittwen zu Heinsberg vorſchriben lieue Moder vam Leue zu dott kommen is, ind dat Huyß zu Wier, Coeſen, Eartyß, Hennef ind dat ge-teilte van Doepenbecke ꝛc. vns Johan Greue vorſchr. imwurden iſt, ſo ſol-len wir ꝛc. Dieſe Güter fielen aber erſt im Jahr 1460 an, in welchem Jahr ſie die verwittibte Johanna von Heinsberg und Dieſt vor dem Lüt'ichlichen Lehenhof aufgegeben und gebetten hat, ihren Tochtermann, Grav Johann von Naßau, als Mompar ſeiner Frauen, ihrer Tochter, damit zu belehnen welches auch von wegen der Gravſchaft Los am 24 Dec. geſchehen iſt.

(c) denn auf dem erſten ſtunde — Hie liegt begraben die Wolgeborne Johanna von Loyne Gräffynne zu Naſſaw vnd zu Saarbrücken, ge-borne Erffrau zu Heynsberg, zu Lewenberg, zu Dieſt vnd Siechem, Burggräfinne zu Antwerpen die geſtorben iſt in den Jaren vnſers Herren *MCCCCLXIX* off Sontags des dritten tages im September der Seelen Got gnedig ſey. Vnd auf dem anderen — Hie liegt be-graben der Wolgeborne Graue Johann Graue zu Naſſauwe vnd zu Saarbrücken Herre zu Heynsberg, zu Lewenberg, zu Sreſe (ſolle Dieſt heiſen) vnd zu Siechem, Burggraue zu Antwerpen, der geſtorben iſt in den Jaren vnſers Herren *MCCCCLXXII* des *XXV* Dages des Mondes Julii, des Seelen Got barmertzig ſin wolle. Beide hat *Hagelgans* l. c. p. 49. ſq.

§. XL.

und von dem Naßauischen Hauße an Gülch

Die ältere Tochter, Grävin Elisabet von Naßau, welche den 19 Oct. 1459 gebohren war (d), wurde schon den 22 Jun. 1463 an den jungen Herzog Wilhelm von Gülch, der der lezte seines Hauses gewesen, versprochen. Nach der Ehebcredung, die auf diesen Tag datiret ist (e), sollten ihr, so bald sie zu dem fünfzehenden Jahr gekommen, und das Beilager vollzogen worden, die Mütterlichen Herrschaften Heinsberg und Geilenkirchen, die Helfte von Millen, Gangelt und Vucht, nebst Waffenberg und Herzogenroid zur Mitgabe sogleich überliefert werden. Und auch die übrigen so vätterliche als Mütterliche Güter sollten ihr werden, wenn nicht mehrere Kinder dem Grav Johann von Naßau gebohren würden. Sie war also damals die einzige Tochter ihres Herrn Vatters. Aber Grav Johann zeugte nachher noch die zweite Tochter, Johannam, welche besage des vom Hagelgans angeführten Naßauischen Geschlechtsbuch am 14 Apr. 1464 gebohren worden. Auf welche mithin die weitere Verabredung passet, daß Herzog Gerhard, Wilhelms Herr Vatter, gleich bei Uebergebung solcher Herrschaften, zur Ausstattung solcher nachgebornen Kinder, an Grav Johan von Naßau zwölf tausend Rheinische Gulden heraus zahlen sollte. Doch wurde auch auf solchen Fall der Elisabet, als ältesten Tochter, ihr Recht vorbehalten, Es bestunde solches noch in zwei Drittheilen von den übrigen Landen ihrer Frau Mutter, wie aus der Heurathsverschreibung ihrer jungern

---

(d) *Hagelgans* l, c. p. 51. sagt, daß sie um das Jahr 1458 gebohren seye. Allein aus dem Revers des Herzog Wilhelms von Gulich und Berg vom Jahr 1472, der unten vorkommen wird, läßt sich die Zeit etwas genauer bestimmen.

(e) vf der Zilliger zien duysent Merteler dach 1463 unter den Urkunden N. LI.

von Heinsberg.

gern Schwester Johanna gegen den Marggrav Albrecht von Baaden vom 31 Aug 1469 (f) erhellet, in welcher dieser nur ein Drittheil zugesichert worden. Herzog Wilhelm von Gülch vollzoge seine Verbindung am 19 Oct. 1472 in Saarbrücken durch die würkliche Trauung (g), nachdem er schon vorher von den ihnen versprochenen und auf seine Gemahlin vererbten Landen Besiz genommen hatte. Denn sein Schwiegervatter war, wie wir schon oben gehört, schon am 5 Julius vorher gestorben. Herzog Wilhelm sagt dieses selbst in dem Revers vom 29 Sept. (h) eben dieses Jahrs, durch welchen er sich verbindlich gemacht, alle solche Lande an seine Schwägerin Johanna zurück zu geben, im Fall seine Braut, in deren Namen er sie zu sich genommen hatte, noch vor der würklichen Trauung und Beischlaf versterben würde, welcher jedoch nächstens, so bald sie das dreizehende Jahr habe, vor sich gehen sollte. Dieses muß also der 19 October gewesen seyn, an welchem die Trauung geschehen ist, und zugleich dem Herzoglich Gülchischen Hauße dieser schöne Zuwachs der Heinsbergischen und Diestischen Landen auf ewig versichert worden. Gräfin Johanna von Nassau, die jüngere Schwester unserer Gülchischen Herzogin, vermählte sich zwar, nach dem ihre erste Ver-

bindung

(f) gegeben uf den Dornstag nach sant Johans dag *decollatio* zu Latin genannt. S. *Hagelgans* l. c. p. 51. und des *Prof. Schoepflin historiam-Zaringo-Badensem* Tom. II. p. 291. wo es aber vermuthlich ein Druckfehler ist, daß unsere Gräfin Susanna genennt wird, die doch Johanna geheißen hat.

(g) *Hagelgans* l. c. Darüber wurde am 29 Sept. 1472 mit den Saarbrückischen Räthen zu Bensberg eine besondere Abrede getroffen, in welcher es heißt, daß der Brä·tigam auf den Sonntag St. Lucas Tag (18 Oct.) persönlich nach Saarbrücken kommen, und die Heurath vollziehen solle.

(h) gegeuen zu Bensbur up Sent Michaells dach des Hilligen Erzengels 1472.

bindung mit dem Marggrav Albrecht von Baden, ich weis nicht warum (i), wieder zurück gegangen war, im Jahr 1478 mit dem Pfalzgraf Johann I von Simmern, und hielte sich, wie aus ihrem zu Simmern noch jetzt befindlichen schönen Grabmahl zu sehen (k) ist, vor die alleinige Erbin ihrer Frau Mutter. Aber dieser Fürst und seine Gemahlin, nachdeme sie wegen ihren Forderungen, unter Kurpfälzischer Vermittelung, verschiedene Tractaten gepflogen, liessen endlich ihr Recht fallen, und verkauften ihren Anspruch, sowohl auf die Heinsbergischen, als Diestischen Lande im Jahr 1483 (l) an ihren Schwager, den Gülchischen Herzog, wodurch also dieser die ganze Erbschaft zusammen bekommen hat, davon gleich das Jahr darauf die Herrschaft Heinsberg und Geilenkirchen

---

(i) In der *Historia Zaringo-Badensi* T. II. p. 292 heißt es zwar, daß der Tod des Marggraven Albrecht, der am 18 Julius 1488 vor der Stadt Damin in Flandern erschossen worden, die Ursache seye. Allein dieses kann nicht seyn, weil ihre Eheberedung mit dem Simmerischen Pfalzgraven schon am Donnerstag nach dem Sonntag Jubilate 1478, also zehen Jahr vorher, zu Heidelberg abgeschlossen war.

(k) welches folgende Aufschrift hat: Anno salutis humanæ 1521 die vero 7 Mensis May illustris ac generosa Domina Joanna ex nobili prosapie Comitum de Nassau & Sarbrucken *unica comitatuum ac Dominiorum Loen & Hensberg haeres* uxor quondam illustriss. Principis Domini Joannis Co. Pala. Rheni Ducis Bavariæ ac Comitis in Sponheim senioris, quem vidua in mortem usque luxit iniqnis sie satis exigentibus non sine multorum lachrymis e vita ad coelestia migrat. Cui filius illustriss. Princeps Joannes in matrem plus hoc memoriæ ergo posuit. An Dni 1554.

(l) gegeben uf den Montag na dem Sonntag Lætare — alle vnser Gerechtigkeit die wir vnd vnser Erben hain oder gewynnen mogen an den Schlössen Stätten vnd Landen von Heynsberg, an den Schlosse lud Lande von Lewenberg, an der Statt dem Schlosse vnd Lande van Dieste, an dem Closse Stat vnd Lande ven Sichem mit alle der vorgeschrieben Stetten vnd Landschafften, Herrlicheyden, Hocheyden Dorfferen ic. Unter den Urkunden N. LIII.

Kirchen dem übrigen Gülchischen Staatskörper auf beständig einverleibet worden (m).

Von den Herren von Heinsberg aus der Blankenheimischen oder Gülchischen Linie, bis zur Erlöschung des ganzen Stammes.

XLI.

Der Urheber dieser Linie war Wilhelm I von Heinsberg, der zweite Sohn von Herrn Johann II von Loen, Herrn zu Gülch, und Heinsberg. Schon im Jahr 1399 wurde er an Elisabet von Blankenheim, Herrn Gerhards von Blankenheim, Herrn zu Castelberg und Gerhartstein mit Elisabeten von Wied erzeugten ältesten Tochter, verlobet. In der deswegen verabredeten Heurathsverschreibung (n) wurden ihm alle von seinem Schwiegervatter besessene Landen bis auf das Schloß Neublankenheim, welches mit seiner Zubehörde vor die jüngere Tochter Johanna vorbehalten war, zur Mitgieft versichert, wogegen ihm sein Herr Vatter auch eine von seinen Herrschaften, entweder Heinsberg oder Lewenberg, nach des ältern Bruders Wahl, versprechen müssen. Allein sein Schwiegervatter starb darüber, noch ehe die Heurath vollzogen worden, weil beide Verlobten die völligen Jahre noch nicht gehabt hatten. Wilhelm nahm als voraus bestimmter Erbe von seinen Landen Besitz, legte sich den Titul eines Graven von Blankenheim und Herrn von Gerhartstein

Von der Gülchischen oder Blankenheimischen Linie des Heinsbergschen Hauses. und zwar von Wilhelm I von Loen, Herrn zu Gülch und Graven zu Blankenheim.

(m) besage des Herzogs Revers gegen seine Landstände, der gegeben ist zu Caster vp den Sontag *reminiscere* in der Fasten 1484.

(n) dat. ipso die Lucae evangelistae 1399. unter den Urkunden N. XXXIV.

stein und Rastelberg bei, und veranlaßte dadurch, daß die Ehepacten von des verstorbenen Bruder, Graven Friederich von Blankenheim, Bischoffen zu Utrecht, am 13 Merz 1411 von neuem durchsehen, und mit Zusätzen vermehret worden (o). Es wurde zugleich verabredet, wie es mit dem Ruckfall dieser Blankenheimischen Güter, im Fall Grav Wilhelm ohne Kinder versterbe, gehalten werden, und was er von den vätterlichen Landen bekommen sollte, wozu jetzt die Herrschaft Lewenberg und Hunf erwählet worden. Aber im Jahr 1433 (p) hat ihm der Herr Vatter noch bei seinem Leben das Heinsbergische vierte Theil von dem Herzogthum Gülch abgetretten, worauf er den Titul und Wappen von Gülch angenommen, am 8 August 1437 (p) mit Herzog Gerhard von Gülch und Berg den Gülchischen Burg- Städt- und Landfrieden beschworen, und mit diesem solches Land gemeinschaftlich regieret hat. Aber Wilhelm starb bald darauf, wo nicht noch in diesem, doch gewiß in den folgenden Jahr. Denn schon am 21 Aprill (r) 1438 besorgte sein Sohn Gerhard von Loen, Herr von Gülch und Grav von Blankenheim die gemeinschaftlichen Geschäfte des Hauses mit seinen Oheimen, Johann III von Loen und Heinsberg, und mit dem Lüttichischen Bischof. Und am 2 Nov. (s) eben dieses Jahrs redet er selbst von seinem

Vatter

(o) Unter den Urkunden N. XXXVI.

(q) vp den nesten Mandach na des hilgen Sacraments dage unter den Urkunden N. XLV.

(q) Auf den nehmlichen Tag haben beide den alten Vertrag vom 15 Apr. 1420 beschworen.

(r) den Nesten Moendag na dem Sonndage *quasimodogeniti* in *Gudeni Cod. Dipl.* T. II. p. 1283.

(s) des anderten dags nae alre Heiligen dag 1438 l. c. p. 1285. — Also
as

Vatter als gestorben in einer Urkunde, wodurch er das Schloß Lewenberg aus den Händen Werners von Flatten, dem es verschrieben war, wieder an das Haus gebracht hat.

§. XLII.

Dieser Gerhard von Loen, und Herr von Gülch und Blankenheim wurde schon am 5 Mai 1431 mit Grav Friedrichs von Mörs und Saarwerden Tochter, Margaret, verlobet, die würkliche Trauung aber ist erst vier Jahr hernach vor sich gegangen. Weil sein Herr Vatter nur den einzigen Sohn gehabt, sodenn noch eine Tochter, Namens Margaret, so wurde in der Ehebercdung bedungen, daß diese mit Geld abgefunden werden, die Vätterlichen Lande aber auf Gerharden kommen sollten. Und damit es nicht bei des alten Johann II von Heinsberg Ableben, falls einer von seinen Söhnen noch vor ihm versterben würde, mit dem Enkel Irrungen gebe, so wurde zugleich verabredet, daß in diesem Fall die Kinder an des verstorbenen Plaz eintretten, mithin das representations-Recht gelten, und dieses auch Plaz haben sollte, wenn Gerhard mit Hinterlassung weiterer Kinder vor Wilhelmen das Zeitliche verlassen würde. So wenig war dieser Punct des Rechts noch damalen bei den Deutschen entschieden, daß ein jedes Hauß durch besondere Verträge sich helfen mußte. Der Braut wurden zehen tausend Gulden oder der Werth davon an Gütern zur Mitgift versprochen, und sie dafür auf das Schloß Reyl und Herrschaft Drimoelen bewittumt, welche sogleich nebst

Von Gerhard von Loen. Grav den zu Blankenheim.

L 3   Sinz-

---

as Wernher van Flatten dat Cloff Lewenberg ynne hat na lude brief ind Verschriefunge tuschen den hochgeboren mynen geminden lieven Herrn ind Enden Heren Johan van Lon hern zu Heynsberg ic. mynen lieven Oehmen Johan eldste Son zu Heynsberg und mynen geminden heren ind Vader selige hern Wilhelm van Lon here zu Guylich ind Greven zu Blankenheim ic.

Sinzfeld von dem Herrn Watter an Gerharden abgetretten worden. Um auch den Mörsischen Graven wegen dem Ruckfall der zehen tausend Gulten, im Fall die Braut ohne Kinder versterben sollte, sicher zustellen, wurde ihm die Herrschaft Blankenheim verschrieben, und er in die Gemeinschaft des Burgfriedens daselbst aufgenommen.

Schon am 8 Oct. 1437, also noch bei Lebzeiten des Herrn Watters, beschwor er mit diesem den Gülchischen Burg-Städt- und Landfrieden, sodenn den Vertrag, welchen sein Grosvatter, Johann II am 1 und 15 Apr. 1420 mit dem Herzog Adolf von Berg zu Kölln geschlossen hatte (t). Denn dieser Fürst war jezt gestorben, und ihm sein Vetter, der Herzog Gerhard von Gülch und Berg gefolget, gegen den also die alten Verbindungen wiederholet worden (u). Auch hatte er das Glück, daß er durch den Ausspruch und Vertrag vom 26 Oct. 1444 in dem Besiz dieses vierten Theils von Gülch gegen seinen Vetter, Johann IV von der Heinsbergischen Linie, welcher noch immer Ansprüche darauf gemacht hat, bestätiget worden (x). Dadurch bekam er auch die Helft von der Gülchischen Verschreibung (y), und ein Achtel von der Herrschaft Lewenberg, welches er aber noch in dem nehmlichen Jahr an diesen zurück gegeben hat. Er hat sich dafür auf einer andern Seite vergrößert. Denn von Gebhart Herrn von Brandenburg und dessen Gemahlin Katarina von Dollendorf kaufte er im Jahr 1445 das Hauß und Herrschaft

Dollen-

(t) oben p. 48.

(u) und zu mehrer Sicherheit, heißt es am Ende des wiederholten Landfriedens, so hauen wir Wilhelm van Loyn ein Herr zu Guilch ind Greue zu Blankenheim befohlen ind gehelschen den Edelen Gerardt van Loyn Junckgreuen zu Blankenheim vnsen gemynden lyeuen Son dieselue Burgfreden ... zu schweren ec.

(x) oben p. 69.

(y) daselbst p. 39.

von Heinsberg.

Dollendorf, und von Wilhelm von Hofleden und deffen Gemahlin Margaret von Gondersdorf a. 1457 (z) ihre Güter in der Eifel, benanntlich die Dörfer Rypsdorf, Hondersdorf, Merendorf und Gundersdorf, desgleichen die Höfe zu Lyeffendorf, Birgel und Welden. Auch hat er im Jahr 1450 die Hand zu dem Vergleich gebotten, welcher am 28 Jenner (a) zwischen ihm und Herzog Gerhard von Gülch und Berg auf einer und Grav Vincenz von Mörs und Saarwerden auf der andern Seite durch den Erzbischof Dietrich von Kölln, wegen Bruggen, Daelen und Dulken auch Wenrode, vermittelt worden. Am allermerkwürdigsten aber ist die Verbindung, welche er am 1 Oct. 1452 (b) mit der Gülchischen Ritterschaft und Landschaft selbst gegen den Herzog Gerhard eingegangen hat, weil dadurch ein grofer Theil des Gülch- und Bergischen Staatskörpers bei diesem Hause erhalten worden. Denn der Herzog Gerhard von Gülch und Berg hatte am 12 Merz 1451 (c) sich beifallen laffen, sein ganzes Her-

---

(z) besage Kaufbriefs, der gegeben ist vp Sent Gertruden tag unter den Urkunden N. L.

(a) dat. Colln des Gudestags na St. Pauwels dag. *conversionis*.

(b) vp Sent Remeisdag des heiligen Bischofs unter den Urkunden N. XLIX.

(c) vp St. Gregorius dach des heiligen Paifch — so ferre wir Gerhart Herzog vorgeschrieben geyne eliche kindere Soene off dochter van unsem lyue geschaffen na uns enlaiffen off jo wilcher zyt ind wanne dat diese dat geyne Nageburt van uns ... funden werde ... gejeuen han dem heiligen Sent Peter ind Stift van Colne ... dur eine erflliche ind ewige rechtschaffen ind volkomen Gifte unse Furstenthum ind Lande herna beschreuen, nemelich unse Herzogtom ind Land van dem Berge und van Blankenberg mit den Schloffen ind Steden as mit Namen die Borg Angermont, Blanckenberg, Winde.., die Borch jo Duyffeldorp, Beensbur, die Blenborch, Hoecklshouen, Eluerfelde, den Hardenkerch, Landtzberch, Lulftorp, die Borch an der Statt Suburch, den Nuwenberch, Angerfort, vort unfe Stede Duyffeldorp, Ratingen, Geritzheym Lenepe, Wipperfolrde, Rolde vur dem Walde, und

Blan-

Herzogthum Berg, mit dem Land von Blankenberg, und der Grav‐
schaft Ravensperg, nicht weniger mit den Aembter Sinzig und Re‐
magen, im Fall er ohne eheliche Leibeserben versterbe, dem Erzstift
Kölln erblich zu verschreiben. Er hatte sogar zur Versicherung dieser
Schenkung den Erzbischof Dietrich schon in den Besiz von Blanken‐
berg eingesezt, und ihme von allen übrigen Vergischen Aemtern zum
voraus huldigen lassen. Allein dem Grav Gerhard von Blanken‐
heim, und der mit ihm vereinigten Landschaft, war eine andere
Nachbarschaft durchaus nicht gleichgültig und sie stunden noch darzu
in der Besorgung, daß eine gleiche Verschreibung auch wegen Gülch
vorgegangen seyn mögte (d), in Ansehung dessen er mit Herzog Ger‐
hard von Gülch in unzertheilter Gemeinschaft gesessen hatte. Andere
Nachbarn waren damit eben so wenig zufrieden, dahero die Sache
zu grosen Weiterungen gekommen ist. Aber zum Glück starb der
Erzbischof Dietrich von Kölln, der diese grose Erwerbung gemacht
hatte, und wurde an seinen Plaz der Pfalzgrav Ruprecht am Rhein
den 14 Hornung 1463 zu seinem Nachfolger erwählet, dessen Bru‐
der, der siegreiche Kurfürst Friedrich, die Sache endlich dahin ein‐
zuleiten gewußt hat, daß das Erzstift durch einen feierlichen Ver‐
trag vom 1 Hornung 1469 (e) gegen Erhaltung einer Summe Gelds

von

Blanckenberg mit allen anderen vnsen Slossen Steden lnd Fryhelden darzo
lnd yn gehoirende. Inde vnse Graifschaft van Rauensßberg mit yren Slossen
lnd Steden nemlich Rauensberg, den Sparrenberg, den Lymberg, Slote
vnd Byluelde mit allen anderen Slossen lnd Fryhelden dairzo lnd yn gehol‐
rende. Auch vnse Srede Synzich vnd Remagen mit yren Plegen ꝛc. ꝛc.

(d) denn so heißt es unter andern in dem Bündnis — deils mit in gesatt lnd
vurgenohmen is as wir verstanden hain dat Land van Guilge verbnrende,
dat wir meinen also mit syn en soulde . . . lnd dairumb dat vurß. Landt
van Guilge lnd wir vorder zo grosem last komen mogten as zu besorgen es
na Gelegenheit geschehen mogte ꝛc.

(e) Meine Geschichte des Kurfürsten Friedrichs I von der Pfalz L. IV.
p. 328.

von Heinsberg.

von 45 tausend Rheinischen Gulden darauf gänzlich verziehen, und nicht nur die Urschrift vom Schenkungsbrief, sondern auch die schon im Besitz gehabte Herrschaft Blankenberg wieder zurück gegeben hat.

§. XLIII.

Eben so glücklich gienge es am Ende mit der Erbschaft des Bischofs Johann von Lüttich, Graven Gerhards von Blankenheim Vatersbruder, welcher, nachdem er wegen der Widerspenstigkeit seiner Lütticher etliche Jahre vorher sein Bistum zurück gegeben hatte, (f) am 18 Oct. 1458 gestorben ist (g). Es bestunde diese Erbschaft in den Herrschaften Millen, Gangelt, und Vucht, sodenn in den Herrschaften Stein, Merzena, und Lumpen, worzu als vermeinte nächste Erben seine beiden Schwestern, Maria und Jacoba von Loen, davon jene an Grav Johann von Naßau=Diez vermählet war (h), M sich

---

(e) vf vnser lieuer Frauen Auend *purificationis*.

(f) *Magnum Chron. Belgicum* p. 400. Igitur dum annus Domini MCCCCLII evolveretur Dominus Joannes de Heynsberch, posteaquam triginta annis & ultra Leodiensi ecclesiæ præfuisset, videns populum suum nimis effrenum moribus & ita insolentem, ut jam non humiliter acquiescere, sed audacter repugnare consuesceret, & non nunquam tumultuaria vociferatione impetum in eum facere tentaret, moerore nimium cœpit affici & tœdio contabescere, unde malens nullum habere dominium quam super generationem tam pravam & perversam, ac populum Indomabilem, deinceps gerere principatum, episcopatum cessit in favorem illustrissimi iuvenis Ludovici de Barbonia, salva sibi certa, quod viveret, pensione, und zwar wie es bald darauf heisset, per procurationem Philippi Ducis Burgundiæ.

(g) *Foullon historiae Leodiensi.* T. II. p. 38, wo aber das Jahr 1459 gesetzt wird. Daß dieses aber nicht seyn kann, belehret uns die Brabantische Belehnung vom 24 Oct. 1458. *Teschenmacher* p. 411 setzt gar das Jahr 1454 welches offenbar unrichtig ist.

(h) oben p. 60.

sich vorzüglich gemeldtet hatten. Sie waren auch so glücklich über Millen, Gangelt, und Wucht schon am 24 Oct. 1458 von dem Brabantischen Lehenhof die Belehnung zu erhalten, worauf die jüngere ihr Recht an die Naßauische Gräfin übertragen, und vor diese am 12 Merz 1459 die alleinige Belehnung erwürket hat. Aber unser Gerhard und der Grav Johann von Naßau-Saarbrücken, im Namen seiner Gemahlin der Johanna von Heinsberg, kamen darzwischen, und suchten die altvätterliche Verordnung geltend zu machen, vermöge deren die dem Bischof zur Leibzucht überlassenen Herrschaften Millen, Gangelt, und Wucht, auf ten Fall er versterben oder an ein anderes Stift kommen würde, an seine beiden Brüder und ihre Erben zu gleichen Theilen zurück fallen sollen (i). Um desto leichter zu ihrem Zweck zu kommen, nahmen sie am 6 Dec. gedachten Jahrs die Verabredung (k), der dritten damals noch lebenden Schwester, Gräfin Philippa von Wied, ihr Recht abzukaufen, welches diese besonders an die Herrschaften Stein, Merzena, und Lumpen gehabt hat (l), dem Naßau-Diezischen Graven zu seiner Abfindung einen

dritten

(i) Vätterlicher Entscheid über ihre Theilung vom 18 Febr. 1424. unter den Urkunden p. 79. — so sollent die Sloße Guede inb Renten ind iglich van den Sloßen Gueden inb Renten as sy velllich werdent wieder an beyde onse Soene (Johann III und Wilhelm I) vorgeschriuen ind yre Eruen vallen, ind die soelen sy sementlich besitzen inb gelich deilen, doch beheltlich dem eirwirdigen in Got onsem lieuen Heren ind Sone Wischoff van Luytge syner Zoichte an Millen Gangelt ind Wucht ꝛc.

(k) zu Heinsberg vp St. Niclaus tag 1459. — das .. vff hube datum gentzlich und freundlich vereiniget hauen vnd ouerkomen sullit van wegen der Cloße Stede und Lande van Millen, Gangelt, vnd Wuchte, auch Stryn, Lumben, Merzena, der vnd aller ander verkregen guede vnd gereliber haue die der hochgeborne Herr Johan van Loyne Herr zo Heinsberg zo Millen zo Steine seliger Gedechtnis vnser gnediger Here na gelaßen halt . . . . dat ist zu wissen ꝛc.

(l) vnd darzu drei busent Rynsche-Gulden vnd ein brittheil an den Renten
van

von Heinsberg.

dritten Theil der Erbschaft in der Güte anzubieten, und, wenn er
diesen nicht annehme, auf das ganze zu klagen. Beides geschahe.
Aber nicht Gerhard von Loen, welcher, wo nicht noch in diesem,
doch gewiß in der ersten Helfte des folgenden Jahres gestorben ist (m),
sondern sein einziger Sohn Wilhelm II von Loen und Grav von
Blankenheim hatte das Vergnügen, den gemachten Plan auszufüh=
ren, und zu sehen, daß ihm und seinem Vettern, dem Nassau=Saar=
brückischen Grafen am 29 Mai 1462 von Herzog Philipp von Bur=
gund, als erwählten Schiedsrichter, die ganze Erbschaft des Bischofs,
jedem zum halben Theil, zugesprochen worden (n), worüber sie das

fol=

---

van Steyne Lumben vnd Merzena so fern man die erkreigen mag die vnser
gnediger Jungfrauwen der Greuinnen van Wede vor ihr Gerechtigkeit das
von werden sollen.

(m) denn schon am Donnerstag nach vnser lieben Frauen Abend *assum-
tionis* (21 Aug.) 1460 kommt er als tod vor in einer Urkunde, worinn
Graf Wilhelm II sein Sohn bekennt — So as ... Gerhart van Loyn here
zu Gulich vnd Greue zu Blankenheim vnse leue Here vnd Vader seliger
Gedachtnisse vm die wolgebornen Phillppen von Loyn Dochter zu Heins=
berg Greuinne zu Wede, vnse lieue Moen gekauft hat alle ire Gerechtigkeit
der Landen von Millen, Gangelt, Bucht, Lumpen, Stein, Merzena vnd
vort aller ander Gutter vnd Gereiber hauen die der Erwurdiger Herr Johan
van Loyn here zu Heinsberg zu Millen zu Stein vnd zu Lumpen vnse leue
Here ind Oemen, derseluer vafer lieuer Moen Bruder seliger Gedechtnis
nachgelaßen halt.

(n) cum hesterna die, heißt es in der Urthel, super controverſiis differen-
tiis & queſtiouum materiis inter magnificos ac generoſos Johannem
Comitem de Naſſouwe de Dietze & de Vianden Dominum de Breda
conſanguineum noſtrum & Seneſchallum Brabantiæ fidelem dilectum
ac domicellas Mariam de Loos ſuam conthoralem & Jacobam de Loos
ejusdem Mariæ ſororem filias de Heynsberg conſanguineas noſtras præ-
dilectas ex una & Johannem comitem de Naſſauwe & de Sarebrugge
Dominum de Heynsberg ac domicellam Johannam de Loos ejus con-
thoralem, nec non Wilhelmum de Loos Dominum de Juliaco Comi-
tem

folgende Jahr noch verschiedene Verträge unter sich errichtet haben (o).

§. XLIV.

Von Wilhelm II von Loen, und Graven zu Blankenheim

Unter den wenigen Lebens- und Regierungs-Umständen, welche ich von diesem Wilhelm II weis, ist dieser einer, daß er und der Herzog Gerhard von Gülch und Berg am 3 Aug. 1460 (p) einen zehenjährigen Bund mit den Erzbischöffen von Trier und Kölln, und am 21 Merz 1461 (q) mit dem Bischoff Johann von Münster errichtet hat. Dem ersten ist am 15 Sept. eben dieses Jahrs auch der Naßau-Saarbrückische Grav beigetretten (r). Nach einer andern

---

tem de Blankenheim etiam confanguineos noftros prædilectos ex altera partibus occafione caftrorum oppidorum terrarum, & dominiorum de Millen, de Gangel & Vucht, nec non aliorum quorundam caftrorum terrarum & dominiorum clenodiorum atque mobilium & immobilium bonorum tam ex iure fucceffionis per mortem quondam reverendi in Chrifto Patris Domini Johannis de Loos ultimi epifcopi Leodienfis confanguinei noftri quam alias devolutorum tunc motis & pendentibus ex vi certi compromiffi ... declaraverimus dicta caftra oppida terras & dominia de Millen, Gangelt, & Vucht pro una medietate ad præfatum Wilhelmum Comitem de Blankenheim & pro altera ad predictos Joannem Comitem & domicellam Joannam ejus conthoralem Comitiffam de Naffauwe & de Sarrenbrugge ipfiusque Comitiffæ nomine fpectare & pertinere easdem terras ipfis adjudicando &c.

(o) nämlich am Donnerstag nach *conversionis Pauli* 1464 über der mobillar-Verlaffenschaft, und am Dinstag unser lieben Frauen Abend Lichtmeß wegen des Geschützes zu Millen. Jene überließ der Naßaulsche Grav ganz an den Blankenhelmischen auf St. Pauli Bekehrungs Tag, worgegen dieser *in crastino purificationis B. M. V.* Versicherung von sich gegeben, daß er ihn wegen der darauf haftenden Schulden vertretten wolle.

(p) zo Collne uff den neisten Sonntag nach Sen Peters dag ad vincula 1460,

(q) up den Sater tag na dem Sonntag letare halffsten.

(r) up den Dinsstag na unser lieuer Frauwen dage nativitatis 1461.

von Heinsberg.

dern Urkunde von ihm, die gegeben ist auf unser lieber Frauen Abend assumptionis geheisen Cruitwpunge 1461 bestätigte er den vätterlichen Vertrag wegen Bruggen, Dalen und Dulken. Am merkwürdigsten aber ist seine Eheberedungs-Urkunde vom 13 Sept. (s), nach welcher er sich Marien von Croy, die älteste Tochter Herrn Antonius von Croy, Graven von Porcyen, Herrn von Rente und Arschot, welche dieser mit Margreten von Lothringen erzeuget, zur Gemahlin beigeleget hat. Sie brachte ihm einen Brautschaz von sechszehen tausend Gulden mit, und wurde mit vier und zwanzig tausend Gulden auf das Heinsbergische Viertel der Schlößer und Aemter Caster, Nydeck, und Grevenbroich verwittumbt (t). Damals lebte noch Grav Wilhelms Grosmutter, die Elisabet von Blankenheim, die ihren Witwensiz zu Gerhartstein gehabt hat (u). Es wurde daher der Marien von Croy frei gestellt, ob sie nach deren Ableben ihren Witwensiz zu Caster mit dem zu Gerhartstein verwechseln wolle. Ob und wann es geschehen, weis ich nicht, dieses aber ist richtig, daß Wilhelm im Jahr 1468, ohne einige Leibeserben welcher das zu hinterlassen, in einer Fehde gegen das Erzstift Kölln bei Wichterich, Heinsbergische Gein dem Köllnischen Amt Leghenich, erschlagen worden (x), und daß schlecht beschließt.

(s) vp des hilligen Cruytz Auent *exaltationis* 1461.

(t) Nach Wilhelms Tod gab es darüber streit. Aber die Sache wurde durch einen Vergleich mit Herzog Gerhard von Gülch vp den neisten Srydach na Sent Peter ind Parvelsdage der hilliger Apostolen 1469 in Ordnung gebracht. Der Rest von dieser Streitigkeit wurde vp Sente Marien Magdalenen dach 1471 auf die Gülchische Ritterschaft gestellt.

(u) denn so sagt Wilhelm in dieser Eheberedung — Ind off ib geburt, dat vnse lieue Frawe ind Aldermoder de gewedompt is vp de platze Eloss Lante Herrlicheide van Gerentstein dam Lyue joe dolt queme ind der vursagten Junffrawe dann gelieffden vur pren Wedom jo hauen dat Eloss Wanonge ind Platze van Gerentsteyn dat sy der gebrupchen sal as Wedomps Guede.

(x) wie die daselbst aufgerichtete Crenz-Säule noch jezt bezeuget.

er nicht nur diese zweite Blankenheimische Linie, sondern auch überhaupt den ganzen Mannsstamm des Heinsbergischen Geschlechtes beschlossen hat.

§. XLV.

Von seinen Landen

Und dieses ist alles, was ich von Wilhelm II von Loen, und überhaupt von der Blankenheimischen Linie des Heinsbergischen Hauses weis. So wenig es ist, gegen das, was ich bei der Heinsbergischen Linie gesagt habe, so zuverläßig ist es doch. Aber, werden meine Leser noch fragen, wohin seine besessene Landen gekommen sind? ich antworte: der vierte Theil von Gülch fiele an Herzog Gerhard von Gülch und Berg, den Herrn Vatter des jungen Herzogs Wilhelm von Gülch und Berg, der, wie wir schon oben (y) gehöret, auch im Jahr 1472 die Landen der Heinsbergischen Linie erbeuratthet hat; die Blankenheimischen Lande aber kamen an die Graven von Manderscheid.

Kommt der vierte Theil von Gülch an den Herzog Gerhard von Gülch und Berg

Was den vierten Theil von Gülch anbelangt, so beruhete der Grund dieser Erbfolge in der Gemeinschaft mit den Heinsbergischen Herren. Denn diese waren mit den Herzogen von Gülch wahre Ganerben, welche das Herzogthum, so Lehen als Eigen, in unzertheilter Gemeinschaft besessen, und in einem ewigen Burg- Stadt- und Landfrieden mit einander gestanden hatten. Als daher Wilhelm II ohne Leibeserben verblieben, so war eine von den ersten Sorgen des Herzoges, den Kaiser Friedrich IV zu bitten, diesen ihm angestorbenen vierten Theil wieder mit dem ganzen zu vereinigen, um, wie es heißt, die allenfalsigen Ansprüche der Anverwandten unsers Wilhelms desto leichter abzuweisen, welche diese aus dem Grunde der

Ver-

(y) p. 80.

Verwandschaft machen könnten. Der Monarch that es, und belehnte am 9 Merz 1469 (z) den Herzog mit dem ganzen Herzogthum. Aber er änderte seine Gesinnungen, als etliche Jahre darauf der Burgundische Krieg ausgebrochen war, und Herzog Gerhard und sein Sohn Wilhelm die Partei des Herzogs Carl von Burgund erwählet hatten. Denn da beide darüber am 4 April 1475 (a) zu Kölln in die Reichsacht gekommen, so bediente sich Grav Vincenz von Mörs, unsers verstorbenen Blankenheimischen Graven Muttterbruder, der Gelegenheit, auch seinen Anspruch auf dessen Verlassenschaft geltend zu machen. Ich habe eine Urkunde vor mir liegen, nach welcher er schon am 29 August eben dieses Jahrs von dem Monarchen mit den Gravschaften Blankenheim und Gerhartstein zu Aachen belehnet worden (b). Da nun der Mörsische Grav in einer an-
dern

(z) zu Judenburg am Pfinztag vor St. Gregorien tag des Heiligen Pabstes. — Und wiewol als der obgenant Wilhelm von Loen Graff zu Blankenheim ohn einig Mansgeschlecht vnd Lehens Erben erstorben vnd abgegangen were ... auch daselb viertheil billig widderumb zu den anderen dreien theilen des vorgeschriben Hertzogthumbs Gülch kommen vnd zugefügt sein vnd pleiben solte, als auch der genant Hertzog Gerhard daselb Fürstenthum Gulich gentzlichen ... jetzund einhabe vnd besitze, nichtsdestominder sei er in fürsorgen das villeicht in krafft solcher gemelter Verschreibung etliche vermeinte Erben des vorgenanten Wilhelms van Blankenheim des genanten vierten theils Gülich letzten Inhabers daselb vierte theil mit seinen zugehörungen zu erlangen vermeinen ... vnd haben darumb ... den obgemelten vierten theil, so Wilhelm von Blankenhelm vnd seinen Erben, der ohn Mansgeschlecht vnd Lehenserben negst abgegangen, verschrieben gewesen ist, wiederumb zu dem obgenanten Fürstenthum Gulich vereinigt zugefügt vnd reconsolidirt. Die gantze Urkunde gebe unter der N. LII.

(a) am Dienstag nach *quasimodogeniti* besage Berichts der Sächsischen Gesandschaft an Hertzog Wilhelm von Sachsen dat. Cölln Mittwoch nach *misericordias Dni* 1475 in Müllers Reichstags-Theater unter Kaiser Friedrich *IV* 5te Vorstellung Cap. LXX. §. 6. p. 702.

(b) geben in vnser Statt Ach am Dienstag nach St. Bartholomes des
zwölf

dern Urkunde von 1477 auch von der Kaiserlichen Belehnung mit dem vierten Theil von Gülch spricht, nicht weniger Kaiser Friedrich selbst am 21 Mai eben dieses Jahrs wegen desselben Abtrettung an den Mörsischen Graven schon Comnissarien ernennet hat, so ist wohl nicht zu zweifeln, daß er auf den nehmlichen Tag, da ihm Blankenheim zugesprochen worden, auch mit Gülch werde belehnet worden seyn. Aber Herzog Gerhard zwang den Graven gar bald, daß er sein vermeintes Recht auf Gülch fahren lassen, und vor sich und seine Erben am 11 Dec. 1477 auf die Kaiserliche Verleihung einen ewigen Verzicht gethan hat (c). Nach einem vorhandenen rechtlichen Gutachten, welches der grose Hugo Grotius verfasset hat (d), sollen sich auch die Großmuhmen von unserm Wilhelm, nämlich die Philippa und Maria von Loen, gemeldet haben, davon, wie wir oben gehöret, jene an Grav Wilhelm von Wied, und diese an Grav Johann von Naßau=Diez vermählet gewesen. Allein man darf nur die Geschichts= Erzehlung aus diesem Bedenken bis auf den Tod des Blankenheimischen Graven gegen meine Geschichte halten, so wird man finden,

daß

---

h. zwölf Botten tag — das vns der Edel vnser vnd des Reichs lieber getrewer Vincenz Grafe zu Morse vnd zu Sarwerde fürbracht hat wie die Graueschaften Blankenheim vnd Gerartstein von Wellent Wilhelmen von Loen Grauen zu Blankenheim vnd Herrn zu Gülch der seiner Schwester Sohne gewesen vnd an eelich leibßerben mit tbode abgangen auf yhn als den negsten naturlichen erben von dem Blut geuallen were ꝛc.

(c) in dem Verzichbrief, der gegeben ist vp den neisten Donrestag na vnser lieuer frauwegen daige *conceptionis* heißt es unter andern — hat ich mit guden willen op die Belonunge ind alles anders ich vpt vierde teill des vurgenanten Herzogdoms van Gunlge an der K. M. erworuen ind erlangt hain ind vort vp alle die Gerechtigkeit mir ouermitz bolt myns lieuen Neuen Greuen Wilhelms van Blankenheim vurgenant van des vierden teills des vursagten Herzongdoms van Guulge wegen anersloruen ind anerfallen mach syn gentzlich luyterlich ind zomail verzlegen ind ouergeuen hain ꝛc.

(d) in Lunigs Staats *Consiliis* Tom. I. p. 1535.

daß dieſer Anſpruch gar wenig gegründet geweſen, und daß der Verfaſſer dieſes Bedenken bei ſolcher Arbeit würklich nicht ſichtbar iſt.

§. XLVI.

Wir haben oben geſehen (e) daß die Gemahlin Wilhelms I von Loen und Graven zu Blankenheim, Kaſtelberg, und Gerhardſtein, die ihm ſolche Gravſchaften als älteſte Erbtochter ihres Herrn Vatters zugebracht, noch eine jüngere Schweſter, Johanna von Blankenheim, gehabt hat. Dieſe wurde im Jahr 1421 an Johann, den letzten Herrn von Sleiden, vermählet, mit der er wieder Eliſabeten von Sleiden und Neuenſtein erzeuget hat, welche hernach Herrn Dietrich Graven von Manderſcheid, dem Stammvatter aller nachherigen Manderſcheidiſchen Herren, als Gemahlin beigelegt worden (f), und dem ſie wieder drei Söhne, Kunen, Johann, und Wilhelmen gebohren hat. Als Wilhelm II von Loen und Grav von Blankenheim geſtorben, waren dieſe Brüder, was die erſtgenannten Grav und Herrſchaften betrift, auf welche ihre Frau Grosmutter, Johanna von Blankenheim, nur bis auf den ledigen Anfall verziehen hatte, ſeine nächſten Erben (g). Da ſolche Herrſchaften von Alters her ein Gülchiſches Erblehen geweſen, davon ſchon im Jahr 1341 Gerhard Herr von Blankenheim die Herrſchaften Gerhardſtein und Neublankenheim von Marggrav Wilhelm von Gülch zu Lehen und offenen Hauß empfan-

und die Gravſchaft Blankenheim und Herrſchaften Kaſtelberg und Gerhardſtein an die Graven von Manderſcheid

---

(e) p. 88.

(f) *Imhof in notitia procerum imp.* L. IX. c. IV. §. 3. und *Struv de allodiis imperii* C. III. §. 76. p. 355.

(g) Um dieſe und die vorhelige Erbſchafts-Sache beſto geſchwinder zu überſehen, mag folgendes Schema dienen:

Wilhelm

98 Geschichte der Herren

empfangen hatte (h), so tratten nun auch die neuen Besitzere, die Grasven von Manderscheid, in solche Verbindlichkeiten ein, und bekennten durch einen feierlichen Revers vom 27 Nov. 1468 (i), daß nicht nur die Grafschaften, Schlößer, und Stadt Blankenheim, und Gerhardstein, mit ihren Zugehörungen, wie ihnen selbige von ihrem Schwager und Neveu, Grav Wilhelm von Blankenheim seligen Gedächtniß, angestorben, und er sie besessen habe, sondern auch ihre Stadt und Schloß Sleiden, desgleichen die Burg Neuenstein mit ihren Zugehörungen Erblehen und offene Häuser des Herzog Gerhards von Gülch und Berg seyn sollten. Auch die Herrschaft Sleiden und die Burg Neuenstein waren schon vorher ein Bergisches Lehen, welches 1360

(k)

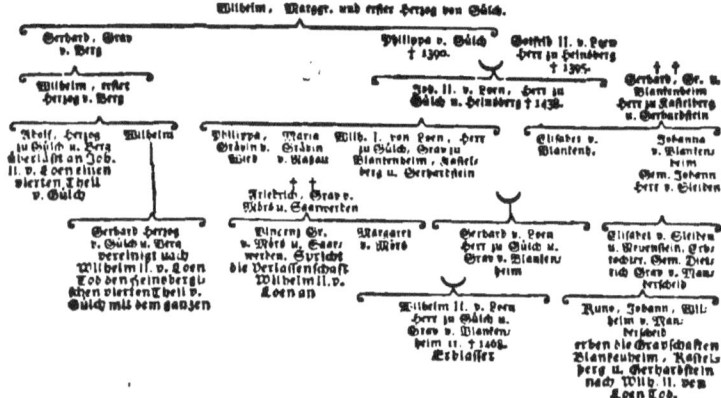

(h) vp S. Peters ind Sent Pauwels Abent.
(i) vp den negsten Sonntag na Sent Katherynen dage der hilliger Juntferen.

von Heinsberg.

(k) Herr Johann von Sleiden von der verwittibten Grävin Margret von Berg, und 1389 (l) Conrad von Sleiden und Herr zu Neuenstein von ihrem Sohn Wilhelm, dem ersten Herzog von Berg, empfangen hatte. Und ist es merkwürdig, daß in dem Lehenrevers von 1468 nicht der alte Grav Dietrich von Manderscheid, sondern allein seine Söhne den Blankenheimischen Titul geführet, zum Beweis, daß solche Herrschaften nicht so wohl dem Herrn Vatter, als vielmehr seinen Söhnen, wegen ihrer Frau Mutter, zugehöret habe. Aber doch schrieb Dietrich sich einen Herrn von Sleiden, welche Herrschaft ihm also in seiner Eheberedung mit der Elisabet von Sleiden muß versichert worden seyn, wie oben (§. XLI.) dem Wilhelm von Loen die Herrschaften Blankenheim, Gerhardstein und Kastelberg, von welchen dieser auch sogleich Titul und Wappen angenommen hat. Es ist daher wieder die Wahrheit, daß solche Herrschaften erst im Jahr 1468 durch einen freiwilligen Auftrag der Manderscheidischen Vasallen aus einem puren Eigenthum ein Gülchisches Lehen geworden sind, wie die erst angeführten Imhof und Struv behaupten.

Aber beinahe wären diese Manderscheidischen Graven wieder um ihre ganze Erbschaft gekommen. Denn als sie dem Herzog Gerhard von Gülch bei Gelegenheit einer sichern Fehde die verlangte Oeffnung und Einlassung in ihre Städte und Vesten 'abgeschlagen, welche doch in dem angeführten Lehenrevers von 1468 allen Herzogen von Gülch auf ewige Zeiten vorbehalten war (m), nicht weniger das Schloß Drimolen, das mit in das

N 2 Blank-

(k) *up sent Andreas dach des hilligen Apostels.*

(l) *feria quinta post festum Pentecostes.*

(m) wenigstens in den Schoffen und Stadt Sleiden und Neuenstein — der vorgenante unse gnediger Here ind synre Gnaden Eruen ind Nakomen Hertzougen zo Gülche sullen ind mogen sich ouch van nu vort an zo erfflichen ewigen

Blankenheimische Lehen gehöret hat, selbst verwüstet, und Neuenstein von seinen Beveftigungen entblößet, folglich nicht nur das Gülchische Oefnungsrecht unbrauchbar gemacht, sondern auch selbst feindliche Einfälle in das Herzogthum Gülch gethan hatten, so wurde der Herzog darüber so aufgebracht, daß er schon am 23 Jenner 1473 ein Lehen-Gericht nach Gülch ausgeschrieben (n), welches, nachdem es zum drittenmal die Manderscheidischen Graven wegen dieser Verweigerung und Vergehung, wiewohl vergebens, vor sich geladen, ih-

nen

ewigen zoden vnsser den vurß. Sloffen ind Stat zur Sleiden ind Nuwenstein gelich yr seiffs Sloffen ind Steden behelpen tgen alre yre vlande de nu sont off hernamals syn ind vmberme werden molchten darzo wir In ouch helpen sullen zo allen zoden so wanne sy des an vns off vnsen Eruen ind an den de de vurß. Sloffe ind Stat zur Sleiden ind Nuwenstepne inne hetten gesinnen ... niemands vyßgescheiden dan alleine dat Romsche Rych, den Hertzog ind Lant van Lurenberg, den Hertzouch ind Lant van Brabant, den Greuen ind Lant van Spaynheim ꝛc.

(n) Gegeuen zo Randenrolde vp den nesten Saterstach na sent Agneten dage, an welchem Tag er sich auch in einer offenen Urkunde gegen die Manderscheidischen zum Rechten erboten hat, worinn es unter andern heißt — As ir hiebeuor de Sloß ind Stede Blankenheym ind Gerartstein mit der ganßen Graifschaft ind Herlichkeit darzo gehoerende van vns — — zo Erfflehen intfangen hat vnsse vnsser Eruen ind Nakomlingen Hertzougen zo Guvlge Erff offen Sloffe ind Stede zo syn ... hat auch desgleichen de Stat von der Sleyden as zo erffleten ind offen Sloß vort dat Eloff van der Sleyden ind Sloß Nuwenstepn zo erffoffen Sloffen intfangen ... herenboe-men hat ir intgain vyre hoge geloifde ind Eyde verhangt dat ezliche vyre dienere ... vnse vyande worden synt daromb wir vch schrifflich ind montlich bant ersocht ind doin ersuchen vyre hulde ind Eyde hoch vermant vnff de Sloffe mit der offenungen burgerlert tgeen de vurß. vnse vyande ze offenen ind vnse hulffer gegen beseluen zo werden, en hait ir vch dar ran nit gekeirt ... hat er ouch dat Huyß drynmoelen dat selff vns mit ind glich anderen zogehoeren der Grafschafft ind Herrlichkeit Blankenheym ind Geritstepn Lehens haluen ind anders bewant ind ouch zo vnsen eigendo-me alda gehoerende moitwillig verbrant ind verwust, des gelichen dat Sloff Nuwenstein vnse Erffoffen Sloffe affgebrochen ind verwoist vns vnsser offe-nongen ind inhalz daran berolfft tgeen yre gesworen hulde ind Eyde allet bupffen vnsen wiffen ind willen ꝛc,

nen, als Lehenpflicht vergessenen, alle solche Grav- und Herrschaften am 29 Merz ab- und dem Herzog als verwürkte Lehen zugesprochen hat (o). Noch ehe dieses geschehen war, hat der alte Grav von Manderscheid und nach ihm auch sein Sohn, Grav Wilhelm von Manderscheid (p), würkliche Fehdebriefe, gleichsam zur Nothwehr gegen den Herzog ausgehen lassen. Und hat besonders der älteste Manderscheidische Sohn, Grav Kuno von Blankenheim einen neuen noch nicht gehörten Anspruch an den Heinsbergischen vierten Theil von Gülch, als nächst gestipter Anverwandte des lezt verstorbenen Wilhelms von Loen, dieser Forderung entgegen gesezt (q). Allein durch den Vergleich vom 12 Jenner des folgenden Jahrs (r) wurden alle diese Forderungen und Gegenforderungen in der Güte verglichen, die Graven, auf geschehene Vorbitte, von dem Herzog wieder zu Gnaden aufgenommen, und mit den Grav- und Herrschaften Blankenheim, Gerolдstein, Sleiben und Neuenstein auf den alten Fuß von neuem belehnet, und also auch die Claußel des Lehenbriefs

(o) vp den neisten Maentach na dem Sondage *letare* 30 halff Vasten 1473.

(p) jener vff St. *Scholastica* dach (10 Febr.) worinn es heißt — — durch mircklliche noit sachen vns darzu bringen ind bewegen die sich zu sinner zut wail befinden sollent werden vnd wir truwen zu bewysen ic. und dieser vff den Samstach nest na den hilligen Osterdage (24 Apr.) 1473.

(q) vff den XII Dach des Mayes 1473 — so fordere ich an vch in diesem myme offenen brieue das vierten deil des Herzouchdoms van Gulche in all der wyse myne lieue Neue sellige dem Got genade Wilhelm van Loyn Here zu Gulche Graeffe zu Blankenheim das beseßen vnd Ime zugehorig was, mir das anstatt Inzuzeben mit aller Nuzongen davon dann ich myme egenanten Neuen van Blote so na gewant ind geboren bin, des mine Broder Ind ich je fast billiger syne erffe besizen dan Jr can keiner Slyppe wegen Ime so na verwant synt als wyr ic.

(r) vp den neisten Gudenstach na dem hilligen druyzienвdach 1474.

102 Geschichte der Herren von Heinsberg.

von 1468 wiederholet, daß alle dieselbe, nichts ausgenommen, im Fall die Manderscheidischen Gebrüder ohne eheliche Leibeserben absterben, oder der ganze Stamm ausgehen würde, alsdann an den Herzog von Gülch zurückfallen, und mit dem Herzogthum Gülch auf ewig vereinigt bleiben sollten. Auch haben sie sich verbinden müssen, das Schloß Neuenstein wieder aufzubauen, damit Gülch an seinem Oeffnungsrecht nichts verliehre.

Und dieses wäre also die Geschichte des vornehmen und berühmten Heinsbergischen Geschlechtes, welche, wie sie Heinrich sein Stammvatter mit seinem Siegel angefangen hat, so dessen Gemahlin Agnes, als Stammmutter, mit dem ihrigen schließen soll.

ad pag. 102.

Simon, Grav von
Sponheim. Stifter der
Kreuznacher Linie oder der
vordern Gravschaft
Sponheim.

ohann I.	Heinrich	Adelheid
n Lewenberg. Kommt	1271.	Gem. Grav Dietrich
or 1298. (§. VII.)	(§. VI.)	von Cleв 1261.
Lewenbergischen Linie.		(§. V.)

Johann II.	Heinrich	Johann	Dietrich
von Lewenberg	von Dollen-	von Merheim	von Eckerscheit 1330
1325 (§.VIII-	dorp 1330	1330	(§.VIII.)
IX.)	(§.VIII.)	(§.VIII.)	

Heinrich II.	Dietrich
Grвon Lewenberg	von Lewenberg
zu St 1336. 1345.	1336.
1326 (§.IX.)	(§.IX.)

ad pag. 102.

ul an 1354-1395.

Joha Lewenber Gem. von	Katerina von Loen, Gem. Gisbrecht von Buiren verm. 1389. (§. XXVI.)	Maria von Loen, Gem. Grav Heinrich von Reiferscheid 1384. (§. XXVI.)
Johann Heinsber † 1 Ma Gräbin v verm	...oen geb. 1424. Gem. Johann ...und Blanden, §. XXXIV. III.)	Jacoba v. Loen wird ein Nonn in Mecheln, lebte noch 1462 (§. XXXIV. §. XLIII.)	Elisabet, eine natürliche Tochter, verheurathet an Arnold, von Huern den wilden, (§.XXXIV.)

| Johann und Lewes † 27 Ja Gem. |

| Johan Liest, von |

| Elisab 19 Oct. Herzog vo 22 Ju 1472. Er Lie |

Abhandlung
von den
Sigillen
der
Herren
von Heinsberg.

Mit sieben Kupfer-Tafeln.

§. I.

Die ältesten Sigille, die wir von weltlichen Deutschen Fürsten auch Grafen, und Herren haben, stellen gemeiniglich ihre Person geharnischt zu Pferde vor, so wie sie gegen den Feind auszuziehen gewohnt waren, mit einem Pannier oder Schwerd in der rechten Hand und mit einem Schild in der linken. Dieser war vor dem eilften Jahrhundert allemal leer, und wird es vor etwas gar seltenes gehalten, daß Drebius (a) ein Siegel von Graf Robert von Flandern vom Jahr 1072 aufweisen können, worauf schon ein Löwe im Schilde des Grafen zu sehen ist. Noch in der ersten Helfte des zwölften Jahrhunderts war es also (b), bis endlich bei den mehr und mehr empor gekommenen Kreuzzügen die Heerführer derselben, und andere vornehmere Kreuzfahrer angefangen haben, Unterscheidungs-Zeichen anzunehmen, und auf ihre Schilde und Paniere zu sezen. Von

D dem

(a) *de figillis Comitum Flandriae* pag. 6. Seine Nachfolger liessen diesen Löwen wieder fahren, bis auf Graf Philipp I von Flandern, in dessen Siegel vom Jahr 1161 er wieder zum erstenmal erscheinet l. c. p. 19. Noch im Jahr 1157 hatte dieser Philipp, wie sein Herr Vatter, Graf Dietrich, einen leeren Schild. *Heineccius de figillis* auf der X und XVI Tafel hat solche nachstechen lassen.

(b) davon zur Probe die alten Pfalzgräflichen Siegel von den Pfalzgrafen Heinrich von Lach, Siegfried, und Wilhelm beim *Tolner hist Palat.* p. 364. nachzusehen sind. Andere von Graf Conrad II von Lurenburg, der 1136 gestorben ist, wie auch von Graf Heinrich von Namur, Graf Ludwig von Chinen und von Graf Gotfrid von Namur hat *Bertholet* T. VI. *de l'histoire ecclefiastique & civile du Duché de Luxenbourg* Tab. I. IV. VIII. und X mitgetheilet.

dem Herzog Heinrich I von Brabant sagt Putkens (c) ausdrücklich, daß er unter seinen Vorfahrern der erste gewesen, welcher den Brabantischen Löwen auf seinen Schild gesezt, als er im Jahr 1183 in das gelobte Land ziehen wollen, und daß seine Nachfolger denselben hernach beibehalten haben. Mit dem Habspurgischen Löwen geschahe das nehmliche unter Alberten dem Reichen von Habspurg, und Landgraven im Elsaß, dem Urgrosvatter des deutschen Königes Rudolf, von welchem der vortreffliche Herr Professor Schöpflin (d) zwei Sigille mitgetheilet hat, auf deren einem der Schild noch leer ist, auf dem andern aber schon mit einem Löwen pranget. Albert starb 1199, woraus also zu ersehen ist, daß der Ursprung des Habspurgischen Löwen mit dem Brabantischen fast in ein Zeitalter fällt. Auf eben diese Weise hatte auch Grav Engelbrecht von Berg in seinem Siegel vom Jahr 1189 noch einen leeren Schild, sein Sohn Adolf von Berg aber erscheinet schon im Jahr 1210 mit einem Unterscheidungs-Zeichen, das ist, mit zween doppelt verzahnten Querbalken, welche auch noch sein Tochtermann und Nachfolger, Herzog Heinrich von Limburg, als Grav von Berg, beibehalten hat, wie dessen Siegel vom Jahr 1244 beweiset. Aber dieses Sohn, Grav Adolf von Berg, ließ solches Zeichen wieder fahren, und bediente sich gleich seinem Grosvatter, Herzog Walram II von Limburg (e), eines zum Streit gerüsteten Löwen, welcher das gemeinste Unterscheidungs-Zeichen oder Wappen der Grosen, besonders der Niederländischen gewesen ist, womit sie entweder ihren Heldenmuth anzeigen, oder, wie

Pontus

(c) *in Trophées de Brabant* Tom. I. L. IV. p. 199.

(d) *in Alsatia illustrata* Tom. II. p. 512. Tab. IV und V. verglichen mit p. 498. §. LXXXII.

(e) dessen Siegel *Berthokt* l. c. Tab. III. N. XV und XVI. mittheilet.

der Herren von Heinsberg.

Pontus Heiterus (f) sagt, die Asiatischen Fürsten, gegen welche sie oder auch ihre Vätter gefochten, nachahmen wollen. Man siehet hieraus, daß die Annahm und Erwählung eines solchen Waffenzeichens nach Wohlgefallen geschehen, und daß die Wappen also mehr etwas persönliches vor den Fürsten und Herrn eines Landes, als vor das Land selbst gewesen waren.

§. II.

Auch bei unsern Heinsbergern haben wir ein Beispiel von dieser Wahrheit. Das älteste Heinsbergische Siegel, das mir bekannt ist, und das in dem Stifts-Archiv zu Heinsberg verwahret wird, ist vom Jahr 1217 und von Dietrich Herrn von Heinsberg, aus dem mittlern Geschlecht. Es stellt ihn geharnisch zu Pferd vor, mit I Tafel n. 1. einem Degen in der rechten, und mit einem vor sich haltenden Schild in der linken Hand, mit der Umschrift: SIGILLUM. THEODERICI.

(f) *de veterum ac sui saeculi Belgio* L. II. c. 25. p. 174. unde (Europæ Principes ex sacro bello) victores reversi signorum notas in armis, scutis, clypeis, vexillis, ac sagis militaribus pro maxima parte mutavere. Quidam enim cæsi a se Mahumetici Principis signum in fortitudinis aeternum testimonium sumentes posteris reliquere. Alii devictæ alicujus præclaræ urbis signum assumpsere, aut aliis de causis avita majorum suorum gentilitia signa domum reverentes mutavere, quod etiamnum hodie videre licet in Hollandiæ, Flandriæ Brabantiæ vetustis clypeis. Alii distinctionis causa nova signa excogitavere, quemadmodum Duces Brabantiæ a Lotharingis separati, quod & multi alii sunt imitati. Quod autem tam multi principes mutatis coloribus Leones affectarint, factum censeo imitatione Asiaticorum Principum, ac præcipue eorum, qui minorem Asiam incolebant, cujus majorem partem, cum olim Trojanos possedisse intellexisset, eosque in scutis Leonem circumtulisse audissent, quum se omnes a Trojanis oriundos vulgo credi vellent & ad huc hodie multi velint, imo non pauci id ipsum jam dudum sibi ipsis persuasissent, Trojanum omnes Leonem assumebant ac promiscue volebant &c.

DE HEYNSBERG. Auch hier ist der Schild noch leer, zum Beweis, daß die Herren von Heinsberg damals sich noch kein Wappen erwählet gehabt, wenigstens dieses auf die Nachfolger sich nicht fortgepflanzet habe. Aber auf dem Gegensiegel siehet man einen zum Flug gerüsteten Vogel auf Felsen, mit der Umschrift: ET DE VALKEN-
Tafel n. 2. BERG. Meine schon oben (g) geäuserte Muthmasung, daß Dietrich kein gebohrner Heinsberger seye, wird dadurch bestätiget, und ich glaube jezt nicht zu fehlen, wenn ich ihn zu dem Falkenbergischen Geschlechte zähle, dessen redendes Wappen er hier in dem kleinen Siegel geführet hat. Denn um ein anderes solcher kleinern Siegeln von Herrn Dietrich von Monjoie und Falkenburg vom Jahr 1265, worauf eine Burg auf Felsen, und darauf der vorige zum Flug gerüstete Vogel oder Falk sizet, ist die Umschrift: CLAVIS. SIGILLI.
Tafel n. 3. DE. VALKENBVRG.

§. III.

Als Grav Heinrich von Sponheim mit seiner Gemahlin, der Heinsbergischen Erbtochter, diese Herrschaft ererbet hatte (h), brachte er sein Sponheimisches Wappen mit, und bediente sich dessen auch in Heinsbergischen Ausfertigungen, zum Beweis, daß er mit der Herrschaft Heinsberg kein besonderes Heinsbergische Wappen oder Siegel geerbet habe. Ich habe dieses Sponheimische Siegel gleich zu Anfang meiner Heinsbergischen Geschichte mitgetheilet, auf deme man die Sponheimischen Würfel in dem Schilde des Reutenden ohne die geringste Abänderung erblicken wird.

§. IV.

(g) p. 7.
(h) p. 5.

der Herren von Heinsberg.

§. IV.

Selbst sein ältester Sohn, Dietrich I Herr zu Heinsberg, bediente sich noch dieses Sponheimischen Waffenzeichens, doch mit dem Unterscheide, daß er über den Sponheimischen Würfeln einen Turnierkragen mit fünf Latzen hat, und daß dieses sein Siegel kein Sigillum equestre, sondern ein bloser Schild ist. Ich schliese daraus, daß Dietrich von Heinsberg sich desselben noch bei Lebzeiten des Herrn Vatters bedienet habe. Denn ein Sigillum equestre war zu damaligen Zeiten ein Zeichen der würklichen Gewalt und Selbstregierung. Heinrich von Heinsberberg war daher kaum verschieden, so erschiene Dietrich schon im Jahr 1258 auf einem solchen Siegel, woraus man das Sterbjahr seines Herrn Vatters, welches oben (i) zwischen 1257 und 1260 gesezet, nun etwas genauer bestimmen kann. Das merkwürdigste dabei ist, daß er der erste in seinem Hause gewesen, welcher einen gekrönten Löwen in seinen Schild gesezet hat, den hernach alle Heinsbergische Herren von seiner Linie beibehalten haben. Er verließ auch den Sponheimischen Geschlechts-Namen, den noch sein Herr Vatter auf seinem Siegel geführet hatte, und nennte sich sowohl in Urkunden, als auf seinem Siegel blos einen Herrn von Heinsberg. Denn auf diesem lese ich nur: SIGILLVM. THEODERICI. DOMINI. DE. HEINSBERCH, ob er gleich auch die Herrschaft Blankenberg besessen hatte, die von dem Sainischen in das Sponheimische, und von dem Sponheimischen in das Heinsbergische Haus gekommen war (k).

I Tafel n. 4.

I Tafel n. 5.

§. V.

(I) p. 8.
(k) wie ich in der Genealogischen Geschichte der Graven von Sponheim p. 97.
und

§. V.

Aber sein Bruder Johann I von Lewenberg behielte den vätterlich-Sponheimischen Wappenschild bei. Und er, wie auch seine Nachfolger, sezten nur dieses dazu, daß, wie wir auch schon bei dem ersten Siegel seines Bruders gesehen, über den Sponheimischen Würfel ebenfalls ein Turnierkragen mit fünf Lazen hinlaufet. Entweder thaten beide Brüder dieses, um ihr Siegel blos von dem Vätterlichen bei seinem Leben zu unterscheiden, oder, weil sie mit den Sponheimischen Graven, von denen dieses Wappenzeichen hergekommen war, in keiner Gemeinschaft mehr gestanden hatten, auch von den eigentlich Sponheimischen Gütern nichts in Besiz gehabt. Denn auch Lewenberg war ein altes Sainisches Gut (1). Die Aufschrift dieses Siegels, welches an einer Urkunde vom Jahr 1268 hanget, nennt Johannen nur einen Herrn von Lewenberg. SIGILLVM JOHANNIS. DE. LEWENBERG. Er sezte aber den Heinsbergischen Geschlechts Namen bei, als er nach dem Tod des Herrn Vatters die Regierung in seinem Landes-Antheil bekommen hatte, und er sich ein grösseres Siegel machen lassen, welches folgende Umschrift hatte: S. JOHANNIS. DE. HEMSBERG. DNI. DE. LEWENBG. Er ist darauf zu Pferde, mit einem Schwerd in der rechten, und einem Schild in der linken Hand, auf welchem die Sponheimischen Würfel mit

I Tafel n.1.

II Tafel n.2.

---

und 105 gezeiget habe, und neben deme noch der Verzichtbrief Heidenreichs von Thune dat. *III Kal. Marcii* 1251 beweiset, worinn er gegen Heinrich von Heinsberg verzeihet omni impetitioni five queſtioni quam movebam nobili viro Henrico Domino de Heinsberg ſuper bonis de Eytdorp ceterisque bonis que ſpectabant ad feodum caſtrenſe de Blankinberg que pater meus bone memorie tenuit ab illuſtri viro Henrico beate memorie Comite Seynenſi avunculo ipſius Domini de Heinsberg &c.

(1) l. c. p. 88.

mit dem Turnierkragen sichtbar sind. Sein älterer Sohn Heinrich I Herr zu Lewenberg hatte nur einen blosen Schild mit den Sponheimischen, jezt Lewenbergischen Würfel, und Turnierkragen, und diese sezte er sogar auf sein Waffenkleid und Pferdsdecke, als er sich II Tafel n. 3. ein Hoheits-Siegel beigeleget hat. Auf jenem war noch die Umschrift: S. HENRICI FILI. DNI DE LEWENBG MILITIS, zum Beweis, daß es noch dasjenige gewesen, welches er schon bei Lebzeiten des Herrn Vatters gehabt, auf diesem aber, das ich an Briefen von 1320 1333 und 1338 angetroffen, heißt es: S. HENRICI. DE. II Tafel n. 4. HEMSBERCH. NOBILIS. DNI. DE. LEWENBERCH. Der einzige Unterscheid ist, daß bey jenem an dem Turnierkragen nur drei, und an diesem vier Lazen herunter hängen, welches also bei diesen Lewenbergischen Herren, wie überhaupt, etwas blos Willkührliches gewesen ist. Und dieses Hoheits-Siegel ist das lezte Siegel von dieser Art in der Lewenbergischen Linie. Denn sowohl sein Bruder, Johann II von Lewenberg, als auch dieses beide Söhne Heinrich II und Dietrich II Tafel n. 6 von Lewenberg hatten blose geschachte Schilbe, mit dem Turnier- 7. 8. und 9. kragen, welcher leztere seit dem ein wesentliches Stück des Lewenbergischen Wappens geworden ist, das auch sogar auf den Siegeln der Damen erscheinet, davon ich das von der Gemahlin Heinrichs I II Tafel von Lewenberg vom Jahr 1311 mittheile. Selbst auf den Siegeln n. 5. ihrer natürlichen Söhnen erscheinet er, doch mit dem Unterscheid, daß er getheilet, und mit ihm ein viertel aus dem geschachten Schild heraus geschnitten, und dieses mit einem andern Unterscheidungs-Zeichen versehen ist. So sehen die Sigillen des Dietrichs von Ecker- II Tafel n. scheit und des Johannen von Merheim, der Söhnen Herrn Johann I 10 — 13. von Lewenberg, aus, die ich zwar oben (§. VIII Seite 12) vor ebenbürdig angegeben habe, jezt aber wegen eben diesen ihren Siegeln meine Meynung ändere, und sie für natürliche Brüder Herrn

Hein-

Heinrich II von Lewenberg halte, gegen den sie auch würfflich in Urkunden weit anderst reden, als wenn sie Brüder von gleicher Geburt und Rang gewesen wären (m). Der Wappenschild derer von Koppenstein, die ausgemachte natürliche Söhne derer Sponheimischen Graven gewesen, ist auf den nehmlichen Schlag, indem es, wie hier, durchaus die Sponheimischen Würfel, und nur in dem ersten ausgeschnittenen Viereck einen Rabe, oder Koppen hat, mit dem auf ihren Namen und das Sponheimische Schloß Koppenstein angespielet worden (n). Ich könnte, wenn es nöthig wäre, noch mehrere Beispiele dieser fast allgemeinen Wahrheit meiner Säzen anführen.

§. VI.

Nun gehe ich auf die Heinsbergische Linie wieder zurück. Dietrich I Herr von Heinsberg, dessen Siegel ich schon oben (§. IV) beschrieben habe, hatte zwei Söhne. Der älteste Walram bekame die Herrschaft Blankenberg. Ich habe aber kein Siegel von ihm, mithin kann ich nicht sagen, ob er das Vätterliche behalten, oder etwas daran verändert habe. Sein Bruder Gotfrid der erste erbte ihn im Jahr 1307, und sezte seit dieser Zeit in seinen Urkunden den Titul von dieser Erbschaft seinem Heinsbergischen bei. Das erste Beispiel im Heinsbergischen Hauße daß die Titel von den ererbten Landen dem Geschlechts-Namen beigesezt worden. Man sollte daher glauben, daß

(m) z. B. in der Urkunde von 1330. Urkunden p. 21. nos Henricus Dominus de Lewenberg ... *seriose requirendo rogantes* Henricum de Dollendorp militem, Johannem de Merheim & Theodericum de Eckerscheyt nostros fratres .. Et nos

(n) Meine Genealogische Geschichte der Graven von Sponheim §. XXXV. p. 319.

daß er dieses auch mit seinem Wappen gethan habe. Aber Gotfried bediente sich nur, wie sein Vatter, des einfachen Heinsbergischen Löwen, und ist auf seinem Siegel, das ich an einer Urkunde vom Jahr 1298 angetroffen habe, ein Turnierkragen mit vier Lazzen. Daß dieses das Zeichen der noch mangelnden Selbstregierung gewesen, ist schon oben gesagt, und wird sich unten weiter ergeben. Daß er aber dieses Siegel schon bei Lebzeiten des Herrn Vatters gebrauchet, ist aus seiner Umschrift zu lesen: S. GODEF. FILII. DNI. TII. DE. HENSEB. Als regierender Herr zu Heinsberg gebrauchte er sich auch des Hoheitssiegel, worauf er zu Pferd vorgestellt ist. Aber hier ist noch der Turnierkragen sowohl auf seinem Schild als auf den Pferdsdecken zu sehen, der erst alsdann weggethan worden, als Gotfrid seinen ältern Bruder, Walram Herrn von Heinsberg und Blankenberg, geerbet hatte. Denn das erstere Siegel ist vom Jahr 1307 mit der blosen Umschrift: SIGILLVM. GODEFRIDI. DOMINI. DE. HEINSBERG. Dagegen das von 1317 und den folgenden Jahren die Umschrift: S. GODEFRIDI. DNI. DE. HEYNSBERG. ET. DE. BLANKINBERG, und keinen Turnierkragen mehr hat. Die oben angegebene Ursache der mangelden Selbstregierung kann hier nicht Plaz greifen, sondern es muß eine andere, und vielleicht diese seyn, daß Gotfrid bei Lebzeiten seines Bruders Walram der zweitgebohrne Sohn seines Vatters gewesen. Denn auch in diesem Fall findet man manchmal den Turnierkragen. Auf dem Helm, wie auch auf dem Kopf seines Pferds führte Gotfrid in jenem Siegel einen Federbusch, in diesem aber einen Drachen, welches ein willkührlicher Puz gewesen war.

III Tafel n. 1.

III Tafel n. 2.

III Tafel n. 3.

P §. VII.

§. VII.

Gotfrid I von Heinsberg und Blankenberg starb im Jahr 1331, und hinterließ drei Söhne und eine Tochter. Von allen bin ich so glücklich gewesen, Sigille zu bekommen, die ich meinen Lesern mittheilen will.

Dietrich II war der ältere, und Johann I und Gotfrid die nachgebohrnen. So lange der Herr Vatter gelebet, hatten beide erstere nur den Heinsbergischen Löwen, und beide hatten dabei einen Turnierkragen darüber hin, zur Bestätigung dessen, was ich so erst von mehrern Ursachen dieses Beizeichens gesagt habe. Jenes vom Jahr 1326 hat die Umschrift: S. TII. MILITIS. PMOGTI. DNI. DE. INSBG. ET. BLKBG, dieses aber von eben dem Jahr: S. IOH. FILII. DNI. DE. HESBG ET BLAKEBG. Dieser Johann bekame zu der Herrschaft Waffenberg, die ihm der Herr Vatter beschieden hatte, durch den Ausspruch von 1332 noch die Herrschaft Dalenbrug (§. XVII. S. 24.) Es machte aber solches keine Aenderung in Absicht auf sein Siegel, wie aus den Siegeln seiner Söhnen, Heinrichs und Gotfrids II, Herren zu Heinsberg und Dalenbrug, vom Jahr 1354 zu sehen ist, die dem Vätterlichen, was den Löwen anbelangt, gleich sind. Keiner von ihnen hatte die Herrschaft Heinsberg in Besitz, deswegen dieses Beizeichen gebrauchet worden.

IV Tafel n. 1.
III Tafel n. 4.

III Tafel n. 8. 9. und V Tafel n. 1.

§. VIII.

Bis jetzo war der Heinsbergische Löwe das einzige Waffenzeichen dieser Herren, und noch etwas Persönliches. Aber die ihnen 1356 angefallene Gravschaften Loos und Chiney machten eine Hauptveränderung. Denn seitdeme sind die Wappen nicht mehr bloße Waffenzeichen dieser Herren geblieben, sondern Zeichen derer Länder geworden. So oft also mit diesen eine Veränderung vorgegangen, so oft änderten sich die Wappen ihrer Herren, es seye nun, daß ihnen neue Län-

der Herren von Heinsberg.

Länder angewachsen, oder daß vorher besessene abgegangen sind. Die folgenden Bemerkungen werden diese Wahrheit in Richtigkeit sezen.

Dietrich II von Heinsberg, der nach Absterben des Herrn Vatters im Jahr 1331 nur den Turnierkragen aus seinem Siegel hinweg gethan, theilte als Grav von Loos und Chiney seinen Waffenschild zum erstenmal in vier Felder, und sezte in das erste und vierte die Wappen von Loos und Chiny, und in den zweiten und dritten den Heinsbergischen Löwen, aber wie er schon 1331 gethan hatte, ohne Turnierkragen. Das Wappen von Loos sind fünf Querbalken, das von Chiny aber zwei Fische, zwischen welchen Kreyzgen eingestreuet sind, wie bei dem Salmischen Wappen. Jenes kenne ich aus Originalsiegeln von Grav Arnold von Loos von 1281 und 1312, und dieses aus einem Siegel Grav Ludwigs von Chiny beim Berthólet in seiner Luxenburgischen Geschichte T. VI. Tab. X. n. XLVI. Das erste und vierte Feld in Dietrichs II von Heinsberg Waffenschild ist also wieder gespalten, und in der ersten Helfte das Loosische und in der andern das Wappen von Chiney angebracht. Und so siehet sein Siegel aus, das ich schon an Urkunden von 1338, also zwei Jahr nach dem Loosischen Anfall angetroffen habe. Es hat folgende Umschrift. S. TH. COITIS. DE. LOS. ET. DE. CYNGNI. DNI. DE. INSBG. ET. DE. BLANK. Alle nachfolgende Heinsbergische Herren behielten dieses Loosische und Chineysche Wappen bei, ob sie gleich nach Dietrichs II Tod von der Grafschaft Loos weiter nichts als den Titel behalten hatten. (§. XXII S. 35.) Grav Dietrich II von Loos und Chiney wiederholte solchen gevierten Schild in seinem Hoheitssiegel auch auf den Pferdsdecken, und auf den beiden Achselschildchen. Sein Helmschmuck ist dabei merkwürdig, weil ihn verschiedene von seinen Nachfolgern nachgemacht haben. Es ist dieses das lezte Siegel von dieser Art, welches Dietrich bis an seinen Tod bei wichtigen Handlungen ge-

IV Tafel n. 2.

IV Tafel n. 4.

IV Tafel n. 3.

gebraucht hat. Die Umschrift ist: SIGILLVM. THEODERICI. COMITIS. DE. LOS. ET. DE. SCHYNI. DNI. DE. HEYNSBG. ET. DE. BLANKEBG.

§. IX.

Dietrich II Graf von Loos hatte mit seiner Gemahlin, Gräfin Kunigund von der Mark, einen Sohn Gotfrid gezeuget, der sich aber nur einen Herrn zu Millen und Eife geschrieben hat. (§. XXI S. 31.) Aber auf seinem Siegel, das ich an Urkunden von 1336 und 1342 angetroffen, hat er den vollkommenen gevierten Schild seines Herrn Vatters, nur mit dem Unterscheid, daß über das erste und zweite Feld ein Turnierkragen mit fünf Lazzen hinlaufet, und er in der Ueberschrift S. GODEFRIDI. DE. LOYN. DNI. DE. MILLIN. sich auch des Titnls von Loen gebrauchet hat. Gotfrid von Millen starb noch vor dem Herrn Vatter, mithin ist die Ursache dieses Beizeichens da. Er war dessen einziger rechtmäßiger Sohn, und also wiederlegt sich die Meynung derjenigen von selbst, welche den Turnierkragen blos allein vor das Unterscheidungs-Merkmal der nachgebohrnen Söhnen halten. Auch die Erstgebornen führten ihn. Sonsten hatte Dietrich II von Loen noch einen natürlichen Sohn, auch Dietrich von Loen genannt (§. XXI S. 33), der auf seinem Siegel von 1361 das nehmliche Wappen von Loos, Chiney, und Heinsberg, wie sein Herr Vatter und Bruder, gehabt hat, nur mit dem Unterscheid, daß von der Rechten zur Linken ein Schrägbalken darüber gezogen ist. Ein neues und untrügliches Kennzeichen der unächten Geburt, so wie bei den Lewenbergischen Herrn das aus dem geschachten Schilde ausgeschnittene Feld (§. V S. 111). Ich habe auf die nehmliche Art auch ein Siegel von Lampert von Heinsberg von 1360, von welchem gleichfalls gewiß ist, daß er ein natürlicher Sohn unserer

IV Taf. n. 5.

IV Taf. n. 6.

IV Taf. n. 7.

der Herren von Heinsberg.

rer Heinsberger gewesen war (§. XXI S. 34). Andere Beispiele von Johann Bastard von Luxenburg aus der Helfte 15ten Jahrhunderts, und von Antonius von Burgund Graven von Roche en Ardenne, einem natürlichen Sohn von Herzog Philipp dem Gütigen von Burgund, können unter den Wappen der Ritter des guldenen Vlises nachgesehen werden (o).

§. X.

Als Dietrich II 1361 ohne Leibeserben gestorben (§. XX S. 31) sind seine Lande auf seinen Bruders Sohn Gotfrid II von Heinsberg, und Herrn von Dalenbrug vererbet worden (§. XXIII S. 34). Er verließ von dieser Zeit an den einfachen Heinsbergischen Löwen, der auf seinem Siegel von 1348 und 1354 zu sehen ist, (§. VIII S. 114) und nahm das Wappen an, wie es Grav Dietrich II von Loos und Chiny, sein Vorfahrer in der Herrschaft Heinsberg, geführet hatte. Es bestunde aber dieses Siegel in einem blosen Schild, der mit Zlerathen umgeben ist. Wie jenes von 1348 nur die Umschrift gehabt: S. HER. GODFRIDI. D. HEYNESBERG. DNI. DE. DALENBROCH, so hieß es jetzt um dieses: S. GODEFDI COITIS. D. LOS. D. CHYNEI. DNI. D. HEYNSBG. DE. BLANCKEBG. Alle seine Nachfolger hatten diesen auf verschiedene Art verzierten Schild, und keiner unter ihnen hatte mehr ein Hoheitssiegel, oder sigillum equestre, das seitdeme im Heinsbergischen Hause abgegangen war.

V Tafel n. 1.

V Tafel n. 2.

Aber auch vor unserm Gotfrid von Dalenbrug fuhrten bereits der Probst Gotfrid von Mastrich, und Margaret, die Aebtißin von Thorn, Grav Dietrichs II von Loen und Chiney Geschwister, das Loosisch-Chynelsche Wappen. Ihre beide Sigille sind nicht nur deswegen

---

(o) *Les Blasons des armoiries de tous les Chevaliers de l'ordre de la Toison d'or,* p. 35 und 57.

118   Von den Sigillen

wegen, sondern auch sonst überaus merkwürdig. Denn an keinem siehet man etwas geistliches, wie sonst gewöhnlich ist. Man müßte denn die Nebenzierathen davor halten, welche alten Kirchenfenstern nicht unähnlich sind. Auch ihre Umschrift hat nichts geistliches in sich. Denn auf jenem vom Jahr 1345 heißt es nur: SIGILLVM. GODEFRIDVS. DE. LOS. und auf diesem von den Jahren 1348 und 1354: S. MARGARETE. DE. HEYNSBERG. AD. CAVSAS. Beide hangen an Urkunden, worinn ihr geistlicher Stand ausgedruckt ist, mithin ist an der Sache ganz und gar kein Zweifel (§. XVI S. 22 und §. XXVII S. 24.) Auf dem Siegel der Margaret, welches eine stehende Dame vorstellet, ist das Heinsbergische Wappen zur rechten, und das Loofisch-Chineyfche zur linken Hand, auf dem von dem Mastricher Probst aber der nehmliche Waffenschild, wie ihn sein Bruder, Grav Dietrich II von Los und Chiney, geführet hat, nur daß über die zwei ersten Felder ein Turnierkragen ziehet, weil er von allen diesen Grav- und Herrschaften nichts im Besitz gehabt hat. Der nehmliche Turnierkragen ist auch auf Gotfrids Secret oder Gegensiegel von den Jahren 1351 und 1354.

III Tafel n. 5.
III Tafel n. 7.
III Tafel n. 6.

Aber am merkwürdigsten ist das Siegel von Heinrich von Heinsberg, Herrn zu Dalenbrug (p), welches er nach der Zeit geführet hat, als ihm

---

(p) So eben als dieser Bogen der Presse übergeben werden sollen, erfahre noch zu rechter Zeit, daß dieses Siegel schon an dem Bündnis Herrn Heinrichs von Lewenberg mit Gotfrid von Heinsberg dat. *dominica proxima post assumptionem beate l'irginis gloriose* 1330 hange, davon schon oben S. 12. geredet worden. Ich muß also meine Meynung, daß es ein Siegel von Heinrich von Dalenbrug, und die Querbalken das Loofische Wappen seyen, wieder zurück nehmen, weil damals die Gravschaft Loos dem Heinsbergischen Hause noch nicht angefallen war. Aber eben deswegen bleibt das besondere dieses Siegels allemal, weil ich keine Ursache anzugeben weis, warum Heinrich von Lewenberg, gleich seinen natürlichen Brüdern in seinem geschachten Schild ein ausgeschnittenes Feld und darinn Querbalken hat.

der Herren von Heinsberg. 119

ihm die Herrschaft Lewenberg a. 1350 von seinem Oheim dem Grafen III Tafel
von Loos abgetretten worden (§. XXII S. 33). Denn der Schild ist n. 10.
darauf, wie bei den Lewenbergischen Herren, geschacht, und die Um-
schrift heiset: S. HENRICI. D. LEWENBERG. MILITIS. Ich würde
dieses Siegel vor ein Siegel des Lewenbergischen zweiten Heinrichs,
aus der ältesten Lewenbergischen Linie, (§. IX S. 13) gehalten haben,
wenn nicht in dem ausgeschnittenen Feld die Loosischen Balken wären,
welche auf jene keine Beziehung haben können. Auch der Lewenbergi-
sche Turnierkragen ist darauf, und zum erstenmal erscheinen hier
zwei geflügelte Drachen als Schildhalter, die jezt aufgekommen sind,
und als etwas blos willkührliches an den Wappen schon zur selbigen
Zeit gehalten worden.

§. XI.

Gotfrid II von Heinsberg und Dalenbrug, der seit dem Loosi-
schen Anfall auch den Titul von Loen angenommen, (§. XXV S. 38)
zeugte mit der Gülchischen Philippa den Johann II. Noch bei Le- V Tafel n. 3.
ben des Herrn Vatters führte er blos den vereinigten Loosisch-Chiney-
schen und Heinsbergischen Schild mit dem Turnierkragen, auf wel-
chem Schild zum erstenmal ein geschlossener und gekrönter Helm,
und auf diesem zwo Haasenohren oder Löffel als Helmzierathen er-
scheinen, die schon sein Grosoheim, Graf Dietrich II von Loos und
Chiney geführet hat (§. VIII S. 116). Anstatt der oben erwähnten
Drachen sind hier zwei vor sich sehende doppelt geschweifte Löwen die
Schildhalter. Dieses ist schon das willkührliche in diesem Theil der
Wappen. Die Aufschrift solchen Siegels, das an einer Urkunde
vom Jahr 1390 hanget, heiset: S. IOHA. VA. LOEN. SOEN. ZU.
HEYNSBERG.

Als

120 Von den Sigillen

V Tafel n. 4. Als der Herr Watter im Jahr 1395 gestorben war, änderte Johann II sein Siegel nur in so weit, daß er den Turnierkragen heraus gelassen, und dafür ein geschachtes Herzschildchen wegen der Herrschaft Lewenberg hinzugethan hat. Denn diese Herrschaft hatte er im Jahr 1396 aus fremden Händen wieder an das Haus gebracht (§. XXVII S. 44), und eben deswegen dem Waffenschild seines Herrn Watters beigefüget. Die Schildhalter haben hier blos eine andere Gesichtswendung, und die Umschrift: S. IOHAN. VA. LO. HER. TO. HEINSBG. UND. TO. LEWENBG. ist nach den Umständen eines regierenden Herrn eingerichtet. Ich habe dieses Siegel an Urkunden von 1398 und 1419 angetroffen.

Eine abermalige Aenderung in diesem Wappen machte der Zuwachs des vierten Theils vom Herzogthum Gülch, welchen unser Johann II durch den Vertrag mit Herzog Adolf von Berg vom 1 Apr. 1420 erworben hat (§. XXX S. 48). Denn in dem nehmlichen Jahr, als der Herzog Reinald von Gülch und Geldern gestorben, (1423) V Tafel n. 5. ersiehet man an dem Plaz des geschachten Lewenbergischen Herzschilds den Gülchischen Löwen mit der Umschrift: S. IOHAN. VA. LOIN. HE. ZO. GVLICH. ZO. HEINSBERCH. IND. ZO. LEWEN B. Die Schildhalter sind hier weggelassen. Aber Johann II sezte dafür in seinem V Tafel n. 6. neuern Siegel von den Jahren 1428 bis 1438, welches den nehmlichen Schild und Helm hat, andere und zwar Greifen bei, mit der Umschrift: S. IOH. VA. LOEN. HERRE TO. GVLICH. TO. HEISBG. EN. TO. LEWENBG.

Johann II hatte zwei Gemahlinnen, Margaret von Genepp und Anne von Solms. Von dieser habe ich kein Siegel zu Gesicht V Tafel n. 7. bekommen, aber wohl von jener, welches also meinen Lesern hier mittheile. Es ist vom Jahr 1396. Alle Siegel von Damen verdienen, bekannt gemacht zu werden.

§. XII.

der Herren von Heinsberg.

§. XII.

Mit der Margaret von Genepp hatte Johann II wieder drei Söhne gezeuget. Johann III, oder der ältere, führte die Heinsbergische Linie fort, der mittlere Wilhelm pflanzte eine neue oder die Blankenheimische Linie, und Johann der jüngste erwählte den geistlichen Stand. Wir wollen ihre Siegel nach einander betrachten, und das besondere daran bemerken.

Johanns III erstes Siegel, das er bei Lebzeiten des Herrn Watters geführet, und das ich an Urkunden von 1411 und 1414 gesehen habe, hat über den gevierten vätterlichen Schild wieder einen Turnierkragen, und den geschachten Lewenbergischen Herzschild, mit der Umschrift: S. IOHAN. VAN. LOEN. SON. ZV. HEINSBGH. Und so ist auch sein Siegel vom Jahr 1423. Nur daß hier auf der linken Seite des Schilds der Heinsbergische, oder vielmehr Loosische Helm stehet, und die Umschrife ist: S. IAN. VAN. LOEN. ELSTE. SOEN. ZO. HYNSBERCH. Aber auf seinem Siegel von 1431 ist dieses das besondere, daß der Herzschild den Gülchischen Löwen hat, vermuthlich deswegen, weil unserm Johann in der vorläufigen Bruderteilung seines Herrn Watters vom Jahr 1424 (§. XXXV. S.64. und §.XXXVII.S.69)das Heinsbergische vierte Theil von Gülch zugetheilet war. Denn sobald war dieses Land 1433 nicht dem jüngern Bruder Wilhelm abgetretten worden (XLI. S.84), so mußte der Gülchische Löwe aus dem Siegel unsers Johannen wieder heraus, und der Lewenbergische Herzschild wurde von neuem an dessen Plaz gesezet. Die zwei neuern Siegel, deren sich Johann III bis an sein Lebensende, das am 1 Mai 1443 erfolget ist, bedienet hat, beweisen es. Bei dem erstern ist der Turnierkragen, im Herzschild, bei dem leztern aber ganz weggelassen, welches anzeiget,

VI Tafel n. 1.

VI Tafel n. 2.

VI Tafel n. 3.

VI Tafel n. 4 und 5.

Q

zeiget, daß er jenes noch vor dem Jahr 1438 gehabt, dieses aber das Siegel gewesen, das er als regierender Herr geführet hat. Die Aufschriften zeigen es auch selbst an. Denn auf jenem stehet: S. IOHAN. VA. LOEN. ELSTE. SON. ZV. HEINSBERG. und auf diesem: S. IOHAN. VA. LOEN. HER. ZO. HEINSBG. IND. ZO. LEWENBG. Dieses leztere Siegel n. 5. habe ich auch an einer Urkunde von 1440 angetroffen, da sein Herr Vatter schon zwei Jahre tod gewesen.

§. XIII.

Johann IV von Loen, Herr zu Heinsberg und Lewenberg, Johann des dritten einziger Sohn, hatte ebenfalls den gevierten vätterlichen Loosisch-Chineyschen Waffenschild, aber mit dem Unterscheid, daß der Herzschild statt des Lewenbergischen Schachs mit einem Löwen versehen ist. So siehet sein Siegel von 1444 und 1447 aus, und auch das von seiner einzigen Erbtochter Johanna, vermählten Grävin von Naßau und Saarbrücken, vom Jahr 1459.

VI Tafel n. 9.
VI Tafel n. 10.

Ob dieser der Gülchische Löwe seye, wollte ich glauben, wenn er allein auf seinem Siegel von 1444 anzutreffen wäre, denn bis dahin machte unser Johann wenigstens Anforderungen an dieses Land gegen seinen Vetter Gerhard von der Blankenheimischen Linie. (§. XXXVII S. 69) Allein man siehet ihn mit eben diesem Siegel auch noch im Jahr 1447 wichtige Handlungen bestätigen, da an weiter keinen Anspruch mehr gedacht worden, und das Gülchische Viertel den Blankenheimischen Herren völlig überlassen war, so daß Johann auch nicht einmal den Titul davon geführet hat. Er mag also wegen einer von den Brabantischen Herrschaften Dieft, Eichem, und Zeelen seyn, welche unser Johann mit seiner Gemahlin geerbet, und auch zu seinen Heinsbergischen Tituln gesezet hat

(S. 68)

(S. 68), wie auch selbst die Ueberschrift dieses Siegels lehret, die also lautet: S. IOHS. DE. LOIN. DNS. DE. HEYNSBG. DVEST. LEWEBG. ET. DE. ZICHE. Aber auch das Wappen von Diest kann es nicht seyn, weil dieses nur in 3 Querbalken bestanden, wie ich aus dem sigillo equestri Herrn Gerhards von Diest und Burggraven zu Antwerpen vom Jahr 1313 erlernet habe, und welche Balken auch die Grävin Johanna von Naßau, wie ihr Gemahl selbst, wegen eben diesen Diestischen Landen in ihren Wappen angebracht haben. Denn bei diesem ist der Herzschild getheilt, und auf dessen rechten Seite der Heinsbergische Löwe, und auf der linken die Diestischen Balken, in der Johanna ihrem Wappen aber ist jedes Feld des gevierten Wappenschilds wieder getheilet, und in dem ersten und vierten Feld die Loosischen Balken, und Chineysche Fische, in dem zweiten und dritten aber der Heinsbergische Löwe und die Diestischen Balken. Der Herzschild mit einem andern Löwen ist der nehmliche, wie ihn der Herr Vatter geführet hat. Das Wappen von Sichen kann es auch nicht seyn, weil dieses nach der Bemerkung des Putkens (q) nur dreimal gesparrt gewesen. Vielleicht war es also gar der Brabantische Löwe, weil die Diestischen Herrschaften ein Lehen und Dependenz von diesem Herzogthum gewesen waren. Die Schildhalter in dem Siegel des vierten Johannen sind zwei Löwen, in dem von seiner Frauen Tochter aber hält diese selbst die beiden Schilde, um welche in einem Bande folgende Aufschrift ist: S. IOHAN. VA. LONE. GREFFE. ZV. NASSOW. VN. FRAUWE. ZV. HEISBERG. DIEST. VN. SICHEN. DVRGGREFFE. ZU. ANTWERP.

§. XIV.

(q) Tom. II. p. 13.

§. XIV.

Auch der Bischoff Johann von Lüttich, der jüngste Sohn von Johann II von Loen und Herrn zu Heinsberg, führte einen Löwen im Herzschilde, davon ich die Ursache eben so wenig weis. Denn noch bei Lebzeiten des Herrn Watters hatte er ihn schon, der das Heinsbergische vierte Theil von Gülch doch erst erworben hatte. Ich will das Siegel, welches an Urkunden von 1433 und 1452 hanget, auf der sechsten Platte n. 8 mittheilen, dessen Umschrift ich also lese:

S. IOHIS. DE. HENSBG. EPI. LEODIEN. ET. COITIS. LOSSEN. SECTU. Seine vorherigen Siegel von den Jahren 1411 und 1423 haben den Lewenbergischen Herzschild, und das erstere von diesen noch den ordentlichen Turnierkragen, wie ihn seine weltlichen Brüder bei Lebzeiten ihres Herrn Watters gehabt haben, ob er gleich damals schon Probst von der Stiftskirche zu Aachen gewesen war, wie selbst auf dem Siegel stehet: IOHAN. VAN. LOEN. PROEST. VON. AACH. Die zwei grössere sind noch wegen ihren Figuren merkwürdig. Denn in dem von 1423 halten zwei mit langen Mandelkleidungen bekleidete Frauenzimmer des Bischofs Wappenschild, auf dem Siegel von 1433 und 1452 hingegen ist nur eines von denselben, welches mit der rechten Hand den Schild hält, auf der linken aber einen Wogel sitzen hat, und zu den Füßen ein kleines Hündgen. Was dieses bedeutet, weis ich nicht. Es mag eine willkührliche Wappenzierde seyn, wie bei den weltlichen die Schildhalter, welche in Drachen, Löwen, Greiffen, und dergleichen bestanden sind.

(Marginalia: VI Taf. n. 8. / VI Tafel n. 6 und 7.)

§. XV.

der Herren von Heinsberg.

§. XV.

Und dieses von den Sigillen der Heinsbergischen Linie. Jezt wollen wir auch noch die von der Blankenheimischen oder Gülchischen betrachten.

So bald die Blankenheimischen Lande Wilhelmen I von Loen durch die Eheberedung mit der Elisabet von Blankenheim versichert, und sein Schwiegervatter, Gerhard von Blankenheim, gestorben war, nahme er davon Titul und Wappen an. Es zeiget dieses schon sein Siegel vom Jahr 1411, worinn der Schild gespalten und in dessen ersten Helfte oben das Loosisch-Chineysche Waffenzeichen, und unten der Heinsbergisch-Löwe ist, in der andern Helfte aber der Blankenbergische Löwe, der ebenfalls, wie der Heinsbergische, zum Streit gerüstet ist. Ueber diesen Blankenheimischen Löwen gehet in allen Siegeln, welche ich von den Blankenheimischen Herren in den Jahren 1343 1365 1367 und 1382 angetroffen habe, ein Turnierkragen, selbst in dem von Wilhelms I von Loen und Blankenheim Gemahlin, das ich unter der n. 6. auf der siebenden Tafel vorgestellet habe. Aber in Wilhelms Siegel lauft der Turnier über den ganzen getheilten Schild hin, also auch über den Heinsbergischen, weil Wilhelms Herr Vatter, Johann II von Heinsberg, damals noch gelebet hat. Dort war der Turnierkragen also schon ein vor beständig angenommenes Wappenzeichen des ganzen Blankenheimischen Geschlechts, hier aber das Unterscheidungszeichen des Sohnes von dem Vatter. In der Mitte dieses Siegels ist der halbe Lewenbergische Herzschild, und die Umschrift heiset: † WILHEM. VAN. LOEN. GREVE. ZO. BLANCHENHEIM. Aber in dem Siegel von 1431 treffe ich eine Aenderung an. Sie bestehet darinn, daß nur der Blankenheimische Turnierkragen geblieben, und der über den Loosisch-Heinsber-

VII Tafel n. 1.

VII Tafel n. 6.

VII Tafel n. 2.

gischen

gischen Theil des Schildes weggelassen ist. Fraget man nach der Ursache, so kann ich keine andere angeben, als daß Wilhelm erst nach 1411 selbstregierender Herr von Blankenheim geworden. (§. XLI S. 84). Sonst ist dieser Waffenschild dem vorigen auch selbst in der Aufschrift vollkommen gleich, obgleich der vierte Theil von Gülch ihm schon das Jahr vorher von dem Herrn Vatter abgetretten war.

<small>VII Tafel n. 3.</small>

Aber in dem Siegel seines Sohnes, Gerhards von Loen und Graven von Blankenheim, erscheinet der Titul von Gülch gleich nach dem von Loen. Da der Heinsbergische ganz weggelassen ist, so ist es natürlich, daß der Löwe in dem ersten und lezten Felde nicht der Heinsbergische, sondern der Gülchische Löwe seyn muß, und daß der in der zweiten Abtheilung des zweiten und dritten Feldes der Blankenheimische Löwe ist, aber, welches wieder etwas besonderes, ohne den sonst gewöhnlichen Blankenheimischen Turnierkragen. Und so ist auch das Siegel Wilhelms II von Loen seines Sohnes. In beiden ist noch der Lewenbergische geschachte Herzschild, obgleich Gerhard das Achtel von Lewenberg, welches im Jahr 1444 ihme zugetheilet war, noch in eben diesem Jahr an seinen Vetter von der Heinsbergischen Linie abgetretten hatte. Das Siegel von Gerharden von Loen und Blankenheim habe ich an Urkunden von den Jahren 1440 und 1443 und das von Wilhelm II. von 1460 und 1461 angetroffen. Jenes hatte die Umschrift: GERART. VA. LOEN. UN. HER. ZO. GOILGE. GREVE. ZO BLANCKEH und dieses : S. WELLEM. VAN. LOYN. HER. ZV. GUILYCH. GREVE. Z. BLANCKENHEYM. Auf beiden ist ein geschlossener Helm mit den Loosischen Helmzierathen.

<small>VII Tafel n. 4.</small>

<small>VII Tafel n. 5.</small>

Die Gemahlin von Wilhelm II von Loen und Blankenheim war Maria von Crop (§. XLIV S. 93). Auch von dieser bin ich so glücklich gewesen, ein Siegel aufzutreiben. Ich gebe es unter der

der Herren von Heinsberg.

der n. 7. Es ist ein zusammen gesezter Schild, in dessen ersten VII Tafel
Helfte oben der Gülchische Löwe, und unten in dem weiter gespalte- n. 7.
nen Feld in dem einen Theil das Loosisch-Chineysche Wappen, und
in dem andern der Blankenheimische Löwe: die andern Helfte des
Schildes aber ist das Geschlechts Wappen der von Croy, nämlich
in dem obern Theil drei Weile, und in dem untern drei Quer-
balken. Die Umschrift ist: S. MARIE. VA. CROY. EN. WRAVWE. ZU.
GVELCH. GRAVINE. ZU. BLANCHH.

Urkunden

I. TAFEL.

II. TAFEL.

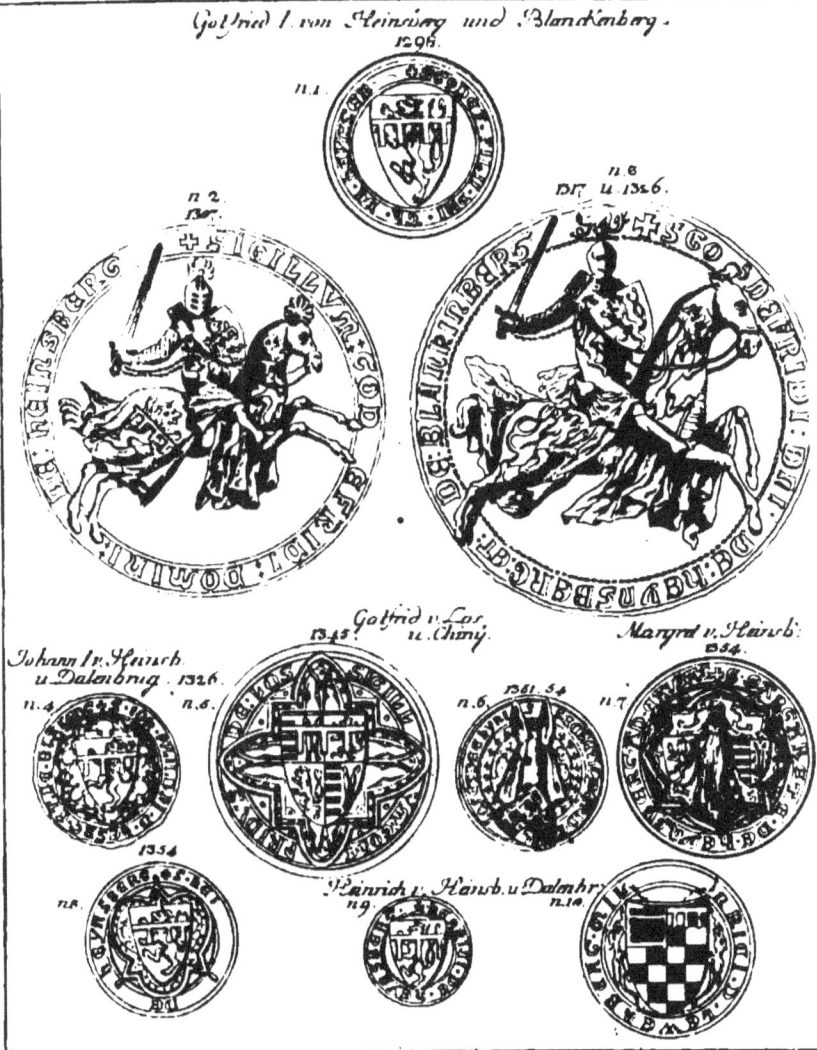

V. TAFEL.

Gottfried II. van Loen, Herr zu Heinsb: u. Blanckenb:

n.1. 1348. 1354.

n.2. 1361 – 1380.

Johann v. Loen, Herr zu Gülich, Heinsb: u. Lewenb:

n.3. 1390.

n.4. 1398. 1419.

n.5. 1425.

n.6. 1428. 1438.

n.7. Margaret v. Gennepp. Gm. v. Joh. II. 1396.

VI. TAFEL

VII. TAFEL.

Wilhelm I. v. Loon, Herr z. Gülch, Grav v. Blankenheim

1411.

n.1.

1431.

n.2.

1434.

n.3.

Gerhard Sohn v. Wilh. I.
1440. 1445.

n.4.

Wilhelm II. Sohn v. Gerhard
1460. 1461.

n.5.

Elisabet v. Blankenheim
Gem. v. Wilhelm I.
1415.

n.6.

Maria von Croy
Gem. v. Wilhelm II.
1462.

n.7.

Urkunden
zur
Geschichte
der
Herren
von Heinsberg.

Urkunden.

I.

Heinrich Herr von Heinsberg vertauscht seine vätterliche Sponheimische Erbschaft der Schlößer Kastellaun, Neve und Kirchberg an seinen Bruder Grav Simon zu Sponheim und Creuznach gegen dessen Sainischen Erbtheil der Schlößer Blankenberg, Saffenberg, Hilferob und Lewenberg. Dat. apud Blankenberg.
quinta feria ante festum beati Luce Evangeliste 1248

(ad §. II.)

In nomine Domini Amen. Ego Henricus Dominus de Heinesberg notum facio universis has litteras inspecturis, & tenore presencium profiteor, quod ego cum consensu uxoris mee Agnetis, de consilio consanguineorum & fidelium meorum dedi *fratri meo* Domino *Symoni*, ac *Margarete* sue uxori, castra & munitiones meas ac alia mea bona que possideo *ex parte mei patris*, scilicet *Kestelun*, Neve & *Kirberg* cum fidelibus, castrensibus, ministerialibus, hominibus, terris, redditibus jurisdictionibus ac ceteris attinentiis universis. Insuper dedi eisdem fideles & ministeriales omnes alios quos ego habeo ex parte mei patris, ita quod hec omnia bona habeant sibi, & sint eorum domini, ipsique & eorum communes liberi eadem possideant hereditarie in perpetuum. Item dedi eisdem fideles & vassallos, qui attinent mee parti, quorum Homagium & servitium emerat dilectus meus *avunculus* bone memorie *Henricus Comes Seynensis*, scilicet eos tantum qui manent ex ea parte *Mosellæ*, qua situm est castrum *Kestelun*. Item dimisi & dedi eis Cunzonem de *Erenberg*, Johannem de *Stremge*, Winandum Monachum de *Sinheim*, & fratrem

a 3   trem

trem ejus, qui vafalli funt hereditarii apud *Saffenberg*, fcilicet, quod ifti eis ferviant pleno jure quo pertinent apud Saffenberg exceptis aliis vafallis ejusdem juris, qui fimiliter pertinent ad idem caftram, veluti filiis Domini *Walteri* pie memorie *de Brunshorn*, & ceteris ejusdem juris, quos omnes mihi refervo. Item dedi eisdem bona mea de *Makefeyne* & de *Selterfe*, cum fidelibus & bonis attinentibus univerfis, que quia pignori funt obligata, pro parte dimidia ego liberabo, ad opus dicti mei fratris & fue uxoris, ipfe autem pro fe medietatem alteram literabit. Ego autem refervo mihi omne allodium, quod ad me devolutum eft vel adhuc devolvetur, ex parte patris & matris mee & predicti avunculi mei H. Comitis Seynenfis fimiliter & ipfe fibi fimile allodium refervat, fuper quo allodio convenimus ego & ipfe, ficut in litteris aliis fuper hoc confectis .... plenius continetur. Item refervo mihi quartam partem caftri *Urozpret* & filve, que *Willban* dicitur, & pifcationem ibidem, hoc tamen appofito, quod ea nulli vendam aut donabo aut alias alienabo, nifi dicto fratri meo & heredibus fuis, nec dabo alicui licentiam ibidem venandi aut pifcandi, nifi de fuo confenfu. Item uterque noftrum fibi refervat omne jus & ufumfructum, quemcumque confequi poterit de caftris dicti avunculi noftri, & aliis bonis deperditis, fcilicet *Virneburg*, *Waldenberg*, *Genone*, *Wettere* & ceteris alienatis injufte, que tamen idem avunculus nofter in fua poteftate habuit & poffeffione. Dictus autem Symon frater meus cum confenfu uxoris fue predicte dedit mihi ac uxori mee caftra & munitiones fuas & alia bona que *ex parte avunculi* noftri fepedicti ad eum funt devoluta, que & nuper divifit mecum, & cum aliis fratribus fuis, fcilicet *Blankenberg*, *Saffenberg*, *Hilkerode* cum attinentiis univerfis, fecundum quod omnia in litteris aliis communitis figillis ipfius Symonis & fue uxoris, plenius funt confcripta. Item dedit nobis partem fuam quam habet vel habere debet in caftro *Lewenberg* ita quod hec omnia fua bona predicta habeamus nos, & fimus Domini eorundem nosque & liberi noftri communes bona eadem hereditarie poffideamus cum aliis pofteris noftris in perpetuum. Dictus autem frater nofter partem fuam que ad eum devoluta eft, vel adhuc devolvetur, de bonis apud *Kente*, fibi fpecialiter refervavit. Hujus rei teftes funt, *Gerardus nobilis vir*, *Dominus de Waffenberg*, Wilkinus de *Spanheim*, Thomas de *Sittert*, *Philippus vir nobilis*, *Dominus de Wildenberg*, Theodoricus de *Geislae*, Theodoricus de *porta*, Gobelo & Hermannus

der Herren von Heinsberg.

mannus fratres de *Huggelhoven*, *Conradus vir nobilis de Mulenarken*, *Hermannus frater* ejus, *Henricus vir nobilis de Rifferfcheit*, Hermannus de *Wintre* & ceteri quam plures. Vt autem hiis firmiter credatur, hanc cartam exinde confcriptam figillo meo & uxoris mee feci communiri. Acta funt hec apud Blankenberg anno Domini millefimo ducentefimo quadragefimo octavo, quinta feria ante feftum beati Luce Evangelifte.   13 Oct.

II.

Vergleich zwischen Erzbischof Conrad von Cölln und Heinrich Herrn von Heinsberg wegen Sainischen Gütern. Actum & datum Coloniæ Sabbato ante nativitatem beati Johannis Baptiftae 1252

(ad §. IV.)

Conradus Dei gratia S. *Colonienfis ecclefie archiepifcopus* facri imperii per Italiam Archicancellarius. Univerfis ad quas littere iftæ pervenerint notum effe volumus quod fuper queftionibus que erant inter nos ex una parte & nobilem virum *Heynricum de Heynsberg* confanguineum & fidelem noftrum ex altera eft taliter mediante noftrorum & ipfius hominum confilio concordatum quod nos prefatum Dominum de Heynsberg reftituemus in poffeffionem bonorum fuorum in qua fuit poft mortem avunculi fui olim *Heynrici Comitis Steynenfis* & in ea poffeffione tuebimur ipfum & defenfabimus bona fide, fecundum quod in litteris exinde confectis plenius continetur. Ad hec prefato viro nobili in neceffitatum fuarum fuccurfum & ut ipfe omni rancore feu fcrupulo cujuscunque preterite queftionis ceffante ad noftra & ecclefie noftre obfequia fe promptiorem exhibeat ipfi accommodavimus CCC marcas denariorum Colonienfium numeratæ pecuniæ, XII folidos pro qualibet marca computandis, quas ipfe nobis reddere & folvere pro fe ac fuis heredibus repromifit a proximo fefto beati Remigii infra annum & bonam de hoc nobis faciet cautionem. Ceterum quia ipfe minifterialem noftrum *Heinricum de Hunefe* ea cepit occafione quod ipfum afferebat quàndam munitionem in fuum prejudicium infra fuum conftruxiffe diftrictum, ipfo Heinrico in contrarium afferente, quod munitionem eandem licite conftruxiffet, ipfe dominus H. memoratum Heinri-

6 Urkunden zur Geschichte

cum nobis reddet ab hujusmodi captivitate folutum. Et ipfe Dominus de Heinsberg in nos & *Dominum de Waffenberch* & *Dominum de Sleyda* confenfit, quod nos queftionem hujusmodi de munitione predicta fecundum inveftigationem veritatis, quam a nobilibus viris & aliis fide dignis inveftigabimus, decidemus infra feftum nativitatis b. Virginis proxime nunc futurum. Quod fi infra hujusmodi terminum non fecerimus & ex tunc prefatus Dominus de Heynsberg per fe juftitiam vel emendam de ipfo H. affequi poterit id erit preter noftram offenfam imo & ad hoc erimus cooperantes eidem fi ex parte ipfius fuerimus requifiti. Infuper de damnis & incendiis que ipfe fibi afferit per nos illata in nos confenfit fimiliter & de violatione treugarum quod de his ipfum gratiofe tractemus. In predictorum teftimonium hanc litteram confcriptam noftro & predicti H. Domini de Heynsberch figillis placuit communiri. Actum & datum Coloniæ anno

22 Jun. M. CC. LII. fabbato ante nativitatem beati Johannis baptiftæ.

III..

Bifchof Heinrich von Utrecht belehnt Heinrich Herrn von Heinsberg mit der Vogtei zu Wodelenburg. Dat. in vigilia beati Luce Evangelifte 1254

(ad §. IV.)

Univerfis ad quas prefens fcriptum pervenerit *Henricus* Dei gratia *Trajectenfis Epifcopus* eternum in Domino falutem. Notum vobis effe cupimus quod nos ad requifitionem nobilis viri *Henrici Domini de Heinsberg* fibi *Agneti uxori* fue & *Theoderico* eorum *filio* advocatiam in *V*delenberge* cum omnibus attinentiis eo jure quo a noftris antecefforibus usque nunc tenuerunt conceffimus prefentium teftimonio literarum prefentibus venerabili Domino C. Archiepifcopo Colonienfi, Prepofito Colonienfi, viro nobili *Conrado Domino de Mulenarke, Godefrido Comite Seinenfi,* Stephano de *Lantdorf* milite & quam pluribus aliis. Datum anno Domini M°. CC°. L°

17 Oct. quarto in vigilia beati Luce Evangelifte.

IV.

der Herren von Heinsberg.

IV.

Vergleich zwischen Graf Gotfrid von Sain und Dietrich Herrn von Heinsberg, die Herrschaft Lewenberg betreffend. Actum apud Eipe in conversione S. Pauli. 1267.

(ad §. VI.)

Nos *Godefridus comes Seynenfis* & *Jutta* uxor noftra notum facimus univerfis quod fuper queftionibus que movebantur inter nos ex una parte & dilectum noftrum *Theodericum Dominum de Heynsberg* & fuos heredes ex altera concordavimus in hunc modum, quod nos & uxor noftra predicta pro nobis & noftris heredibus renunciavimus pure & fimpliciter & effeftucavimus omni impetitioni quam habeamus vel habere videbamur in caftro *Lewenberg* & fuis attinentiis univerfis. Proteftamur etiam quod predictus nofter confanguineus de *Heynsberg* & fui heredes annuatim tempore venatus cervorum venari poterit & pifcari in Wildbanno de *Vrozberg* pure & fimpliciter pro fe & fuis heredibus renunciavit. Infuper renunciavit decem marcis quas quondam Heinricus filius Criftiani de *Blankenberg* fe habere afferebat pro feudo caftrenfi in *Blankenberg* in officio de Bycenbach & quatuor marcis quos quondam Volquinus dapifer habere folebat in officio de *Nimberg* & ipfe confanguineus nofter heredibus predictorum H & Volquini de predictis feodis nullam Warandiam faciet & nullum auxilium preftabit eis ad hec feoda requirenda. Promifit etiam bona fide fratres fuos tales habere quod fimili modo tanquam & ipfe predictis univerfis quam in *Vrozberg* quam aliis predictis renuciabunt & fi renunciare noluerint predictus confanguineus nofter priusquam renuncient nullam divifionem hereditatis fue eis faciet. In cujus rei teftimonium prefens fcriptum figillo & uxoris noftre, Domini *Brunonis de Brunsberg*, Er. *Domini de Wildenberg* & *Hermanni de Mulenarken* duximus roborandum. Teftes hujus facti funt advocatus de *Hagenberg*, Roricus de *Geuarzh*, Schillingus de *Okkendorp*, Gudefridus *Lufcus* & Albero dapifer de *Hagenberg* milites & alii quam plures. Actum apud Eipe anno Domini M. CC. 25 Jan. LXVII. in converfione Pauli.

V.

V.

Friede zwischen Dietrich I. Herrn zu Heinsberg, und Grav Adolf vom Berg. Dat. Tuitii feria fecunda proxima poft dominicam qua cantatur reminifcere. 1268

(ad §. X.)

Univerfis prefens fcriptum vifuris. Nos *Theodoricus Dominus de Heinsberg* notum facimus tenore prefentium publice preteftantes quod fuper controverfia & difcordia que vertebatur inter *Adolphum comitem de Monte* & homines fuos ex parte una & nos ac noftros homines ex altera virorum honorabilium Domini *Henrici Epifcopi Leodienfis*, *Walerami Ducis Lymburgenfis*, *Wilhelmi Juliacenfis*, *Godefridi Seynenfis* Comitum & aliorum quam plurium nobilium virorum confilio mediante plena pax & plana compofitio interceffit, in qua compofitione eft follempniter ordinatum, quod omnis compofitio & ordinatio olim facta & ordinata inter viros nobiles felicis memorie *Henricum Ducem Lymburgenfem Comitemque de Monte* ex parte una & *Henricum comitem Seynenfem* ex altera pro omnibus fuis articulis fecundum quod facta fuit & in fcriptis redacta in perpetuum inviolabiliter obfervetur. Item ordinatum eft quod univerfos homines ipfius Comitis de Monte in *Blankenberg* vel alias in quibuscunque munitionibus noftris receptos & retentos ipfi Comiti reftituemus cum omnibus bonis & rebus ipforum liberos & folutos, nec aliquos deinceps in noftris munitionibus recipiemus. Item ordinatum eft quod munitionem noftram factam apud *Pleyfe* cum fuis fuffatis & omnibus fuis firmaculis funditus deftruemus nec non nec fratres noftri vel heredes eam reparabimus, nec aliam munitionem viciniorem terre fue quam nunc edificatam habemus fcilicet *Blankenberg* & *Lewenberg* amodo conftruemus. Item ordinatum eft quod *Johannes frater nofter* ipfi Comiti de Monte viginti quinque marcarum redditus de fuo allodio affignabit, quos ab eo recipiet & in feodo perpetuo hereditarie poffidebit. Item ordinatum eft quod captivorum quilibet fi miles fuerit trium marcarum, fi famulus duarum marcarum redditus fui allodii predicto Comiti de Monte affignabit & in feodo eos recipiet ab eodem a quibus fucceffores eorum cujuscunque fexus fuerint exheredari non poterunt nec debebunt. Item ordinatum eft quod nos & Comes de Monte predi-

prediétus & fucoeſſores noſtri alter alterum absque dolo & fraude juvabimus contra quemlibet ad defenſionem terrarum noſtrarum prout in litteris & compoſitione olim inter *H Ducem de Lymburg* & *H Comitem Seynen-fem* habitis plenius recitatur. Item ordinatum eſt quod queſtionem ſuper compoſitione olim facta per *Ducem de Lymburg* & *Comitem Juliacenfem* ſuper bonis & juribus parochie in Mendena inter nos & ipſum Comitem jam exortam jurati decident ſi poterunt, & ſi non poſſunt, dicto Comitis Seynenſis ſeu pronunciatione ſtabitur ſuper ipſa. Item pro nobis & amicis noſtris compoſitio intercedit cum Comite de Monte predicto ita quod abbas & conventus *Sygebergenſis* ſint intra ipſam compoſitionem cum omnibus juribus & confuetudinibus ſuis prout erant tempore *Henrici Ducis de Lymburg & Henrici Comitis Seynenſis*. Item ordinatum eſt quod adjutores noſtri hinc & inde ſua feuda ex integro ſicut antea pacifice rehabebunt. Eligimus etiam & acceptamus quod ſi contra ſupra ſcriptam compoſitionem venerimus ipſam quod abſit violando omni auxilio virorum nobilium *Ducis de Lymburg, Wilhelmi Juliacenfis, Th. Clivenfis* & *G. Seynenſis Comitum, Brunonis Domini de Brunsberg* & univerſorum confanguineorum noſtrorum communium penitus renunciamus. Ut autem hec omnia firma maneant & fine violatione aliqua obferventur fidejuſſores adhibuimus hinc & inde. Nomina fidejuſſorum noſtrorum hec ſunt. *Bruno Dominus de Brunsberg, Ger. de Wildenberg, Roricus de Rennenberg, Johannes de Henisberg, Henricus de Wildenberg*, Scilingus de *Ockendorp*, Johannes de *Rulstorp*, Hermannus Advocatus de *Lumperg*, Danihel dictus *Unuerzade*, & Gerlacus de *Otgentag*, qui procedent ſecundum litteras olim inter Ducem Lymburgenfem & Henricum Comitem Seynenfem habitas ſeu factas & adhuc referuatas. Si quem autem prefcriptorum fidejuſſorum vitam excedere contigerit alter eque idoneus ſubrogabitur loco ſui, quod ſi factum non fuerit infra ſex ſeptimanas refidui fidejuſſores moniti *Sybergis* intrabunt ad jacendum inde nullatenus receſſuri, quousque hoc fuerit adimpletum. Ad majorem etiam preſcriptorum omnium firmitatem litteras noſtras predicto Comiti dedimus virorum venerabilium Domini *Henrici Epiſcopi Leodienfis Walerami Ducis Lymburgenfis, Wilhelmi Juliacenfis, Godefridi Seynenfis* Comitum *Brunonis Domini de Brunsberg, Hermanni Domini de Mullnarke, Rorici de Rennenberg,* Domini *Henrici dicti de Louanio,* noſtro quoque & Johannis fratris noſtri ſigillis munitas. Actum & datum *Tui-*

27 Febr. tii anno Domini M°. CC°. LX°. octavo. Feria secunda proxima post Dominicam qua cantatur Reminiscere.

VI.

Lehenrevers Friedrichs Herrn von Reiferscheid über das Lehen welches er von Dietrich Herrn von Heinsberg empfangen. Dat. Novimag. proxima feria quinta post epiphaniam Domini 1273.

(ad §. X.)

Universis presentes litteras infpecturis. Nos *Dominus Fridericus de Ryperschide* notum facimus quod nobilis vir Dominus *Theodoricus de Heinsberg* contulit nobis de homaio centum & quinquaginta marcas Aqu. denariorum, pro quibus quinquaginta maldera tritici in allodio nostro & pensione de bonis apud *Worme* assignavimus eidem, que ab ipso tenebimus jure pheodali, tali interpolita conditione quam cito curia de *Bocholt* quita fuerit & libera quod eandem curiam ab ipso tenebimus cujus ufufructus cum omni pheodo attinente percipiemus, ita tamen si dicta curia in aliqua parte deterior efficiatur quam XV marcae talem defectum tenebimur ei restaurare, quas tamen ab eodem in pheodo tenebimus, & quod ultra XV marcas Colonienfes fuerit cum illo-nostram faciemus liberam voluntatem, & deinde quinquaginta maldera tritici de bonis in *Worme* erunt foluta. Infuper cum *Dnam de Seynen* mori contigerit extunc nos & nostri heredes a dicto Domino Theodorico & fuis heredibus domum de *Bedebur* tenebimus cum omni jure quod eidem domui dinoscitur attinere, nisi ab aliquo alio eandem domum majori vel meliori jure servare & tenere debemus. In cujus rei testimonium presens scriptam nostro sigillo volumns communi-
10 Jan. ri. Actum & datum Novimag anno Domini M. CC. LXX tertio proxima feria quinta post Epiphan. Domini.

VII.

der Herren von Heinsberg.

VII.

Schiedsrichterlicher Spruch des Erzbischofs Engelberts von Cölln zwischen Johann Herrn von Lewenberg und dem Burggraven Johann von Wolfenburg, Lewenberg betr. Actum & datum Bunnæ XVII Kal. Octobr. 1273.

(ad §. VII.)

Nos *Engelbertus* Dei gratia sancte *Colonienfis ecclefie Archiepifcopus*, facri Imperii per Italiam Archicancellarius. Notum facimus univerfis quod nos fuper queftionibus & controverfiis que hactenus inter *Johannem de Lewenberg* confanguineum noftrum ex una parte, & *Johannem Burggravium de Wolckenburg*, *Lodowicum fratrem fuum*, *Johannem de Dollendorp & Lambertum de Hunefe* minifteriales noftros & eorum amicos ac parentes ex altera parte extitit compromiffum, dicimus & pronunciamus quod Johannes de Lewenberg predictus *Caftro fuo Lewenberg* & omnibus bonis de quibus fuit ejectus reftituatur. De nemore & filva de quibus queftio vertebatur pronunciando dicimus quod predictus Johannes de Lewenberg maneat in poffeffionibus juribus & confuetudinibus nemoris & filvæ de Hunefe in quibus fuerunt bone memorie *Henricus quondam Comes Senenfis*, *Henricus quondam Dominus de Hensberg & Theodoricus frater dicti Johannis*, adjicientes quod fimiliter milites & filii militum ac parochiani alii de Hunefe remaneant in poffeffionibus juribus & confuetudinibus in quibus fuerunt temporibus predictorum Henrici Comitis Senenfis, Henrici quondam Domini de Hensberg & Theodorici fratris ipfius Johannis, nunc Domini de Hennsberg, & etiam Johannis predicti. Si vero alicui partium predictarum videretur fibi prejudicium fieri per alium in nemore & filva memoratis illud oftendere tenetur coram nobis aut Archiepifcopo Colonienfi qui pro tempore fuerit & requirere ac confequi jus fuum. Quod fi facere negligeret & nobis pretermiffis aut fucceffore noftro contra id quod per nos pronunciatum eft veniret infringendo aliquod premifforum poenam incideret ducentarum marcarum Colonienfium denariorum medietatem nobis aut noftro fucceffori & aliam medietatem parti hujusmodi pronunciatum obfervanti folvendarum, quas nos & noftri fucceffores cum his qui pronunciatum noftrum obfervaverint requirere tenemur a parte

parte infringente & compellere ad folvendum. Elegerunt etiam partes prediéte Johannes pro fe quod fi veniret contra noftrum pronunciatum quod nos eum contra predictos minifteriales noftros juvare nec *Dux Lymburgenfis* nec *Comes de Monte*, nec *Theodoricus frater fuus*, nec *Comes Senenfis* nullatenus deberemus, dicti vero Burggravius & eorum adjutores elegerunt quod nec nos nec aliquis fucceſſorum noftrorum ipſos juvabimus contra Johannem memoratum fi fortaſſis contra hoc noſtrum venirent pronunciatum. In cujus rei teſtimonium & roboris firmitatem figillum noſtrum una cum figillis venerabilis Patris Domini *Paderburnenfis Epifcopi*, Theodorici de Hensberg, Ducis Lymburgenfis & Johannis de Lewenberg fupradicti prefentibus litteris duximus appendendum, Actum & datum Bunne XVII Kal. Octobris anno Domini M. CC. feptuagefimo tertio.

15 Sept.

VIII.

Rachtung zwiſchen den Gebrüdern Dietrich Herrn von Heinsberg und Johann Herrn von Lewenberg ihre Theilung betr. Dat. fabbato infra feſtum nativitatis Domini 1285.

(ad §. VII.)

Univerfis prefentes litteras vifuris & audituris. Nos *Theodoricus Dominus de Heinsberg*, & nos *Johannes Dominus de Lewenberg* fratres. Notum eſſe volumus quod fuper articulis & controverfiis poſt ordinationem priſtinam inter nos factam motis & habitis amicabilis compofitio & voluntaria ordinatio intervenit, quam quidem compofitionem & ordinationem fide corporali prius preſtita & juramento nihilominus fubfecuto ratam & inviolabilem promiſimus obfervare. Ad decidendas autem queſtiones & articulos inter nos mutuo motos tam fuper hereditate qnam fuper debitis quibuscunque quatuor ex amicis noftris, nos videlicet Theodoricus Dominus de Heynsberg virum nobilem *Henricum de Virnenberg* & Rupertum de *Syberg* milites, nos vero Johannes Dominus de Lewenberg antedictus Henricum *Marfcalcum* & Danielem de *Bagheym* milites elegimus, qui quidem quatuor juramento fuper hoc preſtito infra Dominicam qua cantatur invocavit me proxime venturam dolo & fraude penitus fublatis univerfos articulos & fingulos inter nos motos diligenter difcutient & auditis &

infpectis

der Herren von Heinsberg.

infpectis rationibus utriusque quas eisdem in fcriptis dabimus fecundum veritatem & juftitiam pronunciabunt, & ftatuent quod rationis fuerit & æquitatis, quorum pronunciationem & dictum fub juramento a nobis preftito per omnia adimplere & obfervare, & . . . . . noftrum exceffus repertus fuerit ipfum exceffum refundere promifimus prefentium tenore litterarum. Datum anno Domini M. CC. LXXX quinto fabbato infra feftum nativitatis Domini.   28 Dec.

IX.

Erklärung Herrn Dietrichs von Heinsberg über die Rechte der Collegiat-Kirche zu Heinsberg Dat. in fefto purificationis beate Marie virginis 1290

(ad §. XII.)

In nomine Domini Amen. *Theodericus Dominus de Heinsberg, & Domina Johanna uxor* ejusdem. Univerfis Chrifti fidelibus falutem in Domino cum notitia fubfcriptorum. Cum res gefta litteris firmatur, univerfa calumpnie materia prevenitur, nec preftatur litis occafio fucceffori. Ad obviandum igitur futuris periculis cavillationibus & queftionibus fuper juribus, privilegiis & libertatibus noftre collegiate ecclefie in *Heynsberg* noviter ortis aut in pofterum eventuris inter perfonas ejusdem ecclefie, & inter oppidanos loci vel quoscunque alios noftre ditioni fubjectos, de confilio & confenfu noftrorum fidelium quedam privilegia ecclefie noftre predicte duximus exprimenda feu declaranda. Inprimis volumus quod ipfa ecclefia jam dicta in prima fua fundatione & in ea contentis femper maneat firma ac illefa. Item volumus quod ecclefia predicta omnibus & fingulis privilegiis juribus, emunitatibus, confuetudinibus, honoribus & libertatibus frui debeat & gaudere, quibus cetere ecclefie collegiate civitatis & Dyocefis Leodienfis hactenus frete funt & gavife, feu quomodolibet potiuntur, ita quod finguli canonici altarifte focii fcolares & clerici chorum frequentantes, eorundem familiæ utriusque fexus tam clerici quam laici, domus habitationum & areæ, & omnia in eis contenta, fingulaque bona ejusdem ecclefie a fecularibus foro, jufticia, impetitione, exactionibus, accifiis, talliis, pedagiis, preftationibus, impofitionibus, collectis, gabellis, theoloniis, angariis, perangariis, fervitiis quibuscunque,

ceterisque gravaminibus, quibus nominibus etiam valeant appellari, fint abſoluti liberi & penitus exempti & fint de foro capituli ejusdem eccleſie ſeu judicis ſui ſpiritualis, imo domus canonicorum que nunc ſunt vel impoſterum venerint pro canonicis erigende, & eorum aree habeant illam libertatem quam univerſalis ecclefia ſingulis tribuit eccleſiis & cimiteriis pro confugientibus ad eas. Maneat etiam ipſis canonicis ſolum libera electio & diſpoſitio de eorum Prelatis officiis & officiatis, de Rectore ſcholarum, Cuſtode & ſubcuſtodibus tam eccleſie collegiate quam parochialis. Habeant etiam canonici liberam poteſtatem eligendi ſuam ſepulturam in ecclefia predicta. Singula etiam que fiunt in ecclefia predicta diſponantur conſilio canonicorum, qui etiam providebunt hoſpitali loci cum conſilio civium noſtrorum magr. diſcretorum, in uſum pauperum nobis & noſtris ſucceſſoribus ſalva collatione prebendarum & altarium predicte eccleſie, nec non & hoſpitalis. Volumus autem reſidentiam perſonalem canonicorum & altariſtarum ante omnia fieri ſtudii cauſa ſola excepta. Canonici etiam nullum altariſtam per nos aut ſucceſſores noſtros preſentandum, niſi ſit ſacerdos, vel infra annum juret ſe in talem promovendum, admittant quovis modo. Item omnes obventiones & oblationes in quocunque loco parochie oblate cedant canonicis & nulli alteri. Item littere proventuum & redituum canonicorum & altariſtarum per nos predeceſſores vel ſucceſſores noſtros ſigillate vel ſigillande vel per alios fide dignos rotuli eorum libri vel regiſtra computationum valeant coram omnibus tribunalibus noſtri diſtrictus five terre, ac ſi per tribunalia forent ſigillate. Preterea de omnibus decimis eorum ad pact. exponendis, vel per ſe aut ſuos perſonaliter colligendis & reponendis iu vel extra oppidum noſtrum vel alias intra parochiam vel extra eandem, ſimiliter de blado eorum undecunque provenienti inducendi vel educendi intra vel extra oppidum noſtrum vel etiam diſtrictum dominii noſtri maneat eis in perpetuum libera poteſtas absque contradictione cujuscunque. Huic ſtatutorum & privilegiorum eccleſie predicte expreſſioni interfuerunt & conſenſerunt *Bruno* Prepoſitus eccleſie & conventus monaſterii noſtri extra muros oppidi Heynsbergenſis, Ancelmus Decanus Concilii Sweſterenſis, Hedenricus Inveſtitus eccleſie de Hoingen ſacerdotes, Giſelbertus dictus *Kuchenmeiſter*, Renerus de *Schinvelt*, Theodricus de *Gelinkirchen*, dictus *Schryart* milites, & alii quam plures noſtri fideles, nec non diſcreti ſcultetus ſcabini bial & plures oppidani in Heinsberg. Et nos Theodericus Dominus de Heinsberg & Johanna uxor noftra predicti, ut hec omnia & fingula rata & firma remaneant, figilla noftra in veritatis teftimonium & robur prefentibus duximus appendenda. Datum anno Domini millefimo ducentefi- mo nonagefimo, in fefto purificationis beate Marie Virginis.

2 Febr.

X.

Verordnung Herrn Dietrichs I von Heinsberg wegen Vergebung der Decanats-Pfründe zu Heinsberg Dat. in vigilia beati Thomae 1301

(ad §. XI.)

Univerfis prefentes litteras infpecturis. *Theodericus Dominus de Heinsberg* falutem cum notitia veritatis. Cum fit difpenfiofum ecclefiis maxime collegiatis carere regimine capitis, non tantum fcriptura fed fumma rerum magiftra experientia manifeftat, quia plerumque illas oportet tanquam navem fine remige vacillare. Nos igitur attendentes quod ecclefia conventualis beati *Gangolfi* in *Heinsberg* in qua prebendarum ad nos & heredes noftras fpectat collatio, tanquam acephala Decani, regimine caruerit hactenus & careat, voluimus ftatuimus & quantum in nobis eft ordinamus nunc quod prebenda vacans per mortem Domini Petri de Opharen, ad Decanatum, quem in dicta ecclefia defideramus effe, de cetero cum fuis pertinentiis perpetuo debeat pertinere, & nos ad hunc ufum feu finem jus conferendi dictam prebendam cum fuis pertinentiis ad ipfam inter fe perfonam ydoneam in Decanum capitulo dicte ecclefie pro nobis & heredibus noftris donamus & in ipfum fuper hoc transferimus liberam poteftatem, ita quod qui ad dictam prebendam feu Decanatum eligitur, eo ipfo fit canonicus & Decanus & canonicatus & prebenda quos ante obtinuit, in dicta ecclefia fic electus cum dictam prebendam & Decanatum receperit & confirmatus fuerit, vacabunt alii a nobis feu noftris heredibus libere conferendi. In robur autem & teftimonium premifforum prefens fcriptum fuper eisdem confectum noftri figilli munimine una cum figillis *Godefridi militis filii noftri* & *Mechtildis uxoris fue* dicto capitulo dedimus communitum. Nos quoque dictus Godefridus tanquam *heres & fucceffor* dicti

Domi-

Domini patris noftri una cum uxore noftra premiſſis noftrum adhibentes confenfum, ea quatenus ad nos pertinent, approbantes ſigilla noftra pre-
22 Dec. ſentibus duximus litteris apponenda. Datum in vigilia beati Thome Apoſtoli anno Domini M. CCC. primo.

XL

Die von Cölln nehmen Herrn Walram von Heinsberg Herrn zu Blankenberg zu ihrem Mitburger auf. Dat. in craftino S. Jacobi Apoſtoli 1303

(ad §. XL.)

In nomine Domini Amen. Univerſis prefentes litteras viſuris & audituris. Nos judices fcabini confilium ceterique cives *Colonienſes* notum facimus quia nobilis vir Dominus *Walramus de Heynsberg Dominus de Blankenberg* in diviſione bonorum facta inter nobilem virum *Godefridum Dominum de Heynsberg* fratrem fuum ex una parte & ipfum Dominum Walramum ex altera, tanquam *primogenitus* nobilis viri Domini *Theodorici Domini de Heynsberg* bone memorie fucceſſit eidem Domino Theoderico patri fuo in redditibus triginta marcarum quas ipfe Dominus pater ejus a nobis & civitate Colonienſi ratione concivitatis fue habuit annuatim, & hujusmodi redditus poſtulans fibi dari favorabiliter & pro grato beneficio acceptans ſic quod concivis nofter eft effectus & de firma amicitia fervanda nobis diebus fuis preſtitit follempniter juramentum fub quo fe obligavit apud nos in omni forma, prout idem Dominus Theodericus pater fuus apud nos fuerat obligatus & in literis fuis fuper hoc cenfectis quas habemus ab eodem plenius continetur recepimus eundem Dominum Walramum in convicem noftrum promittentes fibi quamdiu vixerit predictos redditus triginta marcarum fingulis annis dare & pagare termino ad hoc ftatuto, nolentes poft mortem fuam heredibus fuis ad folutionem dictorum reddituum aliquatenus nos teneri fraude & dolo ceſſantibus penitus in premiſſis. Super his in teftimonium atque fidem ſigillum commune civitatis Colonienſis
26 Jul. prefentibus duximus appendendum. Datum anno Domini milleſimo trecenteſimo tertio in craftino fancti Jacobi Apoſtoli.

XII.

XII.

Arnold Herr von Randerab gestattet Herrn Gotfrid von Heins=
berg und Blankenberg das Oefnungs=Recht im Schloß Ran=
derab Dat. apud Heinsberg in vigilia beatorum Apo-
stolorum Petri & Pauli 1310.

(ad §. XV.)

Universis presentes litteras visuris ac audituris. Nos *Arnoldus Dominus de Randenroyde* notum facimus publice protestantes, quod cum nos supraportaverimus libere resignando in manus viri nobilis Domini nostri dilecti *Godefridi Domini de Heynsberg & de Blankenberg* jurisdictionem nostram altam & bassam villæ de *Prumeren*, prout ad nos dinoscitur pertinere, ad usus suos & suorum heredum ipse dictam jurisdictionem nobis nostrisque heredibus concessit restituendo per presentes titulo feodali ab ipso suisque heredibus temporibus perpetuis possidendam pariter & tenendam. Promisimus insuper fide prestita corporali pro nobis & nostris heredibus quod ipse heredesque sui cum *castro de Randenroyde* juvabunt se contra quoscunque *Duce Lymburgensi* duntaxat excepto. Et nos Dominus de Randenroyde predictus cum dicto Domino, nostro de Heynsberg conventiones & ordinationes predictas ex amicorum nostrorum consilio & instinctu inientes promittimus ipsas inviolabiliter observare, dolo & fraude in his omnibus cessantibus penitus & exclusis. Interfuerunt his conditionibus viri discreti & honesti Emundus & Gerardus de *Brakele* fratres milites, Willelmus investitus de Randenroyde. Johannes de *Lunenbroch*, Theodericus de *Audenhoven* ac Gerlacus dictus Wle. In cujus rei testimonium litteris presentibus sigillum nostrum una cum sigillo dicti Domini de Heynsberg duximus apponendum. Et nos Godefridus Dominus de Heynsberg predictus singula superius expressa vera recognoscentes sigillum nostrum apposuimus huic scripto. Actum & datum apud *Heynsberg* anno Domini M°. CCC°. X° in vigilia beatorum Apostolorum Petri & Pauli. 28 Jun.

XIII.

XIII.

Verkaufbrief Heinrichs Herrn von Lewenberg an Grav Adolf von Berg über seine Güter und Gerichte zu Aldenrod, Upperheide und Oberrod Dat. apud Bensbure in vigilia afcenfionis Domini 1311.

(ad §. VIII.)

Nos *Henricus Dominus de Lewenberg*, & nos *Agnes collateralis & uxor ejusdem*. Notum facimus tenore presentium publice profitentes quod nos conjuncta manu spontanea & libera voluntate provida & matura deliberatione prehabita & utilitate nostra in hoc penfata dominium nostrum & judicium quod habemus apud *Aldenrode Upperheide* & per totam illam parochiam & quicquid ibidem in ipsa parochia circumquaque habemus, homines, cenfus, penfiones, decimas, pullos & omnia alia nihil penitus exclufo nec nobis nec nostris quicquam juris ibidem refervato. Item homimines nostros quos habemus apud *Overrode* & ibidem circumquaque vendidimus & vendimus plane & fimpliciter per prefentes domino nostro Domino *Adolpho Comiti de Monte* pro centum & fexaginta marcis denariorum Brabantinorum, de quibus nobis bonam & expeditam fecit folutionem, refignamus igitur & fupraportamus predicto Domino nostro Domino Adolfo Comiti de Monte & fuis heredibus omne jus & omne dominium nostrum, quod habemus, & quod ad hec habuimus & ficut nos illud poffedimus longe lateque in locis fupradictis, effeftucantes fimpliciter de eodem omni dolo ceffantibus in premiffis. In cujus rei teftimonium & perpetuam firmitatem dedimus & damus predicto domino nostro Domino Adolfo Comiti de Monte & fuis heredibus prefentem litteram figillis nostris firmiter communitam in robur & firmitatem omnium premifforum. Datum apud *Bensbure* anno Domini millefimo trecentefimo undecimo in vigilia afcenfionis ejusdem.

19 Maj.

XIV.

XIV.

Rutger Burggrav zu Drachenfels gestattet Herrn Gotfrid von Heinsberg und Blankenberg das Oefnungsrecht in diesem Schloß
Dat. apud Blankenberg in crastino omnium
sanctorum 1315.

(ad §. XV.)

Ego *Rutgerus Burggravius in Draginvels* miles notum facio omnibus quibus presens scriptum fuerit exhibitum, quod propter benevolum favorem, quem *nobilis vir Dominus de Heinsberg & de Blankenberg* mihi & meis antecessoribus exhibuit & cottidie exhibet, ad hoc firmiter & inviolabiliter me obligo dictum Dominum de Heinsberg cum corpore & meo castro in *Dragivels* juvare contra quemcunque, & dictum castrum meum eidem patere si necesse fuerit excepto domino meo *Colonienfi archiepiscopo*, cujus sum ministerialis, sub ea conditione, quod si dictus Dominus meus Coloniensis cum Domino de Heinsberg predicto litigare quod absit intenderit, a me & a castro meo Draginwels contra predictum Dominum de Heinsberg nequaquam erit adjuvatus. Item dico quod si Dominus de Heinsberg predictus episcopatum quod absit hostiliter invadere presumeret, Domino meo Coloniensi, cui ita sum annexus, ad defensionem terrarum suarum juvare possum, nec in hoc contra obligationem cum Domino de Heinsberg factam delinquam. Similiter est si dictus Coloniensis Dominus meus hoc idem facere presumeret quod absit domino de Heinsberg ipsum si requisitus fuero ad defensionem terrarum suarum juvabo absque dolo. Ut autem hec obligatio per nobilem virum Dominum de Heinsberg ex una parte & me ex altera facta firma & inviolabilis sit & permaneat hanc obligationem meo sigillo in testimonium firmitatis duxi sigillandam. Datum apud *Blankenberg* in crastino omnium sanctorum anno Domini millesimo tricentesimo quinto decimo.   2 Nov.

XV.

Anlaßbrief zwischen den Gebrüdern Heinrich und Johann Herrn von Lewenberg ihre Streitigkeiten betr. Dat. in Geyslingen des Saterdags vor St. Johans tage Baptisten dat he geboren wart 1325.

(ad §. VIII.)

Wir Heinrich Here van Lewenberg, vnd Johann von Lewenberg gebrudere Ribbere doen kunt allen den genen die diesen brieff sien sullen of horen lesen, dat wir ouermitz vnser beider Vrunt gentzlichen vnd cleirlichen gesoent sint, vnd verziehen hauen vp all die stucken die wir zesamen zu duin habben, vnd gesichert beyde in hant vns lieuen Neuen vnd heren heren Goderts des heren von Heinsberg vnd von Blanckenberg die seere walle ze halden ain arglist, in all der manieren dat hernae beschreuen steit, dat vnser ichlich kiesen sall syner Vrunde zweene, so wat die viere sementlichen sagen tuschen vns vursch. gebruderen recht of minne tuschen nu vnd vnser Vrauwen dag zu halnen Liste die neiste komen sal, dat sullen wir beide halden, weret dat die viere sementlichen binnen der genoemder zyt vns recht noch Minnen niet en segten so solen sy sementlichen beschrenen geuen deme vorß. heren van Heinsberg wa an: dat gebreche, vnd warumb vns nit gesoenen en kunnen, so is he ein bouenmeister geboren ze sagen tuschen vns ein recht na siner bester wet of eine minne mit vnser beider wißen tuschen dem vorgenoeinten vnser Vrauwen dage vnd Sent Remeiß dage die darnae neiste komende is, so wat he seet dat haln wir beide gesichert in sin hant zu halten, wert auch dat he binnen der zyt die vursprochen is vns ein recht of ein minne segt mit vnser beider wißen, wilch vnser de des nit halden en wolte de sal zeuuren verloren hauen helpe vnd dienst van dem vorgenoemden heren van Heinsberg, vnd sal darzu eirlois vnd claglois blinen. Wert auch dat also geuiele dat der herr van Heinsberg de vurgenoempt is binnen deme Lande van Blanckenberg niet en were noch sein en mogte, so verbinten wir vns beide, wanne dat he vns entblet binnen der zyt die drien genoempt is et sy zu Heinsberg off war he wilt binnen deme Lande van Heinsberg, dar solen wir komen vnd heben recht of minne wat he vns seet in all den vurwarden die binnen beschreuen sint, in ein gezuignus der warheit so hain wir vnser beider Siegel an diesen brieff doin hangen. Dis brieff wart ge euen na

der

der geburt vns heren in den jairen do man schrieff dusent jar dry hundert jair vnuf en zwintzich jair des Saterdags vor Sent Johans tage Baptisten dat he geboren wart. In Seystingen.   22 Jun.

XVI.

Bundnis zwischen Heinrich Herrn von Lewenberg und Gotfrid Herrn von Heinsberg und Blankenberg Dat. dominica proxima post assumptionem beate virginis gloriose 1330.

(ad §. VIII.)

Universis ad quorum audientium presens scriptum dinoscitur pervenire. Nos *Henricus Dominus de Lewenberg* notum facimus tenore presentium publice protestantes, quod quamvis nos una cum Domino *Godefrido Domino de Heynsberg & de Blanckenberg* nostro consanguineo dilecto vinculo naturali & consanguinitatis vicissim simus obligati, nos tamen ut fortius astringamur cum matura deliberatione ab hac die in antea ipsum predictum Dominum de Heynsberg & de Blanckenberg nostrum consanguineum ad defensionem sue terre cum jurisdictione ac omnium suorum bonorum quamdiu vixerimus juvare promisimus contra quemcunque omni absque dolo, & presentibus bona fide promittimus hoc inviolabiliter nostris temporibus observare, ut autem hec suprascripta omnia rata firma & inviolata permaneant & persistant sigillum nostrum presentibus duximus in testimonium apponendum, seriose requirendo rogantes *Henricum de Dollendorp* militem, Johannem de *Merheym* Theodericum de *Eckerscheyt nostros fratres* & amicos dilectos quatenus ad supradicta omnia & singula firmiter & inviolabiliter observanda suis viribus & auxilio consilio & favore semper assistant, & cum appensione suorum sigillorum his litteris hoc bona fide absque omni dolo promittant. Et nos *Henricus de Dollendorp* miles, Johannes de *Merheym*, *Theodericus de Eckerscheyt* ad preces & rogatum *Domini de Lawenberg* dicti nostri domini predilecti ad observandum & retinendum dictam obligationem seu compromissum nostris totis viribus auxilio consilio & favore absque omni malo dolo juvare promisimus, & promittimus per presentes bona fide. In cujus rei robur & testimonium presentes litteras nostris

noſtris ſigillis fecimus communiri. Datum anno Domini M. CCC. treceſi-
19 Aug. mo Dominica proxima poſt aſſumptionem beate Virginis glorioſe.

XVII.

Schiedsrichterlicher Entſcheid die Erbſchafts-Streitigkeiten zwiſchen
den Gebrüdern Dietrich II und Johann I Herren von Heins-
berg und Blankenberg. Actum in nemore ante
monaſterium monialium de Hoyge
XIII. Martii 1331.

(ad §. XVII.)

Univerſis preſentes litteras inſpecturis. *Adolphus* Dei gratia *Leodienſis
Epiſcopus*, *Ludovicus Comes de Los & de Cyngny*. *Henricus de Lewen-
bergh*, *Wilhelmus de Horne* & *de Altena*, ac *Arnoldus de Steyne domini*.
Salutem in Domino & rei ſubſcripte cognoſcere veritatem. Noverit uni-
verſitas veſtra quod cum queſtionis materia orta eſſet inter nobiles viros
Dominos *Theodoricum Dominum de Ensberg* et *de Blanckbergh* ex una
parte, et *Johannem de Ensbergh ejus fratrem* ex altera ſuper diviſione et
eccleſiarum collatione hereditatis ſeu bonorum mobilium et immobilium ab
eorum quondam parentibus relictorum, dicteque partes proborum uſe con-
ſilio, in nos ſuper hujusmodi queſtionis materiis tanquam in arbitros arbi-
tratores ſeu amicabiles compoſitores unanimiter ſe compromiſiſſent, ac di-
ctum noſtrum ſeu pronunciationem noſtram quod et quam inter ipſas par-
tes ex cauſa dicti arbitrii arbitrationis ſeu amicabilis compoſitionis dicere-
mus et pronunciaremus adimplere tenere et per omnia inviolabiliter perpe-
tuo obſervare fide ab ipſis hinc inde propter hoc preſtita corporali et ſub
poena violationis ejusdem fidei ſolenniter promiſiſſent, nos propter amici-
tiam pacem concordiam et tranquillitatem inter ipſos fratres et eorum
amicos intentandas futuris temporibus habendas onere hujusmodi com-
promiſſi in nobis ſuſcepto ac inſpectis omnibus que nos ad concordiam
dictorum fratrum et deciſionem prefate queſtionis materie movere poſſent,
habito etiam conſilio proborum in talibus peritorum, diximus pronun-
ciavimus ſeu amicabiliter compoſuimus, dicimus pronunciamus ſeu amica-
biliter componimus ſub juramento et poena predictis inter eosdem fratres

ſuper

super premissis in hunc modum, videlicet quod dictus Dominus Johannes pro se et suis heredibus habeat ex nunc et pro se possideat terras de *Wassenberg*, de *Sittert*, de *Dalenbrugh*, de *Nyle*, et alia quecunque bona seu redditus que et quos Dominus quondam *Godefridus Dominus de Ensberg* et *de Blanckenbergh* ipsorum fratrum pater dicto Domino Johanni contulit dum vivebat, cum alto et basso dominio mero et mixto imperio, redditibus, proventibus et pertinentiis suis universis sive in arido aut in humido consistant, ab eodem Domino Johanne et suis heredibus in futurum tenendos et possidendos secundum omnem modum et formam quibus dicti redditus terre et bona cum pertinentiis suis ipsi Domino Johanni a dicto quondam suo patre et domino sunt et fuerunt collata. Item diximus et pronunciavimus, dicimus et pronunciamus inter partes predictas quod dictus Dominus Johannes pro se et suis heredibus habeat et possideat perpetuo quadringentas libras nigrorum Turonensium grasso Turonon. Regis Francie argenteo antiquo pro sedecim Turonen. nigris computato annui et perpetui redditus. De quibus quadringentis libris ipse Dominus Johannes pro se et suis heredibus tenebit et perpetuo possidebit villas *de Kerreke* & *de Ende*, ac etiam villam *de Byge* sub modo forma et jure quibus vendita vel ypothecata est a Domino *Gerardo de Marcha* ipsa villa *de Byge* cum jurisdictione alto et basso dominio mero et mixto imperio cum redditibus proventibus et pertinentiis earundem villarum universis pro trecentis libris dicte monete annui et perpetui redditus duntaxat ita tamen quod si eidem ville *de Kerke de Ende* & *de Byge* cum suis pertinentiis predictas communi et legitima estimatione trecentas libras annui redditus dicte monete non valerent, hujusmodi defectum supplere et etiam alias centum libras perpetui redditus residuas sufficienter assignare per legitimam taxationem dictus Dominus *Theodoricus Dominus de Ensberg* tenet et debet dicto Domino Johanni integraliter ad redditus et proventus quos ipse Dominus *de Ensberg* habet et habere dinoscitur in *comitatu Lossensi* tali conditione premissis adjecta quod dictus Dominus Johannes et sui heredes dictas villas *de Ende* & *de Nyle* cum earum pertinentiis universis a dicto Domino *de Ensberg* et suis successoribus Dominis *de Ensberg* in feudum relevabunt et tenebunt, de eisdemque fidelitatem debitam et consuetam prestabunt. Item dicimus et pronunciamus seu amicabiliter componimus inter dictas partes quod de prima pecunia quam dictus Dominus *de Ensberg* vel alter ejus nomine habebit ex parte te illuſtris principis *Johannis Ducis Brabantie* de quatuor millibus librarum in quibus predictus Dux eidem Domino *de Ensberg* tenet, ipſe Dominus *de Ensberg* tradat et deliberet predicto Domino Johanni mille libras ejusdem monete. Preterea dicimus et pronunciamus inter easdem partes quod mediantibus premiſſis dicti fratres contentari debent et alter ipſorum alterum quitare ab omnibus queſtionis materiis controverſiis impetitionibus et aliis quibuscunque querelis ipſis competentibus ratione diviſionis et collationis predictarum usque in diem hodiernum. Nos autem *Theodoricus Dominus de Ensberg* & *de Blankenberg* ac *Johannes fratres* predicti quia in prefatos Dominos Epiſcopum Comitem nec non *de Lewenberg*, *de Horne* & *de Steyne* Dominos per fidem a nobis preſtitam corporalem et ſub pena violationis ejusdem tanquam in arbitros arbitratores ſeu amicabiles compoſitores compromiſimus prout ſuperius eſt expreſſum, eorum dictum pronunciationem et amicabilem compoſitionem preſcriptas, quibus pro nobis et noſtris heredibus contentamur, et quas emologamus laudamus et approbamus promittimus ſub fide et poena predictis adimplere et perpetuo inviolabiliter tenere et obſervare. Et nos videlicet alter noſtrum alterum his mediantibus quitamus ab omnibus impetitionibus queſtionibus et querelis unicuique noſtrum competentibus usque in diem preſentem cauſa et ratione diviſionis et collationis predictarum. In quorum omnium teſtimonium et munimentum nos arbitri arbitratores ſeu amicabiles compoſitores *Theodoricus Dominus de Ensberg* et *de Blankenberg* & *Johannes ejus frater* predicti ſigilla noſtra preſentibus litteris duximus apponenda. Actum *in nemore* ante monaſterium monialium de *Hoyge* Ciſtertienſis ordinis Leodienſis dieceſis et datum anno Domini milleſimo trecenteſimo triceſimo primo menſis Martii die tertia decima.

13 Mart.

XVIII.

XVIII.

Schiedsrichterlicher Entscheid des Bischofs Adolf von Lüttich und Grav Adolfs von Berg wegen den Streitigkeiten zwischen Gotfrid I Herrn zu Heinsberg und Blanckenberg und Grav Gotfrid von Sain. Dat. des Gudestages vur Sente Laurenß dage 1331.

(ad §. XVI.)

Wir Aylff von Godes genaden Byschoff van Ludge und Aylff Greue van dem Berge Evenlude erkoren van den edelen luden heren Godarde deme heren van Heynsberg ind van Blanckenberg ind synen helperen van einer seiden, ind heren Godarde van Seyne heren zu Hoymberg ind sinen helperen an der an der syden van macht die vns gegeuen is van desen burgenanten beiden partien, so sagen wir yn also as herna geschreuen stelt. Zo deme irsten male sagen wir quyt vnd los die gefangenen van beyden syden, vnd fullen vruede dun. Vortme sagen wir dat her Godart van Seyne vurgenant vnd syn son Engelbrecht sullen syn Erue man des burgenanten heren van Heinsberg vnd van Blancken berg vnd syner truen als van dryssich marcken geldes erflicher gulden vp yr selues eigen gutt zo bewysen binnen diesem jaire vnd der zyt dat dis brieff gezeuen ist. Vortme sagen wir also van des juden wegen van Blanckenberg, dat der vorgenante her Godart sal zu Blanckenberg komen, vnd sal demeseluen ju ben na den brieuen ind geloifnisse ind na den vurwarden der de jude sich ver misset dat he haue van heren Godart vurgesprochen ind van heren Engel brechten synen Vadere, duin wat he schuldig is van rechte zu duin. Hett auer der jude heren Godarden darweder einiche vurwerde gedaen uf geloift die he kan zubrengen mit rechte, die willen wir dat sie ihme der jude halbe, he en kunne yr sich dan entsagen of erweren mit rechte. Vortme sagen wir van den luden so we der in hauender gewer ist der sal sie behalden also lange mit dat sy ihme aue werden gewunnen mit rechte. Vortme sayen wir also van des Rychs suluen vnd van den inkomenden luden dat sullen partyen halbez in all der wys dat it hie vur vnd van albers is gehalden. Vortme sagen wir de man up beyden syden widder in yr leen. Vortme sagen wir dat her Godart van Seyne vurgenant vnd Gerlach van Rsenberg vnd Willem van Brunsberg sullen inkommen zu vnser beyder manunge vnd gysunge zu Heymsberg vnd nit dan
nen

nen komen it en sy mit willen des burgenanten heren van Heymsberg. Vort
me sagen wir dat her Godart van Seyne Gerlach van Isenberg vnd
Willem van Brunsberg die hier vurgenant synt sullen deme heren van Heyms-
berg de bleuur genant is bleuen mit hundert mannen zu Ritters rechte binnen
diesem negsten jaire wan he it heischet op welche stat dat he sy wil sueren binnen
landes dar sy mit eren lyden mogen. Vortme sagen wir dat her Godart vurge-
nant sal buin deme Scholtißen van Blanckenberg van der schult die he yme schul-
dig is dat syne brieve halden. Vortme sagen wir quyt vnd los all den Wernschach
de op den Satertag vor Sente Marien Magdalenen dage do die Soyne wart ge-
macht zu Aldenrode vnnerwyst was ain argelist. Vortme vnd na desen dingen
die hievor gesprochen synt, so sazen wir eine volkomene gantze sone tuschen den
vurgesprochen parteien vnd allen yren helperen van alle deme dat geschien is van
beiden syden van diesem kriege vnd van diesem orloge, vnd quyt alle schaden die
geschien synt van beyden syden vnd mit namen den schaden den her Euerhart van
Lymburg vnd her Symon van Isengarden forderen, den schaden den da fordert
her Diederich vnd her Salomon van Isenburg des wir noch niet walt en haln
erfaren noch en syn verlert darup zu sprechen dat fristen wir vnd halbent op mit
wir itwas erfaren dat wir darop mogen mit bescheidenheide sprechen. Vortme
sagen wir van den hundert malderen korns der de here van Heimsberg vorge-
nant segt heren Godarden van Seyne dat he sy eme genomen haue dat sy des
sollen komen an yr alde brieue, vnd sollen halden wat die sprechen. Vortme sa-
gen wir van deme korne des der here van Heymsberg siet heren Godarden van
Seyne dat he synen luden op der straißen genomen haue, wat he gewysen konne
zu rechte dat he gelden solle dat sal der vorgenante her Godart richten. Vortme
op die naeme Rinderen vnd Schaefen der de here van Heymsperg ziet heren Go-
darden van Seyne der sy beyde genug haint genomen op sage Henrichs van
Dyrnenberg sprechen wir dat sy noch dat also halden sollen also deselue Henrich
sie beseyt, allerlei argeliste in diesen vurgesprochenen dingen vißgeschlossen, vnd
vmb eine meere stedicheit vnd sicherheit all dieser dingen so hauen wir Byschoff
vnd Graue vurgenant vnser beider ingesiegele an diesen brief gehangen. de gege-
14 Aug. uen is na Gods geburte wan men schryft druzeinhundert jair in deme einen drit-
sichsten jair des gudestages vur Sente Laurentzys dage.

XIX.

XIX.

Verzicht Frauen Abelheid von Heinsberg, vermählten Gräwin von Naßau, auf die Erbschaft ihres Bruders Walram. Dat. feria quarta post diem beate Agathe virginis 1333.

(ad §.XIII.)

Universis & singulis audituris presentes litteras & visuris. Nos *Aleydis* uxor spectabilis viri Domini *Henrici Comitis de Naffouwia* salutem & subscriptorum cognoscere veritatem. Noveritis quod propter dilectionem quam sinceriter gerimus ad nobilem virum nostrum consanguineum *Dominum Theodericum Dominum de Heymsbergh & de Blanckenberch* militem *filium* quondam Domini *Godefridi fratris nostri* Domini dominiorum predictorum, de consensu voluntate & consilio *Domini Henrici* nostri mariti Comitis prelibati, *nec non Ottonis* militis *primogeniti* ac *Henrici Prepositi Spirensis nostrorum filiorum* omne jus res & actionem si & quas habuimus seu habere credidimus aut etiam habeamus in successione seu ex successione hereditaria in hereditate seu parte ejusdem in bonis felicis recordationis Domini *Walrami Domini quondam de Blanckenberch fratris nostri* relictis post mortem ejusdem, sive ipsum jus aut res consistant in juribus, dominiis, feodis, allodiis, civitatibus aut munitionibus, opidis sive castris, rebus mobilibus & immobilibus aut se mouentibus quocunque locorum sitis cessimus donavimus ac dedimus, & tenore presentium damus cedimus seu donamus ipsi *Theoderico* consanguineo nostro karissimo Domino dominiorum predictorum cum omnibus eorum attinentiis, & etiam resignamus cum omni jure & modo quo possumus meliori possidendas & habendas per ipsum *Dominum Theodericum*, prout *Walramus* & post eum *Godefridus* Domini prelibati *fratres nostri* tenuerunt & possederunt usque ad mortem eorundem, & prout ipse Dominus *Theodericus de Heymsberch & de Blanckenberch* Dominus eas post obitum patris sui predicti tenuit & possedit & renunciavimus &‑presentibus renunciamus revocande donationis propter ingratitudinem, doli mali, callide inductionis, simplicitatis juris ignorantie, metus, condicioni ob causam causa non secuta insinuationis omisse circa donationem immensam exceptionibus, nec non juri dicenti in generali donatione non venire que quis in specie non esset verisimiliter donaturus,

&

& generaliter omnibus & fingulis exceptionibus tam juris canonici quam civilis, que nobis contra premiſſa feu premiſſorum aliquod in futurum poterunt quomodolibet fuffragari, & juravimus ad fanċta Dei evangelia corporaliter a nobis tacta quod hujusmodi dationem donationem ceſſionem & renunciationem de quibus predictum, firmam inviolabiter tenebimus perpetuis temporibus in antea & contra eas non veniemus quomodolibet per nos alium feu alios directe aut etiam indirecte. Nos vero *Henricus Comes de Naſſouwia*, nec non *Otto & Henricus fratres filiique Domini Henrici Comitis*, ac *Aleydis Comitiſſe* predictorum antedicti profitemur & dicimus quod donationem... hereditatis feu partis ejusdem ut predictum factas fieri procuravimus approbavimus & confenfimus nec non confentimus eisdem & renunciavimus & prefentibus renunciamus omni juri & actioni quod nobis competere potuit feu poteft ex fucceſſione Domini *Walrami* Domini antedicti. Profitemur quoque quod juravimus ad fancta Dei Evangelia corporaliter a nobis tacta fingulariter a fingulis contra easdem videlicet donationem, ceſſionem, refignationem ac renunciationem dicte Domine Aleydis atque noftrum feu noftrum cujuslibet feu alterius earundem non venire per nos alium aut alios quocunque nomine in antea directe feu etiam indirecte, imo fi qui fint vel impofterum fuerint qui contra premiſſa dicte Domine Aleydis noftro aut alterius noftrum nomine fecerint feu venerint,illis obviabimus & refiftemus prout nobis eft poſſibile omni fraude excluſa penitus in premiſſis, renunciamusque & quilibet noftrum doli mali fpei promiſſionis ob cauſam facte cauſa non fecuta exceptionibus, omnique juris auxilio tam canonici quam civilis quod nobis contra premiſſa poſſet quomodolibet fuffragari, volentes & arbitrantes quod fi quod abſit contra premiſſa aut premiſſorum aliquod fecerimus, cum in hoc juramentorum noftrorum transgreſſores eſſe dinofcamur, quod perfidi & periuri poſſumus ab omnibus fine noftra offenſa nominari. In quorum omnium & fingulorum teftimonium nos Aleydis predicta Comitiſſa de Naſſouwia, Henricus Comes de Naſſouwia, Otto miles & Henricus Prepofitus fratres filiique Domini Henrici Comitis & Domine Aleydis Comitiſſe predictorum figilla noftra prefentibus appofuimus in firmitatem & memoriam perpetuam premiſſorum. Datum anno

8 Febr. Domini M^{mo} CCC^{mo} tricefimo tertio feria quarta poft diem beate Agathe virginis.

XX.

XX.

Johann Herr von Lewenberg, Heinrich und Dietrich seine Söhne, versichern Herrn Dietrich II von Heinsberg, Graven von Loon und Chyni die Erbfolge in die Herrschaft Lewenberg 1336.

(ad §. IX.)

Wir Johan van Lewenberg Ritter, Henrich ind Diderich vnse Sone ind vnse rechte eruen. Doen kunt allen luden die diesen brieff aufsen of horen lesen, dat wir mit gudem moltwillen ind mit rade vnser Vrunde des zo ralde syn worden vmb helff troist rait ind gnade der wir beboruende syn, inde begeren van eyme hogen Edelen heren Diderich Greuen van Loin ind van Chiney, ind heren zu Heinsberg, ind zu Blanckenberg vnsem lieuen gnedigen heren, dat wir vnsen lieuen heren vorgenant Godart synen Son ind ire rechte eruen gemacht hauen ind machen ouermitz diesen brieue vnse rechte witzlich bruder inde rechte erffgenossen an alle deine gude inde zn alle deme gude dat vns eruallen mag of ersteruen, wilcher wys it geschie van vnsem broder heren Henrich heren zu Lewenberg inde van Vrauwen Agnesen syme witzlichen wyue. It sy an Lewenberg dem hauß wie dat gelegen is ouerste ind niderste, inde zu wat recht it gelegen is mit mannen, mit burgmannen, mit landt mit luden, mit Schlossen mit Vesten, ind mit alle dem dat darzu hort, it sy gelegen binnen dem lande van Lewenberg of barbuißen, vißgescheiden dat gutt dat ich in myner hant haue dat myn broder der here van Lewenberg vorsprochen ind ich gedeilt hain vur der zyt dat diese brieue geschriuen worden mit alsolcher vorwarden ind manieren dat wir Johan van Lewenberg ind vnse eruen vorgenant mit vnsem vorsprochen heren van Loin ind mit synen eruen, inde he inde syne eruen mit vns inde mit vnsen eruen dat vorsprochen gutt inde herrschaft, wie it vorschriuen is, inde genant of woe mant nennen of schriuen mogte, dessen sullen gelich half zu alle der zyt dat wellich is of veil, sonder allerlei weidersprache inde werwort. Vort so bekennen wir inde gelouen weret sache dat vnse here van Loin vorgenant of syne eruen vrs lantz of yres erffs vnsem broder dem heren van Lewenberg vorsprochen herumb ept geuen of verfetten dat erue inde dat land wie kurt of wie lang dat is sal weder vallen zemahl ind loiß ind ledich an vnsen heren van Loin vurgenant ind an syne eruen na doide des heren van Lewenberg vnses broders. Vort weirt dat man vmb diese vurgenante herr-

schaft

schafft of gult zo behalden orlogen muste of kregen, so gelouen wir ind vnse eruen darby vnße lyf vnße gult ind wat wir vermogen zo setten na alle vnser moge wanne des noit is dat helffen zu erkrigen, zu behalden ind zerweren weder aller= mallich. Vort weirt dat myn brober ber here van Lewenberg, syn testament of syne besatzunge bebe, wie kurt of wie lanck dat die were also verre als vnse here van Loen ind syne eruen burgenant die gelouen zu boin, ind wie verre sie die beden, die gelouen wir ym glych half helffen zu boin sonder allerlei argelist ind wedersprache. Vort also!chen Wedum als vns here van Loin ind syne eruen gelo= ben zu boin inde zu halden vnser Suster Braunen Agnesen Drawen zu Lewenberg, dat gelouen wir inde bekennen, dat wir dat mit ym willen boin ind halden ain argelist. Vort so gelouen wir wanne dat diese vorsprochen herrschafft van Le= wenberg vellig wirbt ind ledig na bolbe des heren van Lewenberg vnses brubers ind syner huißfrauwen dat wir ind vnse eruen komen sullen by vnsen heren van Loin ind by syne eruen so wir allererst konnen, ind sullen einen rechten steden Burgfreden gelouen schweren ind halden als man des ouen ind nieden pleit. Vort weirt dat binnen der herschafft van Lewenberg erue of gult velle wurde dat wir of vnse eruen willen hetten zu gelden das en sulden wir noit gelden wir en lieffent vnsem heren van Lain of synen eruen vorgenant seeß wechen zovorens wis= sen of sie dat mit gelben wolden, dat sy sich op ir geldt stelten op den dag, ind beden sy es dabinnen niet so mogten wir of vnse eruen allein gelben ind behalden sonder yren zorn ind vngunst. Vort so gelouen wir ind vnse eruen dat wir gei= nerlei auelosungen nemen en sullen van deser vursprochen herrschafft van Lewen= berg it en sy mit wiste ind mit willen vns heren van Loyn burgenant ind syner eruen, ind sollen die herrschafft dat gutt ind dat erue wie it vurschreuen is of wie niant schryuen mag of nennen seinentlichen vorderen inwennen ind helffen behal= den weder allermallich na alle vnser moge. Alle dese vorsprochen stucken ind etli= che sunderlingen gelouen wir inde sicheren in guden truwen stede ind vast zo hal= den ind die zo volvoeren in alle der wys ast vorschreuen is, inde die niet zu ver= anderweruen it en sy ouermitz vnser beiber wist ind willen ind vnser eruen, ind hain dat gesworen zu den hilligen, die wir lyflich geroirt hain. Vort so ver= zyen wir ind schelden diß allerlei argelist, allerlei Wunde, die emant vinden mag of erdenken of die erdacht synt of werden it sy in geistlichem of in werestlichem rechte waby man weder diese brieue of weder eynich yre puncte mogte sprechen, oj die weberwerpen, inde verkiesen vort of wir herweder beben of boin wulden ouermitz uns of emanz anders it were mit rechte of mit vnrechte, da Got vor syn

muß,

muß, so bekennen wir vns meineydlich truloiß ind eirloiß. Inde op dat alle diese stucken sterde synt ind blyuen, so hain wir Johan van Lewenberg Ritter inde vnse Sone vorgenant vor vns ind vor vnse ernen vnse Ingesiegel an diesen brieue gehangen, ind hain gebeden ind bidden vort zu merer stedicheide einen hogen edelen man ind heren heren Johannen Greuen zu Seyne vn'en lieuen heren, ind vort edel luide eirsam ind bescheiden herrn Lodwige den Walpode van Rigisteyn heren Gerarde van Steyne, heren Lambrecht ind heren Everarde van Heynsberg gebrudere, heren Diderich van Eckerscheit, heren Philips van Porsel Rittere, Johannen van Merheym ind Nolden van Hunenberg, dat sie yre ingesiegel willen hangen an diesen brieue zu merer stedicheit. Jnd wir Johan Greue van Seyne, Lodewich der Walpode, Gerart van Steyne, Lambrecht ind Everart van Heynsberg gebrudere, Diederich van Eckerscheit Philips van Porsel Rittere, Johan van Merheym ind Nolde van Hunenberg vorgenant jn beden Ebeler luide heren Johans van Lewenberg ind syner sonen vnser lieuer Maygen ind Wrunden hain vnse ingesiegel gehangen an diesen brieue in Urkunde der walrheit. Diese brieue worden geschreuen in dem jair vns herren Goltz do man schreiff na Goltz geburte dreyzenhundert vnd seeß ind drisich jair.

XXI.

Heinrich Herr von Lewenberg übergibt an seinen Neven Herrn Dietrich von Heinsberg und Blanckenberg die Herrschaft Lewenberg. Dat. des neisten Godinstags na dem dreyzehenden dage den man heischt epiphania Domini 1336.

(ad §. IX.)

Wir Henrich Here zu Lewenberg inde Agnes vnse elige huysvrauwe. Doin kunt allen luden die diesen brieff seint of hoeren lesen dat wir mit gesamens der hant mit guden moitwillen inde mit gantzen vurraide vnsem lieuen Neuen heren Diederichen heren zu Heinsberg ind zu Blanckenberg hain gegeuen inde geuen ouermitz diesen brieue vnse Borch Lewinberg wie die gelegen is mit alle dem rechte dat darzu gehort mit borgmannen mit mannen, ind dat gantze landt mit den luden wie it dairzu gehort ind wie it gelegen is als wirt hude zu dage do dis brieu geschreuen wart in vnser hant habben ind hauen, ind zu allem dem

rechte

rechte dat wir't hain. Alſo dat he die durch ind dat lant wie it vorſchrieuen is
na vnſer beyder bolde beſitzen ſal ind behalden erſtlich ind ewelich in al der wys as
vurſ. ſteit, vißgeſcheiden alſolch gutt als wir here van Lewinberg ind wir Agnes
Drauwe zu Lewinberg vorgenant vergulden hain ind noch gelden mogen dat wil-
len wir na vnſer beyder willen keren ſonder wederſprach. Wort wer't dat wir here
zo Lewinberg auelluich wurden e vnſe huyßvrauwe vurgenant da Got vur ſyn mus
ſo ſulde vnſe Neue vurſprochen ſich des nederſten huiß zu Lewinberg anferen ind
dat beſetzen zu ſinem willen ind ſulde vort Agneſen vnſe huysbrauwe vp dem ouer-
ſten huiß laſſen ind halden geraſt ind gerolt, ind in dem ganzen Webum die yr
gemacht is als ir brieue halden die darup gemacht ſyn. Wort vmb der gunſt wil-
le die wir vnſem Neuen doin ind gedain hauen aſt vorſchrieuen is, So begeren wir
ind willen dat vnſe Neue hundert marck geldts haller dry haller vor zween pennin-
ge gezalt vis vnſem vurſprochenen lande geue vor vnſe Seele zu einem teſtament
all jairlichs an alle die ſtede dar wir's begeren ind wyſen als lange bis he die
hundert marck mit duiſent marcken beſſeluen payementz auegeloiſt. Wort geuen
wir Johan vnſem ſone van Enckenich viftig marck geldts hallens erſtlich zu eim
burglehn zu Lewenberg an der neiſter gulden bei Lewenberg, ind die viftzich marck
geldts mag myn Neue aue loeſen as he wilt mit vifhundert marcken beſſeluen
geldts, ind die ſal men belegen int lant van Lewenberg an gulden die zu eime
erue burglene zu Lewenberg ſal blyuen. Wort ſo geloven wir here van Lewen-
berg in guten trewen vnſem Neuen vorgenant zu helffen ind zu dienen weder al-
lermallich in dat zu doin vp vnſe koſt in vnſem lante, ind wa it viſer vnſem
lande geburt da ſollen wir yme vp ſyne koſt dienen, alſo dat wir ſyn allwege mo-
gig ſyn zu recht ind zu beſcheidenheit. Wort vp dat vnſe Neue zu ſicherer ſy ſo wol-
len wir Henrich ind Agnes vurſprochen dat vnſe burglube ind vnſe Ambtman we-
de is vnſem Neuen vurgenant hulden gelicher wys als ſy vns gedain hauen. Al-
le dieſe vurſprochen ſtucken ind vurwarden ind eclich ſunterlich geloven wir ind
ſeggen in guden trewen ſteet ind veſt zu halden ind die zu volvoeren in all der wys
as vurſchrewen is, ind die niet zu veranderwerten, ind hain dat geſwooren zu den heyli-
gen die wir lyflich gerokt hain. Wort ſo verzyen wir ind ſcheiden vis allerlei argeliſt
allerlei vunde die erman binden mag of erdencken, of die erdacht ſynt vf wurden it ſy
in geiſtlichem of in wereltlichem recht wabey man weder dieſe brieue of weder el-
nich yre puncte mogte ſprechen? of die wederwerpen, ind verließen vort of wir
herweder deden of doin wulden it were mit rechte of mit vnrechte da Got vur ſyn
mus, ſo bekennen wir dat wir meineydich truloiß ſynt ind eirloß. Ind vp dat
                                                                          alle

der Herren von Heinsberg.   33

alle diese vurgenante stucken steit syn inb blyuen so hain wir Henrich here zu Le-
wenberg inb Agneß onse hupsvrauwe wirsprochen onser beyder Ingesiegel an die-
sen brieff geh:ngen, inb blbben wort zu merer steb!chelt onse borglube mit namen
heren Lambrecht van Heynsberg, heren Diberich van Eckerscheit Ritte.e Jo-
hannen van Merheym, inb Nolden van Hunenberg want sy hiean inb hie ouer
sint gewest dat sy yre Ingesiegel an diese brieue willen hangen. Inb wir Lam-
bert van Heynsberg, Diberich van Eckerscheit Rittere Johan van Meyrheim
inb Nolde van Hunenberg vorgenant zu beden ons heren van Lewinberg iub on-
ser Brauwen vorgenant hain onse Ingesiegel an diesen brieue gehangen in Vr-
kunbe der Warheit. Diese brief wart gegeuen zu Lewenberg da man schrieff dat
jair ons heren druizeinhonbert inb seiß inb drisslich jair des neisten Godinstags na   10 Jan.
dem dreizehenben dage den man helscht Epiphania Domini.

XXII.

Reinald Grav von Gelbern verspricht seinem Schwiegersohn, Herrn
Gotfrib zu Millen, schablos zu halten, wenn er ober die seinigen
in dem Englischen und Französischen bamaligen Krieg einen
Verlust erleiden sollten. Dat. in vigilia Laurentii
Martyris 1338.

(ad §. XXI.)

Nos *Reynaldus Comes Gelrensis & Zutsen*. tenore presentium constare vo-
lumus universis quod quia vir nobilis Dominus *Godefridus* miles *natus
Domini Comitis Lossensis Dominus in Millen noster gener* dilectus nobiscum
& in comitiva nostra cum suis armatis esse debet durante guerra que ver-
titur inter Dominos Reges Anglie & Francorum prout litere sue continent
quas habemus sigillo suo super hoc sigillatas. Nos eidem Godefrido repromisi-
mus & repromittimus bona fide quod si ipsum aut secum in guerra predi-
cta existentes per captivitates seu equorum aut aliorum bonorum ratione
dicte guerre perditionem contigerit dampna pati, nos dampna hujusmodi
absque omni dolo tenemur & debemus sicut in partibus nostris moris &
consuetudinis .est refundere & per omnia restaurare, ita quod qui dampna
habuerint per modum predictum indempnes debemus penitus relevare. Su-
per quo in testimonium presentes literas fieri & propter absentiam aliorum

e   sigillo-

sigillorum noftrorum nos fub fecreto figillo juffimus communiri. Datum
9 Aug. anno nativitatis Domini milleſimo trecenteſimo triceſimo octavo in vigilia
Laurentii Martiris.

XXIII.

Heinrich Herr von Lewenberg übergibt ſeinem Vettern, Graven
Dietrich II von Loen Herrn zu Heinzenberg, ſein Schloß Hunf
Dat. vp Antag St. Martins des H. Biſchofs
1338.

(ad §. IX.)

Wir Henrich here van Lewenberg vnd Agnes vnſe eliche Huißvrauwe.
Dun kunt allen luiden dat wir vmb ſunderliche Gunſt die wir haben zu vnſem
lieuen heren ind mage heren Diderich Greuen van Loen ind van Chiney he-
ren van Heinsberg ind van Blanckenberg ym ind ſynen eruen mit geſamender
hant mit guden Murwillen ind mit gantzen Burrabe gegeuen hain ind geuen, vpbragen
ind hain vpgebragen ouermlz dieſen brieue vnſe Huys ind Burg die zu Junphe
gelegen is mit all yren zubehoeren ind zu alle bem rechte bat ſy gelegen is in al-
ſolcher maniesen ind vorwerbe dat wir dat Huiß beſitzen ſollen als lange als wir
leuen, ind vnſe vorgenante Huißvrauwe ſonder eymans wederſprache, it en were
ſache dat vns ind vnſen heren van Loen ſolche noit oueruiele des niet ſyn en moiſſe
dat vns beiden ind vnſen Brunden die wir in dieſenſeluen brieue hernamals nen-
nen ſollen ind kieſen beſſer ind zytlicher duchte dat vorſprochen huiß afzubrechen
dan laiſſen zu ſtain vmb vnſer beider beſt ſo bekennen wir ſementlichen ind is vns
wille of wir nit einbrechtig en wurden ſo was vns dan die Brunt die wir berna-
mals nennen ſollen einbrechtiglich beiagen of heuiſchen dun of die meiſte partye of
der partyen eine mit dem Duermeiſter den wir ſementlichen herna in die em brie-
ue kieſen ind nennen ſullen by yren eyden ind beſcheidenheide dat wir dat mit
dem vorgeſprochnen Hnſie dun ind laiſſen ſullen ſunder vnſer einiges widderſpra-
che. Weret ſache dat yn beſſer duchte dat huis laiſſen zu ſtain ban auczubre-
chen ſo ſollen wir Diterich Grene van Leen bieuor datſelue huis beiezen mannen
ind ſpiſen vp vnſe angſt ind coſt als lange als vns Brunt dunckt dat des noit ſy.
Wert auch ſache dat denſeluen vnſen Brunden as vorſchrieuen iſt beſſer duchte dat
huis affzubrechen dan zu ſtain laiſſen ſo ſollen wir Henrich here van Lewenberg
vor-

der Herren von Heinsberg.

vorgenant of vnse Huisbrauwe vorschriuen dat Huis vnd Burg anrboin brechen sunder einich vertreten vp cost vns heren van Loen vorgenant. Vort so synt die die vrunt die wir Diderich Greue van Loen vorgenant kiesen ind nennen van vnser selften dat is her Lubewich der Walpode here zu Richlsstein, her Lamprecht van Heinsberg ind her Reymar von Menden Rittere. Ind wir Henrich here van Lewenberg ind vnse Huisbrauwe burgenant kiesen ind nemen van vnser selften heren Diderich van Eckerschelt vnsen broder heren Henckelin van Opffendorp Rittere, ind Johannen von Merheym vnsen broder. Vort wir Diderich Greue van Loen ind wir Henrich here van Lewenberg ind vns Huisbrauwe vorgenant kiesen semenlichen ind nemen zu eine Duermeister in diesen vorgeschrieuen sachen heren Rolrich van Ditchinbach Ritter heren zo Erenstein in al solcher manieren of diese vorgenante seisse niet einbrechtig en wurden der burgenanter stucke vp welche partye der Duermeister viele dat die moge ind vorgang hauen solde ind sal sunder vnser einichs wederspräche in aller manieren as vorschrieuen is. Weret ouch sache dat dieser vorgenanter seissen einiger gebreche, vp wilch vnser partyen die gebreche die solde einen anderen also gut of besser die des stat kiesen binnen vierzein nachten na dem dage dat he is gemaent wurde van der ander partyen, ind bede he des niet so solde de here an dem dat gebrech were bry gude erbere man mit perden zu Elberg insenden in ein irsame herberge zu leisten ind zu legen vp syne cost ind niet denne zu kommen ein ander en were in des stat gesat des da bruch is as vorgeschrieuen is. Vort wert auch sache dat dis burgenante huis aue gebrochen wurde, ind wir Diderich Greue van Loen burgenant des zu raede wurden mit vnsen Vrunden dat wir hernamals einen andern buw of huis zu Hunse begriffen ind machen dat huis sal vns Neue die here van Lewenberg ind Vrau Agnes syne Huisbrauwe vorgenant besizen ind hauen als lange als sy beide geleuen in aller wys as sy dat ander besassen ain allerlei argelist. Alle diese vorgeschrieuen stucke gelouen wir Diderich Greue van Loen vor vns ind vor vnse eruen, ind wir Henrich here zu Lewenberg ind vns Huisbrauwe Vrauwe Agnes vorgenant vor vns ind vor vnse eruen stede ind vaste zu halden in guden truwen vnd in eldsstat ain alle argelist ind hain zu einer mehrer stedicheiden vnse Ingesiegele semenlichen an diesen brieff gehangen. De gegeuen ind geschreuen wart do man schrieff van den jaren vns heren Godes busent dry hundert ind eicht ind drissich jair op anbag Sente Mertins des heiligen busschops.   11 Nov.

XXIV.

XXIV.

Tausch zwischen Grav Dietrich II von Loen und Herzog Reinald von Geldern. Dat. vp St. Jacobs Tag 1339.

(ad §. XX.)

Wi Didderic Greue van Loen ende van Cliney here van Heinsberch ende van Blanckenberch doen kont allen den ghenen die diesen brief soelen sien of hoeren lesen dat wir mit gueden rade ende mit vrien wille vm ons lands orbar hebben einen wissel gemaect ende gedaen mit einem mogenden Prince heren Reynoude Hertoghe van Gelren ende Greue van Zutphen vnsem lieuen here, also alse die brieue sprecken die bi ons daerop gegeuen heeft, So hebbeu wi hem ende sinen eruen erflic te besitten weder ouergedragen ende ouergegeuen ende mit diesem brieue ouergeuen ende opdragen heren Reynoude Hertoge vorgenant ende synen eruen alle Ouerherrlichkeit, recht, gerichte, Manschap mit allen sinen toebehoeren hoe ende waer dat gelegen si, dat wi ende onse Auderen hertoe hebben gehabt tot Venle ende dat ter Willem van Mille ende syn Auderen van ons ende van onsen Auderen tot Venle te hauden plach, vort alle recht Oue: herrlichkeit gericht ende manschap mit allen sinen toebehoeren hoe ende waer dat gelegen is, dat wi ende onse Auderen habben ende hertoe hebben gehabt aen die Waechbie van Stralen ende vort alle Recht, Ouerheerlichkeit Gerichte Manschap mit allen sinen toebehoeren hoe ende waer dat gelegen is, dat wi ende onse Auderen habben, ende hertoe hebben gehabt aen der herrschap van Gheimpe ende vertien op diese vorgenante guede vor ons ende vnse eruen alle argelist vtgesat in diesen voerwarden voerschreuen. In orconde aller dieser vorschreuen voerwarden so hebben wy onsen Eegel an desen brieff doen hangen, ende vm die meerre Westeuisse so hebben wi gebeden ver Evenghunde onse wittelicke geselline, ende herren Godert onsen Soeme dat si alle dese vorschreuen ponten mit ons hauden, ende haer segelen aen desen brief mit onsen segel hangen. Ende wi Conezhand Greuinne van Loen van Eyney Vrauwe van Heynsberch ende van Blanckenberch, ende Goedert Soen ons heren ende Vrauwen voerkreuen bekennen dat alle diese vorschreuen voerwarden waer syn, ende mit onsen wille geschiet syn, ende gelouen si vast ende stede mit onsen lieuen heere vorschreuen te houden, ende hebben vnse Segelen mit segel ons lieuen heren

heren veernoemt aen desen brief gehangen. Gegeuen int jaer ons heren dusent 25 Jul.
driehondert neghenende dertich op Sente Jacobs dach des Apostels.

XXV.

Das Gegentheil von vorstehenden Tauschbrief von dem nämlichen Jahr und Tag.

(ad §. XX.)

Wy Reynaut by der Goets Ghenaden Hertoge van Ghelren ende Greue van Zutphen doen cont allen luden die diesen brieff sulen sien off horen lesen dat wi mit goeden rade en mit vryen wille vm oerbar ons lands hebben einen wissel gemaect mit enem hogen edelen manne heren Dyderic Greue van Loen ende Chiny here van Heynsbergh ende van Blankenberg onsen lieuen manne alse vor die ouerheerheit die de Greue van Loen vurgenant hadde an heren Willaems guede van Mille tot Venle, vort aen der ouerheerheit ende recht die se hadde an die Vaechdie van Stralen ende aen die heerschap van Geinpe, die si ons ende onsen eruen vuergedragen ende gegeuen heeft alsoe als die brieue spreken die hi ons daer op gegeuen heeft, so hebben wy hem ende sinen eruen erflike te besitten weder ouerdragen ende opgegeuen ende mit diesen brieue updragen ende opgeuen heren Dyderic Greuen veergenant ende sinen eruen dat Dorp van Teueren mit der heerlicheit mit gerichte manschap ende mit allen sinen toebehoren alling also alst aen ons comen is van der heerschap van Mechelen, ende wy't hertoe beseten hebben, ende vertien hierop vor ons ende onse eruen, alle argelist vtgesat in desen vorschreuenen Voerwarden. In orconde dieser vorschreuer Vurwarden soe hebben wy onsen Segel aen desen brieff doen hangen, ende omme die meere vestenisse soe hebben wy gebeden Ver Alianoren onse wittelic gesellinne, dat si alle diese vorschreuen punten mit ons haude ende haer segel aen desen brief mit onsen segel hange, Ende wy Alianora von Enghellandt van der Goets ghenaden Hertoginne van Ghelre ende Greuinne van Zutphen bekennen dat alle dese vorschreuen Vurwarden waer syn, ende mit onsen wille geschiet syn, ende gheloven si vaste ende stede mit onsem l̄euen heren verschreuen te hauden, ende hebben onsen Segel mit segel ons lieuen heren vurgenompt aen desen brieff gehangen. Gegeuen int jaer ons heren dusent driehondert 25 Jul.
negen ende dertich op Sente Jacobs dach des Apostels.

XXVI.

Schiedsrichterlicher Entscheid Herzog Reinald von Geldern wegen dem Wittum Frauen Katerinen von Heinsberg, Herrn Johann I Wittib. dat. den Sonnentag na dem H. Creuztag inventio 1342.

(ad §. XVIII.)

Wy Reynart by der Gnaden Golts Herzouge van Gelre Greue van Zutphen. Macken kundt allen luiden, ind bekennen mit diesem offenen brieue. Want hoghe Edel luide Herr Dietherich Greue van Loyn, ind van Schiny, here van Heinsberg ind van Blankenberg, ind herr Johann van Salckenburg herr van Borne ende van Sittart onse Neuen ons eins seggen gelovfft hebben van alsolchen gebreche twyste, ind onmpune die gewest hebben ind synt theut op den tag toe van huden tuschen den Greuen van Loyn vorschreuen ind synen Neuen herrn Johans Kluber van Heinsberg syns broders van die eine syde, ind herren Johannen van Salckenburg vorschrieuen ind Frauwen Cathrynen synen wytlichen Wyue, Moeder herren Johans Kinder van Heinsberg, die broder was der Greuen van Loyn vorschrieuen an ander syde. So seggen wir onser seggen in dieser manieren ind formen als herna geschrieuen stelt. Int erste seggen wir dat Cathryne vorschr. sal behouden alle guete da sy in syt op den tag ban huede also in lyffjuchte, dat is toeweten, dat goet van Cyeck mit synen tobehoeren ende anders all guett gelegen in der Graffschafft Loyn, daer sy nun onne syt, als in lyffjuchte, mer alsolch guett as sy hefft tot Nyele ende tot Steinkercke also in lyffrechten, dat sal behouden die Greue van Loyn tot syne Neuen behoeff herren Johans Kynder syns broeders vorschrieuen. Fort sal die vorgenoempt Frauwe Cathryne behouden tot yrem lyue, ind also lange as sie lefft III c. pont des Jahrs, die die here van Ruyck rittrecken sal, ende dat daraff also von desen III c panden achterstedich is, dat sal die Greue van Loyn verschr. halff hebben tot spure Neuen behoeff voerselt ende d'ander helffte sol hebben Frauwe Cathrine vorschrieuen. Wort die III c. pont des Jahrs, die vorschrieuen sollen na dode des heren van Ruyck, die behouden wy tot onsse verclaernisse, welche verclaernisse ende seggen, wy numer seggen sollen tuschen hier, ind St. Johans Myfse te mitsommer negstkomniende. Fort die III c pont bier hoem herr Johan van Salckenbourg becroent, dat sie hoem die Greue van Loyn schuldig is, ende

ende bartoe Sittart opgeloift wart, die fol her Johan vorfchrieuen hebben lnd opboeren
ols der helffte, die die Greue van Loyn hebben fal, van dem dat achterftedig is von dem
Herrn von Ruyf als vorfchrieuen is Wort feggen wir, dat alle jorne, ind fcheibonge die
wy gefeght hebben mit vnffen openen brieuen, dat die faft lnd ftede plyuen folllen in
alre formen. Ind manieren als vnffe brieue houde eude begrifen ende daer ent t'en-
de, fo feggen wy dat alles guet na Frauwen Cathrynen doete fuel gaen daert van Recht
gaen fol, ende hiermede feggen wy fy op beiden foben alingliche gescheiden ind
gefoent. Ende weret facte, dat hernamals eynich ftoet off twyuel yngeuiele, die
behouben wie tot vnffe verclaernifse. In Urkunde dieß fcheibonge oeuer ons feg-
gens, omme dat die ftede ind faft blyuen, fo hebben wy vnffe Siegel an die-
fen brieff doen hangen. Gegeuen iut jahr ons heren M. CCCXLII den Sonnen-
tag na dem H. Creuy tag inventio.

XXVII.

Erklärung des Erzbischofs Walram von Kölln, daß das Heinsber-
gische Bündnis mit den Graven von Mark und Arnsberg
bestehe, ob gleich diese sein Feind geworden.
Dat. in die Epiphaniæ Domini
1345.

(ad §. XX.)

Nos *Walramus* Dei gratia *Coloniensis ecclesie Archiepiscopus* sacri imperii
per Italiam Archi-Cancellarius notum facimus universis presentes litteras
inspecturis, quod licet nobilis vir *Theodericus Comes Loffensis* consangui-
neus & fidelis noster super guerra querelis impetitionibus & actionibus
quibuscunque subortis & vertentibus ratione jurisdictionis & bonorum in
Hunefe, & ex quibuscunque aliis causis inter nos & ipsum, nobiscum sit
compositus complanatus & finaliter concordatus. Est tamen de nostra vo-
luntate & de beneplacito nostro procedit, quod idem Comes confœderationem
feu ligam cum *Comitibus de Marka & de Arnsberg* ac aliis Dominis terre
Westphalie nostris inimicis per ipsum initam feu factam in omni sui forma
teneat & observet. Recognoscimus insuper quod compositio predicta inter
nos & ipsum Comitem Lossensem facta sic tractata & ordinata fuit, quod
ea non obstante salva remanere deberet ipsi Comiti Lossensi liga feu con-
fœde-

fœderatio cum dictis Dominis Weftphalie fupradicta. In quorum teftimonium figillum noftrum prefentibus eft appenfum. Datum anno Domini milleſimo trecenteſimo quadrageſimo quinto in die Epiphanie Domini.

6 Jan.

XXVIII.

Bündnis zwischen Grav Dietrich von Loen und Chiny, Herrn zu Heinsberg, mit den Gebrüdern Grav Gerhard von Berg und Wilhelm von Gülch. Dat. des irsten gudes dages na deme funtage invocavit in der Vasten 1350.

(ad §. XX.)

Wir Dietherich Greue van Loen vnd van Chyney herre van Heynsberg vnd van Blanckenberg doen kunt allen den genen die deſen brieff ſien of horen leſen, dat wir mit gunſtlicker vruntſchaft geſichert ind geloif hain, ſicherin ind geloven mit guden trewen den Edelen luden heren Gerarde elſten Sonne zu Guylche Greuen van dem Berge vnd van Rauensberg vnd Wilhelme van Guylche Gebruderen, vnſen liuen Neuen, dat wir diewile wir leuen, duen ind halden ſullen in allen ſachen die gunſt helphe ind vruntſchafft, die vurmals geweſt ſint tuſſchen alderen der burgeſchr. vnſer Neuen van Guylche vnd vnſen alderen, vortme ſullen wir den vurgenanten vnſen Neuen van Guylge mit all vnſer macht die lande van Gulge, van dem Berge, van Berghem, van Wildenberg vnd van Dollendorp helpen weren weder alremalch, wanne ind wo ducke, dat ſy des zu doin haint, vnd ſi vns rechts gehorſam willen ſyn, vßgeſchelden den Herzoge van Gelren et ſinen bruder, mit deſen vurwurden, of ſich hernamals tzwiſt of orloyge erhuue tuſſchen deme Herzogen van Gelren vnd ſime bruder vp ein ſyde, ind vnſine Neue van Guylge vp die ander ſide vnd wulden vns vnſe Neuen van Guylge, irs rechts gelovnen, vnd die gebruder van Gelren niet, ſo ſullen wir vnſen Neuen van Guylche helphen weder ſi mit alle vnſer macht, wair ſi des beduerſſen vnd in al derſelver wiſe, en wulden vnſen Neuen van Gullche irs rechts vns niet gelouven, vnd vns die gebruder van Gelren irs rechts gelovven wulden, ſo mogen wir den bruderen van Gelren helpen weder vnſe Neuen van Guylge mit alle vnſer macht, wair ſi des beduerffen, wilge helphe wir doin ſullen vnſen Neuen van Guilge vurſprochen zervart, aen vurzoch welche ſyt wir des van irren wegen aen

gefungesunnen warden, vnd were dat sacke, dat wir binnen lants niet in weren, so sollen vnse Drunde vnd vnse Ambtslude, die vnse Schloß ind vnse lant zergyt lime haint, dieselue helphe doin, van vnsen wegen, so wie vurgeluyt hait, wilch vurgenante helphe wir solen doin vp vns selfs kost, bis wir in vnser Neuen lande van Guylge comen syn, vnd dan volrt sollen vnse Neuen van Guylge vns inde vns volch leueren, ast gewohnlichen is die wile si vns mit vn'en Volke in irre helpe behalden willent. Voert in soln wir vp vnse Neuen van Guylge niet vurbereten, verluys noch schade, van vnser helpen wegen, sunder wilche zyt vnse Neuen van Guylche boysslude weren des orloges, als wir in irre helpe weren, und si dan mit irren luden gevangen kriegen, vnd wir gevangen verloren van vnsen Vrunden, so solen vnse Neuen van Guylge mit irren gevangenen, also vere als die reichent vns gevangen Vrunt los machen. Vortme vmb raste vnd beste vnser Neuen van Guylge vnd vns selfs vnd vnser lande inde lude vp beide syden syn wir des mit in eindrechtich worden, of hernamalls eInich twist opstunde, tuschen vns of vnsen landen vnd luden, dat wir dairvmb niet gryffen in solen vnsen Neuen van Guylge an ir lief, noch an ir guet, noch an ihr lant, noch an ir lude in eyncher wise, aen wir sullen kysen vs vnser Neuen Rade van Guy'che tween bescheiden man, die wir willen kisen, die sullen vnse Neuen van Guylche vns gehoersem machen, vnd vn'e Neuen van Guilche sullen kysen vs vnsen Rade tween bescheiden man, di sy kysen willent, die sullen wir in gehorsame machen, wilche vier man ganze macht sullen hauen allen twvist tuschen vns vnd vnsen landen ind luden zeichslichten, vnd geseaessen zwinlichen mit rechte, of mit minnen, vnd so wie die vier dat zaeffent, dat gelouen wir mit guden trewen, zevolboin, inde stede zuhalden, vp wilche svvuylche schendungen, wer des mit vnsen Neuen van Guilche vuerbraghin syn, wilch zyt wir vnse Neuen van Guilche des maenen doen, so sullen si die tyvvene, die wir geforen bain vs irme rade insenden zu Liengbe bi die tyvveen, die so geforent haint vß vnsem Rade, vnd kunten dan die vier geforen Raetlude den zvvist wie die gelegen were niet gescheiden, binnen den ersten vierzinnachten na irem inriden, so sullen wir mit vns selfs slue komen binnen Geylenkirchen binnen den neisten echdagin darna, vnd vnse Neuen van Guilche onssen Albenhauen egeyne nacht zebliuen, wir en hain ee laessen scheiden mit recht of mit minnen, van allen twiste, die tusschen vns vnsen landen of luden vperstunde. Vortme hain wir vnsen Neuen van Gullge mit guden trewen geloist onte gelouen, of eman be vnder vns ge'essen were mit vnsen Neuen van Guylge zu doin hebben, of mit emanne, b'e vnder in gesessen were, die niet bescheiden helde plegen en wulde, den sullen wir bringen inb tzwingen zu beschelbenhelbe, we. e nuer die also meichtich, dat wir vnser Neuen helpe van Gulliche darzu bedoerten, so sullen si uns helpen op irre kost. Wortme misbebe eman, in vnser Neuen lande van Gullge, de nae der daet in vnse lant entgirreine, den mißbeblgen sullen wir vnsen Neuen van Gunlge antwarden, inb en were dan of doetschläge geichege mit rngevalle of anter vngeral, sunber vurraet, da sullen vnse Neuen van Gunlge, inb wir an beiten siden dat beste zu keren in sunligen dingen. Wortme hain wir vnsen Neuen van Gullge mit gueden trewen geloeft, dat wir aichter deser zyt Datum des briefs mit niemanne egeyne newe verbunt aengaen nach machen en sullen, wir entschelden mit namen dan vß vnse vurgenante Neuen van Gullge, vnd die verbunt, die wir mit in baen gemacht. In allen desen vurschrieven sachen hain wir vur vns alle argellist vßgenommen, vnd haln darzu all dis briefs vnb verbundts vurwerden vnsen Neuen van Gunlge mit guden trewen geloift vnd gesichert zevoldoin, vnb stede zu halden, vnd hain des vmb stedichelt desen brief ouergegeuen mit vnsem siegel besegelt des irsten gnbes dages na deme sunbage invocavit in der Vasten, int jair vns herren drutzinhundert in deme vunfzigsten jaire.

17 Febr.

XXIX.

Resutations-Brief Grav Dietrich von Loen über das Gülchische Lehen der Herrschaft Lewenberg zu Gunsten seines Neven, Heinrichs Herrn von Dalenbrug Dat. des irsten Gudestags na Invocavit in der Vasten 1350.

(ad §. XXII.)

Wir Dederich Greue van Loin inb van Chinp heirre van Heinsberg inb van Blankenberg doin kunbt allen luden, die desen brieff sullen sein, ef hoeren lesen, dat want vnse live Neue herr Gerart van Gulche Greue van dem Berghe, inb van Rauensperg durch vnser beden willen vns entraghen halt des entfengnis des hupß zu Lewenberg, vnb ke vns das gegunt halt, dat Henrich van Dalenburch vnse Neue darselue hupß zu Leywenberg van eme ontfangen halt, so wie wirs mit reichte entfangen solden hain gehalt, darvmb hain wir vur vns, vnb vur vnsen vurgeschrieuen Neuen Henrich, vnb vur vnse Erue vnsem vurgeschrieuen Neuen wen dem Greuen van dem Berge, ind ſinen Eruen mit guben trewen geſichert inb geloiſt, ſiggeren inde gelouen, bat wir ind Henric vnſine Neue den Greuen van dem Berge ind ſinen Eruen van demſeluen huyß zu Lewenberg ſolen doen vnd laßen geſcheln, vnd volgen, alle die ſachen geloiſden vnd vurworden, die in den alden brieuen geſcrieuen ſteint, die vurmails ein here van Lewrenberg geuer gegeuen halt eynie Greuen van dem Berge, ſunder die briue zuuerkurzin, vnb vmb der gunſten wille die vns der Greue van dem Berge gedain hait; als van deſme ontfengniſſe in der vugen als vurgeſcreuen is, dairumb hain wir vur vns ind vnſe Eruen verzegen vnd verzien vp alle aenſpraiche vnd vurderie, die wir in einiger wiſe hattin of haffen mochtin, zu der Gralſcapf van dem Berge. Ind vort bekennen ich Henrich van Dalenburg, dat ich mit willen ind mit geheiſſe myns ſluen Heren vnd Oemen des vurgeſchrieuen Greuen van Coln dat huyß zu Lewinberg van minen hern, Greuen Gerarde van dem Berge ontfangen hain vnd eme dan ane gehuldt vnd geſworin hain vnd eme geſichert vnd geloift hain da mit ze doin, ſunder einiger kunne argeliſt ſo wie die vurgeſchrieuen alde briue inne haldent. Vnd vm ſtedigheidte dieſer dingen hain wir vurgeſchrieuen Greue van Coln vnb Henric van Dalenburch deſen brieff mit vnſen ſegelen beſegelt, gegenen im jair vns herrin drutzinhundert vnd in dem vunffzigſten jair des irſten Guſbeſtags na invocavit in der Vaſten.

17 Febr.

XXX.

Lezte Willensverordnung Herrn Henrichs von Heinsberg. Dat. in die beati Auguſtini epiſcopi 1354.

(ad §. XXII.)

In nomine Domini Amen. Notum ſit univerſis preſentes litteras viſuris ſeu audituris quod ego Henricus de Heynsbergh filius Domini Johannis de Heynsbergh Domini de Dalenbroich compos mentis & rationis cupiens mihi de ſalute anime mee providere condo & ordino teſtamentum meum & ultimam meam voluntatem ſive quovis nomine de jure vel de conſuetudine debeat appellari, de pleno conſenſu Domini Godefridi de Heynsbergh Domini de Dalenbroich fratris mei dilecti, & de conſenſu & voluntate Dominorum meorum & avunculorum ſcilicet comitis de Los & Domini Godefridi Comitis de Chiney fratrum & ſororis earum Domine Margarete de

Heyns-

Heynsbergh Abbatiſſe Thorenſis Domine matertere mee dilecte, & Domini Lamberti de Heynsbergh militis dapiſeri de Blankenberg modo & forma infra ſcriptis. Primo & ante omnia volo & ordino quod debita mea univerſa ubique locorum nota familie mee & etiam ad juramentum creditorum meorum eis non bene nota integre perſolvantur. Item do & lego dextrarium meum pro injuſtis meis ablatis vendendum pro ducentis florenis, & pecuniam pro injuſtis meis ablatis reſtituendam. Item do & lego viginti quatuor regales aureos boni auri & juſti ponderis annuorum reddituum ad unum altare de novo fundandum vel in eccleſia beati Gangulphi in Heynsbergh vel in clauſtro domicellarum ibidem prout executoribus hujus teſtamenti mei videbitur expedire. Item lego & do omnia clinodia mea aurea ſeu argentea vertenda ad caſulas & ad calicem ejusdem altaris. Item do & lego tres regales annuorum redditum boni auri & juſti ponderis pro anniverſario meo faciendo ſingulis annis in die obitus mei, unum decano & capitulo eccleſie beati Gangulphi in Heynsbergh, alium in clauſtro domicellarum ibidem & tertium in eccleſia de Hirkenbuſche. Item do & lego Wankino & Wilhelmo fratribus famulis meis caballum meum equum meum griſium & equum meum rubrum, & omnia arma mea. Item Hermanno coquo dum venere & Pythanen equum Franconis. Item dat Walsperi do & lego ad Hoſpitale de Heynsbergh. Item Katherine & aliis que fuerunt coram me in infirmitate mea ſecundum quod executoribus hujus teſtamenti mei videbitur expedire. Item do et lego Magiſtro Reynero viginti ſchudata aurea. Item volo et lego quod bona mea prompta que remanent ultra debita et legata mea dentur pro ſalute anime mee. Et conſtitui Dominum avunculum meum Comitem de Chiney et Dominum Lambertum predictos in executores hujus mei teſtamenti, qui promiſerunt mihi bona fide preſtita corporali hoc teſtamentum meum producere ad effectum. In cujus rei teſtimonium ſigillum meum duxi preſentibus apponendum, et rogo omnes amicos meos predictos et primo fratrem meum et Dominam materteram meam Abbatiſſam Thorenſem ut ſigilla ſua preſentibus apponant in ſignum conſenſus ſui & teſtimonium omnium premiſſorum. Et nos Dominus de Dalenbroich, Comes de Los, Comes de Chiny, Abbatiſſa Thorenſis, Lambertus de Heynsbergh predicti ſigilla noſtra preſentibus appoſuimus una cum ſigillo ſuo in teſtimonium omnium premiſſorum.

Datum

Datum anno Domini M°. CCC°. quinquagesimo quarto in die beati Augu- 28 Aug.
stini episcopi.

XXXI.

Ehebeređung zwischen Gotfrib II von Heinsberg und Phillppa von Gülch. Dat. zu Triecht des Dinstachs nae vnser Brauwen bage purificatio 1357.

(ad §. XXV.)

Wir Wilhelm van Golds genaben Herzouge van Gullge, Greue zu Balckenburch, ind here zu Monpoie. Gerhart elste Sun zo Gullge Greue van dem Berge ind van Rauensperge, ind Diederich Greue van Loen ind van Chiney Herr zu Heinsberg ind zu Blanckenberg. Doen kunt allen luden die diesen brieff sullen syen off horen lesen, dat wir samentlich angesien haen nutz vnd orber vnser lande van allen syden, ind vmb zu vernewen litterliche gunst Bruntschaft ind heymlichheit die allewege van alders tusschen vnsen Alderen ind Vurvaren van Gullge van Loen ind van Heinsberg truwelichen geweist sint, ind op dat die auch nu vort en tusschen vns gentzlichen gesteidget werden, so syn wir ouermits zvtlichen rait onse Brunde van allen syden einbrechtich worden eyns gantzen steden hillichs tusschen Phillippen Doychter vns Herzogen, ind Suster vns Greue van dem Berge vurschreuen vp eine syde, ind Goedarde van Heinsberg here zu Dalenbroych broyder Sun vns Greuen van Loen vp die ander syde in voygen ind manieren as hernae beschreuen steyt. Dat is zu wißen dat wir vp beiden syten desen burgegenoemden hylich tusschen Goedarde ind Phillippen vurschreuen sullen doen enden ind volvoeren ayn verzoch. Ind wir Herzoug van Guplze vurschreuen gelouen in gueden truwen Goedarben heren zu Dalenbroych vurs. mit onßer Dochter Philippen zu witzlichem hillche zu geuen Selßzlen dusent swair gulden van godem golde ind van rechtem gewichte mit alsulcher voegen dat wir Herzoug ind wir Greue van Loen teclich van vns dry onßer Brunde nemen sullen so wanne vnser ein des an deme anderen gesinnet ind die Seysse sullen eynbrechtig werden Goedarde van Dalenbroyche vurschr. bewysonge zu doene van selßzlen hundert gulden jairlicher Renten zu der neister ind bester Gelegenheit, deme Lande van Heinsberg binnen jaire und dage na deme dat sy bygeschlaffent. Also auch dat Goedart van Dalenbroych vurschriuen in besitzunge ind in heutige come, der burgeschriuen selßzlen

zienhundert gulden jairlicher renten genzlichen ind vrlebllchen binnen jaeren ind
as vurschriuen is, ind off eme die niet bezalt en wurde dat he off behelder
dis brieffs ons darvur peuden moge ayn onsen zorn, ind onser eruen. Vort-
meer so gelouen wir Greue van Loen vurgenant mit gueden truwen dat Goe-
dart vuße Neue vurfagt binnen denseluen jaire ind dage Phillppen onse Nichte
wedumen sal an die Burch zu Dalenbroych mit yrme zubehoeren. Jnd sal yr
dairzo zu rechtem wedome bewysen vier inde zweintzich hundert gulden jair-
licher renten, ind sal yr dairaff bewysonge doin mit gerichte ind mit gulden,
ind ouch vesteniffe ind genoichte doin nae deme dat die burgeschr. seliff onse
Vrunde die wir liefen sullen van beyden syden dat eynbrechtlichen sullen saissen.
Vortme so mogen wir Hertzouge vurschreuen off onse eruen wanne wir willen die
vurgenanten seißzienhundert gulden jairlicher renten aueloesen mit seißzien dusent
gulden, ind wanne die aueloesunge geschiet is, so sal Goedart van Dalenbroych
vurschreuen die seißzien dusent gulden wale belegen aen gupt erue binnen jaire ind
dage dairnai alreueist volgende. Vortme so ist gefurwert off ib sache were dat
Goedart van Dalenbroych vurschreuen affliuich wurde ee Phillppe dovchter ons
Hertzoge aen geburt van yrme loue, so sal Phillppe alle yre lefdage gerast ind
gerowt bliuen sitzen an der Burch zu Dalenbroych mit yrme zubehoeren, ind an
yrme gantzen wedom so wie die vur erclert is, ind wanne sy dan van loue zu
doede coempt so sullen die seißzien hundert gulden jairlicher Renten off dat erue
dat mit den seißzien dusent gulden gegolden were weder an ons Hertzogen vallen
ind an onse eruen, ind die Burch zu Dalenbroych mit yrme zubehoeren, ind mit
den vier vnd zwentzig hundert gulden Renten sullen weder vallen an Goedards
eruen danne sy herkomen synt. Vortme were id sache dat Phillppe dovchter ons
Hertzogen affliuich wurde ee Goedart vursch. aen geburt van yrer zwelne lyue
des got niet en wille, so sal Goedart blyuen sitzen as lange as he lefft an den
seißzienhondert gulden Renten vurgenoempt of an deme erue dairane die seißzien
dusent gulden belacht weren worden, ind wanne dat he dan en is, so sal selue
erue off die seißzienhundert gulden Renten vorschreuen an ons Hertzogen ind an
onße erue widder fallen. Vortme were dat sache dat sy geburt off eruen sementlich
ercregen die solen geerfft syn ind blyuen an alle dit vurgenaute guit na bolde vrer
beyder. Vortme so bekennen wir Greue van Loen vurgeschreuen dat Goedart
vnße Neue vurß. vnße gerechte ind neist erue is van allen onsen landen ind heirt-
schafften vurß. nae deme dat wir en son, wir wurden dan ze raide vns zu
volnene, ind ban af eruen ercregen, Vf dat also geschege, so sulden wir dan

vußme

Neuen van Dalenbroych vursi. vollest doin nae saeffingen vnser Neiuen Vrunde des Hertzogen van Gullze Ind des Greuen van dem Berge, ond ouch vnßer Vrunde, Ind of wir vns nit en wyffden so fullen wir als lange as wir leuen an den seluen unsen betrschaften Ind landen bliuen sitzen gerast Ind geroyt, Ind damit breshen Ind bueffen, Ind die wenden Ind keren aen argellst zu allen vnsen willen. Ind vmbe dat alle diese vurschreuen vurwerden vast Ind stede gehalden werden van allen syden, so hait leclche Tartye van vns der anderte burgen gesat, dat Is zu wißene wir Hertzog van Gullze tur vns Ind van vnsen wegen onse lieue Maege, Man Ind Vrunt mit namen die Edele lude heren Johannen Greuen zu Seine vnsen Swager, heren Wilhelmen Greuen zo Wede rnsen Sun, heren Urnolde heren zo Blankenheym, heren Johannen heren zu Ryferscheit, heren Walrauen van Salmen, heren Reynarden heren zu Schonevorst, heren Disten van Eetzlo, heren Mattheis van Stummel, heren Werner van Dreydenbeynt, heren Gerarde van Wedendorp, herrn Adame van Eberen, heren Goedarde van der Heyden, heren Karsills van Palant, heren Bernarde van Klutzwilre, heren Karsills van me Rolbe, heren Stephen van Droyue, heren Raboden van Klutzwylre, heren Christian van Durffendale, heren Silmannen Wuyrren van Wyffe, heren Wilhelm van Syntzich, heren Heurich van Huchelhouen Scholtyffen zu Eschwylre, heren Johannen van Werken, heren Mularde van Broyche lnd heren Enrunde van Endelstorp. Ind wir Greue van Loen vur vnsen Neuen van Dalenbrouch Ind van sinen wegen vnse lieue Maege Man Ind Vrunt mit namen heren Wilhelm Here van Hurne Ind van Altenae, heren Ludwyche heren van Raudenroyde Ind van Erperoide, heren Johannen heren van Petersheim, heren Arnolde heren van Ruinmen Ind van Quaebek, heren Arnolde van Randenroyde, heren Arnolde van Eltzlo, heren Gerarde van me Strype, heren Henriche van Petersheim, Droissis van Loen, heren Gerarde heren van Heer, heren Lambrechte van Heinsberg, heren Adameu van Mabertyngen, heren Johannen van Werhelm, heren Diederiche van Wildenroyde, Leren Johannen van Petersheim, heren Diederder ch van Spialaut, heren Johannen van Schalphufen, heren Adaem van Beye, heren Bryderiche van Beye, heren Reynarde van der Hallen, heren Mularde vau Hollhoeuen, heren Johannen van Louerich, heren Johannen van Llee, heren Diederich van Loen Ind heren Stephen van Dersbek, die sich Ind yrer yeglich vur all verbynden halnt Ind gelowst in guden trumen In alle der voegen as hernae beschreuen volgt. Were id suche dat wir Hertzoge vurgenant alle diese vurschr. vurwerde Ind punte nlet en voluurden id were an eyme deyle of an zemaille, Ind

da

da ane verfuymlich wurden ind dairumbe gemaent wurden van vnſem Neuen van Loen of van behelder dis brieffs, ſo ſullen wir ayn verjoch nae der maenlngen zweene pſame knapen mit perden, ind vnße burgen burgenant of ſy ouch in dieſer ſeluer wys gemaent wurden, ſo ſal yrer yeclich einen knecht mit eyme perde in die Stat zu Heinsberg ſenden, ind die ſolen alda blyuen ligen leyſten vp buße pende ind vp vnße coſt as guber burgen recht is, ind en ſolen biß der leyſtongen niet ſchelden noch comen bay noch uacht, wir en bauen zierſt alſulch gebrech daerumbe wir ind vnſe burgen gemaent weren volcoementlich reuult ind erſtoirt. Vortme were id ſache dat eynich vnſer burgen burgenant bnyſſen lands were of aſlyuich wurde ee alle dieſe burß. vurwerden gentzlich voluurt weren, ſo ſolen wir binnen eynen maenden bairnae dat wir darup gemaent werden van vnſem Neuen van Loen vurgeſchreuen off van behelder dis brieffs einen anderen glychen gueden burgen in des boden of viſilendigen ſtait weder ſetzen, de ſich verbluden ſal mit eyme tranſfit durch dieſen brieff geſtechen gelycherwis dat der gien verbunden was zu dieſen vurſchreuen vurwerden in des ſtat he geſat wart. Ind off wir des niet en beden ind wir ind vnße burgen dairup gemaent wurden, ſo ſolen wir ſamentlich in die Stat van Heinsberg ſenden leyſtinge alda zu doene in alle der wys as vurſchreuen is, as lange bis ein ander gelych gut burge in des aſlyuichen of vyßlendigen ſtait geſat werden. Vortme were dat ſache dat eynich dieſer vurß. punten ind vurwerden die ons Greuen van Loen ind vnſem Neuen van Dalenbroych gebueret zu voluueren niet en volſchegen in alle der wys as vurſchreuen is, ind wir of vnße Neue van Dalenbroych vurß. da ane an eyncheine punte verſuymlich weren an eyne deyle of an ze maile. Ind wir ind vnße burgenante burgen die wir geſat hain dairumbe gemaent wurden van vnßme Neuen dem Hertzogen van Guilge of van behelder dis brieffs, ſo ſolen wir ind vnße burgen in die Stat van Guilge ſenden leyſtinge alda zu doene, ind dairzu alle andere punte zu doene ind zu voluueren, ind ouch dairzo verbunden zu ſyn in alle derſeluer wys as ons Neuen des Hertzegen burgen vur verbonden ſint, als lange bis alſulche gebreiche darumbe wir ind vuße burgen gemaent weren genzlich voldaen ſon. Ind umb dat alle dieſe vurſchreuen punte ind vurwerden genzlich voluurt ſtede vaſt ind vnuerbruchlich gehalten werden, ſo hayn wir Hertzoge van Guilge, Greue van dem Verge ind Greue van Loen vnße Segele ſementlich an dieſen brieff doin hangen. Ind wir Hertzoge van Guilge hain vort zu meirer ſteitgeit gebeden vnße vurß. burgen die wir vur ons ind van vußen wegen geſat hain, dat ſy ſich zu allen dieſen vurſchreuen vurwerden verbinden ind die geloeuen in gueden truwen zu voldoene

in

in alle der wys as vur in diesem brieue vp sy beschreuen steit, ind bat so des zu
eyme Vrkunde in ganzer stedtgeyde yre Segele mit den vnsen an diesen brieff han-
gen willen. Jnd wir Johann Greue van Seyne. Wilhelm Greue van Wede.
Arnolt here van Blankenhelm. Johan here zu Roferscheit. Walraue van Sa-
men. Raynardt here van Schonevorst. Dist von Eltslo. Matthias van Stummel.
Werner van Breydenbeynt. Gerard van Wedenborp. Adaem van Exeren. Goe-
dart van der Heyden. Karsills van Palant. Bernart van Kintzwylre. Karsills
van me Reyde. Stephen van Droyue. Rabode van Kintzwylre. Christian van
Durssendale. Ilman Wurre. Wilhelm oan Einsich. Henrich van Huckel-
houen. Johan van Vercken. Mulart van B.oyche ind Emont van Endelstorp
burgen vurß. bekennen, dat wir vmb heben willen vnser lieuer heren des Hertzogen
van Guilge ind des Greuen van dem Berge vns zu allen diesen vurschreuen vur-
werden verbunden hain gelych as hie vur in diesem brieue vp vns geschreuen is,
in geloeuen in guden truwen die fast ind stede zo haldene ind gehoirsame burgen
zu syn sonder alrelei argellist, ind hain des zu meirrer steitgelde vnse segelen auch
an diesen brieff gehangen. Vortme is geduirwert off eynich der vurß. segel an
diesen brieff niet gehangen en wurde, ind ein ander ouermitz ein trancfir an die-
sen brieff gehangen wurde als vurschriuen is, ind off eynich segel dat heran ge-
hangen were gequat wurde hernamals, darumb so en sal dis brieff niet de myn
in siner macht bliuen. Me he sal in syner gantzer volre macht bliuen, gelycher wys
als alle die Segele vurschriuen herane gehangen weren ind ongequat bleuen weren.
Gegheuen ind oeuerdragen zu Trlecht des diastachs nae vnser Brauwen dage Pu-
rificatio. Jnd den Jaeren vns heren dusent dryhundert in deme seuen ind vunfs-   7 Febr.
zigsten Jaere.

XXXII.

Wittumbsbrief Herrn Wilhelm von Hoern und Altena vor seine
Gemahlin, Frau Johanna von Heinsberg, dat. des Sater-
dages na Sancte Servaeß dag 1374.

(ad §. XXVI.)

Wi Willem here van Hoern ende van Altena, doen cond allen sulben dat wi
oeuermitz raets en goetdunken vnser Heren Maege en Brunde Johannen van
Heyns-

Heynsberg vnse ellich wyf ende lieue gesellinne geliftocht ende gewedompt hebben aen achthondert gulden goet van goilde ende zwaer van gewichte, die brie goede gulden oude falde der munten des Conincks van Francricke vor vier der vorschriuen gulden getaelt en gerelent, die welcke achthondert gulden off dat payement daer vor also alle jaer in jecklicher tyt der betalinge hierna geschrieuen in der Stadt van Ruermunde genge ende gaue sin sal vnse eruen ende Nacomelingen alle jaers van der tyt aen dat verst wy van hue ter doet komen syn tot also lange als die vorschrieuen Johanne vnse lieue gesellinne leuen sal, derseluen vnser gesellinnen sullen geuen en wael betaelen, en haer off haeren gewaerden bode die vry en losse souder argheit lieueren vit vnsen lande van Horn dat geheiten is Maselant mit namen in den Dinckstoelen van Wessem, van Geistlingen, van Heithusen, van Neer, van Haelen, van Beereden ende in allen dien dat binnen hoert, het sy in renten gulden tynsen tyenden pachten niet vitgescheiden in den terminen hernae geschrieuen, dat is te weten binnen dem Maende Mey dry hondert der vorgeschrieuen gulden, en tot Sente Andries Misse vusshondert der gulden vorgeschrieuen off blinen reime maernt neist volgende na legheliken termine onbenangen, ende waer dat saecke dat onse Eruen off Nakomelingen des niet en deden also dat onse lieue gesellinne des einich gebrech hadde her war in allem off in einich deil, so mag en sal si selue in dat Maesslant vorschrieuen comen off einen haeren Ambtman mit einem knecht ind zwee perden daer senden alsulch gebrech als haer brechelich waer an der gulden, ende olck alsolchen mogelicken en besteilichen kost, als sie off haer Ambtman off die ghene, die sie also daer senden deden, off leben also langhe, als heen van den geb. eche niet genoecht geschiet en wer in den gantzen Maesslandt vorschrieuen mit allen seinen toebehoer to hessen en toebooren, sonder Wederspra- che vnser Eruen en nachfomlingen, off lemandt van hoerentwegen, en vnse Eruen noch nachfomlinge noch niemandt van hoeren wegen, en sollen sie noch die hare, den sie dat befohlen hetten, daran hinderen, noch cronen in einige wys, noch hein der gulden noch Renten enderwunden, vnse lieuer gesellinnen en si gentzlick ge- nocht geschiet, als vorgeschrieuen is. Mer sie sollen hoer vnd den hoeren mit trouwen vnd gunsten daer toe behulplic en geradich seyn, dat sie dat totten alten persten ent forsten tyde ingewunnen ende gekrigen, en dat also dicke, ende nanch- weiff, als des noet gebeueren sal, ende want, vns gulten in dem vorschrieuen vnsen Lande wenig an gelde gelegen, is ende meestelcken aen koeren gulten, so is geraemt, off zacke were dat men vnser lieuer gesellinnen vorgeschrieuen niet met gelde betalen en conde dat sie ein pegllichelic Mouder Roggen goets korns dermaten

van

van hoeren nemen sal, voer einen goeden ouden scilt en een vergulde Mouder goeder euenen vor einen haluen euden scilt, alle vrgelist ende verde in allen deßen jac̈en vitgescheiden. Ju alle diefer jacken te orconde ende gantzer stedichelt hebben wy vnse siegel met vns weet en goeden willen, an deßen brieff doen hangen, ende wart des lants vorschreuen daer wy in vnse sleue gesellinne geweduwpt en geleifftocht hebben, een beit van vnsen lieuen herren ende oem den bischoff van Lubig als van einem Greuen van Loen en een dell van vnsen leuen heren dem Hertzoge van Gulic als van der Herlizkeit wegen van Gelren ende van Gulic ten rechten man leen houdende sin, so bidden wi vnsen leuen heren vorschreuen, dat sie diesen brieff mit vns besiegelen willen, in een getuch hoers willens ende gehencknisse des Wedombs vorschreuen. Ende wi Jan bischoff tot Ludic ende Grave to Loen, ende wi Willem Hertoge van Gulic bekennen dat wi vmb bede wille vns liefs Neuen ende getrewe Mans Willems here van Hoern en van Altena vorschreuen, vnse siegele an dießen brief gehangen hebben, In een getuch vns gutten willens ende gehencknisse, ende geloenen in goeden trewen onder denselven segelen bei den wedompt te blieuen en vnser pegelicke na sinen gebore die vorschrieuen Johanna von Heinsberg daer in te houden en hoer te verantworten also sich dat geburt, ende tegen die gene, die hoer des weder sin wurden off daer en waren hinderlicken, vnd hebben voert gebeden vnsen leuen Dem herrn Otto Herrn von Arkel en voert die Scepen vnser Dincstoelen vorgeschreuen dat si haer Zegnle by die vnße tot eine getugbe all deßer vurschreuen jacken an deßen breff hebben gehangen, ende om des willen oe dat malck van hen gunstelick daer to helpe, ende rade dat alle deße vorschreuen puncten en vorwarden gehouden werden en sy niet daer weder helpen en doen noch raden in einigher wyße. Ende wy Otto Here van Arkel vorschreuen vmb bede willen vns leuen Neuen Willems herr von Hoern, ende van Altena hebben vnsen zegel aen dießen breff gehangen tot eenem getugbe, ende wy Schepen der Dincstoelen vorschreuen vmb bede willen vns liefs Junckheren willen heren van Hoern vnd van Altena hebben gebeden Henrich van Barem, en Bazen van Baerem want wy gemeintlicke gene siegele en hebben dat sie deßen breff ouer vns besiegelen willen, ende wi Henrich van Baerem ende Batze van Baerem vorschrieuen vmb bede willen der Dinkstoelen vorschreuen hebben vnße siegele ober hem tot eine getuge an beßen breff gehangen. Gegeuen int jahr vns heren dusent drie hondert vire ende seuentig des Saterdages na Sancte Seruaes dach.

20 Mai.

§. XXXIII.

XXXIII.

Ausspruch Grav Adolf von Clev zwischen Herrn Reinhard von Falkenberg und Johann II von Heinsberg. Dat. op den Frey-tag na dem heiligen Paisch tage 1393.

(ad §. XXIV.)

Wir Adolff Greue van Cleue. Doen kundt allen luiden. Want vnse lieue Neue Here Reynart van Falkenberg, here van Borne, ind toe Sittart, ind Herr Johan van Loyn Sohn toe Heinsberg, Ritter, vns eins seggens geloeuet hebben van alre anspracken ind forderungen, die sy onder oen gaende hadden vor datum dieß brieffs, ind sie vns auch beidesamen ouermitz vnsse, ind vier frunde in vnse haude gesteckert ende gelaeuet hebben so wes wy sy daraff beseggen, dat sy dat volfueren ind stede ha:den soilen mallich den andern sonder argelist. So hebben wy vnsse seggen daraff gesegt in der fuegen herna geschrieuen dat is to weten, dat vnsse Neue van Borne vorgenant vussem vorgenanten Neuen van Heinsberg oeuer sal geuin binnen den negsten drei maenden folgende na datum diß brieffs loß ind frei die Bourg Dalenbroiche mit allem dem, erne Renten ind guede davor behoerende, so wie hy die gefregen hauet ind biß hertoe hauet beseten, nit vißge-scheiden. Vort sal hy een geuen toerichts die Rente van dem zolne van Kuyck in die dorper Hertten, Mierheym, Kure, ind Ayele, mit allen fueren toebehoeren, nyet vißgescheiden so wie die von dem heren van Kuyck verbrifft ind versiegelt synt, ind oen alle brieffe daraff die hy darup heuet, ouergeuen, ind leueren, also dat vnße Neue van Heinsberg vorschrieuen ind syne eruen die vorschrienen Bourg Da-lenbroche mit hueren toebehoeren die Renten van den zelle van Kuyck, ind die dorper mit hueren toebehoeren wie vorschrieuen is nun fort ahn soilen hebben, ind behalden vor eyr rvtlicht erue ind guet, sonder widdersprechen vns Neuen von Borne vorge-genant off syner eruen in einiche wyß, ind wat van einichen diesen vorgenanten gueden off kueren toebehoeren versatt were, dat sal vnse Neue van Borne vorge-nant off syne eruen quyten, ind loß machen in vrbar vns Neuen van Heinsberg vorgenant off synen ernen binnen zwei jahren negst folgende na datum dieß brieffs in oen baruor gude gewißheit doen, dat sy des fryeler synt, Vortme alsolche schuldt as Ey semenlich an die Lumbarden zu Ruyrmunde schuldig synt na inhalt der brieue die darvp synt gemackt, ind bait yre beider lande luide ind Wrinde eur

synt

der Herren von Heinsberg.

syn verbunden, die schulde ind alle schaden die darup gegangen is, off kernamals darop gaen mag die sal vusse Neue van Born vorgenant off syne eruen allein betalen ind vnse vorgenante Neue van Heinsberg ind synen Vader cer Schlote lande, luide, ind Vriude, die daruor staent los ind quyt macken, ind sy schadloß daruff halden, auch binnen dieffen zwei jahren vorgenant, sal yn daruer guede gewißheit mit synen Vrinden der Statt van Sittart ind mit brieuen ind siegelen in der bester formen darup to macken, darmede hy bewart sy, so wie dat ceuernitz vns ind eerer beider Vrl. den verraembt is sonder argelist. Auch sal vnsse Neue van Bo ne vorgenant, vnsem vorgenanten Neuen van Heinsberg ind sonen eruen secker macken, off hy sonder rentliche slouende geburt van synem lynen komm nde afflyuich wurde, dat vnsse vorgena it Neue van Heinsberg ind syne eruen alsdan tot eyne erffgulden ind Renten seilen behalden, ind boeren an synem jolle genoempt die Toll van Jallenbourg, off an anderen gueden Renten wal bewysen, die wir dis secker synt. Ile gueder Rheinscher gulden guet ind gerecht van golde ind van gewichte off dat werct daruor an anderem gueden payamente daruor der tyt genge ind gene, ind hierumb sal vnse Neue van Heinsberg vorschrieuen vnsem vorgenanten Neuen van Borne wiederumb geuen ind leueren alle brieue die hy vp een hebben van einichen saecken ind hy syn Vader ind hy soillen oen guede quitance genen vor sich ind yre eruen, dat sy alre sachen mit yn guetlichen synt v rglichen, ind daraff vp oen vergleen ind des gelock sal vnsse Neue van Born vorgenant een auch quitance wiederomme geuen. Beheltlich so wes in desen seggen is beschrieuen, dat dat mallich dem anderen halben sal, ind volzieben as vorgeschrieuen stelt, ind wat gewißheit off leuerynge mallich van een gebuerde toe doene van einichen sacken na dem vorgenanten is daer geln tyt vor vp geschreuen is, daruff sal mallich van oen dem anderen volldoen binnen eynem maende, negst folgende na datum dieß brieffs alle argelist an allen puncten vorschrieuen vitge cheiten. Und tot vrkondt des vorgenanten vniers seg ens hebben wy vnse Svegel au dieffen brieff doen drucken. Jnd want vnsse lieue Neuen van Bern ind van Heinsberg vorgenanten by desen vorgenanten vnsen seggen mit bleben ende des genoeget synt mallich dar dem anderen toehalden ende daraff toe voldoen wie vorgeschrieuen is. So hyin sy auch des tot mere sterdicheit oer Siegel mete an diesen brieff gedruckt, dat wy Reynart van Valckenlenberg here van Borne, ind van Sytttart und Johan van Loyn Son tot Helusberg vorgenant bekennen dat dat wahr ist. Gedediugt tot Cleue in vnsser Fraus

wen

wen kyrche Jnb gegeuen in ben jahren vns heren MCCCXCIII vp ben Frey-
11 Apr. tag na bem heiligen Palich tage.

XXXIV.

**Ebeberedung zwifchen Wilhelm I. von Loen, Herrn zu Heinsberg, und
Elifabeten, ber älteften Tochter Herrn Gerharbs von Blank-
enheim, Herrn zu Kaftelberg und Gerhartftein Dat.
ipfo die Lucæ Evangeliftæ 1399.**

(ad §. XLI.)

Wir Gerhart van Blankenheim, Here zo Caftelberg, ind zo Gereltzftein. Doin
kunt allen luiden dat wir angefien hain mitz ind vrber vnffelues vnffe lande ind lu-
de, ind ouch vmb gunft truwe Bruntfchaft ind heymlichkeit zo vermeren tufchen
vnß ind den vnßen, ind ben Edelen heren Johanne van Loyn heren zo Heyns-
berg ind zo Lewenberg, ind den fonen, ind fint barombe mit ime ind he mit vns
euermitz vns ind vnfer Vrunde ind Maige van beyden fyden guden zytlichen rait
ind gutbuncken eins wißlichen heilichs ouerkomen, ind des guitlichen ouerdragen
tufchen vnfen elichen kinderen van beyden fyden, in alle der fugen ind manieren
as hernae gefchreuen fteit. Dat is zu wiffen dat Wilhelm van Heynsberg Son
heren Johans van Loene vorfchrieuen hauen fal zo eyme witlichem elichen wyue
elfte ellige Tochter vnß Gerharts van Blanckenheim burgenant, alfo bat wir
Gerhart burgenant gegeuen hauen fome Son mit vnfer dolchter vorgen. zo
medegauen in rechten heilichsvurwerden alle herlichelbe floiffe lande luibe ind
guede die wir nu hain ind befitzen, ind hernamals vns ind vnßen eruen anerfallen
mach, off auch an vns erwerven off erkrygen mochten mwegen mit allen yren ge-
richten, rechten, gulden, renten, gueben, vervalle, vpkominze, ind mit yren an-
deren zubehoeren groß ind clein, wie man dat nennen mach, niet bauon vißge-
fchelden, Ind barghein hat der Etel Johan van Loyn vnffer dolchter mit fyme Son
vurfchr. zo medegauen ouch in heilichsvurwarden eyn van fynen zween herliche-
den Heynsberg off Lewenberg zor fcheidinge mit fynem elften broider, da aff der
elfte doch den kuir hauen fal, mit alle der eyne herrlicheit, gerichten, rechten,
gulden, renten, gueben, vervalle ind vpcoeminge as die hulben diß tags gelegen
ind vernoempt is. Vort is gevorwert, ind in diefen heilichs vorwerden viß-
gefchelden, want wir Gerhart vurß, noch ein junger eliche dochter haen, die men

wanne

der Herren von Heinsberg.

wanne Got dat verfyt ouch zu der ee bestaten sal dat men mit der dochter op heilichsvorwerde geuen sal dat Sloß Nuwen Blankenheim mit allem sinem zubehoere ind rechten, wie dat hulden dis dages gelegen is, ind darzu dry dusent Rinscher gulden. Were auer sache dat wir Gerhart van Blankenheim vurschrieuen ind nu zur zit vnse eliche Brauwe nu off hernamals menliche geburt erkrygen ind gewunnen die van onser beyder lyue komen mere, die menliche geburt sal zo gleicher beilonge stain mit Wilhelm Son heren Johans von Loyn sinem Swager vurschrieuen as zwen nemliche gebruder an ind mit vnderscheide dat die vurschrieuen menliche geburt vnß Gerharts vn.d vnser Brauwen vurgen. die kuir zum ersten hauen ind behalden sal eyne Slosse van zweyn den besten ze kiesen, wellich hie will, ind Wilhelm vurschrieuen sal neist deme hauen ind kiesen willichs dat he will van den Slossen begriffen in diese heilyge na deme vurschrieuen ist. Mer vort so sullen die erste geburt ind Wilhelm verg. alle ander herlicheiten, Slosse, lande, luide, guede, rente, gulde ind rycoeminge mit allen iren zubehoeren zu diesen herlicheiten gehoerende as vurschrieuen is vnder sich zu beyden syden gelich beylen, niemant van yn inne der beylenge geyn vorbel zu hauen vßgescheiden die kuir der zweyer Slosse vurgeschrieuen also dat yn des zu beyden syden billig wall benugen sal, vßgescheiden auch alsolche wedem as vns Gerharts eelicher Brauwen vurschrieuen da an bewyst is, des man ire sal laißen gebruichen nach inhalde irer wedemsbriene dairup gemacht ind besiegelt, ind sollen auch beide vort der eyn gelych dem anderen alle recht ind alle sachen doin van den herlicheiden renten iod yren zubehoeren vurschrieuen wat da aff geburt ze doin sunder argelist. Vort ist onerdragen offt Got zugbe dat van vns Gerhart van Blankenheim vurschrieuen ind nu zer zyt vnser elicher Brauwen me menliche geburde wurden dan die eyne as vurschrieuen steit die menliche geburde eine off me sollen die zwene mit namen elste Sune vnß Gerharts vorgeschrieuen ind Wilhelm von Heinsberg syn Swager Son heren Johans von Loyn vurschrieuen sementlichen ind mallich van inne zu beiden syden gelycher wyß wysen ind begueden in sulchen schin as zweene elste bruder eynem jungen broiter schuldig sint zo doin nae gelegenheit ind bewisongen der herlicheiden zo Castelberg ind Geretzstein die vurpots geschiet is. Auch is gevorwert ind overdragen off wir Gerhart vurschrieuen ind onse elige Brauwe die wir nu zer zyt hauen eynige geburt me gewunnen dan wir nu hain asdan so sal man mit der jungster dochter die nu leest zo i em heiltge viere dupsent Rynscher gulden ißgeuen ind verrichten damit dat si asdanne mit ganzem verzegenisse op alle herlicheiden Slosse lande luide ind
guede

guede mit allen iren zubehoeren die an sie erstoruen ind eruallen weren off onternne moichten in eyniger wys gentzlichen ind luterlichen sal verzyen, ind in alsulcher wys sal sie bestalt ind zumal affgequet son aen argelist. Vort ist gevorwert ind verdadingt were sache dat de vurschrieuen Her Johan van Loyn ind sin eliche Brauwe die nu leest eyne doichter van yn beyden gewunnen, ind wir Gerhart vurg. van vnser elicher Brauwen die wir nu hain eyn Son kriegen ind gewunnen, die zwei sal man zusamen geuen ind zu der heilicher ee fuegen, also dat aldan die eersten mit den anderen dat Got geue alle herlicheiden Sloße lande luide ind guide mit iren Renten gulden ind zubehoeren vurschrieuen gelich beylen aen argelist, Ind off t Gode also fuegde so sal here Johan van Loyn here jo Heynsberg vurschr. off aldan syner doichter van Heynsberg neiste Brunde mit ire jo doin ind geuen dat beyder partyen Brunde zutlich dunket na gelegenheit der herlicheit ind auch der zot as sich mugelich heischet ind geburt. Vort is auch gedadingt were sach dat Wilhelm van Heynsberg vurgeschrieuen storue off afflyuich wurde, da Gott vor sy, so sal syn elich wyff doichter vns Gerharts van Blanckenheim vurschr. zo rechtem wedome hauen halden ind besitzen eyn wonninge in der zweyer lande eyn Heinsberg off Lewenberg vorgeschrieuen wleich im geburt die vre geziemlich sy, ind dairzo eichthundert Rinischer gulden alle jairs wail verwist ind versichert. Were auch sache dat doichter vns Gerharts vurschr. elich wyff Wilhelms vorgen. afflyuich wurde sunder wyßliche geburt die van yn beiden komen wer, so sal Wilhelm vorgeschrieuen syne lyffzucht hauen ind besitzen an deine dairup dat he is gebillicht, as vorgeschrieuen steit. Were auer sache des Got niet en wille dat des kinder kleinne begriffen eynich affgienge ind storue, so sal dat neiste dairnae eyn dat ander hauen as lange as sy geburt hauent, Ind mit allen sulchen verbuntnißen puncten ind vurwerden also as vnrgeschrien is. Vort so kennen wir Gerhart van Blanckenheim vurschrieuen dat entuschen uns ind den Erelen leren Johanne van Loyn vurgen. gedadinckt ind in diesen hilliche vis is gescheiden, dat wir beyde partyen dat erste vnße kindere zu diesem hilliche geburende zu iren mundigen dagen komen den hillich volvueren sollen, ind da aff voldoin as vurschrieuen steit, behalt nisse vns Gerhart van Blanckenheim vorschrieuen an der Medegauen, die wir kleinne bekant hauen mit vnser vurschrieuen doichter viß vnser lyffzucht, Ind off wir geleefden dat die kinder vurschrieuen mundig wurden, so sollen wir mit vnser vorgeschrieuen doichter jarlix bewysen ze hauen ind vpzuhieuen diewyle wir leuen als vil as den Drunden van beyden syten na alle gelegentelde bescheidlich sal duncken. Alle diese sachen ind ein ielich da aff besonder, so wie die dur ind nae

In diesem brieff geschrieuen ind benoempt sint, han wir Gerhart van Blanckenheim vurgeschrieuen vur ons ind onse Eruen, as verre ons die antreffen gelouffr ind gesichert in guden truwen mit onser eren, ind mit opgerackten fingeren ind gestaefden eyden op die heilgen geluigt lyfflich so den heilgen gesworen vaste stede ind onuerbruchlich so halden, die zu volboln ind darweder niet zu komen noch ze doin mit raede noch mit daide, in gheinre wys, sonder argelist ind geuerde. Ind des so orkunde ind gantzer stedicheit han wir onse Siegel, ind vort ontze elige Brauwe Lyse van Wiede ire Siegel an diesen brieff doln hangen, dat wir Lyse vurschrieuen erkennen ware syn, ind dat dit vurschr. hillich ind alle sachen dainne begriffen mit onsem raide, gutdunken guden willen ind gefolgnisse geschiet sint, ind hauen vort gebeden so merer stedicheit dieser vurschrieuen dinge onse lieue gemeinde Oemen, Neuen, Maige, Munne ind Brunde heren Reynart van Gulich ind van Gelre, heren zu Munster in Eiffel, heren Arnolt Greuen zo Blanckenheim, heren Wilhelm Greuen zu Wiede, heren Herman van Randenrolde, heren Wilhelm van Slatten Ritter, Claus van Rattenheim ind Henrich van Gunderstorp as hillichsluide van benden syden omb dat sy diesen hillich ind alle puncten dainne begriffen gedadingt haint, ind mit iren raide ind gutdunken gedain is, ind vort Heyntzen Merbach, Gerlach van Wunnenberg, Gerhart van Bamme ind Arnolt van Diensburg, dat sy yre Siegel auch as diese zu gezuige an diesen brieff gehangen hant, onder welchen vreu Siegelen sy in goeden truwen geloifft hant weder diesen hilich ind hilichssachen nu noch hernamals nit so doin, noch so raiden mit eynichen sachen mer na yre mogen dairzu zu helpen, dat die gehalden gedain ind volvoert werden so wie vurschrieuen is, dat wir Reynart, Arnolt, Wilhem, Herman, Wilhelm van Slatten Ritter, Clais van Rattenheim ind Henrich van Gunderstorp as hillichsluide diss vurschrieuen hillichs, ind wir Heyntze Meyrbach, Gerlach van Wunnenberg, Gerart van Bamme ind Arnolt van Diensberg vurschrieuen zugen ind kennen gern gedain han ind dat waer is wie vur van ons geschrieuen steit. In orkunde onse Siegele gehangen an diesen brieue. Datum anno Domini MCCCLXXXX nono ipso die Lucæ Evangelistæ.

cf. p. 64

18 Oct.

XXXV.

XXXV.

Bůndnis Johann von Loen, Herrn zu Heinsberg, und Lewenberg, mit Herzog Reinald von Gülch und Geldern dat. des Goedestaigs vp den heiligen Puschdach 1410.

(ad §. XXIX.)

Wir Johan von Loen here zu Heynsberch ind zu Lewenbergh vur uns ind vur unse eruen ind nakomelingen begeren kunt zu syn allen luden die diesen offenen brieff soelen seen of hoeren lesen dat wir oeuermitz unsser selfs ind unser Vrunde rait ind guitdunken mit dem hogeboren burluchtigen Fursten heren Reynalde Herzougen van Guilch ind van Gelre ind Greuen van Zutphen unsem lieuen genedigen heren Hubistaigs vp datum dis briefs deser naegeschreuener punten guitlichen ouerkomen ind verdragen syn. Zu dem yrsten so soelen wir dem burg. unsem genedigen heren dem Herzougen umb einer summen geltz wille die he uns van synen genaden darumb sunderlingen gegeuen geleuert ind gehantreikt hait an gereidem gelde, des wir bekennen ind uns van yme vlyilichen bedanken in allen sachen ind weder allermailich tegen den he des behouende mag werden as verre ind da wir dat mit eren doen mogen truwelichen byflaen helpen ind raiden, ind wert sache dat derselue unse genedige here der Herzouge mit yemanne zu deden queme off zu doen gewunne tegen den dat wir syn hulper wierden off vmb synen wille in deden quemen, darzu soelen synen genaden alle unse Slosse der he da zu behouende ind gesinnende wurde allzyt geoffent syn ind werden sich darin ind danne vys zu behelpen vp syns selfs kost gewin ind verlust, ind in denseluen sachen ind hulpen sall unse burgen. genedige here der Herzouge unse beufhere syn lo sy van verluste van Slossen, van nederlaegen, off van eynichen anderen verlusten of schaden die uns dan aff quemen. Ouch so en soelen wir uns van diesem dage datum dis briefs vortan mit nyemanne verlouen noch verbinden wir en soelen dem burgen. unsen genedigen heren den Herzougen van Gullge ind van Gelre in den seluen verlofnissen ind verbuntnissen allwege vyßscheiden, also dat yme die in engheinen sachen weder noch hinderlich en syn, ind derselue unse genedige here der Herzouge sal uns ouch wederumb helpen verdedingen ind verantwerden in allen sachen der wir rechts ind bescheids bi synen genaden blyuen willen as verre he

dat

der Herren von Heinsberg.

dat ouch mit eren ind mit bescheide doen mach. Vortme so hain wir Johan van Loen here zu Heynsberch ind zu Lewenberch burg. vur ons ind vur vnse eruen burg. luterlichen verzegen ind verzyen ouermitz desen seluen brieff op alle anspraichen ind vorderungen die wir in einicher wyse van erffzalen wegen off anders hauen off keeren mochten an vnsen vurzem. genedigen heren den Hertzouge van Guillche ind van Gelre off an syne lande, also dat wir noch vnse eruen der an demseluen vnsern genedigen heren dem Hertzougen, den Got lange zyt gespaeren moesse, as lange as yme Got des leuens gan noch an synen witzlichen lyffs eruen die syne genaeden achterliessen noch ouch an derseluer syner eruen witzlichen eruen die vort van yn quemen in eyncher wyse niet heyschen noch vorderen en soelen. Mer doch oft also geuiele dat vnse lieue genedige here der Hertzouge sunder eynche witzliche geboert van yme geschaffen ind achtergelaissen afliuich wurde so en sal ons noch vnsen eruen dat vurschrieuen verzichnisse an engheinen sachen hinderlich syn, ind sal dan as ongedaen ind niet syn. Ind vortme so syn wir here van Heynsberch burg. mit vnsem burgen. lieuen genedigen heren dem Hertzougen van allen anderen sachen ainspraichen heisschungen ind vorderungen, die wir zu synen genaden van allen vurleden zyden bis zu diesem dage zu datum dis brieffs in eyncher wyse off vmb eyncher sachen wille anzusprechen, zu heisschen off zu vorderen moechten hauen gehabt off hauen guitlichen mynlichen ind vruntlichen gescheiden ind wale verlichen, ind haen des alles luterlichen verzegen ind quit gescholden, ind schelden dat allet gentzlichen quit in diesem brieue, also dat wir darumb nu noch hiernamals engheine anspraiche heisschunge vorderunge noch ongunst behalden en soelen, beheltlich doch vns ind vnse eruen alsulcher erfzalen renten ind gulden as vns anerstoruen ind angeerft synt in dem lande van Guilche van Wilne der hogeborner Brauwen Phillppen van Guilche Brauwen zu Heynsberch ind zu Lewenberch was vnser allerliefster Brauwen ind Moeder der Got genaide as van yrer medegaeuen ind bestaedingen nae vyswysen der brieue die wir dauan hauen. Alle argeliste ind geuerde in allen ind yeclichen vursz. punten vurwerden ind ouerdrage gentzlichen ind zoemale vyszgescheiden die welche punten vurwerden ind oeuerdrach wir Johan van Loen here zu Heynsberch ind zu Lewenberch burg. vur ons ind vur vnse eruen ind nakomlinge geloeft hain ind geloeuen in guden sicheren truwen vaste stede ind vnuerbruchlich zu halden as verre ind wie dat vns off dieselue vnse eruen ind nakomlinge die semewtlich off besunder antreffent ind geboeren mogen zu halden ind darweder niet zu doen noch zu geschien laissen van vnsen we-

h 2 . gen

gen in eyncher wyse. Ind hain des alles zu Urkunde lud stedicheide vnse segel vur vns vnd vur vnse eruen ind nakomellnge wissentlich doen hangen an diesen tgenwordigen brieff, de geschreuen lud gegeuen wart in den jaeren der gebortt vnß heren busent vyerhundert ind ziene des Goedeslalys vp den helligen Paschbach.

26 Merz

XXXVI.

Erweiterung der Eheberedung zwischen Wilhelm von Loen, Herren zu Heinsberg, und Elisabeten Gräuin von Blankenheim dat. 13 Merz 1411.

(ad §. XLI.)

Wir Friederich van Blankenheim van Goitz genaden Bischoff zu Vtricht ind Johan van Loen Here zu Heynßberg ind zu Lewenberg. Doin kunt allen luden dat wir sementlich vmb nutze ind vrbar vnß selues vnser lude ind lande eynen billich gedeidingt ind geslossen han, ind des eindrechtlelich ouerkomen sin tuschen Ellsabeth elste doichter des Edeln heren heren Gerharts Greuen zu Blankenheim here zu Castelberch ind zu Geretzsteyn seliger gedacht, Bruder vnß Friederichs van Blankenheim vergeschrieuen an die eyne syde, lud Wilhelm Sone vnß Johans van Loyn vurg. an die ander syde, in willichen billichs vorwerden wir beyde heren vurgeschrieuen mit gutem beraede vnser heren ind Maghen vns ind vnser Brunte an beyder syden alsulcher fruntlicher beidingen ind billichs vurwerden ouerkomen ind veslichen ouerdragen syn in allen manieren as hernae geschrieuen steit, ind mit dieser ouerdraicht ind billichsvurwerden han wir Friederich van Blankenheim Bischoff zu Vtricht diese vurgeschrieuen billichsfurwerden ind billich, ind auch alle vor vnd nac geschrieuen punte ind artickel in diesem brieue confirmirt ind gewilliget in aller maissen as die er brieue inheldet, ind as vns vnße lieue broider her Gerhart Greue zu Blankenheim vurgeschrieuen, dem Got gnedig syn wolle, dat vur in billichsfurwerden ouergeuen ind des vertragen was, dat auch do niit vnsen consent ind guden willen was. In den eirsten, off't gesiel dat Got verhueden musse. dat Ellsabeth elste doichter zu Blankenheim burgen. afflyuich wurde ee der zit dat sy mit Wilhelm vnßem Sone van Heynßberg bygeslaissen hette, dat aidan alle Slosse, lude, lande, renten, gulte, herlicheide ind vpcominge der Graueschafft van Blankenheim, ind der Herlicheide van Castelberch ind van Ger-

artz

der Herren von Heinsberg.

artzstein mit yren zubehoeren vallen ind erven sullen vp vns Friderich van Blanckenheim off vp vnße neiste Erven dairzo gehoerende mit alsulcher vurwerden off wir Johan van Loyn yt vißgelaicht off gegeuen hetten in vrbar off nolt der Slosse off lande vurgeschrieuen, dat man dat na gutdunken der Frunde an beyden syden verst verrichten ind bezalen sal ee der zit dat man die Slosse off lande ouergeue. Vort so is gevurwert, off Got vuegde dat Elisabeth van Blanckenheim vurg. na der zit as so bygeslaissen helte affliuich wurde sonder myßliche geburde van Wilhelm Son zu Heynsberg vorgen. So sal Wilhem vurgen. syn lyffzucht behalden an allen Slossen luiden, landen, herlicheiden, renten ind vpcoemingen der Graueschafft van Blankenheim ind der Herlichelde van Castelberch ind van Gerartzstein mit allen yren zubehoeren beheltlich vns Friederich vurgen. der Slosse lande ind luide des halven deyls vns da viß zu behelffen wanne vns des genoicht, vnd beheltlich vnßer Nichten Johanna van Blankenheim yre afscheidinge van Kinboeyle as hernae geschrieuen is. Vort so is gevurwert dat yrste dat Wilhem vnse Sone vnd Elisabeth vnße dochter bygeslaissen hauet, so sullen wir Johan here zu Heynsberg vurgen. dan vortan alle jaer also lange as wir leuen vier vnd zwentzich fuir der wouiß vnsem Sone Wilhem geuen ind lieueren viß vnser herlicheit van Leuwenberg, sinen vryen wille damiet zu doin. Vort so sollen wir Johan von Loen vurgen. Wilhem vnsem Sone vorgen. ee hy bysleefft bewysen ind bestigen druo hundert Rinsche gulden ierlichs zu heuen as lange as wir leuen viß vußer gulde zu Gulich, ind vnie brieue dauan geuen bellefft van vnsen Heren van Gulich ind van Gelren, damit vnse Sone vorgen. wail bewart sy. Vort vmb alle zweidracht zwist ind schelinge zu verhoelden die vallen mochten tuschen Soenen vnß Johans von Loen vorg. vmb vnße Slosse lande luide ind renten zu behalden na vnserm dolte, so han wir mit raide vnd gutduncken vnßer Heren Frunden ind Maigen ind mit consent ind vryen willen Johans eltsten, Ind Wilhelms vnser Soene gebruder enie erffichelbonge zuschen ynen gemacht, in allen manieren as hernae bescbrieuen is. In den ersten so ist gefurweirt dat Johan elste Soene vns Johans von Loen rurgen. na vnsem bolde hauen ind erfflichen behalden sal, die Burg die Statt dat Lant zu Heynsberg mit allen yren zubehoeren, ind dat Huiß ind lant zu Geilenkirchen mit allen yren dorperen ind zugehoeren beheltlich vnser lieuer gefullinnen Fraurre Margrieten van Gnepe ire lyffzucht an dem lande van Geilenkirchen na inhalte ire lyffzuchtsbrieue, die dairup gemacht syn die in yre gantze macht zu bliuen. Vort so sal Johan vns elste Son behalden na vnserm bolt Millen, Gangelt, vnd Bucht, ind die lande dairzu gehoerende mit den rechte

h 3 so

so as die an vns komen syn off komen mogen ind vort alsolche rente ind gulde as vns jairs vellich ist van vnßem gnedigen heren van Brabant, ind sinderling die seß-hundert gulden Peter die vns zum busche werdent, nae inhalde der briene dairup sprechende. Vort so sal Johan vnße eltste Son burgen. nae vnsem boide hauen ind behalden die vorderonge van vnserm lande van Waffenberg mit der gulden ind renten in dem lande van Gulich, die vnßer lleuer Brauwen ind Moeder der Got genedig sy, yre Medegaue was, mit den dorpe Runenroyde mit sinen zube-hoeren, ind mit dem dorpe zu der Groenen mit sinen zubehoeren. Vort so is ge-furwert ind ouerdragen dat Wilhem Son vnß Johans van Loen burgen. nae vn-ßem boide hauen ind erfflichen behalden sal dat Eloß Lewenberg ind dat dorff Hunff mit allen luiden dorfferen, gulden, renten, herllicheiden ind vpcomingen, die zu der herlicheit van Lewenberg gehoerent, so wa ind wie die gelegen sint an beyden syten des Rins it sy lehen off eigen. Vort so is gevurwert dat Wilhem vnse Son vurgen. na vnsem doit behalden sal alle alsulche Pfantschafft ind Rechte Renten ind gulte mit aller herllicheit as wir hain an dem Sloße lande ind luide van Blankenberg, ind die brieue die wir dauan han die sullen wir legen ee Wil-hem vnße Son byslieft, in gewarder hant, as in des Capitels bewaringe van Seute Apostelen binnen Collen zu behuiff vnßer ind Wilhems vnß Sons na vn-ßem doit burg. mit alsulcher vurwerden offt sach were dat de hogeborne Surste vnße liewe here Hertzoug Adolph van dem Berge ind Greue zu Rauensberg off syne Nakomlinge dat Sloße, lant, luide, renten ind gulde van Blaukenberg van vnß nae sich loesde nae inhalde der brieue die wir daeraff hain, So en sollen wir Jo-hann van Loen vorgeschr. myemant van vnßten wegen die burgenante brieue van dem vurschrieuen Capitel gesinnen noch doin helschen, wir en hauen zu verst dat gelt wiederomb van der loisongen alling ind all na inhalde der brieue in des vorg. Capitels handt gelaicht, ind dat gelt sal daer alling bluuen ligen zu behueff vnßer in Wilhems vnß Sons na vnser doit zur gut zu, ind as lange dat wir by raide vnßer ind vns Sons Drunde virg. das vurg. gelt an ander gude gulte ind renten belegen zu synem behueff na vnßem doit. Vort so is gefurwert dat alle alsolche forderungen als wir Johan van Loen burg. han an der Graueschafft van Loen ind alsulch gelt als wir jaerlichs hant an dem bischoff zu Luitge vnßen here sullen Johan vnße eltste Sone ind Wilhem vnße Son vorgen. gellch vorderen ha-uen ind dryen na vnßem doit. Vort so is gefurwert dat Johan vnße jungste Sone Proist zu Aiche ind zu Tricht na vnßem doit hauen ind behalden sal alle alsolche versterff-nisse as vns vau Goedart van Sypnay vnßen Neue an besterwen mach, ind die Burg ind

dat

dat landt van Dalenbroich mit den dorperen, luden, renten, herlicheide ind gulde darzu
behhorende wanne die gelost fin van den van Wickralde des yn wir Johan van Loen rur-
gen. mechtlich zo keren wa ons genuecht. Vort so is gevurwert wanne onße liewe
ge-esellinne Brauwe Margriet van Gueppe nit me op erden en is, so sollen onße
eltste Soyne Johan vnd Wilhem onße Soon gebruder vorg. gluch vorderen ha-
uen ind deylen alle alsolch erffnisse renten ind gulden, leen ind eigen wie ind wa
die gelegen syn, die sy an ons bracht hat, off van yr komen off verstorwen syn,
off naimals komen mogen. Vort so is gevurwert dat man Elisabeth van Blan-
kenheym ee sy bylieft verst oren Wiedom ind lyffjucht destlichen mit guden brie-
uen machen sal in dem Lande zu Lewenberg ind zu Hunffe zu echthundert Rinschen
gulden zu bekeltlich Elisabethen vurgeschr. einer redlicher lyffjuchten, die sie auch
hauen sal van yres vaderlichen erue als dat Huiß zu Drynmoylen mit synen zube-
hoeren ind mit dem iwer ind die gulde zu Odendorff. Vort so is gesurwert ind
ouerdragen, off genicle, dat Got geuen muße, dat man Johanna doichter zu
Blankenheim vorg. bestaden solde, so sal man yr zu Medegauen geuen off best-
lichen bewysen eicht dusent Rinsche gulden vur yr deyl, ind damit sal sie verzich-
nisse doin tp alle Herlicheide die yr anbesteruen mochten, as verre Elisabeth ye
Suster rechte geburte achterliesse. In allen diesen vurgeschr. puncten ind idtlich
daeraff besonder, so wie die vur ind nae in diesem brieue beschrieuen ind benoempt
syn, han wir Friederich van Blankenheim vur ons ind vnsere Eruen, ind wir
Johan van Loen her zu Heynßberg vurgen. vur ons ind vnße Eruen gelofft gesichert
in guden trumen ind lifflichen zu den heilgen gesworen vaste stede ind vnuer-
broichlichen zu halden, die zu volfolren ind darneder niet zu doin, comen in eyn-
cherley wyse, sunder argelist. Vnd op dat alle sachen vurg. des zu vaster syn,
ind erfflichen blyuen moigen, so hain wir Heren vurgeschrieuen alle diese vurg.
ouerbracht hilichsuurwerden ind alle ander vurwerden ind erffscheidinge by guden
willen ind volcomen consent Johans eltste Son ind Wilhem Sone vnß Johans
von Loen vurgen. gemacht ind gefurwert, Ind hain van yne begert alle diese
vorg. vurwerden ind puncten zu bestruen, ind diesen brieue mit ons zu besiegelen,
Ind wir Johan eldste Son zu Heynßberg, ind Wilhem van Heynßberg gebruder
vorgeschr. bekennen mit diesem offenen brieue dat alle diese vorgeschr. puncten fur-
werden ind erffscheidinge mit vußem raide gutduncken vryen willen ind volcomen
consent gemacht ind gewormert synt, ind gloiffen vur ons ind vnse Eruen in gu-
den trumen, vnd hain lifflichen gesichert ind zu den heilgen gesworen alle diese
vurgenante puncte vurwerden ind erffscheidinge ind idliche besunder vaste stede
ind

lnd vnuerbrochen zu halden die zu volfoeren, lnd darneder nimmerme zu doin heymlich noch offenbar in eyncherley wyß sonder argelist. Jnd des zo orkunde lnd ewiger stedicheit, so han wir Heren vorgenant lnd wir Johan eldste Son zu Heynsberg, lnd Wilhem van Heynsberg gebrudere vnse siegelen an die'en brieff doin hangen, Jnd hain vort samentlich gebeden zu merer vestenisse in orkunde aller vurwerden vorgen. den hogebornen Surften Heren Adolph Hertzouge van dem Berge lnd Greue zu Rauensberg vurgen. vnsen lieuen Heren, die Edelen heren vnse lieue Mage Gerlach Greue zu Wiede Here zu Jsenburch, Heren Ruprecht Greue zu Virnenburch, Heren Friderich heren zu Thonnenburch lnd zu Lantzkron, Heren Herman van Randenroide Ritter vnse lieue Neue, vnd vort vnse lieue Vruude heren Richart Hurte van Schonecke Ritter, Werner van Blatten, Steuen van Royre, Clais van Nattenheim, Arnolt van Deynsbur, Arnolt van Echtersheim, Heinrich van Gundersdorff lnd Heynrich Eparenbuck, vmb dat sie diesen brieue mit vns besiegelen woulden, dat wir Adolph van Gotz gnaden Hertzoige van dem Berge lnd Greue zu Rauensberg, Gerlach Greue zu Wede here zu Jsenburch, Roprecht Greue zu Wirnenburg, Friderich her zu Thoynburch lnd zu Lantzlkron, Herman van Randenroide, Richart Hurte van Schoneck Ritter, Wernher van Watten, Steuen van Royre, Clais van Nattenheim, Arnolt van Deynsbur, Arnolt van Echtersheim, Heynrich van Gunderstorff lnd Heynrich Eparenbuck vorgen. bekennen dat wir zu gezuichenisse aller vurwerden vurgen. vmb bede willen des Eirwirdigen in Got Vaders vns lieuen heren lnd Neuen heren Friderichs van Blankenheim bischoff zu Utricht, heren Johans van Loen heren zu Heynsberg lnd zu Lewenberg, Johans lnd Wilhems syner Sone vorgenant vnser lieuer Neuen lnd Jungheren vnse siegelen an diesen brieff gehangen haen.

13 Merz Gegeuen in den jaeren vnßers heren vierzehen hundert lnd elff jaer des XIII dages in dem Mertze.

XXXVII.

Einnung Johann II von Loen, Herrn zu Heinsberg und Lewenberg, mit Herzog Adolf von Verg dat. des Goedestages vp St. Lucien Abent der H. Jungfrauen 1414.

(ad §. XXX.)

Wir Adolf von Gots gnaden Hertzoge zu dem Berge und Graue zu Ravensberg, vnd wir Johan von Loen Here zo Heinsberg lnd zo Lewenberg vor vns vnd vnser

der Herren von Heinsberg.

vnser beider Erben, ind Nakomlinge zu ewigen tagen. Doen kundt allen luden die diesen offenen brieff sollen seen off hoeren lesen, bekennende offenbarlichen ouermitz diesenseluen, dat wir vnsme her Gott vom himmelreich zo louen vnd zu ehren, ind durch vnße vnd vnser Eruen ind nakomlinge, ind vnßer alre lande lude ind unterfassen die wir nu han ind hernamals jemerme gewinnen mulgen zo beiden soden verbar nutz vaste vnd frede ind gemach mit vns selues eygenen willen, vnd wohlbedachten vurrade ind auch sonderlichen ran Rade ingeuen ind zoboen etzlicher vnßer maige, ind heren der eynsteils mit nameu herna beschreuen vulgt ind diesem tgenwirdigen breff zu gezeuge mit besiegelt halnt, vns beide heren van dem Berge ind van Heinsberg vorgenannt, vnd vnser beider Eruen ewiclichen zu sammen verstrickt, verlofft vnd verbunden hain, verbinden verlouen verstricken vns zusamen overmitz deßen breue mit eonem gentze errflichen vnd ewiglichen verbunde vnd eynrechtigkeite, In der masen ind manieren as van puncten herna beschreuen folgende is. Zu dem ersten so sollen wir Hertzoge von dem Berge, ind wir here van Heinsberg vorgen. ind auch vnser beide Eruen ind nakomlinge van datum dieß brieues vortan zu ewigen tagen gute getrewe genemen maeze ind frunde vnder einander syn ind bliuuen ind vnser eyner sal dem anderen van vns alzit mit gantzem trewen mynen ind syn ere vnd vordell zu allen ziden trewlichen vursetzen, ind omb engheynne sachen die geschiet sint vor dieße zit darum dießes breues, off die hernamals zu einigen ziden vpperstaen geuallen off gescheen mogen, en sal vnser engheyner des anderen Biant werden noch darweder doen. Mer so wes dat dat vnßer ein zu dem anderen off zu synen vnderseßen anzuspreichen off die mit zu schaffen han, offs peinerne gewynnen mach, dat sal vnßer vglicher vnd yre ein dem anderen van vns. vnd van yne gutlichen verbrageu ind erfolgen mit recht, dat vnßer engheyn dem anderen In engheynne wyß nit welgern sall, nach emneers zugeuen, ind zunemen, op den Stede, da lud wie sich dat geburt, as verre man die sache, darumb das bys noet geburt, anders nit männlichen verglichen ind hinlegen en kunde, des man anch In allen zyden als dat geuellet, vmb Brundtschaft vnder eyn zu behalden, ind krupt ind schaden zu verhueden zerst versoncken sal, ee ib an dat Recht kome, ind mullich van vns sal syn vnderseßen na alre syne macht darzu halden, dat sie sich mit dem Recht off ib daran gebuerde zukommen, off komen were lasen genoegen, sonder eignlche Bretschaft, off gewetliche sachen daer en bouen zu hautieren, vp dat dit geenwurdige verbundt, ind eyndrechtigkeit, ymmer gantz ind vnuerbrochen bliue perner ewillichen wal gehalden wurde. Auch so en sal vnßer eyn dem anderen, nach synen

Schlo=

Schloßen Steden Landen Luden nach Wnderseßen, durch noch vyß synen Schloßen Steden noch landen, noch auch darynne, von ymeman eyngheyner kunne schaden, noch gewaldt laßen geschien mit brande mit Raub noch mit einichen anderen gewaltlichen sachen, mermallich van vns sal dat alzyt, so wanne off wae he dat weiß off gefrelichen kan trewlichen keren, lnd auch helpen keren, vnd weberstaen doen, gleicher wyße as off yme off den synen der Schade seluer gescheen gesthiet were off gescheen soulde, lnd sonderlingen so sal vnßer eyne dem andtr zu synen nolden lnd gesinnen lnd vp deß jeens van vns die des gesinnende wirt, coste winnungen lnd verlueß zu allen zlben trewellichen helpen lnd bistaen, syne lande lnd paelen zu helpen, zu beschudden lnd zu beschiermen vur alre gewalt, na alre syne macht, lnd auch weder allermallich, vlßgescheiden weder dat gestichte van Colne, lnd die ghene den wir beide heren vorgnant, semelich off vnße eyniche besunder, mit Mauschafften eiven off anderen geloffnißen jetzunt also verbunden sint, dat wirs mit eren nit doen en mogen. Mer wir noch vnßer engheim nech auch vnßer einichs Eruen eu sollen sich von diesem hutigen tagen datum dieß brieffs zu engheynen ziten, noch auch mit engheinen anderen heren stede landen, noch luden also verlouen noch verbinden, dat weder dit tghaenwirdige verbunt sy off dragen moige, lnd ditselue vnße samen verbunt enwerde allezyt vyßgescheiden, also dat vnßer enghein noch syne Erffen off nakomling verlouen noch verbinden, dat weder dit tgaenwirdige verbunt sy off bragen moege, lnd ditselue vnße sament verbunt enwerde alzyt vßgescheiden also dat vnser engheyn noch syne Eruen off nakomlinge, tgen den anderen van vns noch genn syne eruen, off nakomlinge Schloße Stede Lande, noch Lude, die wir off sy nu hain off hernamals kriegen mogen vnmer nimmermehe nit dun en sollen, noch van vnßer einichs wegen en sullen don toyn noch gescheen laßen in eynicher wyße. Doch sollen lnd mogen wir vorg. Hertzog van dem Berge vnd here van Heynßberg semelich lnd vnßer yglich besunder dem hochgebornen Fursten Herrn Reinalde Hertzuge zu Guylge, lnd zu Gelre, lnd Greuen zu Zutphen vnßme lieuen gemynden Oemen lnd gnedigen heren alzit allet dat doen lnd halden dat wir off vnßer einich Jme vor datum dieß breues gelofft lnd verbrieft han, off auch schuldig moegen sin zu doen. Vnd wir Hertzuge von dem Berge vorgenant, sollen dem hochgebornen Fursten heren Anthonis Hertzogen ze Brabandt lnd zu Lynburg vnßine lieue heren lnd Neuen allet dat mogen doen, dat wir yme vur datum dieß brieues gelofft lnd verbrieft haint, lnd schuldig sin, beßeluen gliches soelen wir here van Heinßberg vorg. demseluen vnßmen gnedigen heren van Brabandt vorg. auch alwege

moe-

der Herren von Heinsberg.

moegen boen, as ime vnßme here der Hertzuge van dem Berge vorgnant, also es vorgemelt is gelosfft ind verbriefft hait, ind auch nit vurder ind alles vnuerbrochen diß tgenwirdigen verbuyts. Vnßer engheyn van vns Hertzugen van dem Berge, ind heren van Heinßberg vorg. en sal auch dem anderen van vns van des verbundts wegen nit scheblich syn zu helpen weder den erwirdigen Heren ind Vader in Gott Hern Werner Ertzbischoff zu Triere vnßen lieuen heren. Vortme so en sal vnser eyn noch syne eruen noch nakomlinge in des anderen van vns off syne Eruen off nakomlinge landen die wir off vnßer etlich uu han off hernamals gewinnen mogen, von nu vort an entgeheiner kunne landt Schloße Eruen Renten noch gulten gelden noch an sich weruen, off nemen, noch auch einiche Schloße off vestingen machen noch begreiffen it en sei mit gutem willen des gheens van vns vnder dat gelegen were. Auch me so en sall vnser engheyn noch auch vnser etnichs Eruen, off nakomlinge, numerme nae einigen landen Schloßen Ampten noch Pfandtschafften die dem anderen van vns off synen Eruen off nakomlingen beuolen off verpandt weren noch auch na synen na yren erffzalen die yre einich nu hat off hernamals gewinnen mag, off auch vp einichen van vns off van yne ersteruen vallen off komen mogen, gestaen noch geweruen noch yne off sy dae an troeben noch hinderen noch auch sich deren in einicher wyß annemen, noch vnderwinden, vur der dan vnßer eyn dem anderen dit gliche anderen sins selues landes Schloßen sal helpen beschudden ind beschirmen vur brande Raube ind alre gewalt glich vorgem. is, beheltlich nulich van vns beiden Heren vorgen. vnd vnßer beider Eruen ind nakomlinge, vnser Erffzalen, ind auch loesingen an einchen Schloßen Stede Lande Lude gelden off Renten, die wir off vnser eiticher vor dieser zit versat verpfandt hain, off noch hernamals versetzen off verpfanden mogen. Jnd auch me so sollen wir beide heren van dem Berge ind van Heynsberg vorg. ind auch vnßer beider diener, Lude ind vndersatzen, mullich in des anderen van vns Stede ind lande mogen varen ind komen meren ind keren vnße ind yre sachen kauffmanschaft ind andere hentyerunge rebeliche bedriuende Zolle ind ander gewonlich gesetze off vngelt zu bezalen vnd sollen da inne verantwuirt beschellt vnd beschirmpt syn, gleich als mullich van vns in sins selues, ind die vorschriuen vnße vndersetze in Steden Schloßen ind landen yro heren dae sie vnder gesetzen weren. Vnd so wat dat vnßer ein off sine diener off vnderseßen in des anderen van vns Steden off landen zu schaffen hait, off inmerme gewinnen mach dae von sollen wir ind vnße Amptlude die dat angeboerde, ind gesinnen wuirde, nullich dem anderen van vns vnd den synen vnuerzeigen recht ind bescheidt gaistlichen geschen doen

i 2   ind

68 Urkunden zur Geschichte

Inb widderfahren laßen as dicke vnd as mangwerff as dat geboerende Inb gesonnen werde, as vorgeschrieuen is. Alle argelist Sirpel vnd behendigheit, Inb vort alle quai newe Inb alte vunde, die erdacht sint off ymer erdacht mogen werden, sint gentzlichen Inb zumale vißgescheiden in allen Inb iglichen dießen vor Inb nage‑schrieuenen vurwerben Inb puncten. Inb wir Adolff Hertzoge zo dem Berge, Inb Greue zu Rauensberg Inb Johan von Loen here zo Heinßberg Inb zo Lewenberg vorg. han vnßer ein in des anderen van vns haind in guten trewen Inb bei vnßen eren gelofft Inb versichert Inb auch maulich van vns mit vpgerechten vingeren Inb geloeff‑ten Inb gesteafften elden lifflichen zu den helligen geschworen schweren geloueu Inb sicheren maulich ver sich Inb syn Eruen alle dieße selue vur vnd nageschreuen puncten Inb vorwertten, des tgenwirdigen verbundts zo ewigen dagen veste stede, Inb vnuerbroichlich zu halden, Inb darweder nimmerme zu doen noch zu geschien laßen, ouermitz vns seluer noch nuemandt anders van vnßer eynich wegen, mit worten noch mit werken in eyncher wyße. Inb han des alles zu vrkunde gezeug‑nisse Inb bescheide maulich van vns heren vorgnant syn siegel wißentlich doen hangen an diesen brieff, der maulich dem anderen van vns einen gegeuen hat, vur vns seluer Inb vnßer beidir Eruen Inb nakomlinge Inb vor vnßer beider Inb derseluer vnßer beider Eruen Inb nakomlinge Lande lude Inb vnderseßen, die wir letzo han off hernamals krigen mogen e fflichen ewenlichen Inb immerme durende. Inb wir Johan van Loen here zo Heinsberg Inb zo Lewenberg vorg. han vnße Soene, die wir nu hain mit nahmen Johan vnßen elsten Seen, Wilhelm vnßen nagebornen Sone Greuen zo Blanckenhelm, Inb Johan vnßen iungsten Soen, Probst der Kirchen von Aichen Inb dom Tricht, wand dieselue vnse Seene alle zu ihren mundigen tagen kommen sint, dit gemwirdige verbundt mit vns doen glouen Inb beschweren, Inb auch besiegelen. Dat wir Johan van Loen elste Sohn zu Heinsberg, Wilhelm van Loen Greue zu Blankenhelm Inb Johan van Loen, Probst zu Aichen Inb zu Tricht gebroder vurg. allet bekennen waret syn, Inb han mit vnßem wolbedachten vurrade gelofft gesichert, vnße heude vp diesen tgaen‑wirdigen breff geladcht Inb auch mit vpgerechten vingeren, Inb gestaeffden elden lifflichen zo den helligen geschworen, sicheren glouen Inb schweren, mit machte desseluen breffs alle Inb legliche vur Inb nageschreuen puncten des verbundts so wie dat die vurhin Inne vp vns as Eruen vns lieuen heren Inb Waders des heren van Heinsberg Inb van Lewenberg vorg. geschreuen stehent zu ewigen dagen vaste stede Inb vnuerbroichlich zo halden, in aller der maßen voegen Inb manye‑ren dat vnße leue here Inb Vader vorg. dat gesichert, gelofft Inb gesworen hat, as

derill‑

der Herren von Heinsberg.

cierlichen vorschrieuen is, ind wir han des alles zu eynem Vrkunde ind gezeug-
niße volkomender stedicheide malllich van vns fyn sigel an diesenseluen brieff doen
hangen, vor vns ind vur vnße alre Eruen ind nakomlinge. Jnd wir Adolff Her-
tzuge zu dem Berge ind Greue zo Rauensberg han auch sonderlichen geloifft, ind
vns in diesen seluen sachen verbunden ind verbliuen vns in diesem seinen breue
mit vnßer sicherheide ind eyde vorsihr. dat wir Ruprecht vnßen lieben Soen, de
noch vnmuntig is, dat vrste, dat he zo synen mundigen tagen komen is, darzu
onderwosen, halden ind brengen soelen, dat he sich dan vnuergencklichen zo gesin-
nen vnßes leuen Neuen heren Johans van Loen, heren zo Heinsberg ind zo Le-
wenberg burg. off syner vorgescht. Soene, off yre Eruen in allen deßen seluen
sachen ind puncten burg. onermitz synen besegelten transfixbrieff durch diesen breff
zu stechen, as gewoenlich is dat doch deßen seluen breff nit krencken noch vltieren
sal, verbinden sal, ind die dan auch sicheren glouen ind schweren, vur sich ind
syne Eruen ind Nakomlinge, zu ewigen tagen veste siede ind vnuerbruchlich zo
halden, in aller der maßen forme ind manier, dat wie dat geban han ind wir
bleinne vp vns ind vp vnße Eruen ind Nakomlinge geschreuen stet. Vort so han
wir Hertzug zo dem Berge ind here zo Heinsberg vorg. sementlich gebeden den
hochgebornen Fursten heren Reynaldt Hertzogen zu Gulich ind zu Gelre, ind Gre-
uen zu Zutpheu vnsen leuen gemynden Oemen ind gnedigen here vorg. in vort
die Edele Gerhardt Soen zu Cleue ind ze der Marcke, heren Ruprecht Greuen
zo Virnenburg ind hern Johan hern zu Reifferscheidt, vnße lieue Neuen dat sie
yre siegele auch mit an deßenseluen breff haen willen doen hangen, zu gezuge
ind auch zu merer vesticheide, as bedingsinde dißer seluer sachen ind gaenwirt-
digen verbunde, dat wyr Rynalt von Gots gnaden Hertzuge zu Gulich ind zu
Gelre, Gerart Son zu Cleue ind zu der Marcke, Ruprecht Graue zo Virnen-
burg ind Johann herr zu Reifferscheidt, vorg. bekennen wair syn, ind han mal-
lich van vns syne Siegel mit an diesen breff doen ind lasen hangen, vmb bede
willen der hochgebornen ind Edelen heren Adolff Hertzugen zo dem Berge ind
Greue zo Rauensberg, ind here Johans van Loen heren zo Heinsberg ind zo Le-
wenberg vnßer leuer gemynder Neuen vnd gnedigen heren zu eyme gezeugen ind
merer vesticheide dießeluen verbundis ind sachen vorg. wan wir dat tuschen densel-
uen vnßen lieuen Neuen ind heren vorgnant han helpen baedingen raemen, vnd
euertragen in aller dermaßen dat hieuor geschrieben steit. Jnd wert sache dat diese
tgaenwirdige brieff naaß flecklich off locherlich were off wurde, off wat der siege-
len dißemseluen breff zugeschrieben, der were ein off me, nit heran gehangen were,

off

off en weren off en auch dat die Segele l,eran gehangen einche geqwabt jerbrꝛ-
chen off affgedaen wurde, so wie dat zukomen were off gekhee, so han wir alle
samen turg. verschelden, ind willen dat dat allet disen seluen brieff nit krencken
noch ergeren en sal, noch auch nit de minte macht hauen en fall, mer glichwail
sal sin ind bliuen ewichlichen ind immerme in syner gantze volkomene macht, vnd
mogen gleich es off he mit gutten gantzen Siegelen wale besiegelt were, ind eng-
heynen anderen lack . . . . en hette, aen argelist. Gegeben in den jahrn
vußers hern da man schrieff Dausent vier houdert, ind vierzehn des Godestages
vp sanct Lucien Auent der heiligen Jungfrawen.

12 Dec.

XXXVIII.

Revers Herzog Adolfs von Berg, daß Johann III, ältester Sohn
von Heinsberg, in dem Krieg wegen der zwiespaltigen Köllni-
schen Erzbischofs-Wahl es mit der Mörsischen Partei
halten dörfe. Gegeben am St. Lucien Abend
der H. Jungfrauen 1414.

(ad §. XXXVI.)

Wir Adolff von Gots gnaden Herzouge ze dem Berge, ind Greue zo Rauens-
berg vur vns ind vuße Eruen ind Nakomlinge, doen kunt dat also vnd wiewale
dat der Edele Johan ven Loen elste Son zo Heinsberg vnße lieue Neue sich mit
vußme leuen Neuen heren zo Heinsberg ind van Lewenberg syme Vader ind auch
mit synen bruderen erfflichen ind ewiglichen zu vns vnd zu vnsen Eruen ind Na-
komlingen verbunden hat glich as die verbuntbreue, die tuschen vns vnd yne hu-
dys tages vp datum dies breues daryp ouergegeuen sint, dat mit vil anderen
puncten vnd vurwerden dainne begriffen clarlichen innehaldent vnd vyßwyßende
sint. So bekennen wir doch vor vns vnd vur vnße Eruen vorg. ind Nakomlinge
dat in dem vorgeschr. verbunde mit sonderlichen vurwerden ouerdragen ind ver-
schelden is, mit vnßen wißen willen ind verkenckniffe, vmb want der vorgeschr.
Johan elste Soen zu Heinsberg dochter here Friederichs Greuen zu Moerse ind he-
ren zu Baer, die Suester is hern Dietherichs von Moerse, der sich des gestichts
van Colne vnderwindt, zu wyue hat, so mag derselue vnße Neue Johan elste
Son bei den Moerschen bliuen ind iunen bistaen ind helpen, broyle dat die zwy-
bracht

bracht vmb des gestichts willen van Colne, die nu vpperstanden is, weren sal
ind auch nit lenger mer in allen anderen sachen, die an die zwydracht des gestichts
van Colne vorg. nit antreffendt, darzu sal der vorg. Johan van Loen elste Soen
zu Heinßberg vnße Neue nu ind alleweg verbunden sin ind bliuen die volnkomeut-
lichen zu halden, na inehalden der verbuntbreue vorg. auftgescheiden elle argelist.
Dis zu Vrkunde ind stedicheide han wir Adoulff Hertzoug zo dem Berge ind
Graue zo Rauenßberg vorg. vnße Siegel vor vns ind vnße Eruen ind Nakom-
linge doen hangen an diesen brieff. Gegeben in den jahren vnßers heren dausent
vier hondert ind vierzehn des Goedesdags vp sanct Lucien Auent der heiligen   12 Dec.
Jungfrawen.

XXXIX.

Vergleich Herzog Adolfs von Berg und Johanns II von Loen, Herrn zu Heinsberg, wegen der künftigen Erbschaft des Herzogs Reinald von Gülch und Geldern dat.
1 April 1420.

(ad §. XXX.)

In dieser maessen is gebadingt ind oeuerkomen Gode zer eren in syner gebenedi-
der Moder in den landen ind luden herna geschr. zu rasten ind zu vreden tusschen
vnserm gnedigen heren dem hoigeboren Dursten heren Adoulff Hertzougen zom
Berge ꝛc. ind synen eruen vp eyne syde, Ind deme Edelen heren Johannen van
Loen heren zu Heynsberg, ind sinen eruen vp die ander syde, also dat beyde vnse
heren burß. luterlich ind gruntlich gescheiden syn sullen, ind gescheiden synt vur
sich ind yre Eruen vmb die lande lude Slosse ind Stede mit yren zugehoren ind
yngehoren, ind vort vmb die gereide haue as der hogeboren Jurste here Reynoult
Hertzouge zu Gulge ꝛc. na syme dode achter laest, Ind vnser Srawen van Gullge
syne ellge huysframe van yrs Wedoms wegen ouch achter laest, as mit namen
mit dem lande van Gullge ind allen synen zugehoren, Ind vort mit deme lande
van Gelren ind anderen landen mit yren zubehoren, so wie die vnse here van
Gullge vp datum dis brieffs heit, off namals erkrygen mag sunder argelist in
dieser wys as herna geschreuen stelt. Dat is zo wissen dat vnse here van deme
Berge vur sich ind syne eruen na bode syns Oemen ind syner Suster Hertzougen
ind

ind Hertzouginnen van Guilge sal zo voerentz an hauen dat Sloff ind Stat Randenroyde, ind dairzo uyff syme zobehore des jairs IIIc Ronsche gulden geldes dat Sloff durff. damit uyzuhalden. Ind dar entgain sal unse here van Heinßberg vur sich ind syne eruen hauen dat Sloff ind lant van Borne ind Sytart mit yrem zubehoire niet vißgescheiden, vort alle andere Sloffe Stede Lande ind Lude rente ind gulde vykominge ind vernalle gereit ind ungereit as unse here van Guilge na syme bode achten laest, ind ouch unse Brauwe van Guilge van yres Wedoms wegen achten laest, off wat unse here van deme Berge, ind unse here van Heinsberg der me erkrygen kunden daran sal unße here van deme Berge ind syne eruen drudeil hauen ind unse here van Heynsberg ind syne eruen den vierden deil, ind sullen die also in gemeinschafft besitzen hauen ind halden, ind daroeuer Vorchfreden ind scheidebrieue under sich laiffen zo machen in der befter formen damit dat sy ind yre eruen zo beiden syden vast ind wail verwart syn funder argelift. Vort is beredt ind gedadingt so wat sich der durß. Sloffe ind lande van Leens wegen geburden zo entfangen na bode uyff heren van Guilge dat die unse here van deme Berge alleine infangen sall in syn ind synd Neuen behueff van Heynsberg, ind yrer eruen durß. Ind en were dan etzlich dat yme wederstoende damit dat he niet beleent en kunde werden so moechte unse here van Heynsberg off he die gunst kriege die in fangen ouch ind uns heren van deme Berge ind in syn behoiff ind yrer eruen durß. funder argelift mallich doch na syme andeil as durß. stelt. Vort were sache dat na bode uns heren van Guilge durß. den durß. unffen heren van deme Berge ind van Heynßberg off yren eruen eynig wederstant geschege, as die durß. Sloffe Stede Lande ind Lude vnzouemen ind zo eikrygen, darzu sal yrer eyn deme anderen mit lyue ind gude, mit landen ind mit luden ind mit voller macht trumelich ind ernstlich helpen ind bystendich syn die Sloffe Stede Lande ind Lude durß. yn zo krigen ind zo bekrechtigen, ind off yrer eynich darom eynich gelt omb hulpe ind treest vyßgaue off enrech gelocffte off eynicher koft darom bede dat allet mit yrer beyder wyst geschien sall, so seulde unße here van deme Berge off syne eruen daran dry fenninck schuldig syn urßyngeuen ind unse here van Heynsberg off syne eruen den vierden penninck. Vort were sache dat unße heren van deme Berge ind van Heynßberg durß. vernemen nu vortan dat der Sloffe Stede ind Lande rurß. eynich verfat verlaufft off in andere hende gewant wurden damit dat sy ind yre eruen der enterfft moechten werden so seulde yrer eyn deme anderen deme trumelich mit voller macht helpen zo wederstain, ind dat werer ren na aller yrer macht dat des niet en geschege, also dat sy ind yre eruen by yrein erue bleuen. Vort so wat leene wederomb geburden zu yntfangen die an die burß. Lande ind Slosse trleffen die sullen unsem heren van deme Berge eyde ind geleuffde doen in behoeff duß heren van deme Berge ind unß heren van Heynsberg ind yrer eruen burß. sunder argelist. Vort so wat lene sich vyßzeburden zo geuen ind schoult die sy bezalen moesten van leenen off andere schoult als van der burß. lande wegen da sall unse here van deme Berge off syne eruen dry penuinck ulsgeuen ind unse here van Heynsberg off sone eruen den veirden penninck sunder argelist. Ouch is beredt want unse here van Guilge gesoicht hat unsse heren van deme Berge ind van Heynsberg zo scheyden off he dat dede, so wie he sy dan scheit off deyt verbrieuen die briene ind scheydonge en sollen geyne macht noch moge hauen mer diese scheybonge sall in yrer vollkomener macht blyuen ind gehalden werden sunder argelist. Ouch is gedadingt wanne unsß heren Son van deme Berge zu synen mundigen dagen keempt, so sall he alsulche heufftbrieue als vyffer dieser Notulen geburent zo machen mit besiegelen belleuen ind besweren gelycher wys als die burß. heren gedaint haint die vast stede ind onuerbruchlich zu halden. Ouch sullen uns heren Son van Heynsberg die burß. heufftbrieue zerstunt as sy gemacht synt mit yren siegelen belleuen ind besweren in al der maessen as unse heren van deme Berge ind van Heynsberg gedain hauent, also dat sy die ouch vast ind stede halden willen vur sich ind yre eruen sunder argelist. Vort so sal man vysser dieser Notulen brieue in der bester formen die man erdencken mach maghen damit dat beide unsse heren burgenant ind yre eruen vast ind walle verwairt syn, ind sulche brieue burß. sall yrer eyn deme anderen tuschen dit ind deme Sondage na Palsschen Quasimodogeniti naest kompt geuen besweren ind vollenden sunder argelist. Hiermit sullen beyde unsse heren van deme Berge ind van Heynsberch vur sich ind yre eruen luterlich gescheiden syn van den burgen. landen Elossen ind Steden wie burg. stelt, ind yrer eyn sall des anderen ere ind beste as billig is vortan vurkeren ind proeuen na malllichs macht sunder argelist. Diese Puncten so wie die hievur geschreuen stelnt, helt vnße here van deme Berge vur sich ind syne eruen, ind vnsse here van Heynsberg vur sich ind syne eruen yrer eyn dem anderen in guden vasten steden trumen gesichert ind geloefft, ind mit vygerechten vyngeren ind gestaeffden lysstlich oeuer die hilligen geswooren die vast stede ind vnuerbruchlich zu halden ind dairweder niet zo doin, zu komen noch zu vlaben in eynicherley wys sunder alle argelist. Ind des zu gezuge der wairheit ind ganzer vaster stedicheit, so hauen beyde heren van deme Berge ind van Heynsberg

ℓ vur

bur ſich ind yre ernen mallich van yn ſyn ſegel an dieſe Notule bolu drucken des wir Herhouge zum Berge ind Johan van Lone here zo Heynsberg bekennen onder onſſen Segelen dat dat wair is ind alſo geſchiet ind gedabingt is. Ind wir Richart Hurte van Schoneck Ritter ind Ailbert Zobbo Proiſt zo Duſſeldorp van onſſ heren wegen van deme Berge, ind Frambach van Birgel, ind Rolman damme Geyſbuſch van ons heren wegen van Heynſberg as dabinckelube want wir hie ouer ind an geweſt ſyn ind dat hain helpen dabingen, ſo bauen wir daromb zo beden der vurſſ. ons heren mallich van onſſ ſyn ſegel zo eyme gezuige der walrheit by der vurſſ. onſſer heren ſegel gedruckt. Datum anno Domini milleſimo quadringenteſimo XXo prima die menſis Aprilis.

1 Apr.

XL.

Kaufbrief über die Herrſchaft Lymberg, welche Johann II von Loen Herr zu Heinsberg von Herrn Arnd von Stein gekauft hat. dat. des zeenden dags im Februario 1423.

(ad §. XXXII.)

Jo ſy zo wiſſen, dat der hogeboren her Johan van Loen here zo Heynsberg zo Lewenberg ind zo Genepe an eyne ſyde, ind her Arnt van Steyne Ritter an die ander ſyde ouermitz vrer beyder Vrunde hube op beſen dach datum dis brieffs gentzlichen ind mynlichen geſcheiden geſlicht ind ouerkomen ſyn vur ſich ind yre eruen zo ewigen dagen as van deme Sloff lande luden ind herlichheit zo Lymberg mit allen yren rechten ind zubehoire niet bairan viszgeſcheiden in volgen ind mit vurwerden as herna geſchreuen volgt, dat is zo wiſſen dat der vurſſ. her Arnt dat vurſſ. huys zo Lymberg nu vort an ſyn leuenland ſelue bewonen, ind truwelichen verwaren ſal des in geynerwys zo beſweren noch myme genedigen heren van Heynsberg off ſynen eruen nyet zo ontſerren id en ſy dan mit yren conſente wiſt ind gugen willen, ind derſelue her Arnt ſal ouch alle guide rente ind verdall zo den vurgenanten huyſe ind herlichheit gehorende opheuen ind opboeren in ſyn ind myns gnedigen heren van Heynsberg ind ſyner eruen behouff bis zo myns heren van Heynsberg ſyner eruen off heren Arnt wederſagen, ind her Arnt ſal ouch myme

heren

der Herren von Heinsberg. 75

heren van Heynsberg off synen eruen alle jairs bairaff gude rechenschaff doen, beheltniffe malllich syns andsills, bairan nyemant den anderen kroeden noch yrren en sal vmb geyner sachen wille die geschiet synt off hernamals geschien moichten in eyniger wys, want myn here van Heynsberg ind syne eruen ind der vurß. her Arnt syn leuenlanck die vurß. Sloff lant lude ind herlicheit mit deme gerichte hoghe ind neder mit pechten mit zynsen mit ackerlande, mit hoynieren, mit weyden, mit beden mit schetzongen, ind vort mit allen vervalle ind zubehoere die dairzo gehorent off bairaff quemen sementlich hauen ind der gebruichen sullen mallich halff ind halff. Ind sollen ouch Scholtis Scheffen ind bolden samen hauen setzen ind entsetzen zo v:er beyder behouff, wilche Scholtis Scheffen boiden mit den luden ind ondersaissen in der herlicheit vurß. mynne genedigen heren van Heynsberg ind synen eruen as erffheren ind heren Arnt vurß. as eyne lyffzuchter hulde ind eyde doen sollen as ducke ind manchwerff as sich des noit geburde sonder argeliß. Were ouch sache dat die kirche zo Loniberg geuiele zo geuen die sollen myn here van Heynsberg off syne eruen, ind her Arnt vurß. sementlich geuen. Ouch sal myn here van Heynsberg off syne eruen deme vurß. heren Arnd alle jairs dat vurß. huys ind herlicheit zo verwaren geuen ind walle bezailen vur eyn voyder wyns dat he yme geuen soulde XXV Rynsche gulden, wilche XXV Rynsche gulden her Arnt vursagt syn leuenlanck selue heuen ind bueren sal an den burgernauten gulden ind renten off an dem ghiene deme dat van myns heren wegen van Heynsberg off syner eruen beuolen were as an myns heren van Heynsberg ind syner eruen anderyle. Ind so wat an deme vurß. huse zo machen off zo stoppen were dat eyn man binnen zwein off dryn tagen gemachen off gestoppen kunde dat sal her Arnt alleyne doen machen vp synen cost ind lone myne heren van Heynsberg noch synen eruen daraff nuet zo rechenen, ind so wat zu machen were dat eyn man binnen vier off funff dagen gemachen kunde dat sal her Arnt doen machen vp syne cost, ind myn here van Heynsberg off syne erffen solen den lone bezalen, wat bouen vier off funff dage an deme vurß. huse van noitburve geburde zo machen dat solen myn here van Heynsberg ind syne eruen allein doen doyn vp yren cost ind schaden so dat her Arnt des gheynen schaden en haue. Were ouch sache dat Got vur sy dat myn genedige here van Heynsberg off syne eruen hernamals zo veeden quemen so mogen sy sich viß ind van dem Sloße ind herlicheit vurß. tzayn allermallich behelffen doch also dat her Arnt des gheynen schaden en haue noch en lyde ind wurde vmb der veeden off eyniger auderen veeden wille die

myn

mijn here van Heynsberg off syne eruen hetten dat burg. huyß ind herlicheit mit
prem zubehoere gebrant off gewoest so dat her Arnt burß. syns andells van dem
gulden ind renten burß. damit ongebrupchlich gemacht wurde ind achterstedig ble-
ue, so solen yme myn here van Heynsberg off syne eruen darvur doen ind bewy-
sen an anderen guten renten so wal zwen van myns heren Wrunden van Heyns-
berg ind yren van heren Arntz Wrunden jementlich ducht dat her Arnt vur syn
andeil burß. hauen soulde ind van anderen vurlebenen jaeren gehaedt hette ayne
argelist. Ind wanne dan die burß. gulden ind renten wederomb zu komen we-
ren so solden alle puncten dis brieffs burß. in aller prer macht stain ind blyuen
as sy hudistags staynt. Wort solen myn genedige here van Heynsberg ind syne
eruen den burß. heren Arnt verantwerden ind beschirmen vur alremallich as vur
pren man ind diener. Ind were sache dat her Arnt mit pemant hernamalls zo
schaffen off zo badyngen hedde, id were zo geuen off zo nemen des sal he eren
ind rechtz blyuen by mynem genedigen heren van Heynsberg ind synem Raide
off by synen eruen ind prem Raide, Ind queme he darenbouen mit deme he
also zo schaffen off zo dadingen hette zo veeden, so sal he sich van ind vß
den burß. huse ind herlicheit tgain den mit deme he also zo veeden komen were
molgen behelffen, Ind off myn genedige here van Heynsberg off syne eruen van
der vurgenanten heren Arntz veeden eynigen schaden kregen off leden in eyniger wys
darumb en solen myn here van Heynsberg noch syne eruen nyet krceden noch be-
zallonge daruan heisschen in geyniger wys sonder alle argelist. Ouch sal Her
Arnt vnrß. myme genedigen heren van Heynsberg off synen eruen zytz genoich
kont doen eynicheß noitburues des zo deme vurgenanten huse ind Glosse noit ge-
burde, ind derselue her Arnt sal myme heren van Heynsberg ind synen eruen
vur sich in syne eruen brieue ind sigele geuen dat he syn leuenlanck an den burß.
Closse ind herlicheit sitzen ind bauen solle in massen as burß. steit, ind dat he die
burß. Sloß ind herlicheit mit allen pren rechten ind zubehoeren wie die gelegen
synt niet vairan vßgescheiden vor sich ind syne eruen na synem dot myme genedi-
gen heren van Heynsberg ind synen erffen erfflich ind vmberme gegeuen vpgedra-
gen ind darup verziehen hait sonder argelist. Ouch ist gedadingt dat her Arnt
burß. myme genedigen heren van Heynsberg off synen eruen vp cost myns genedi-
gen heren van Heynsberg off syner eruen dieser erfvyncgen genoich doen sal vur de-
me leenheren ind vort an allen orden dair sich des noit geburde. Wort is geda-
dingt weret sache dat myn here van Heynsberg off syne eruen hernamals an dat

Sloff

der Herren von Heinsberg.

Sloff ind herlicheit zo Steyne quemen so sollen sy heren Arnt vursz. alsulge gulden bezalen as he alda jairlichs geldende hat na vyswysonge syner brieuen darup sprechende. Were ouch sache dat myn here van Heynsberg ind syne eruen daeraen nyet en quemen so solen sy doch deme vursz. heren Arnt behulplich ind bystendlich syn die vursz. gulde na ynnehalt syner brieuen zo krygen as eyn here syme manne ind diener van recht schuldig is zo doen. Were auer sache dat myn here van Heynsberg die vursz. Slosz ind herlicheit zo Steyne he off syne eruen hernamals yune hette, ind die verkouffen versetzen off beswaren woulden dat solen ind mogen sy doen beheltnisse heren Arnd vursz. daeraen syner gulden na vyswysonge syner brieuen ind anders in geyner wys, heroff sal man brieue machen zo beyden syden in der bester formen damit dat mallich verwart sy, ind alsulche brieue as myn genedige here van Heynsberg heren Arnd gifft die solen myns heren Sohne mit namen myn here van Lutze, Johan von Loen eldste Son zo Heynsberg ind Wilhelm van Loen Greue zo Blankenhelm mit besegelen, darinne myn here van Heynsberg ind syne Sone kennen solen ind geloven in guden truwen ind in rechter eydzstat vur sich ind vre eruen alle vursz. sachen geschiet zo syn mit vrem willen, ind die ouch vaste ind stede zo halden as verre sy die antreffen nu off hernamals, ind dieselue brieue sullen zur konden mit besegelen manne van leene myns genedigen heren van Heynsberg mit namen her Godart van dem Bongart, Dieter van Lieck, ind Bernt van Weuorden genant Busner, ind alsulge brieue as her Arnt myme lieuen heren van Heynsberg geuen sal die sal he besegelen ind mit geloven in guder truwen ind in rechter eidzstat vur sich ind vur syne eruen alle puncten darinne begriffen yn ind syne eruen antreffende vast stede ind onuerbruchlichen zo halden, ind he sal vort bidden die brieue mit ym zor konden zo besegelen manne myns genedigen heren van Heynsberg mit namen Henrich van Welkenhusen, Steuen van Lieck ind Diederich van Vphem. Alle vursz. sachen hauen wir here zo Hennsberg ind Arnt van Steyne Ritter vursz. mallich anderen vur vns ind vnse eruen zugesagt ind geloifft in guden truwen ind in rechter eidzstat vast stede ind onnerbruchlichen zo halden ind zo voluoeren in alre voegen as vurgeschrenen steit, sonder alle argelist. Vrkunde vnser beyder Siegele her beneden vpgedruckt da her Godart samme Bongart ind Bernt van Weuorden vursz. ouch vre Sigele zor konden as dadingsslude vpgedruckt haint int jaer vnsz heren M. CCCC ind dry ind zwentzich des zeenden dags im Februario.

10 Febr.

XLI.

XLI.

Theilung und Entſcheid zwiſchen den Heinsbergiſchen Gebrüderen Johann III und Wilhelm I dat. 18 Febr. 1424.

(ad §. XXXV.)

Wir Johan van Loen here zo Gulich zo Heinsberg ind zo Lewenberg. Doen kunt allen den gheuen die dieſen brieff ſollen ſien off horen leſen, ind bekennen dat wir in ere Gotz van himmelrich ind Maria ſyner lieuen Moider, ind vmb zwiſt zwelonge ind vneindrechtlichkeit zo verhueden die geſchien ind vperſtaln molchten tuſchen den Edelen vnſen geminden lieuen Soenen Johannen eldſten Sone zu Heinsberg ind Wilhem Greuen zo Blankenheim, dieſelue vnſe lieue Soene ind pre Eruen zen ewigen dagen gentzlichen ind gutlichen geſcheiden verſtrickt ind vereiniget hauen in dieſer fuegen herna geſchrieuen, dat is zo wiſſen. Zum perſten. Want wir alleſ bereit ſyn mueſſen wanne Got ouer vns gebuit, wert dan ſache dat wir auegiengen, dat Got doch lang verhuten wolle, ſo ſal vns eldſte Sone ind ſine Eruen vurſchr. hauen ind behalden alſulchen deile as vns van dolde des hogebornen Furſten heren Reynalds Hertzogen zu Gulich ind zu Gelre vp vns lieuen heren, dem Got genade, imme Lande van Gulich anerſtoruen is, ind auch alſulchen deil as vns na dolde der hogebornen Surſtinnen Hertzoginnen van Gulich ind van Gelre ꝛc. vnſer lieuer Frauwen auch im Lande van Gulich anerfallen ſal ind dat Sloſſe Heinsberg ind Eliſhem mit allen pren zubehoiren. Item vnſe Son der Greue van Blankenheim vurſchr. ind ſyne Eruen ſollen hauen Lewenberg mit dem Lande van Lewenberg, ind vnſe beyle zo Blankenberg, ind dat Sloſſ Dailenbroch mit ſome zubehoire, ind mit den Tollen vp der Maſen, ind alſulche gulde as vns anerſtoruen is in dem Lande van Gulich van wegen vnſer Moider ſeliger gedacht ſal he ind ſyn Eruen hauen, ind wat der gulden verſat were molgen he ind ſyn Eruen loeſen. Item Gnepe ind die Lee, dat der vorgenant vnſer Sone Moider guet was, ind dat wir auch ſeder darzo alda gegolden ind beleent hauen darane ſollen dieſe zweene vnſe Soene ind pre Eruen gemeyne ſitzen ongedeilt. Item eyniche ſcholt die wir vor datum vns wyſſō wedemsbrieff ſchuldich weren off vp Sloſſen verſchrieuen hetten, die ſoelen vnſe Soene vurſchr. ind pre Eruen ſementlich dragen ind bezalen. Item ſo ſal vnſe wyff by prem wedem

bljuen

Ithuen na dißußonge yres wedemßbrieues, ind off sy affginge sonder wyflich elige geburt van uns beyden geschaffen richter zo laiffen, so follent die Cloffe guede ind renten ind iglich van den Cloffen gueden ind renten as sy vellich werdent wieder an beyde unße Soene vorgeschr. ind yre Eruen vallen, ind die foelen sy sementlich besitzen ind gelich teilen doch beheltlich dem Eirwirdigen in Gode unßerm lieuen heren ind Eone bischoff van Lutige syner zoichte an Millen Gangelt ind Vuycht also as dat vor verdadingt is, mit underscheid dat he diese Cloffe gebruichen fal also lange als hie bischoff zo Lnytge is in der maiffen as hne dat verbrifft is, ind querme he an ein ander gestichte so follen dieselue Cloffe an beyde unße Soene vurschr. ind yre Eruen vallen, ind sy foelen die fementlich besitzen. Item alsulche anspraichen ind vorderungen as wir hauen van Franckreich Engelandt, van Blanderen van Brabant ind van Holant as op dat Lant van Varue follen sy ind yre Eruen glych in vorderen ind beylen. Item alsulchen geltleene as wir hauen van Brabant van Beyeren, ind van Maynize die follen sy ind yre Eruen glych vorderen ind beylen. Item eyniche ander guede gulde ind renten, die wir Johan here zo Gulich vurschr. thunt hauent off hernamails krygen moigen die in deme vurgen. unßes wyffs wedemßbrieff noch auch in diesem Scheidbrieue nit verschrieuen noch gerurt fint, die foelen wir den vorgen. unfen Soenen Johan ind Wilhem ind yren Eruen beylen ind berwysen so wie uns des genoege, behelitlich doch uns dat wir der guede gulde ind renten na unßerem willen vor unße ind unßer alder Seelen in die Gotz ere ind redlicheit keren ind geuen moigen. Ind wir Johan van Loen here zo Gulich vurß. geloiffen by unßer eren ind kirßlicher truwen dat wir diese vurschr. scheydonge nit minneren, noch veranderen en follen fonder kenlige lyffenot huyffen wiste ind willen der vurschr. vnßer zweyer Soene Johans ind Wilhems, Ind hauen yne vort beuolen by den truwen die sy uns as yrme Valder ind maillich anderen van yn schuldich syn, dat sy diese vntgaewirdige Scheydonge vast stede ind vnuerbrochlich halden alle argeliest ind firpel, qualde behendicheit ruwe ind alde boefe funde in alle behelpe ind befchutniffe beyde geiftlichs ind werentlichs rechts ind gerichts, ind alle die fachen die tgaen eynich punte des brieffs syn off geschien moichten, in eyniger wys in allen ind iglichen punten difselven brieffs gentzlichen ind allinclichen vißgescheiden. Ind diß zu orkunt ind kenntniffe der wairheit hauen wir Johan van Loen Here zo Gulich zo Heinsberg ind zo Lewenberg vurschr. unße Ingefiegel vor uns unße Eruen ind Nakomelinge an diesen brieff doen hangen. Ind wir Johan ind Wilhem gebruder vurschr. kennen ind belieuen diese vurschr. scheidonge, ind hauen auch geloifft

by vnßer kirstlicher truwen ind vp dat heilige Sacrament mit gestaiffden Eyden
lyfflichen zo den heiligen gesworen, ind sweren ouermitz diesen brieue, ind geloiffen
dese selue scheidonge mallich dem anderen van vns vur vns ind vnße Eruen vast
stede ind vnuerbroichlichen zo halden zen ewigen dagen, ind darweder nit zo doin
noch laeffen geschien heymlich noch offenbaer ouermitz vnsseluen off iemantz anders
van vnsen wegen in eynicher wys. Urkunde vnser beider Siegele bei Jngesiegel
des hogeboren vnße lieue heren ind Vaders heren Johans heren zo Gulich vurschr.
auch vur vns ind vnße Eruen an diesen brieue gehangen, ouch sunder argelist
ind zo mererm gezuige hauen wir Johan here zo Gulich, ind wir Johan ind Wil-
hem gebrueder vurschr. gebeden den hogebornen Sursten heren Adolph Hertzoge
zu Gulich ind zom Berge ind Greuen zu Rauensberg vnßen lieuen ind genedigen
heren dat hi syn Siegel by die vnßen mit an diesen brieff wille doen hangen, dat
wir Adolph Hertzouge vorgeschr. kennen gern gedain hauen vmb bede willen der
Edeler vnßer lieuer Neuen heren Johans heren zo Gulich Johans eldsten Sons
zu Heynsberg ind Wilhems Greue zu Blankenheim vurschr. ind auch want vns
alle vurschr. sachen in maiffen vurschr. geschiet, kundig synt. Gegeuen int jaer
28 Febr. vns heren M. CCCC. XXIV. des XVIII dages im Maende Februarius.

XLII.

**Heurathsverschreibung zwischen Johann IV von Loen und Heins-
berg, und Johanna von Diest, Zichen und Zeelem dat.
13 Aug. 1425.**

(ad §. XXXVII.)

Wir Johan von Heinsberg von Gots gnaden Bischoff zu Lutge vnd Greue zu
Loen, Johan von Loen Here zu Gulge zu Heinsberg zu Lewenberg, vnd Johan
von Loen oudste Sohn zu Heinsberg als hylichsluide van wegen Johans von
Loen des jungsten Sohn myns Johan von Loen oudste Sohn zu Heinsberg vur-
schr. van der einer syten, vnd Thomas her zu Diest vnd zu Zichen, vnd zu Zeelem,
Burggraue van Antwerpen, und Heynrich van Diest her zu Kluieren vnd zu Ru-
men als heilichsluide van wegen Johannen dochter Johans Wylne Sohns myns
Thomas here zu Diest vurschr. dem Got gnade van der ander selbten. Doen
kont ende kunlich allen luden, die diesen brieff sollen sehn off hoeren lesen, dat

wir

wir zu der eeren Gots nutz ind vrbar an beiden selbten angesehen mit wailbedachtem raide vns selffs ind vnßer lieuer mage, vnd frunde ind sonderlichen der hochgeborner Furstinnen frawen Marien Hertzoginnen van Gulich end van Gelre, Grefin von Zutphen ins Frawe van Arschot vnßer lieuer gemynder Frawen dese nageschreuen heylichs vorwarden ind bedinge angehauen, ind auch geslossen syndt, zu eynem wyßelichen vnd goblichen hylich tuschen den Edlen Johan von Loyn myn jungste Son zu Heinsberg vorschr. vnd Johanna van Dieſt in der manyren ind maßen als herua geschriewen folgt. Also dat Johan von Loyn der jungster vorschr. hauen sal Johannen dochter zu Dieſt vorgenant zu einren rechten, wißenlichen vnd ehelichen Wyue ind geſellinnen, end sal darmede hain zu rechter medegauen end Brutschatz, alsolche Schloße Stede, Lande, Lude ind herlicheit na bode myns Thomas here zu Dieſt vorschr. als ich vp den tag van heude datum dieses brieffs haltende end besitzende bin, mit nahmen, end ten ersten, die Statt end herrlicheit van Dieſt. Item dat Landt van Buißen Dieſt mit den dorperen zu wißen Schaffenen Assent ea die helffte van Webbiekeyn. Item dat Landt van Sellem. Item die Burggraffschafft van Antwerpen. Item dat Schloß vnd Statt von Ilchem mit den dorperen die darzu gehoerende zu wißen Inelt, Sencte Martins Inelte, Hondert, Neweroede, Waenrode Mißtem, Beckevort, Molenbeck, und Wergbecke. Item die dorp van Merhoudt ende van Vorſt. Item die goede end rente van Inenen, dat dorp van Holede end die goede end rente van Nobefort van Willebrengen end da vmbtriut. Item den Hoff zu Herſtelen mit allen yren herlicheiten renten end tobehoeren hoe vnd neder groß vnd klein nyet dauon vißgescheiden, So wie ich Thomas here zu Dieſt vorschr. die huden dieß tags haldende ind besitzende bin. Ind auch mit hauen sal nae dot Johannen van Parwyß Moder der vurschr. Johannen von Dieſt dat Landt van Houneff mit seinen zubehoerten. Item dat huyß van den Wyher mit den goeden die dartoe behoeren vnd die dorpe van Koesen end Karthyß mit yren herrlichelden end renten in aller der maßen dat die vorgenant Johanna van Parwyß vp die zyt van nun haltende ende besitzende is, mit solchen vorwardten end ouerbrachte dat ich Thomas here zu Dieſt vorgenant myn leuenlang geroit geraiſt ind vngebrungen zo einicher deilungen end scheidungen an einichen Schloßen, Stetten, Landen, Luden vnd herlicheiten vorschr. nit daraff vißgescheiden, blyuen end fitzen sall, id en were dan sache, dat ich mit myrnen guden fryen willen Johan van Loyn ben jungsten, end Johaunen van Doeſt vurschr. it geuen of wysen wurde. Deßeluen glichs so sal Johan van Loyn der jongſte vorschr. vor syn medegaue ind rechte Brut-

ſchatz

schatz na dode fyns Vaders ind alden Vaders hauen halden end besitzen all alsolche Schloßen Steden, landen luiden ind herrlicheiten, als ind darzu fyn Vader Johan von Loyn oudste Sohn zu Heinsberg vorgenant na dode fyns Vaders in broeder Scheidungen gedeilt end gescheiden ist dat ist zu wissen mit nahmen dat Schloß Statt ind Lantt van Heinsberg mit seiner herrlicheit ende toebehoeren. Item alsolchen deile an den Landen end Hertzogthumb van. Gulich als uns Johan von Loen heren zu Guilge ind zu Heinsberg anerstoruen ende erfallen is van dode Hertzougen Reynolts van Gulge dem Gott gnade ind auch nun inhaltende ind besitzende syndt, mit nahmen die Stadt van Guilge die Stadt van Duiren, dat Schloß end Statt van Munstereiffel, die Statt van Eußkirchen, dat Schloß zu Hambach, dat Schloß Wilhelmsteyne, dat Schloß Hengbach mit allen yren herrlicheiten Amten, Renten vnd anderen yren zubehoeren. Item ind auch na dode vnßer lieuer gemynder Frawen der Hertzoginnen van Gulich, ind van Gelre vorschr. alsolchen deile, as vns ind vnßen Cruen anerstoruen sal ind erfallen, na vißwyßinge alsolchen Scheidtsbrieff, as vns lieue ind gemeinde here, van Gulich ind van dem Berg, vnd wir vndermallich anderen besiegelt gegeuen hauen, an alsolchen Schloßen Steden, landen luiden, ind herrlicheiten als die vorgenante Hertzoginne van Gulich ind van Gelre heden dieß brieffs lanehaltende vnd besitzende is, mit nahmen dat Schloß vnd Statt Mydecken, dat Schloß ende Statt Caster, dat Schloß ende Statt van des Greuenbroch, dat Schloß ende Statt Ransderadt, dat Schloß van Lynge, die Statt van Bercheym, die Statt van Gladebach, mit allen herrlicheiten, renten ind gulden, zu den vorgenanten Schloßeren Steden ind Landen gehoernde an welchen Schloßen Steden landen luiden ind herrlicheiten vorschr., mit daraff vißgescheiden wir Johan von Loyn here zu Gulge ind zu Heinsberg ind Johan van Loyn oudste Sohne zu Heinßberg vorschr. vnße leuelang geraest, gerugt ende vngedrungen zu einiger Scheidungen offe deilungen blyuen end setzen sollen. Wir en wolten dan den egenanten Johan van Loyn den jongsten end Johanna van Dieft van vnßen guden freyen willen dauon let ouergeuen of bewysen. Auch ist gevorwart dat ick Thomas here zu Dieft vorschr. myne zween naturliche Sohne besorgen ind begauen mag einen yeglichen van huen met 200 Cronen des jars erff renten, mit solchem vnderscheide, offe einiger van huen sturue sonder wißliche geburde van Ime geschaffen leuendich achter zu laten, dat alsdan des affgegangen zwei hondert Cronen erfallen vnd erstoruen sollen syn op den anderen de nech leuende, ind op syn wyßliche lyffseruen ind wurde derselue auch afflyuig sonder wyßliche geburt van yme geschaffen leuendig achter zu laßen,

der Herren von Heinsberg. 83

laßen, so sollen dan die 400 Cronen wiederumb erfallen syn vnd erstoruen an die
Herrschaft ind Ernen van Dieſt daaff sie comen weren. Auch mehr ist gevor-
wardt ind versprochen dat man die vorgenante Johan van Loyn den jongsten
vnd Johannen van Dieſt zu guder zyt beilegen ind mallich ander sal doen be-
schlaffen. Item sal man die vorgenante Johanna ind Johan zer stundt lieſen
ind setten vier Regierders mit vnderscheide van jeglichen parthelen, zweene die
welck gekoren ind genoempt synt alsdan van der syten van Heinsberg die Ehrwir-
dige Vader in Gott Bischoff zu Lutge vorschr. vnd hern Arnt van Kreyenheim herr
zu Grobbendunck, ind van der syten van Dieſt hern Henrichen van Dieſt herr
zo Ryuieren vorschr. vnd Willem van Montenacken heren zu Graſe ind zu Wy-
ler. Ind off der vier Regierders einig afflyuich offte vissendisch wurden. So
sollen dan die ander drei binnen den negsten vierzehn tagen darnae einen anderen
lieſen, ende setten van derselver syten dae die affgegangen offte vissendische van
weren. Also dicke ind mangverff als des noth geburde. Die welcke vier geko-
ren Regierders die vorgenant Johann vnd Johannen trewelich regieren lud ver-
wahren sollen, lud na dode myns Thomas here zu Dieſt vorschr. die vorschrieuen
Schloſſe, Stede, Landen Lulden ind herrlichelten innehmen ind inhauen sollen,
zu behoeff ind vrbar derselver Johann ind Johannen offte ich vor mundige dagen
der vorschr. kinder afflyuich wurde, bel also, dat die vorgenante Regierders van
den syten van Heynsberg op die vorgenante Schloſſe nit starker komen, noch syn
en sollen dan die Regierders van der syten van Dieſt, kan die van der syten van
Heinsberg, ende sie sollen mallich anderen glouen hoeren gheine aen den anderen
arch te keren, ende die kinder beste te doen, en vort zu setzen na hoere besten
synne. Sonder argelist. Behontelich alzyt den rechten monbahren die van rechts
wegen monbahr syn sollen syn recht darinn ohn argelist. Welche Regemente en-
de verwarschay dulren ende staen sal biß zu der kinderen mundigen dagen, ende
nit lenger ende alsdan sollen Ele yn die vorschr. Schloſſe, Stede, Landen, Lulden alte-
mehl der stundt ouerlieueren, sonder einige wiederrede offte argelist, ende sol-
len auch dan daraff redliche end gute Reckenschafft ind berwyß doen als sich dat ge-
burt. Auch ist geuorwardt dat man den heren van Dieſt Johan von Loyn den
jongsten vorschr. terstundt ind syn behalt senden end ouerlieueren sal. Weret auch
sacke, dat die vorschr. herr van Dieſt, vorschr. affginge ehe dan die kinder vorge-
nant mundig off bygelagt wurden alsdan sal man beyde die kinder Johan ind Jo-
hanna vorschr. den vorschr. herren Johan van Loyn her zu Gulich ind zu Heins-
berg vorgenant off Johan von Loen oudste Sohn zu Heinsberg off syns gebrecke

L 2   in in vren gewalt senden en leueren, end wurde Johan van Loyn der jongste vorschr. alsdan afflyuich ehe die vorschr. kinder moudich off bygelacht weren. So sall man terstundt sonder vertrecken die vorschr. Johanna van Diest zu Diest off zu Jochen ouerleueren, ind dauor handt spracke gebaen die Byschoff van Lutge ind syn bruder Wilhelm van Loyn Greue zu Blanckenheym dat dat also syn sal sonder argelist. Wort han wir Johan von Heinßberg Bischoff zu Luytge vnd Wilhelm von Loyn Greue zu Blankenheim vorgenant gelofft ende gelouen in guten trewen offte sache were, dat Gott verhueten wille, dat vnße lieue here ind Vader herr Johan van Loyn, vnd Johan van Loyn vnße elste bruder vorschr. afflyuich wurden, ehe die obgenante Kinder mondich vnd bygelagt weren, dat wir alsdan die vorschr. Stede, Lande, Lude ind herlichelt van Gulfge ind van Heinsberg zu vns innehmen ind halten sollen, ind die trewellich ind wail verwahren, zu behoeff der Kinder wegen vnd in die zerstundt ouergeuen wannehr sie mondich sondt, in aller der maßen als von der Mombarschafft vorschr. steit. Auch ist gevorwardt dat so wanne diese vorgenante kinder Johan ind Johanna zu ihren mondigen Jahren komen synt, dat man den Johannen von Diest vorschr. yren rechten buwarien ende wedomps besorgen vnd seker macken sal by rade der frunden an byden syten, ehe dat man sy byleget off mallich anderen sal doen beschlaffen, vnd weret sacke, dat Gott verhueten wil, dat eynich von den vorgenanten Johan vnd Johannen afflyuich werden ehe sie zu yren mondigen tagen quemen, offte bygelagt weren so sollen alle diese vorschr. puncten nit syn, vnd die ghene die dan die vorgenant Landen ind Schloßen inhaben sollen, die zerstundt ouergeben tot behoeff des ghens, dien dat mit recht tobehoeren sal. Sonder argelist. Vnd des vorschr. Synlichs zu mehrer vestichelt vnd ganzer stedichelt so haint die Amptlude Hoffmeister, Portner, Wechter, vnd Thurnknecht des Schloß von Sichen, die nu syn, hulbunge end eibe gedaen den vorgenanten vier Regierders, in vrbar ind behoeff der vorgenanten zween kinder gehorsamb vnd vnterthenig zu sein, in aller masen als vorschr. steit. Vnd deßglycken sollen auch doen Ambtleute Hoffmeister Portener Wechter end Thurnknechte desseluen Schloß van Eichem, die aldar hernamals gesatt sollen werden doen. Welcher beilich vnd alle puncten vorschr. wir belde partheien vorschr. yglick van vns so wie vp in geschreuen stet, in des anderen handt ind auch in handt der hochgeborner Surstinnen Herzoginnen van Gullich ind van Gelre vorschr. by vnßen trewen glouen, vnd an rechter eidtsstatt vast stede, ind vnuerbruchlich zu volenden, zu halden, vnd zu thun halden,

in

der Herren von Heinsberg.

inmaßen vorschr. Jnd all weret sacke, dat an dießem brieff einig Siegel gebrecke, ind dat Jemandt, die darin genoempt is, nit besiegelen en wulde, so were een off mehr dat en sal desen brieff nit vitieren, mar sal in seiner gantzer volnkomener macht syn end blyuen, glicke off hy vol siegels ware. Alle argelist newe ind alte bose funde ende behendicheit geistlich ende werentlich rechts ende gerichts in allen ind veglichen puncten dieß brieffs gentzlichen vißgescheiden. Vnd in Vrkundt der warheit vnd gantzer sedicheit alle der sachen vorschr. So hauen wir Johan Bischoff zu Lutge, Johan herr zu Gullze ind zu Heynsberg, Johan eltste Sohn zu Heinsberg, Ind Thomas herr zu Diest, vnd Henrich here zu Ronieren hullt-leute vorschr. mallich van vns son Siegel an dießen brieff doen hangen. Vnd ich Willem van Loon Greue zu Plankenheim vorschr. keune ind gloue vor mich vnd munre Eruen bei mpner glossten vorschr. alle puncten dieses brieffs vp mich geschrieuen, vast, stede, ind vnuerbruchlich zu halten. Sonder argelist. Vrkundt mynes Siegels mit an die en brieff gehangen. Jnd zu mehrer gezeugnuß ind sicherheit, So han wir hyllrinde als van der selbten wegen van Heinsberg gebeten den Ehrwirdigen Vader in Gott herren Fridrichen Ertzbischoffen zu Collen vnd Hertzog van Westphahlen den hochgebornen Fursten herren Adolff Hertzogen zu Gulich vnd zu dem Berge, Ruprecht Granen zu Virnenburg, herren Fridrichen Graue zu Moerß ind zu Sarwerden, herrn Arnt van Crewenhelm herrn zu Grobbendunk vorschr. herren Rikalt herrn zu Merode, heren Werner von Palant, herr in Breidenbent, herr Johan Schelardt van Oppendorp, her Wilhelm von Blatten, her Goeddart von dem Vongart Ritter, vnßen lieuen gemynden heren Neuen ind Vrunden, vnd wir helirinde van der selbten van Diest vorschr. hauen gebeden den hochgeborn Fursten den Hertzogen van Brabandt van Lymburg Greue van Hennezau van Hollandt ende van Selandt, de hochgeborne Furstinne Hertzoginne van Gulich ende van Gelre vorschriben den Edelen Engelbrecht Greuen zu Nassauwe here zur Lecke, vnd zu Breda, Wilhelm Greue zu Seine vnd herr zu Senct Agthenrolde, Johan herr zu Wesemalle vnd zu Thalaiß, Johan von Schonforst Burggreue zu Monioye her zu Cranenbunck, Johan herr zu Parweiß, Arnt van Hamel herr zu Elderen vnd zu Trasigniet, Henrich van Rotselar herr zu Roest, Wilhelm van Montenacken herrn zu Grase vorschr. Johan Daniel vnd Henrich von Schonhouen gebruder vnßen lieuen gnedigen herren vnd Frawen, Schwager, Neuen Ind frunden, dat sie ihre Siegelen mit an dießen brieff willen hangen. das wir vorgenant alsamen bekennen gerne gethan hauen vmb bede willen der

I 3

hyllriube vorgeschrieuen. Gegeuen int Jahr vnsers herrn dusent vier hondert funff
13 Aug. vnd zwentzig Jahre, des XIII tages im Augstmont.

XLIII.

Burg- Stadt- und Landfrieden des Herzogthums Gülch zwischen Herzog Adolf von Gülch und Berg und Johann II von Loen, Herrn zu Heinsberg. dat. 16 Apr. 1429.

(ad §. XXXI.)

Wir Adolph von Gotz genaten Hertzoge zu Gulliche, zu dem Berge ꝛc. vnd Graue zu Ravensberg, vnd Johan von Loen here zo Gullge, zo Heinsberg vnd zo Leuuenberg. Doen kunt allen vnd iglichen den ghenen die diesen brieue sollen syen lesen off hoeren gelesen werden, vnd bekennen offentlich vor vns vnd vnsse Eruen vnd Nakomelinge dat wir einen gemeinen vasten steden vnd ewigen Burg- frieden, Stedefrieden vnd Lantfrieden in guden truwen gesichert geloifft vnd ge- sworen hauen, sicheren gelouen vnd sweren lyfflichen mit vpgerecten vingeren vor vns vnsse Eruen vnd Nakomelinge zu halden in allen vnd vglichen Slossen Steden vnd Landen der Hertzogbumb vnd Lande van Gulich, die wir itzunt se- mentlichen innehauen off hernamals inkrygen, vnd as weit vnd lanck as die vor- genant Hertzouchdom vnd Lande sint vnd vmbgaint also dat in diesen vurgenant Burgfrieden Stetfrieden vnd Lantfrieden noch auch daruiß noch darinne vnser en gheine an den anderen an syn lyff noch an syn gut greiffen noch tasten en sal, noch laßen geschien in geynerley wise vmb einlcherlee sachen willen die geschiet sint off geschien moechten aen argelist. Vort sprechen wir dat engeyne van vns heren binnen den vurschr. Slossen Steden vnd Lande nyemants entbalden en sal weder den anderen van vns in geynerley wise. Mer weirt sache dat eynlcher van vns Heren besonder yemants van sonen Heren Maghen oder Frunden helffen oder in den vurschr. vnssen Slossen Steden vnd Lande von Gulich halden wolle weder yemant anders, dat mach he doin also dat derselue dem also geholffen wurde, ober die der Slosse vnd Lande also gebruichen wulde asdan diesen Burgfrieden, Stedefrieden vnd Lantfrieden geloiffen vnd schweren sal zu halden as lange der krieg wert, mit dem ghene weder den die hulffe oder inlaiße geschee. Auch spre-
chen

chen wir dat vnßer en geyne weder den dem also von eynichen von vns geholffen oder ingelaißen wurde egheyme anderen helffen, noch dißelues inlaßen en sal, noch auch da enbinnen egheyne occasiynne weder denseluen soecken aen argelist. Vort so en sal vnßer engheyne van vns heren vorschr. des anderen van vns vyende, noch auch die eynichen van vns heren enbulßen bede ind vnzesoint geroufft off syn stralssen geschind hebbe mit vpsatze oder vurrade in eynche der vorgemelten Slosse Stede off Lande voeren, noch van den sinen laßen noch doin furen in geyner wyß. Ind off idt hier enbouen geschege, wilcher van vns der dat hebbe getain off doyn, der sal yn dan zur stont, dat irste ym dat zu wißen wurt von danne duren off doen duren vnd sal derselue der also van eynchem van vns van daynne gevuert wurde off doen voeren mit syner hauen die he mit sich aldaer gebracht hebbe den dag vnd naicht da brunnen he also van danne gevoert wurde velich syn vor den anderen von vns, ind auch velicheit weberomb halden ayn allen schaden dem anderen van vns heren vorgenant da binnen zuzufuegen in eyncher wyß. Vort weirt sache dat sich eyniche rede entstunde mit yemant antreffent dat burgenant vnße Laudt van Gullge, des sullen wir heren sementlichen oder vnße Frunde van vnßen wegen euerkomen die Lande so weren vnd so beschubben, ind vnßere Srunde dairzu in koeste zu legen an die ende da dat alre bequemlichste vnd nutzste were, as iglicher van vns na syme gebure vnd anteyle in vnße Scheitsbrieuen van den vorgeschr. Landen tuschen vns gegeuen begriffen, vnd so wes von denseluen vnßen Srunden also zu were vnd zu beschobde vnßer lande vorgeschrieuen gelaicht sementlichen oder besonder gewonnen oder erwurffen wurde aen alsulchen gewynne oder erwerue sal ein iglicher van vns hauen sulchen syn dell ind gebuere as vorgeschr. is nae anzale der keste vurschr. Vnd weirt auer sache dat yemant were der were in die vurschr. vnße Lande tastende in die schedigen wurde mit gewalt off anders, dat sal ein iglicher van vns helpen keren weren ind beschuden na alre siner macht aen argelist. Vort weirt dat wir oder vnße Frunde van vnßen wegen omb die vurschr. vnße Lande zu beschubden oder den Wlanden zu schedigen eyniche heuffe von Luden zosamen voerend wurden zo vnßen Luden, die wir in vnßen keesten liggende hetten, so wes asdan von vns oder vnßen Wrunden, die vnßer iglicher in dem Welde hette erwuruen oder gewunpen wurde des sal vnßer iglicher van vns in alsulchem erwerue vnd gewinne hauen, ind deylen na anzale vnd gebuere der lude die vnßer iglicher van vns zu der zeit mit da an in dem Welde gehalt hette. Vnd desseluen glychs weirt dat wir oder vnße Wrunde in alsulcher were oder beschuttenisse der vorgenanten vnßer lande eynichen schaden

hetten

hetten ober lleben, fulchen schaden sal ein icklicher an vns var sich inb die sine hauen bragen und liden. Wer doch were sache bat wir ober vnße Vrunbe van vnsem wegen ennche Eloße ober Stede bekriechtlichben oder gewunnen an alsulchen Cloßen ober Steden mit yren zugehoerenden die also bekilechtigt ober gewunnen wurden off wir die behielten fullen wir berde heren vorgenant as lecklicker van vns hauen vnd behalben alsulche son andevle lnd gebuere as in rem vorgeschr. vnßme Scheidbrieue geschreuen stelt, it en were dan sache dat wir van diesen vorgeschr. puncten yet anders eyndrechtlichen ouerquemen lnd euns wurden. Auch so sullen vnd willen wir vnßer Ritterschafft lnd vnderfaiße vns landes von Gullye vurschr. zo rechte ind zo eren melchtig sin, Jnd weirt dat sy yemant baerenbouen in dem vorgenanten vnßme lande schedigen, ober gewalt an sy keren oder legen woulde, des sollen lnd wollen wir yn bystenblch sin, lnd sy vngeuerlich mit vnßer macht darvur beschlirmen, doch also wert dat prer eynlche mit remant bißwenblchs let zu schaeffen hette ober gewunne dat derselue dat irste an vns verfulgen sal ein vierdell jairs zuvorentz sunder argelist ee he dat zo eyndxem zogriffe ober reden kommen laeße. Wer wert auer dat eyncher van derseluen ruser Ritterschafft ober vnderfaißen sich darweder verfreuelde vnd vns dainne vngehoirsam were also dat wir synber zo eren lnd zo recht nit mechtlich son en sulten ober en kunden, denselnen so wer der auch were sollen die ander vnße Ritterschafft lnd vnderfaissen vorgenant vns helpen vnderwisen so verre dat he vns gehoiriam sy, lnd wir synber zo recht lnd zo eren melchtig sin moegen lnd sin aen geuerde. Auch nue so sollen lnd wollen wir Heren vorgenant lnd vnße Eruen lnd Naekomellnge vnße straißen lnd geleibe in dem vorgenanten Herzogbum in Lande von Gnlich vry halben schiren lnd schirmen, lnd off vns dat yemant ouerfuere ober verbreche da sullen vnßer eyn dem anderen mit gantzer macht truwlichen helpen lnd bistenblch syn ben darzo zu brengen lnd zu halden vns ein richtonge vnd kerongẹ daromb zu doin. Jnd wir lnd vnße Eruen sullen lnd willen ouch sementlich lnd besonder in den vorgeschr. vnßen Landen van Gulicbe vnße Geleyde geuen, wir lnd auch dieghene den wir dat also van rnßen wegen beuelende werden, doch also dat wir Herzoug zu Gullich vnße Eruen noch niemants van vnßen wegen vnr rns rurder dan ver dry deyl lnd wir here zo Gullich, vnße Eruen noch niemants van vnßen wegen vur vns rurder den vor ein vier deyl geleide geuen sollen. Doch wer dat geleide von vns heren vnd partyen ober van den vnßen in vurgeschr. maißen gegeuen hebbe ober geue dat sal eynbrechtlichen van vns lnd den vnßen gehalden blyuen lnd

maicht

der Herren von Heinsberg.

maicht hauen aen geuerde, ind also doch so wat daraff komen ind vallende wurt da ane sollen wir beyde heren ind partyen virschr. mallich sein anbeile hauen ind behalden na lude vnßer Scheidbebrieue ind sunder geuerde. Auch so en sal vnßer gheine van vns heren noch syne Amptlude eu sollent eghehne so wer der sy eynche vurwurde noch geleide geuen binnen diesen vorgeschr. Sloßen Steden ind Landen den hee of sy wisten der des anderen van vns heren Wiant were off buißen vede vnd vnbesoynt yn geroufft of gebrant sin straße geschindt hette, geschee it daerenbouen aen wißen ind sunder geuerde so sal asdan der ghenre van vns off sine Umbtlude die alsulche vurwerde off geleite gegeuen hebbe off hebben zor stont zo gesinnen des anderen van vns off syner Amptlude baselues alsulche vurwerde vnd geleite vpsagen, doch also b...: der ghenre dem alsulche vorwerde off geleibe vpgesacht wurde, na dem vpsagen eynen dach ind eyne nacht vort vurwerde ind geleibe hauen ind ouch halden sal aen argelist. Auch sollen vnd wollen wir Heren verschr. ind die vnße van vnßen wegen alle geboede vnd verboede die vns sament geburent zo doin in den vorgenanten Sloißen Steden vnd Lande van Gulche sementlichen doin, ober vnße eyn van vns off die syne van vnßer beider wegen doin in vnßer beyder behoeff ind beste, ind mallich zo syme anbeile ind gebuere na lude vnßer Scheidbrieue. Ind so wat redlicher geboyde ober verbode vnßer eyncher besonder ober die sine van vnßer beyder wegen also in vnßer beyder behoiff ind beste bur geboede ober verboede dat sal van dem anderen van vns also gehalden werden, ind vnveerboden blyuen aen argelist. Doch also dat vnser iglicher van vns sine geboede zo sinen noiden ind vulge gebleben mach ind vmb dienst zo syme anbeile vnd gebuere nach lude der vorgeschr. Scheidbrieue, wilche dienst doch binnen dem vorgenanten vnßem Lande von Gulich syn ind geschlen sal, doch dainne vißgescheiden heruerden ind vyßzenden reysen die vißzogeboeben ind zo vulgen zo vnßme dienste ind needen as vnßer iglicher des noit ind geburlich wirt na syme anbeile as vorgenant ist. Id en were dan sache dat yematz ouer eyncheu van vns heren vorgenant in ander eynche syne Lande mit gewait zuge, wilche van vns also cuerzugen wurde der sal macht hauen dem vorgeschr. vnßme gantzen lande van Gulich zo gebieben ind zo bibben yme batrzu zo volgen, ind yn mit gantzer macht zo beschubben aen generde. Vort so en sal vnßer eghelne von vns heren vorgenant an des anderen van vns heren knechte ind dienre an yre lyff noch gut greiffen noch tasten binnen den vurgemelten Burgfrieden, Steifrieden ind Lantfrieden, he en haue bat dan zyrst vor vnßme Lantrechte da sich dat geburt vißgedragen, Id en were dan sache dat yemant he were wer he were sulche mißdait

ober

oder vbeſbalt begangen ober gebaen hette die an dat lyue treff, den moigen ind
ſollen wir ind die vnße ſementlichen ober beſonder anverdigen ind halden bis an dat
rechte ober vp vnßer beyder gnade. Were ouch ſach dat vnß knechte ober diener
eyn off me in den durgenanten vnßen burgen zweyende wurden, ib were mit den
worden off mit den wercken, dat ſal der verbrechende dem anderen vnd auch vns
Heren dryvelbich beſſeren ind bueſſen nae leuffe ind gewaende des Lantrechten dae
die geſchichte geſchiet weren, ind dae en ſullen wir noch die vnße in geyne wys
weder ſyn, ſunder dairzu getruwlich helffen dat dat alſo gebeßert werde, in vor-
geſchr. maiſſen aen geuerde, vnd off der verbrechende vorgeſchr. des niet en dede
off doin en wulde, ſo en ſolde derſelue geyne geleide off durwerde hauen in geyneu
vnßen Sloſſen Steten ober Landen wa wir die hetten, Jnd ſullen auch wir heren
vorgenant ernſtlichen dairnae dencken vmb den dairzu zu bringen ind zo halden,
dat he die richtonge dede in maſſen vorgeſchrieuen. Jnd en ſal ouch vnßer en
gheine van vns heren ind partyen vorgenant geyn knechte zu vme nemen die ſine
knechte niet en weren dem anderen van vns zu weder vnd die vntgaen in zu ver-
daedigen, ayn argeliſt. Dort ſo ſullen wir die burge Sloſſe vnd Stede der vor-
genant Hertzogdom ind landen van Gulich die wir ſementlichen itzont innehaeuen
off hernamals inkrygen, truwelich bewachen bewaeren vnd behueden doen mit
gantzem fleiß vnd ernſte, as iglicher van vns na ſime gebure ind andeile, ind
vnßer engein mit dem anderen van vns darup ſich zo beſchudden zu werden, off
auch zu verantworten in geine wys. Jnd wir ſullen ind willen auch dieſelue vnße
Burge ind Sloſſe in eyme guten gemeinen veſtlichen burwe halden ind beſſeren
ind mailich zu ſiner gebuere ind anteile na lude vnße Scheidebrieue. Were auch
ſulchs veſtlichen burwes noit an einigen vnßen Burgen ober Sloeſſen vurgenant
des ſollen wir off vnße Ambtluide mit vnßer wiſt ind van vnßen wegen ſulches
burwes ſamentlichen ouerkomen, vnd vnße Drunde dairzu geuen, ind den zu be-
uelen den burwe van vnßer beyder wegen alſo zu doin ind zu volbringen as des noit
is icklichem van vns zu ſime gebuere vnd anteile na luide vns Scheidbrieffs, vnd
mogen auch ein icklich van vns ſyn deil wa ime dat geborende vnd vallende wurde
burwen vnd beßeren zu ſiner notturfft, doch alſo dat vnßer engein noch ſinen
Eruen dem anderen van vns ouerburwen en ſal dat ime hinderlich off ſchedelich
were, noch auch vort geinen nuwen burlichen burwe begriffen noch burwen en ſal
in dem vorgenant vnßern Lande von Gulliche, ibt en ſy dan vnßer beyder wiſt ind
willen ſunder argeliſt. Jnd were auch ſache dat vnßer eynicher van vns heren ey-

niche

ber Herren von Heinsberg.

niche gefangen in eyniche vnßer Stede off Sloſſe vurſchr. hebbe, die ime vißer ſyner geſenckniſſe off anders in des andren van vns huiß off anders entlieffen off entquemen binnen dem vurgenant Burgfrieden Stedefrieden vnd Lantfrieden, wie dat ouch zequeme, ſulche gefangen ſal vnßer iglicher van vns ind ſone Ambtlude ſullen dem anderen van vns ind ſynen Ambtluden laeſſen ſoecken, ind ſo wa die gefangen binnen denſeluen Burgfrieden Stedefrieden vnd Lantfrieden in des anderen van vns huiß off anders gefunden off gekriegen wurden die ſal vnßer ein dem anderen vngehindert laeſſen vulgen. Auch me ſprechen wir, were ſache dat eynche off me Sloſſe off Stede der vorgenant Hertzogdom ind lande, die wir itzund ſementlich off beſonder innehauen off hernaimals inkrygen ſementlich off beſonder vnß vnßen Eruen off Nakomelinge angewonnen ind der vntwelbigt wurden, wie dat auch zo queme, So en ſal vnßer enghein noch ſone Eruen noch Nakomelinge es ſollen ſich von dem anderen in gheinerlei weiß ſcheiden vreden noch aue ſoynen, mer mallich ſal dem anderen mit gantzer macht truwelich helpen ind beſtendich ſon, ſo lange bis wir die vorgeſchr. Sloſſe off Stede wederumb in vnße handt ind gewalt innehauen mallich zo ſyme rechten, ind andeile, glich dat van vns in vnßen Scheidbrieuen verbrieff ind verſchrieuen is ſunder argeliſt. Ouch me ſprechen wir were ſach dat eyncher van vnß heren vnße Eruen oder Nakomeling in ſich ſelue alſo vergeßlich boeſe ind oueldadich wurde off wurden in dem anderen van vns off ſinen Eruen off Nakomelingen binnen dieſen vorgenant Sloſſen Steden ind Landen off darvis off darinne an ſon off ire luff griff oder taſte off bede greiffen oder taſten wreuel oder geſenckniſſe, off dat he den off die van ſyme off yren andeile eyncher der vorgeſchr. Sloſſe off Lande ſementlich off beſonder vißſtieſſen off anedrieuen off bede vißſtoißen off anedryuen, ind yn off ſo ires Erues durwelbichen weder yren willen, des vmber nit ſyn en ſal, ind dat Got auch allet niet en wille, So ſullen alsdan alle ind lcklikche manne ind burchmanne Ritter ind knechte Stede ind alle ander geſworen ind vnderſaſſen der egenanter Sloſſe Stede ind Lande zor ſtont zo geſinnen des ghens off der gheinre an dem ſolch angreiffen off vißſtoiſſen van dem anderen van vns off van deſßeluen anderen wegen geſchiet were, demſeluen van vns ſinen Eruen oder Nakomelingen, die alſo angegriffen off van ſyme off yrem andeile vißgeſtoßen vnd entwelbicht were off weren, weder den ghenen van vns die dat gedaen hette, off van deswegen dat geſchiet were truwelichen helpen ind byſtendich ſon nach alle yre maicht, vnuerbrochen yre geloeffde huldinge ind Eyden damit ſie dem verbrechenden in eynicher wys verbun-

m 2   den

den weren off syn moechten, Jnd sullen auch die vorgenante vnße Manne, Burch-
man, Ritter, Knecht, Stede gesworen ind alle ander vnderfaißen der egenan-
ten Closse Stede ind Lande von Gulich vorgenant dem ghene die den anderen van
vns Heren vnd partyen vorgenant also angegriffen off vißgestoßen, ind syns beyls
vntweidicht hette yre hulden geloefften ind eyde, die sie yn gedaen hetten loß ledich
ind quit syn also lange ind bis zor zyt dat der ghenre off die ghene van vns der
eff die also angegriffen off ind vißer syme off yren andeyle gestoißen were off we-
ren sulchen angreiffens loiß ind ledich worden is oder sint, ind weder in syn oder
yre anteile vry ind ledig gesat ind geweldicht is ind sint, ind dairzu also lange
bis zo volre besserongen alles syns off yrs schaeden ind smaheit, die he off sie da-
uan geleden ind gehat hette oder hetten na sagen ind erkentniße vnßer Frunde heir-
nae gerurt. Jnd wert auch dat der egenanter verbrechender die alsulche angriff
off vißstoisse as vorgeschrieuen is dem anderen van vns gedain hette off doin, as-
lpuich wurde ee derselue ander van vns sulchs angryffens loiß ind ledich worden
were, ind weder in syn anteil vry ind ledig gesat were, off auch ee alsolche besse-
ronge dauon na sagen ind erkentnisse vnßer Grunde vurschr. geschiet were, as vor-
genant is. So sullen auch alsdan dieselue manne ind burchmanne Ritter ind
Knechte Stete ind alle ander gesworen ind vnderfaßen vurschr. desseluigen affliuil-
chen Erffen off Nakomlingen in eynicher der Closse noch Stede der vorgeschr.
lande nit laessen komen noch zolaessen, noch auch in egheine hulbunge, geloeffde
noch eide doin, der ghenre van vns der also as purgenant is angegriffen off viß-
gestossen were en sy zyrst ouch sulchs angreiffens loiß ind ledich, ind weder in syn
andeil vry ind ledige gesat ind geweldicht, ind auch die besseronge dauan as vor-
genant is, en sy dan auch zeuorens geschiet, ind as balde as dat allet in vorge-
nanter maißen geschiet ind gebessert were so sal man afdan denseluen Eruen off
Nakomlingen des affluichen vurschr. aen ynbracht in ind zo syne anteile laissen
komen, as verre he sulchen eyde ind verbrieffunge deit so wie vur ind nae in die-
sem brieue geschrieuen steit. Wortme sprechen wir, wert sache dat anders hier-
enbouen van nu vortan eynicher van vns heren affliuich wurde, so sal der ande-
van vns heren desseluen affluichen Ambtluiden ind Brunden, den die vorgenant
Sloffe ind Stede van wegen des affpuigen beuolen weren, dieselue Closse ind
Stede truwelich helpen hueden schirmen ind beschudden mit aller syner macht, aen
argelist, biß zo der zyt dat des afflyulchen rechte Eruen ind Nakomelinge koment
ind offentlich erschynent, ind diesen Burchfrieden Stedefrieden in Lantfrieden

mit

der Herren von Heinsberg.

mit allen puncten hieinne begriffen, ind dairzo alsolche vnße Scheldbrieue van denseluen Sloſſen Steden ind Landen as wir vndereinander dairup vur gegeuen hauen, auch mit allen puncten dainne begriffen swerent vaste stede ind vnuerbruch-lich zo halden, ind auch sulche brieue fryheide ind confirmacien as vnße vurvadere ind wir der vurgenanter vnßer Ritterschafft Steden ind Landen gegeuen hauen, bestedicht in confirmirt hain, ind ire besiegelte brieue darouer gegeuen in der maiſ-ſen as wir die vurgegeuen hauen aen allerlei argelist, ind generde. Ind zo wel-cher zyt des vorgeſchr. afflyuigen Eruen ober Nakoemlinge dat also doin ind vol-lenzien willent, ind dat asdan den ghenen van vns die die vurschr. Sloiſſe ind Lande also mit des affluichen Ambtluiden ind Brunnen inne hette, ind hulffe verwaren, eicht oder zien dage zovorentz mit yren besiegelten brieuen in syn vnt-gaen werdlicheit off in sin huiß da he wonachtig were sonder argelist, laſſent wiſſen darvmb zo Guilge ober zo Duyren zo komen dat also van ynie zo nemen ind zo entfangen, so sal derselue van vns dem dat also verkundicht ind zo wißen gedaen wurde asdan zer stont binnen der vurschr. zyt vngeuerlich ind sunder langer verzug, in der vorgenant Stede eyne, die im also genant werde, inkomen, ind van sun-der eynicher handt vnbracht dat as sulche eyde gloiffde brieff Siegel ind confirma-cien wie davon zusamen vurgerurt steit, vnd sich geburen van iunemen ind ent-fangen, ind dat also geschiet so sullen dieselue Eruen off Naekomlinge des afflini-chen asdan zur stont auch sunder eynich verzoch oder indracht van dem anderen van vns ingelaßen werden in stat ind andeil deßeluen affluichen des Erue ober Nae-komlinge, die also zo dem vurschr. lande in stat ind andeil des affluichen komen weulden, die Ritterschaft ind Stede deßeluen Landes von Guilge zo dem obge-nanten dage gen Gulche ober zo Duyren zo komen beschryuen ober verboeden vmb bey den vurgenanten sachen zo syn, dat auch die Ritterschafft ind Stede also doin ind dem vulgen sullen in der voegen offt sache were dat der ghenre van vns dem also as vorgeſchr. is van den egenanten des affluichen Eruen zo Gulich off zo Duyren zo komen geschreuen ober verkundicht were nit en queme ober komen en weulde, ind dieselue Eruen ober Nakomlingen des affluichen in vurzeschr. maſſen zo des affluichen anteil niet en lieſſe komen, ind yn dar yn slechte ober legen woulde, des doch nit sin en sal, dat alsdan dieselue vorgenant Eruen ober Na-koemlinge des afflinizen van vns vur der vurschr. vnßer Ritterschafft ind Steden vns Landes van Gulich vorgenant as vur denseluen die zo dem vurschr. dage ge-komen weren alsulche vurschr. gloiffde ind Eyde doyn, ind alsulche brieue as sich dan geburende weren dem anderen van vns darup zo geuen, ind achter dieselue

Ritter-

Ritterschafft ind Stede legen sullen, in beholff des anderen van vns, ind darzo
der egenanten Ritterschaft ind Steden yre confirmacien, so wie sich die geburen as
vurschr. is ouergnuen die die vorgenant Ritterschafft ind Stede alsdan ouch van
yne nemen int vntfangen sullen, ind sy as dieselue Erffen off Nacomelinge ouch
alsdan zo laiffen ind yn ire hulde eyde ind geloiffde wederumb doin, ind vur yren
Heren vntfangen ind halden na luide vnßer Scheidbrieue vurschr. ind sullen auch
dieseluen van der Ritterschaft ind Stede wegen, die asban zo dem dage dar komen
weren van wegen beyder vnßer heren ind partyen ind vnßer Eruen moegich ind
mechtig syn, dat also zo doin, dat sy auch also doen sullen en bunßen zorn hin-
dernisse oder eynicke straeffonge vnßer oder vnßer Eruen ind Nakomlinge off ymant
anders van vnßer wegen in eynicher wys sunder argelist. Ind sullen auch diesel-
uen van der Ritterschafft ind Steden, die also da weren, egheyn behelff oder
langer verzoug darin legen oder beschuden dat sy niet alle da en weren, oder alle
reibott darzo komen, mar diesem as vurschr. gentzlichen na zu gan, ind zo doyn
sunder einicher hande inbracht oder geuerde, ind dat also geschiet wert dan dat der
vorgenant ander van vns der also as vurschr. is zo dem vurgenanten dage niet
gekomen en were dar na sulche gloiffde ind eyde vurschr. van denseluen Eruen
oder Nacomelingen des affluigen van vns van nuwem vor yin zu doin ind zu ge-
schien gesinneude wurde, ind asdan darumb die egenante Eruen oder Nakomlinge
des affluigen vorgeschr. verboide ind beschrieue binnen eldt oder zien dagen dar-
omb in der vorgenant Stede eyn die he yn dan mit benente zu komen, so sullen
dieseluen Eruen ind Nacomelinge vorgeschr. asdan zor stont binnen der vurschr.
zyt in der vurgemelten Stete eyn, die yn also as vergenant is mit benant were
zo dem vorgenanten anderen van vns komen, ind offentlich erschynen, ind dem-
seluen anderen van vns asdan alsulche vorgenant geloiffde ind Eyde so wie sich
dat geburet ind vorgenant is van unnres doyn aen alle geuerde. Wir sprechen
auch wert sache dat vnßer eynchem van vns heren ind partyen vorgenant oder vn-
sen Eruen, off wir niet en weren, sulche noit autreffe, dat sie yres theils in dem
burgeschr. vnsem Lande van Gulich eyn teil versetzen oder verkauffen musten oder
wolden, dat selue derselue dem anderen van vns einen maentlanck zu vorenz
verkundigen, ind byeden omb dieselue Somme geltz die yme ein ander darup le-
nen oder darvur geuen seulde, so vere dan der ander van vns oder syne Eruen
die sulche Summe geltz also darlegen ind darvp lenen oder kauffen weulden, des
sal ym der ander van vns baß gunnen ind yn darzo komen laiffen vur ymant an-
ders

ders ongeuerlich, kunde oder weulde auer der ander van ons die vorgenant Summe gelts also niet darlegen, oder darop gelenen off gekauffen in maiffen vorgenant, So sal ind mach ein yeder van ons sins beils genießen zo verfetzen oder zo verkauffen zo sinem besten ongeuerlich, doch also dat onßer lecklicher van ons so wes der ander also verfetzende wurde weder an sich loesen mag, beheltnisse auer dem anderen allweg siner wederloesen da an, der dat also versat hebde, off auch onßer eynich der dat also verkauffte so seulde he doch den kauff also besorgen ind bestellen dat der ander van ouß heren den kauff beschubden, ind die erffschafft an sich gelden ind loesen molchte binnen den neisten zweyen jaeren na der zyt dat der kauff geschiet geweft ind ouergeuen were mit der Summen gelts darvor die erbschafft verkaufft were sonder argelist. Doch hieinne uisgescheiden dat ghepner van ouß onße Ambtluide in dem Lande van Gullge afloesen en sal noch en mach van iren Ampten as van des anderen deile, lot so dan mit desseluen anderen van ons guden wißen ind willen sonder argelist. Und so wer in maiffen vorgeschr. eynichs onßer anderuie eins beils van dem vorgeschr. Lande van Gulich an sich krogende wurde, ib were mit kauff off mit pantschafft der sal ee dan he daran queme diesen onßen Burgfreden, Steifreden ind Lantfreden sweren ind gloiffen zu halden na syner maicht in allen ind ycklichen punten na gebure, ind as verre in die vorgeschr. pantschafft ind kauff antreffi, ind aflange he die inne hait sunder geuerde. Vort sprechen wir dat alsulch punte in onßem Scheydtbrieue begriffen alsus ludende. Vort me so wat sich van den burgenanten Landen ind Luden Schloffen ind herlicheiden van leens wegen also na dode des vorgenanten ons lieuen Oemen ind Heren van Gulich geburt zu entfangen, die sullen wir Adolph ind onße Eruen in onße ind onßen lieuen Neuen des heren van Heinsberg vorgenant ind onßer beider Heren ind partyen Eruen beholff allein ontfangen, ib en were dan etlich leen dat ons wederstunde damit dat wir nit beleent konten werden, so mogen wir Johan van Loen here zo Heinsberg ind onße Eruen off wir die gunst erkregen alsulch leen ontfangen in behulff des burgenanten ons lieuen Heren ind Neuen des Herßogen van dem Berge, ind onßer beider heren ind partyen Eruen sonder argelist, doch mallich van ons Heren ind Partyen vorgenant nach syme andeile as vorgeschr. steit. Also zu verstain is ind verstanden vnuerbruichlich ind sonder indracht zo ewigen dagen gehalden sal werden, dat solich ontfencknisse ind beleenen as der alre durchluchtigste Furste onßer gnedichste lieffste here, der Romscher Kuninck, ind der hogeborne Furste here Ludwig Pfalzgraue by Rine ind Herzog in Beyeren, ind anderen da sich dat geburt onß Adolph Herzog vorgenant

nant van der obgenanter Lande wegen van Gulich beleent haint, ind wir van
yn ontfangen hain geschiet is, ind auch vortan zon ewigen dagen as dicke ind
manchwerff des noit geburt geschien sal zo beheiff ind orber vnßer belder heren ind
partyen vorgemelt ind vnßer Eruen, ind malllchen van vns na syme anbelle ind
geburen na lude vns Scheydbrieffs vorgemelt, also doch dat nu vortan zo ewigen
tagen niemant van vns oder syn Eruen sich vntgaen den anderen van vns ind sy-
ne Eruen mit der belenonge oder vntfencknisse vnßer lande van Gulich vorgeschr.
die yzont geschiet is, ind hernamals geschien sal behelffen oder einichen vurstant
hauen en sal noch en mach vmb einiche die sachen die geschiet synt, off hernamals
vmberme geschien mochten, den anderen van vns oder syne Eruen damit zo ver-
kurten, oder van syme anbelle zo bringen, sonder iglche partyen by yrem anbelle
ind gebure vnßer Slosse ind Lande van Gulich vorgenant zo ewigen dagen zo syn
zo laißen ind zo blyuen na lude vnßer Scheydbrieue aen geuerde ind argelist.
Vnd in glycher maißen zo verstaende is dat puncte vnß Scheydbrieffs alsus in
haltende, Vort so wat leene wederomb geburden zo ontfangen die an die vorge-
nant Lande Slosse ind herrlicheit treffenbt die sullen vns Adolph Hertzogen van
dem Berge ind vnßen Eruen eyde ind geloiffde doin in behoeff vnßer vnß Neuen
van Heinsberg ind vnßer belder heren ind partyen Eruen sonder argelist. Also
so wat wir Hertzog van dem Berge der Eyde ind gloiffde ontfangen hauen, oder
wir ind vnß Eruen der hernamals zon ewigen dagen ontfangen werden, dat is
geschiet ind sal auch alle zyt wan des noit geburt geschien in behoiff vnßer belder
heren ind partyen ind vnßer Eruen na lude vnß Scheydbrieffs, auch junder ge-
uerde ind hindernisse yemantz ran vns an syme anbelle. Vnd op dat diese vor-
geschr. Burchfreden Stetfreden ind Lantfreden mit allen punten dainne begriffen
vnuerbruichlich stede ind vestlich gehalden werden nun vortan zo ewigen dagen,
so is darumb clairlichen vnderscheiden, ind sprechen wir, wert sache dat nu vortan
eyniche stoisse oder gebreche van der vurgeschr. Burchfreden Stedefreden ind Lant-
freden Lande ind vnderfaißen wegen tuschen vns sementlichen off vnser eynichem
van vns entgaen den anderen van vns off entgaen vnßer eynges van vns vngelaif-
fen off vnfer Amptluide diener ind knechte vntstunden oder gevielen, ind auch
dat enicher van vns heren vnßer Eruen oder Nakomlingen meinten oder bedeuch-
ten dat yn diese vurschr. Burchfrede Stetfrede ind Lantfrede van dem anderen
van vns ouerfaeren, ind in eynchem diesen vurschr. puncten verbrechen syn solde,
des doch Got niet en wille dat wir heren vnße Eruen ind Nakomelingen alsdan
sement-

sementlich zo gesinnen des ghens van vns der alsulche stoesse oder bruchden zo dem
anderen van vns oder zu den synen meinte zu hauen, off dem alsulch ouerfaren
dieser Burgfrede, Stetfrede ind Lantfrede geschiet, off ouerfaren syn seulbe vier
vnsser Brunde as iecllcher van vns zweene syner Brunde, as mit namen eynen
der visser dem Lande von Gulich, In den anderen war ym euen kompt binnen den
neisten dryen wechen niest volgende also na sulchem gesinnen zo Duyren binnen
die Statt Insenden sullen, darzo derselue van vns, die alsulch gesinnen gedaen
hette, noch eynen vunfften man as vor einen Duerman visser raide des anderen
van vns noemen ind kiesen sal, benseluen Duerman auch derselue ander van vns
visser des raide he also genant ind geloren were darzu willigen sal ayn geuerde,
ind den mit den anderen vnsse vier Brunden vurgenant zu Duyren insenden, Ind
sullen asdan alda vnsse gebreche anspraiche ind antworden vor sie bringen ind le-
gen, die welche vnsse vorgenant vier Brunde eyne mit dem burgenanten vunfften
man as vur eynen ouerman also van vns Ingesant as dan zor stunt alsulche stoesse
ind gebreche ouerfaren oder bruchede van der vorschr. Burchfreden Stetfreden Ind
Lantfreden wegen vor sich nemen sullen, Ind ins as die ghene van vns tuschen
den des noit were, bauau na anspraichen int antworden in redelicheit na yren be-
sten sinnen ind gelegenen sachen binnen den neisten vier wechen na dem dage, dat
sie darumb van vns also ingesant ind ingekomen weren neist volgende slichten ind
scheiden, ind wie dan die vunffte vnsse vorgenant Frunde sementlichen off die mei-
ste partte van yn, dem doch die minste partte dainnen volgen sal, vnß vnsse Er-
uen off die vnsse darvmb vntscheiden ind vißsprechen des sollen sie vollemechtig
syn, ind vulge van vnß hauen, ind auch darumb van vns vnbedabingt vngearge-
willicht ind sinder allen kruit syn ind blyuen, vnd so wes vnsser eynchem van vns
off den synen ind vnseu Eruen van den vorgenant vnsen Brunden eyndrechtlichen
off van dem meisten parte van yn as vorgenant is van solcher stoesse gebrech ouer-
faren oder bruchden vorgenant wegen zo gewist oder vißgesprochen wurde in vur-
genanter maissen, dem anderen van vnß off den sinen darvmb zo richten zo keren
ind zo doin, dat sal ein ieglicher van vns dem anderen van vns off den sinen rich-
ten keren doin ind halden vuuerzogentlich binnen dem neisten maende na dem viß-
spruche vorgenant, ind wer't dat einicher van vnß vnsser Eruen oder Nakomlin-
gen des asdan also niet en deden noch en hielden, ind asdanne darumb van dem
anderen vns heren gemaint wurde, so sal he syne Eruen oder Nakomlinge sullen
asdan zer stunt binnen den neisten eycht dagen na solcher manongen in gysellschafft
ryden mit syne off pres selffs lyue off lyuen zu Colne zo Duyren zo Gulich oder

n   zu

zu Aiche in der Stede eyn, so wilch der ghenre van vns sine Eruen ober Nako-
melinge die also gemanet wurde off wurden willt ober willent ind nymmerme dar-
viß zu komen he ober sie hauen dan zierst gerlecht gebaln ind gehalben so wes vn
van den vorgeschr. vnßen Brunden as burschr. is zogewyst were zo richten zo boin
ind zo halben, ayn argelist, Doch beheltlich dat puncte des angriffens vnßer eyn
an des anderen lyff zo griffen, off den anderen van vns vißstelßen ind syns dells
zu entweldigen ꝛc. In syner buller macht zo blyuen wie burgeschr. steet, also dat
vnße vurschr. Brunde dar vp nit vnderspreche̊n en sullen anders dan vp den scha-
den as in demselnen burgenanten puncte geschrieuen steet. Ind so welcher van
vns heren sine Eruen ober Nakomelinge henreder deden in die burschr. Burchfre-
den Stetfreden ind Lautfreden alsus ouerfaren, ind des niet en richte noch en ker-
de, noch auch zo manonge des anderen van vns heren in gueßlichafft niet en
queme, der kent sich mit diesem offen brieff erlois, truwelois, meyneydich, in des
Pays banne, in des keysers achte, ind vißer allen rechten gesat, ind darzo allen
sinen Brunden ind magen verkoren den nemmerme zo verantworten noch zu ver-
bedingen in eyncher wyse. Vortme so sprechen wir vor vns vnße Eruen ind Na-
komlinge ind willen dat van vortan alle ind ickliche vnße Amptluide in dem vor-
genante vnßem Lande van Gulich, den wir semenlich ind vnßer iglicher besonder
die vorgenant vnße Sloße ind Lande beuolen hauen ind beuelende werden, ind
vnßer Amptluide daselues sint ind werdent, diesen burgemelten vnßen samen̄t
Burchfreden Stetfreden ind Lantfreden geloue̊n ind sweren sullen stede in onuer-
broichlich zu halden, ind zo boin na alle yre macht, so verre sy dat antreffendt
is, ind darweder auch niet zo boin in geynerley wys biewelle sy vnße Ambtluide
da sint ayn alle geuerde ind des yre besiegelde briene zo geuen as dicke ind man-
nichwerff des noit geburen sal sonder argelist. Wir synt auch vort ouerkomen ind
eyns geworden vmb alle ind yckliche alsulche brieue van Priuillegien, van Bryhel-
den, van gifften, van handtfesten, van Mauleen, van Zollen, van gulden ind
renten, van vrueden ind verluffden, ind vort vmb alle ind yckliche andere briene,
welcherkunne die auch syn molgen zo den vorgenanten vnßen gemeinen Lande van
Gulich ind synen zugehoeren gehoerende ind daran sprechende vns ind die vnßer
Landen sementlichen antreffende, so wie die gelegen sint, ind so wir die hauen,
also dat wir dieselue brieue zosamen gemeynlichen vp ein vnßer Sloße da wir
meynen, dat sie dat sicherste liggen ind beste bewaert synt, in eyne off me kiste
ober kisten so viele wir der darzo behoueude sin sullen doin legen, ind icklich kiste

mit

der Herren von Heinsberg.

mit vier guden starcken sloſſen ind vier Schlußelen darzo gehorende besliessen der welcher schlußele van yber kisten wir Adoulph Hertzonge ind vnße Eruen dry, ind wir Johan van Loen ind vnße Eruen einen haben ind behalden sullen, ind also, so wanne ind zu welcher zyt eyncher van vns ober syne Eruen alsulcher vurgenant brieue eynche off me zo eynchen sachen die vorgeschr. vnße Lande antreffende zo doin hette, ind der bedorffende were dat alsdan der ander van vns off syne Eruen zo gesinnen deßeluen van vns off syner Eruen syne frunden mit synen slussellen off syme sussel so viele he der hebde zo demseluen van vns off synen Frunden vp dat vorgenant Sloß by die vorgeschr. brieue schicken sal off sullen, ind alsulche brieue der he behouende were laissen vißnemen vnnd die vißzuschryuen doin, off ein transumpt daroiß zo machen off auch die zo laissen sehen eder zo zoenen da he der behoeffende were ongeuerlich, vnd also dat alsdan dat erste die sulche brieue also vißgeschrieuen, off ein transumpt darauß gemacht off dat die gezanget off gelaßen gesehen weren wederomb by die ander ingelacht werden vp dieselue stede da sy vorlagen, sunder argelist. Doch hieinne vißgescheiden vnße Scheidebrieue Burchfreden Stedefreden ind Lantfreden brieue ind alle ind iglliche briene, die vnßer iglicher van vns vur sich besonder hait, ind die ym allein sprechent ind zobehoerent ayn alle argelist. In allen diesen vorgenanten puncten ind articlelen dieser vnrgeschr. Burchfreden Stedefreden ind Lantfreden brieffs vißgescheiden ind beheltlich vnßer vorgenant Scheidbriene op die vorgenant Hertzoigdom ind Lande vur ran vns verschr. ind versiegelt mit allen ind leflichen puncten darinne begriffen in yrer gantzer volkomener macht zo syn ind zo blyuen die dieser vorgenant Burchfreden Stetfreden ind Lantfreden brieue in geynen synen punten maichteloßen noch dreden en sal, dan dieselue vnße Scheldbrieue mit allen puncten in gantzer voller macht sin ind blyuen sullen ayn alle geuerde, ind auch beheltlich ander besiegelte brieue ind confirmatien die vnße Lande van Gulich antreffende, die vnßer eyn ran vns dem anderen van vns, ind auch die wir denseluen vnßen Mitterschafft Steden ind Landen van Guilge sementlichen gegeuen hauen in alle yre macht ind mogen zo syn ind zo blyuen auch sonder argelist. Alle ind leflliche dieſe vurgenant punte der vurgenant Burgfreden Stetfreden ind Lantfreden, so wie die vur ind nae hieinne beschrieuen steint, sullen wir Adoulph Hertzonge zu Gulich ind zo dem Berghe ꝛc. ind Johan van Loen here zo Gulich vorgenant vnße Eruen ind Nakomlinge vaste stede ind vnnerbroichlich halden, ind darweder nit doyn, noch doyn, in geynerley wyse, diewelle ind als lange wir leuen ind vnße Eruen also zu ewigen dagen, ind hauen darvmb vur in guden truwen gloifft ind gesichert,

gesichert, ind na mit vpgereckten fingeren ind gestaeffden Eyden lyfflich zon hei-
ligen gesworen, die also vast stede ind vnuerbroichlich zo halden, ind darweder
nit zo doin noch zo schaffen dat gedaen werde, noch zo lassen geschien, noch en
gheiner kunne argellist noch geuerde darweder zo dencken noch zo suecken, noch be-
hulpnisse noch beschutnisse geistlich noch werentlichs rechts noch gerichts noch en
gheiner kunne sachen, die man erdencken off visieren mach in einicher wyse. Vnd
aller ind iglicher dieser vurgenanter sachen in ein gezuig ind vrkonde der wairheit,
ind zo einer gantzer ind ewiger stedicheit so hauen wir Adoulph Hertzuge,
ind Johan von Loen here zo Gulich vorgenant sementlichen vor vns vnße Eruen
ind Nakomelinge, in iglicher van vns vor sich syne Eruen ind Nakomelinge mit
vnßer rechter wist ind willen vnßer beyder Siegel as mallich van vns syn Siegel
an diesen brieff doin hangen. Vnd also as wir Adoulph Hertzoug vorgenant as
dan ein deil van den vorgenanten vnßen Sloßen ind Lande van Gulich dem
hoichgebornen vnßem gemynden lieuen Son Ruprecht junge Hertzougen zo Gu-
lich ind zo dem Berge zc. zo erue ingegeuen hauen, so hauen wir darvmb befoh-
len ind geheischen denseluen vnßen lieuen Sone diesen vurgenant Burgfreden Stet-
freden ind Lantfreden mit allen ind lclichen puncten dainne begriffen eyne mit
vns zu willigen, zo belieuen ind zo bestedigen, ind vort zo gloiuen ind zo sweren,
so verre yn die antreffendt sint oder werdent gentzlichen waer vaste stede ind vn-
uerbruchlich zo halden, ind des zo vrkunde syn Siegel mit by dat vnße an diesen
brieue zo hangen. Jnd wir Ruprecht Junge Hertzoug zo Gulich ind zo dem Ber-
ge vorgenant bekennen offentlich mit diesem egenanten brieff dat wir van geheisch
ind beuele des hogeboren Fursten vns alrelieffsten heren ind Vaders heren Adoulph
Hertzougen zo Gulich ind zo dem Berge zc. vorgenant, ind van vnßerem vryen
guden willen diesen vorgenant Burgfreden Stetfreden ind Lantfreden mit allen
ind iglichen punten dainne begriffen, so wie die vorgenant steint bewillicht belieff
ind bestedicht hauen, bewilligen belieuen ind bestedigen die in diesemseluen vnt-
gaenwirdigen brieue, ind hauen darumb vur in guden trawen geloifft ind gesi-
chert, ind na mit vpgereckten vingeren ind gestaeffden Eyden lyflichen zu den
heiligen gesworen, ind sweren ouermitz diesen brieue dieseluen Burchfreden Ste-
defreden ind Lantfreden mit allen ind lclichen punten darinne begriffen, so ferre
die vns antreffent sint oder werdent nu oder hernamals also vaste stede ind vnuer-
bruchlich zu halten, ind darweder nit zo doin, noch zo schaffen dat gedain werde,
in alle der maßen so wie vort dauan hie vorgeschr. steit ind hauen darvmb des

der Herren von Heinsberg.

in ein gezuig der warheit ind gantzer stedicheit vnße Siegel mit vnßer rechter wiß ind willen bv Siegel des egenanten vnß lieuen heren ind Waders an diesen brieff doin hangen. Vnd wir Adoulph Hertzouge ind Johan von Loen here zo Gulich vorgeschr. hauen vort zo mehrer gezuige in stedicheit sementlich gebeden den Eirwirdigen Fursten heren Otten Ertzebischoff zo Triere vnßen lieuen heren ind broider ind heren, ind den Edelen heren Ruprecht Grauen zo Virnberg vnßen lieuen Neuen wan sie ouermitz pre ind vnße Brunde ind Reede zo beyden sieden, diesen vurgenanten Burchfreden Stedefreden ind Lantfreden mit allen ind icklichen puncten dainne begriffen, so wie die vorgenant gemaicht gesaiß ind gedachtingt hauen, ind da an ind ouer gewelst sint, dat sie darvmb vrer beyder Siegele des mit zo gezuige airt vnßer sachen an die en brieff hant doin hangen, des wir Otte van Gotz genaden Ertzbischoff zo Triere, ind Ruprecht Graue zo Virnberg vorgeschr. bekennen ind zuigen vnder vnßen Siegelen in vorgenant massen ind vmb bede willen der vorgenant heren Adoulphs Hertzougen vnß lieuen broiders ind heren, ind heren Johan van Loen vns lieuen Neuen an diesen brieff gehangen. Vort me so hauen wir Adoulph Hertzouge ind Johan van Loen here zo Gulich vorgenant vor vns vnße Eruen ind Nachkomlinge noch zo vorter meerer gezuige steetgheit ind vestgheit gebeden beuolen ind geheischen vnße gemeine Ritterschafft Stede ind gemeine Landt van Gulich, dat sy eyn mit vns den vorgenanten Burchfreden Stedefreden ind Lantfreden brieff besiegelen willen vmb alle punete dainne begriffen so verre sy die anlangent na pre macht vast stede ind vnuerbroichlich zo halden, Dat wir Ritterschafft Stede ind gemeine landt vorgenant vor vns ind vuße Eruen ind Nakomlinge bekennen alle vorgenant puncte as verre die vns anlangent by vnser eren ind truwen na vnßer macht vaste stede ind vnuerbroichlich zo halden sonder argelist ind geuerde, ind hauen darvmb sementlichen ind einbrechtlichen gebeden die fromen ind Eirbaren vnße lieue Maige ind Brunde mit namen heren Rickalt heren zom Rolde, her Goedart van dem Bongart Erfflemerer des Lants vurschr. heren Andries van Lieffingen heren zo Zeuell, heren Werner heren zo Palant ind zo Breydebent, heren Goswyn Prent van Wernich, heren Goedart van Royre Rittere, Wernher van Blatten, Johan van Birgel, Heynrich van Kruythupsen der alde, Steuen van Royre, Jordan Mulen heren zo Sintzich, Gerart van Wedenauwe, Statz van dem Bungarde, Wynant van Royre zor zyt Lantdroiste zo Gulich, ind vort die Erberen Burgermeister Scheffen ind Reede gemeynlichen der Stede Gulich, Duyren, MunsterEyffel, Eußkirchen, Nideken, Bercheim Easter, Brolch, Gladebach ind Lynighe, dat sy diesen Burchfreden Stedefreden

lnd Lantfreden brieff eyn mit den hogeboren vnßen gnedigen lieuen heren vorge-
nant vor vns fementlichen befiegelen wollet, dat wir Rockalt here zom Royde,
Goedart van dem Bengart lnd Winant van Royre zer zyt Lantdroifle zu Gulich
vnder vnßen Siegelen hieran gehangen, Jnd wir Burgermeißter Scheffen lnd
Raede der Stete vorgenant vnder iglicher derfeluer Stede Siegel auch heran ge-
hangen bekennen gerne gedain hauen vur vns felue lnd vmb bede willen der andere
Ritterfchafft Stede lnd gemein Landts vurfchr. auch funder argelifte. gedeidingt
lnd gegeuen in dem jaire vns heren do man fchrieff dufent vierhundert nune lnd

16 Apr.   zwentzlich jaire des fechözlenden dages in dem Aprille.

XLIV.

**Verforgung der Elifabet von Hueren mit der Herrschaft Keffe-
nich und vorbehaltener Ruckfall diefer Herrschaft. dat.
vp Sant Bartholomeus tag des H. Apostels
1429.**

(ad §. XXXIV.)

Wir Johan van Loen Here zo Guylge, zo Heinsberge lnd zo Lewenberg be-
kennen mit diefem offen brieue vor vns, vnfe Eruen lnd Nakomlinge, dat wir
vp dat gantze lant Eleiff lnd Herrlichkeit van Keffenich mit den Laten van Brungs-
horn mit Laude, Luden, Mannen van Leene Scheffen, Laiten in anderen vnder-
faiten inte Jnzeßeßen gemeinlichen der vurß. Herrlicheit von Keffenich zobehoe-
rende mit die gerichten hoege vnd nidder klockenflaege, ackerlandt buffche broiche,
beuden vifcherien, waffer weiden, moelen, fchetzongen, beuden, rechten, zinfen
vnd vort mit allen vnd ieglichen iren rechten lnd zobehoer fo wie die gelegen fint
vnd Arnt von Huerne gnant die Wilde die huides tagen datum dufes brieues in-
hait vnd befitzet mit dauan ofigefcheiden elackloes luterlingen lnd gentzlichen ver-
zieheu hauen, vnd verzyen darup mit diefem feluen brieue vor vns vnfe eruen
lnd Nakomlinge un voirt an ten ewigen dagen in beholff lnd orber des vurß. Arnts
lnd Lleßbetten fynre eliger huißfrauwen vnßer naturlicher dochter vnd ire eliger
lyffs eruen von iren beider lieuen gefchaffen leuendig achter zo laffen, alfo dat wir
Johann Herr zu Gulich vurß. noch vnße Eruen ru vortan erfflichen gein recht
furderung noch anfpraiche mehr an der vurß. Herrlicheit mit allen iren Rechten

inde

inde zobehoer hauen noch behalden en fullen in geinre weiß, Idt en were dan sache dat die vurß. elude Urnt vnd Ließbett off yre leiffs eruen vurß. die sie nu hant oder Sie inde dieselne yre leiffs eruen hernamals zo ewigen dagen vmberme gewinnen, afflienich wurden funder elige Inffs eruen van Inne geschaffen leuendich achter zo laißen alsdan fullen die vurß. Herrlicheit inde Lant von Keßenich mit allen ind leglichen Jren Rechten ind zobehoere vurß. wiederumb loß ind ledich erfallen ind erstoruen sin an vns Johan Here zo Guilge zo Heinsberge zc. vurß. ind an vnße eruen, die alsdan Here zo Heinsberg wer an Jr rechte erffheren dan vortan zo ewigen dagen zo syn ind zo bliuen, ind en fullen noch en moigen ouch Urnt ind Ließbett elude vns Jre eruen dat vurß. Sloß Landt in Herrlicheit von Keßenich ind Brunßhorn mit allen vnd leglichen iren rechten ind zobehoer wie vurß. stelt in deile oder zomaile nit verseßen besweren, verkouffen noch in geine ander handt stellen nech kommen laißen in geinre wyß idt en sy dan mit wist, guden willen, consent, ind oeuergeuen vnff Johans Heren zo Gulge inde zo Heinsberg zc. ind vnße Eruen vurß. sunder argelist. Urkundt vnff Ziegels vur vns, vnse eruen ind Nakomilinge an desen brieff gehangen im Jair vnß Heren do man schreiff dusent vierhundert ind nuyn ind zwenßich vp Sent Bartholemens dage des Hilligen Apostels.

24 Aug.

XLV.

Johan II von Heinsberg tritt an seinen Sohn Grav Wilhelm I von Blankenheim das Viertel von dem Herzogthum Gülch ab. dat. vp den neisten Mandag na des hilgen Sacraments tag 1433.

(ad §. XXXVII.)

Wir Johan van Loen here zo Heynsberch ind zo Lewenberch doen kunt. Also as wir in erffschafft ind gemeinschafft des vierden teils der heirlicheit Ritterschafft Manschafft, Stede, Sloiße, Lande, Lude, ind Budersaißen des lantz van Guylge mit vnßem heren ind Neuen heren Adoulph Herzougen zo Guylge zo dem Berge vnd Greuen zo Rauensberghe gesessen ind ynne gehat hain na lude der brieue darouer sprechende, dat vyßwysende syn zc. Des so bekennen wir offentlich mit diesem brieue vur vns vnße eruen ind Nakomellinge dat wir hupden gifft dis brieffs

mit

mit vnßen guden vryen notwillen oeuermitz vnße Rede ind Frunde zo rade worden ind
oeuerdragen syn, also dat wir vur vns vnße eruen vnd nakomelinge vp die vurß.
heirlicheide Ritterschafft, Manschafft, Stede, Closse, Lande, Luide ind Vnderfatssen
gulden renten ind alles dat recht wir zo dem vierden deil des vurß. lantz van Guyl-
ge bis vp diesen dag gifft dis brieffs niet da ane vifgescheiden gehat hain gentzlich
ind zomall darvp verziegen ind des vpfgegangen hain, visgain ind verzyen darvp
in craft dis briefs ind geuen die oeuer zo behoeue ind zo henden heren Wilhelms
van Loen Greuen zo Blankenheim vnssem lieuen Soene ind synen eruen. Vort-
me so bekennen wir oeuermitz diesenseluen brieff vur vns vnße eruen ind nakome-
linge dat wir vp beselue vurß. zyt gentzlichen ind zomall quyt gescholden ind ver-
ziegen hain quyt schelden ind verzyen oeuermitz desen seluen brieff vp alle alsulge
huldonge geloeffde in eyde vns die vurß. Ritterschafft, Manschafft, Amptlude
Stede ind vnderfalssen des egenanten Lantz van Guylge zo dem vurß. vierden deil
gelofft gesworen ind gedain haint, sulche huldonge ind eyde deme vurß. vnßem
Soene ind synen eruen as he en were vort zo doin geloch sy vns gedain hadden.
Were ouch yemantz van desen vurß. die vns sulche burgereirte geloiffde ind eyde
gedain hebben, ind an vns gesinnende wurden muntlich quyt zo schelden dat sul-
len wir ouch doin as wir darumb ersoicht werden sunder verzoich ind aen gebracht.
Diese vurß. puncte gelouen wir vur vns vnße eruen ind nakomelinge in guden
truwen ind in rechter eydstat gentzlich wair vast stede vnd vnuerbruchlich zo hal-
den, vnd darweder niet zo doin zu suchen noch schaffen gedain werden, by vns
seluen noch nyemantz anders van vnsen wegen mit enghenen gesetzen off behulffen
geistlichs off werelichs rechts off gerichts noch mit enghenen den sachen die man
vpseyren off erdencken mag die herweder syn of komen moigen in geynerley wys
sunder alre konne argelist, ind gewerde hynne gentzlich vpgescheyden son sullen.
Ind hain des zu gezuge der wairheit ind vaster ewiger sticheit vnße Segel vur
vns vnße Eruen ind Nakomelinge mit vnser rechter wist ind willen an desen brieff
doin hangen. Gegeuen in den jaeren vns heren do man schreiff duysent vier
hundert vnd dry vnd dryssich jair vp den neisten maudach na des hilgen Sacra-
mentz dage.

15 Jun.

XLVI.

XLVI.

Wilhelm von Floborp, Erbvogt von Ruremond, verzichtet auf das dominium directum der Herrschaft Dalenbrug dat. des negsten gubestag nae dem H. Pingstage
1440.

(ad §. XXXVI.)

Ich Wylhelm van Floborp Erffvaygt zu Ruyrmunde, Doen kundt, alsoe as man dat Schlosse Dalenbroch mit synem zubehoer zo lehn heldt van eyme Vaygde van Ruyrmunde na luyde ind inhalt der besiegelter brieue darup sprechende. So bekennen ich vur mich, ind myne eruen, dat ich die besiegelte brieue darup sprechende ind eynich recht ich darane hain, off ich ind myne Euen hernamals ommermehr bauen mogen genzlich vuergegeuen ind erfflichen darup verzlegen hain, vuergeuen ind verzlegen darup ouermitz diesen brieff in behoeff ind vrbar des Edlen ind hochmechtigen Junckeren Johans van Loyne heren zo Heinsberg, ind zo Lewenberg syner eruen vnd Nakomen heren zo Heinsberg alsoe, dat derselue myn gnedige lieue Juncker sone Eruen ind Nakommen herren zo Heinsberg lehnherren sollen syn des vorschrieuen Schlosses Dalenbroche, nun fort an zo ewigen tagen, glych as ich vur darum dieses brieffs as ein erffvaygt van Ruyrmunde lehnherr geweest bin, in dieser fuegen, dat ich noch myne eruen van huden datum dies brieffs nun fortan erfflichen eghein recht forderonge nach anspracke nae daran hauen noch behalten sollen noch en molgen in eyncher wyß. Sonder argelist ind geuerde, die erdacht synt off werden molgen. Diß zu vrconde ind erfflicher vaster stedichelt hain ich Wylhelm van Floborpe Erffvaygt zu Ruyrmunde myn Ingesiegel vur mich, ind myne Eruen an diesen brieff gehangen. Vnd hain fort gebeden mynen Schwager ind Neuen Johan van Myrlair heren zo Mylenbunck Godart van Floborp heren zu Leute, ind Wylhelm van Floborp synen Broederen ind Wylhelm van Elymbt, dat sy diesen brieff mit myr zer kunden besiegelen willen, dat wir Johan van Mirlair, Godart, ind Willhelm van Floborp gebroder, ind Wyllem van Elmpt kennen zer beeden des vorschr. Wyllems van Floborp Erffvaygts van Ruyrmunde vorschr. vns lieuen Schwagers ind Neuen gerne gedaen hauen. Gegeuen in den jahren vnssers herren MCCCC ind XL. des negsten gubes tag nae dem heiligen pingstage, 19 Mai.

XLVII.

Vergleich und Theilung zwischen Johann IV von Loen Herrn zu Heinsberg, Lewenberg, Diest und Ziechen, und Herrn Gerhard von Loen, Herrn zu Gülch und Graven zu Blankenheim dat. 26 Oct. 1444.

(ad §. XXXV.)

Wir Johan von Loen Here zo Heynsbergh zo Lewenberg zo Dieste ind zo Zichen. Ind Gerart van Loen ein here zo Gullge Greue zo Blankenheim ind here zo Lewenbergh. Doin kunt allen den ghenen die diesen brieff sullen sien off hoeren lesen. Also as in vurzyden ouermitz den hoegeboren herrn Johanne van Loen here zo Heynsbergh ꝛc. seliger gedacht vnßem Anichheren eine broiderlige deilonge ind scheydonge gedadingt ouerdragen ind geschiet is tuschen den Edelen Johan van Loen here zo Heynsbergh ꝛc. ind deme Edelen Wilhelm van Loen Greuen zo Blankenheim gebroideren vnßer beider vader beyde seliger gedachten, inmaissen die Scheidtbrieue in den zyden daerouer gemacht dat clarlichen vysswysen, welcher brieue datum innehaldent int Jaer vnß heren duysent vier hundert ind vier ind zwentzich des eichtzienden dages in dem Maende Februarius. Ind alsdan vnßer beyder seliger Vader vur ind wir na vmb der vurgenante scheidongen ind deilongen wille zo dadingen komen syn, so bekennen wir Johan ind Gerart vurschr. dat wir in ere Godts von hemelrich ind Marien siner lieuer Moder, ind vmb zwist zwelonge ind vneynbrechtigheit vorber zo verhueden, die tuschen vns beyden off vnßer beyder Eruen geschien off hernalmals operstain mochten, ind ouch van guder onderwysongen vns lieuen heren ind Ohemen heren Johans, Buschoffs zo Lupzge ꝛc. die tuschen vns beyden gedadingt hait zen ewigen tagen zo genßlich gutlich ind vruntlich gescheyden verstrickt ind verepnicht sullen syn, ind blyuen in dieser voegen hernae geschrieuen volgt. Dat is zo wissen dat wir Johan von Loen here zo Heynsberg ꝛc. bekennen dat vnße lieue Neue, here Gerart van Loen, ein here zo Guylche, ind Greue zo Blankenheim ind syne Eruen hauen ind behalden sullen die Closse Stede ind herlicheit des vierdendeils des Landts van Guylche, gelych as dat vnßem Anichheren seligen anerstoruen ind vnßem Vader seligen ind vns na in broiderlicher deilongen ind heylichsvurwerden verschrieuen is ge-

west.

weift. Ind darzo dat halffscheidt van der alder gulden van Guilge dat unßem seligen Uenchheren van syner Moder wegen anerstoruen ind bleuen was, ind dat echte deyl van den Eloßen Lande, Lude, Rente ind herlicheit van Lewenberg rc. Dar entghain sullen wir Johan van Loen here zo Heynsberg, zo Lewenberg, zo Dieste ind zo Zichen rc. durß. ind unße Eruen hauen ind halden die Eloße Stede Lande ind Lude van Heynßberg, van Lewenberg, van Dalenbroich ind Geylenkirchen mit yren rechten ind renten, ind mit allem yrem zubehoire niet daruan ußgescheiden, aen alleine dat echte deyl des Landts van Lewenberg mit syme zubehoire as durß. stelt, ind darzo dat ander halffscheit van der alder gulden van Guilge, ind die hundert gulden manlehns zo Bacharach, ind die Seeß Volder Wyns an dem Stiffte van Colne. Vort so bekennen wir Johan vnd Gerart vurschr. dat wir oeuernitz den vurgenanten unßen lieuen heren ind Oheimen oeuerdragen ind eyns worden syn vmb sulche schoult as vns dan ankomen ind bleuen is van vnßen Uenchheren ind Vaderen sel. vurschr. die sy ind ouch wir verschreuen ind bewuft hain vp die vurß. Lande Eloße Renten ind gulde, dat ein lecklich van vns dragen ind lyden sal, dieseluc schoult ind verschryuonge die dan vp synen zogedellten Eloßen Landen Renten ind gulden verschreuen besturet ind dae van komen ind vnbezalt synt, ind wes dan van ryßwendiger anderer schoult die vnß van vnßem seligen Uenchheren bleuen, ind niet in maißen as vurschr. is bezalt en were die sullen wir gelych dragen ind lyden, Ind wes vnßer eyn teme anderen in der vurschr. schoult zom besten kiren off doin mach, sal he nae aller syner macht ind moeghen doin aen geuerde. Vort alle anspralche ind vorderongen van erffschafften lenen ind schoult, die in dieser Scheidongen niet benant syn, ind die wir dan hauen ind vns anerstoruen syn van vnßem Uenchheren vurschr. sullen wir gelych ind mallich na syner macht ind darnae dat eline lecklichen van vns gelegen is in manen ind vorderen, ind ouch gelych deylen, ind dat auch mallich deme anderen vngeuerlich zem besten kieren. Ind wir Johan van Loen Here zo Heynsberg rc. ind Gerart van Loen ein here zo Guylge rc. vurschr. vur vns ind vnße Eruen by vnßer eren in rechter truwen ind eydestat alle ind lecklyche punten dis brieffs vaste stede ind vnuerbruchlich zo halden, ind darweder niet zo doin noch schaffen gedain zo werden heymlich noch offenbair in geynerlei weiß ind sonder alle argelist indracht ind generde. Dis zo gezuige der warheit ind vaster ewiger stedicheit hain wir Johan ind Gerart vurschr. vnßer beyder Siegelen vur vns ind vnße Eruen an diesen brieff doin hangen, Ind haint vort gebeden den Eirwirdigen Fursten ind herren heren Johan Bischeff zo Luytge Hertzouch van Bullion, ind Greuen zo Loen vnßen lieuen heren lnd Demen. Jnd vort vnße lieue Ralde Vrunde lnd getrewen mit namen heren Daem van Hetzingen Ritter, Wilhelm van Vlodorp Erffvaldt zo Ruyrmunde lnd Johannen von Lieck zer zyt Valdt zo Heynsberg, dat sy diesen brieff mit vns zo gezuge besiegelen willen, dat wir Johan Buschoff zo Luytge lnd wir Daem von Hetzingen Ritter, Wilhelm van Vloedorp Erffvalt Ritter, lnd Johan van Lieck burschr. lennen gerne gedain hauen omb beden lnd begerden wille der burgenanten vnßer lieuer Neuen lnd gnediger heren lnd Juncheren. Jnd hain daromb ein leclich van vns syn Siegel by die pre an diesen brieff gehangen int Jaire vnßes heren duysent vierhundert lnd vier lnd viertzich des Seeff lnd zwentzigsten dages in dem Maende October.

26 Oct.

XLVIII.

Eheberedung zwischen Johanna von Loen, der Heinsbergischen Erbtochter, und Graven Johann von Naßau uud Saarbrücken. dat. vp Montag sent Audrias tag 1450.

(ad §. XXXVIII.)

Jn Godes namen Amen. Wir Johan von Heinsberg by der Godts genaden Bischoff zu Lutge Hertzog zu Bullion lnd Graue zu Loyn gebohren lnd angenohmen Vormunder vnßer nachgelaßener Nichten Lude end Lande van Heinsberg vp eyne, ende wir Johan Greue zu Naßaw lnd zu Sarbruggen vp die ander syde. Doen kundt semlich lnd bekennen allermenniglich in diesem brieue, dat wir mit gutem vrlen willen vorbedachtem moede rade ende beywesen vnßer freunde, rede, end lieuer getrewen eyner frundtschafft hylichs vnd heiliger ee gutlich lnd frundtlich ouercomen, eins worden, angegangen vnd geschloßen seindt, also dat wir Johan Bischoff zu Lutge vorschr. den vorgenanten Johan Greuen zu Naßaw lnd zu Sarbrucken die Edle Johanna vnßers Johans Bischoffs vorgeschr. Nichte lnd des Edlen Johans van Loyn Heren zu Heinsberg, seliger gedechtnuß vns lieuen Nemen ehelige Dochter zu einer wißlicher ehelicher Haußfrawen beddegenoßen ende Wyue gegeuen, Jnd wir Johan Greue zu Naßaw dieselue Johannen van Loyn lnd Heinßberg zu einer eheliger vnd wißentlicher Haußfrawen Bedtgenoßen lnd Ehewyue genohmen haint, vnd ist hiebei clarlich beret gedadingt lnd gevorwardt,

dat

dat die egenante Johanna van Loyn zu rechten hyllichsgude an den vorschr. Jo-
han Greuen zu Naßaw, bringen vnd Ihme mit yr werden sal yre Erue Lande
ind Herrschafft der Schloße ind Stede Heinsberg Gellenkirchen ind Dalenbroich
mit allen ind jeglichen renten nutzen gefellen ind yren in- vnd zubehoerungen wo
vnd wie die gelegen syndt ind auch die Schloß, Stede, ind Pantschafft Waßen-
berg, ind des Hertzogen Rolde mit allen renten ind zubehoerungen, ind darzu
solche erbeschafft, landt ind herrschafft, die ihr von ihrer moder ind altmoder an-
ersteruen mogen, mit nahmen Diest, Sichen, Merhout, Zelem, Holey, Wyer,
ind allen anderen guederen daran gehoerende, ind darzu alle ersterffent, ind recht,
yre geburt ind anersteruen mach van dem Schloß ind Lande van Genepe ind auch
van dem moderlichen guede in renten van Gullge zu Heynsberg gehoerende.
Doch also dat der egenanter Johan Greue zu Naßaw vorgeschr. vor sich vnd die
egenante Johanna seine zukommende Haußfrawe vnd Johan Bischoffe zu Lutge,
gegonnet vnd ouergegeuen hat, dat wir die Schloße ind herrlichkeit van Heins-
berg, ind Gellenkirchen mit yren zubehoerungen vnser leue dage lang vnd nit
lenger vnßere Leibzucht davon zu hauen, ohne die vort in einicher wyß zo ver-
wenden, zu beschweren, oder zu belestigen, sonder ihren eindracht hindernisse offte
wederstandt, inhauen genießen ente gebruchen mogen. Sonder alle argelist ind
geferde vißgescheiden. Off den Landen ind Luden von beyden wegen einig schaden
zu queme darin sollen wir vnbedabingt sein ind blyuen. Beheltlich dem vorschr.
Greuen Johan dat die vorgenante herrschafften van stundt na vnßem bode ind
auegange vp yn gefallen, vnd komen sollen, in maßen herna eigentlich geschrie-
uen steit. Wir Johan Bischoff zu Lutge sollen auch furderlich schaffen, ind be-
stellen dat die Ambtluyde vnderfaßen ind gemeynden, der vorschr. Herschafft
Sloße Stede ind Lande van Heinßberg Gellenkirchen ind Dalenbroch ind yren
zubehoerungen dem vorgenanten Greuen Johan van stunt halden glouen vnd schwe-
ren sollen als yrem rechten Erffherren na vnßerem bode gehorsamb zu sein vnd
nit ehe, an Heinßberg ind Gellenkirchen ind an Dalenbroch van stundt, ind die
zu Waßenberg ind des Hertzogen Rolde, als yrem Pantherren, na lude der pant-
briewe, yme in allen sachen zugewarten getrew holt vnd gehorsamb zu sein.
Sonder alle geuerde. Die wir deß also zu doen, befohlen, geheischen ind gebo-
den haint, vnd sie mit crafft dießes brieffs heischen, befehlen ind gebieten, die
vorgenant Pantschafft Waßenberg vnd Hertzogen Rolde, wir Johan Bischoff zu
Lutge vorgeschr. dem vorgenanten Johan Greue zu Naßaw ꝛc. gelofft ind gegont
haint, dat hey die macht hat zu beschweren, vor diesem byschlaffe bis an siene

Dusent

Dusent gulden, ind darachter na synem willen zu beschweren, ind sollen wir die
beschwerunge die vor dem byschlaffe geschiet mit belleuen, brisenen, bewilligen, mit
verschreiuen ind versiegelen iud solche beschwerunge hey in diejer wyß gethan hat
ee diejer byschlaff geschiet were, sal onnarre gan an der Sommen zien dusent gul-
en, die hey vns gegeuen hat van solcher schulde wegen vnße lieue Neue Johan
von Loyn here zu Heinßberg sel. vnd seine Hauß frawe Johanna van Dieß vns Bi-
schoffe Johan schuldig wahren als sich gebuerende wurde die wldder zu geuen vnd
wir Johan Bischoff zu Lutge sollen ind mogen Ambtlude zu Heinsberg ind zu
Gellenkirchen setzen ind entsetzen, na vnßer gadongen, so dicke vns des noit dun-
cken sal, die welche also van nuwes gesat altyt auch hulden, glouen vnd schweren
sollen vns zu vnßer lyffsucht ind Greuen Johan zu syure erbschafft in maßen vor
ind na geschrieuen. Vnd ist vort gedadingt, dat dem vorgenant Johan Greue zu
Naßaw ietzundt an Dalenbroch von Erbschafft Waßenberg vnd des Hertzogen
Rolde, von Pantschafft wegen als vor ind na geschreuen steit mit ihren zubehoe-
rungen liuworden sollen hey die bauen besitzen, genießen ende gebruchen ind
Ambtlude da setzen ende entsetzen mag ind sal na synre gedongen ind willen den-
ben Ambtluden, Jederen behelflich dat yme ietzundt op syn Ambt verschreuen
ist, doch also dat wir die Offenung an Dalenbroch vnße leuelang behalten sollen,
Jnd wanne ind welcher zyt wir Johann Bischoff zu Lutge vorschr. afflyuich wer-
den, ind van dodes wegen affgegangen syudt, dat der Almechtige Gott na sy-
uer gnaden lange terheuten wolle dat dan der egenanter Graff Johan ind Jo-
hanna van Loyn ind Heynoberg oder yre eruen die egenante Siede Schloße ind
Laude, Heinßberg ind Gellenkirchen mit allen ind yeglichen yren zubehoerungen,
auch gantz vnd zu mahl, ind darzu ind damit, wat der egenanter Johannen van
Loyn sonst anerstoruen oder zugefallen were oder wurde nit vißgescheiden in ma-
ßen vorgeschrieuen auch mit allen renten ind zubehoerungen Innehmen, hauen,
behalten ind der zu yrem willen genießen ind gebruchen, ind damit doen ind
laßen sollen, as mit yrem eygen erue ind wie innen euen ist. Sonder hinder-
uiß, Indracht, oder wederstaubt vns Nacomlingen vnßer eruen, ind sonst aller-
mallichen, dariane auch die Miubtlude Scheffen, ind Vnderfaßen, ind gemynre
der Steden, Schloße, Lande ind yrer zugehoerungen an allen enden gehorsam
syn, ind yne die furderlich ohne verzug ingeuen ind darwidder nit doen sollen
in einiger wyß. Geschege auch dat achter dem dat der vorgenanter Johan Gre-
ue zu Naßaw ind die egenante Johanna van Loyn ind Heinsberg beschlaffen ind
Kirchgang gethan hette diefelue Johanna van Loyne ind Heinsberg by leuen vn-

ßer

der Herren von Heinsberg.

ßer Johans Bischoff vorgenant van bodes wegen ausginge dat Gott verhueten wil, so sal ind mag doch der egenanter Johan Greue ꝛc. achter affgang, ind dat vnßer Johans Bischoff zu Lutge vorgenant die vorgenante Herrschafft Stede Schloße ind Lande Heinsberg ind Gellenkirchen mit allen ind iglichen rechten zubehoerungen ind darzu of yt anders vp die gemelte vnße Nichte erstoruen ind gefallen were oder wurde, in vorgeschrieuen maßen auch gantz innehmen, ind behalten, ind der mit den anderen vorgenanten Schloßen ind Landen van Daleubroch Waßenberg in des Hertzogen Rode zo syner lyffzucht syn leuelang auch gebrucken end genyeßen, of ipe wol nit lyfs eruen mit eyn herden sonder wederrede hindernis oder einbracht allermennichliches, des yne auch in vorschr. maßen gehorsamb geschien sal, ind geschee is dat Gott verhuete dat wir Johan Bischoff zu Lutge van boldes wegen ausgingen, vor ind ehe dan der vorgenante byschlaff mit dem vorgenanten Greue Johan ind Johannen van Loyn ind Heinsberg geschiet ind gedaen were, so sollen die Ambtlude, Scheffen, Vnderfaßen ind gemunden der vorgenanter Herschafft Schloße, Stede, ind Lande, Heinsberg ind Gellenkirchen ind deren zubehoerungen doch schuldig ind verbunden syn, dem vorgenant Johan Greuen mit den egenanten Herschafften Heinsberg ind Gellenkirchen mit allen ind iglichen yren in ind zugehoerungen renten nutzen ind gefellen gehorsamb ind gewartig syn ind darzu komen laßen, als yrem rechten erffheren ind gingen wir Johan Greue van thodts wegen af ahne lyffs eruen mit der vorgenanter Johannen van Loyn zu hauen ind achter zu laßen, dar Got vor syn wolle. So sollen alle vorgerurte Herrschaffte, Schloße, Stede, Lande ind Lube an die rechte neste eruen gefallen, ind alsdan sollen auch vnße eruen verbunden syn, vnße vorgenante nagelaßen Haußfrauwe mit den yren wiederumb binnen die Statt Heinsberg van stundt vnbestat on einigen man zu lieueren ind zu bringen vngeueurlich, beheltnisse vnßen Eruen solche zien busent gulden die vns vp Waßenberg, ind des Hertzogen Rode verschreuen syn, in maßen vor ind na geschreuen ist. Vorbaß is beret ind bededinget dat der byschlaff geschien sal zu der zyt als die vorgenante vnße Nychte zu yren mondigen tagen komen ist, oder so balde dat mit rechte geschien mag, off as man dat gewerueu kan, mit orlof der Heyllichen Kirchen sonder einigen Verzuch oder einigerlei Inbracht. Wir Johan Bischoff zu Lutge, vorschr. sollen auch verfangen versorgen ind wall verwahren na aller vnßer macht in aller wyß dat die vorgenante Johanna vnße Nichte dem vorschr. Johannen Greue zu Naßaw nit ausehendig gemackt, entfurt noch entwant werde, by poenen ind verlust der Sommen verzich busent guder oberlendischer

Rin-

Rinscher gulden bis wir die egenante Johanna vnße Nichte dem vorschr. Greuen Johan zu synen handen ind gewalt gelieuert hauen. Vnd wir Johan Greue zu Naßaw vorschr. bauen auch dem vorschr. vnßerem gnedigen herren Johan Bischoff zu Lutge gelofft ind versprochen solche vorgenante frundtschafft hylich ind byschlaff auff vnßer syten zu volnziehen, in maißen vorgeschrieuen, so fer vns beruret by der poen virtlich dusent gulden, gelich der vorgenante vnße lieue gnedige herr van Lutge vns verschrieuen hat, vnd als wir Johan Bischoff vorgenant dem Edlen Johan van Loon here zu Heinsberg vnßem lieuen Neuen seligen, Jnd der Edler Johannen van Diest syner verlaßen Huyßfrawen vnßer lieber Schwager in ein mercklliche Summe gelts gelenet, verlagt, vor sie vißgegeuen, ind bezalt hain, daruor sie vns yre Landen verschrieuen hatten, vnd wir nun solche Summ gutlich genedert ind gelurtzet ind alle scholdt bis an zehn dusent gulden verlaßen hain, dieselue zien dusent gulden der egenanter Johan Greue vns vergnuget, bezalt ind vißgebracht hat. Bekennen wir Johan Bischoff zu Lutge, dat heret gebediget ind verfolgt ist, geschehe es, dat der vorgenanter hylich nit vor sich ginge oueruntz dode des vorschr. Johans Greuen off Johannen vnßer Nychten vorgenant dat dan solche zehn dusent gulden, die derselue Greue Johan vns Johan Bischoff vorgenant, bezahlt hait in maßen vorschr. ansteudt binnen des negsten Jahrfrist darna vns Greuen Johan vnd vnßen Eruen weder werden, off die Schloße Waßenberg ind des Hertzogen Rolde, mit allen yren zubehoerungen inbehalden der gebruchen ind genießen sollen, ind mogen, alsolange bis yne die vorgenante zien dusent gulden bezahlt, ind in ihren sicheren behalt ind gewalt geantwort werden, oder auer dieselue Schloß ind herrschafft vor die zien dusent gulden stellen ind setzen mogen wemc sie wollen, vißgescheiden an einen Hertzogen von Brabant, Doch beheltlich, hette der vorgenante Johan Greue vor dem vorgenanten byschlaff ydt darup beschwerdt, dat dat an den vorgenant zien dusent gulden affgan sal. Vnd sollen wir den egenanten Johan Greue zu Naßaw, so er die huldunge zo Waßenberg ind Hertzogen Rode entfangen wirdt die pantbrieue als dieseluen Schloße verpant sondt, zu synen handen yngeuen in maßen vor ind na geschrieuen. Ouch ist beret ind bebediget, dat wir Johan Bischoff vorschr. die Schloße ind Lande van Millen, Gaugelt, Buegt, Steyne ind Steinfort mit yren zugehoerungen, hauen, behalten, gebruchen, laßen, besitzen, eruen, die lehen ind wenden mogen na vnßer gutduncken ind willen an wen wir wollen, ind weme wir des gunnen, ohne einbracht des vorschr. Johans Greuen zu Naßaw ind Johannen vnßer Nychten offt yemandts. Wir Johan Bischoff vorschr. willen ind sollen

auch

auch den egenanten Johan Greuen zu Naßaw bei allen ind ieglichen seinen vor-
genanten herschafften, Schloffen, Steden, Landen, Luden, mit allen ind ieglichen
zugehoerungen, renten, nutzen, ind gefallen nit vißgescheiden oder affzustellen, die
yme gebuhren follen in maßen vorgeschr. gewelditglich ind vestiglich na vnßerm
vermogen handthaben, bedingen, schutzen ind schirmen ind darin versorgen als vn-
ßer lieuer Schwager ind Sohn. Wir Johan Greue zu Naßaw ind zu Sarbrug-
gen, hauen der vorgenanter Johannen van Loyn ind Heinsberg vnßer zukomen-
der Hußfrawen zu einem rechten wedomb gegeuen ind bewyst ind in crafft dieß
brieffs bewysen ind geben, as wedombs recht ist, vnße Burg ind Statt Beris
mit landen, gerichten, ind herlichelten ind allen ihren zugehoeren, wie wir die
van dem Hertzogen von Lotbringen vor zwolff dusent gulden in pantsgewyße in-
ne hauen, ind auch vnße deil so wir letzunt hant an den Steden ind Schloffen der
Herschafft Tirchen Stauff ind Dannenfeldts mit allen ind ieglichen zubehoerun-
gen, also geschlehe es dat wir van dodes wegen auegingen na dem vorschrieuen
byschlaffe, ehe dan die vorgenante vnße zukommente Haußfrawe, dat Gott an
ons luden na syner gnaden verhalden wolle, dat dan die vorgenante vnße zukom-
mende Haußfrawe solchen vorgenanten wedomb ihr lenelang, ind nit lenger
inhauen, besitzen, gebruchen ind genießen sal, als wedombs recht ist, vnge-
uerlich, ind darup sollen die Ambtlube ind Vnderfaßen daselbst van stundt an,
vnßer zukommender hußfrawen hulden ind schweren, ind besiegelte brieff geben,
yr getrewe hold ind gehorsamb zu son zu yrme wedomb na inhalt des hylichs
brieffs mit beheltniße vnßen Eruen yren offenungen daran zu hauen, sonder der
vorgenanter vnßer zukommender hußfrawen schaden vngeuerlich, ind dat solch
wedomb van stunkt na vrem dobe ind auegang weder op vnße Eruen kommen sal,
ohne der vorgenanter vnßer zukommender hußfrawen Eruen indracht ind widder-
standt, ind beschehe es dat Beris mit syme zubehoire vns auegeloft wurde. So sol-
len wir die vorgenant Summe zwolff dusent gulden, die wir darup haint, der
vorgenanter vnßer zukommender haußfrawen zu wedomb weder anlegen, so erste
furderlichste ind nutzligste wir mogen, damit sie wal versorgt sei. Alle ind ieg-
liche vorgenante sachen puncten ind articulen ind yeglich besonder hain wir Johan
Bischoff zu Lutge vor vns ind die egenante vnße Nichte, ind vor alle die vnße.
Ind wir Johan Greue zu Naßaw ind zu Sarbruggen als ser wir sollen auch
vor vns, ind die vnße in gutten trewen gantzer gelouen rechter frundtschafft,
ind gutten wille, ind vorrabe, vnd wir Johan Bischoff ind wir Johan Greue
vorgenant vnßer yeglicher dem anderen mit gutten trewen haint ind handt gelofft

gentzlichen zu halten, zu doen ind zu volfburen wie vorgeschriben ist. Sonder alle geuerde by vnßen trewen elde ind eere, ind darnwidder nit zu sein in gheyner wyß. Zu Vrkunde der wahrheit ind gantzer stedickeit alle vorschr. puncten zu volfburen hain wir Johan Bischoff zu Lutge vor vns vnße Nychte, der wyr vns in diesen sachen gemechtiget haint, ind mechtigen vor alle die rußme vnße Jngesiegel an diesen hylichs brieff doen hangen. Jnd wir Johan Greue zu Naßaw ind zu Sarbruggen haint auch vnße Jngesiegel vor vns ind alle die vnsen heran doen hangen. Aller vorschr. sachen zu gezenge, ind vmb mehrer sicherheit, ind gezeichnuß wille haint wir Johan Bischoff zu Lutge vorgenant, ind wir Johan Greue zu Naßawe ind zu Sarbruggen fyslichen ind ernstlichen gebeten den hochwirdigen Fursten ind herren herren Dietherich Ertzbischoff zu Colle Hertzegen zu Westphalen, ind zu Engeren, vnßen lieuer herr bruder ind gnedigen lieuen heren, vnd den wolgebohrnen Phillips Greuen zu Naßaw ind zu Sarbruggen vnsen lieuen Schwager ind bruder dat Sie yre Jngesiegel by die vnse zu einem wahren Vrcoude ind gezeuchniße an diesen brieff gehangen hain, vns zu bezeugen ind aller vorschriben sachen zu obersagen. Vnd wir Dietherich van Gottes gnaden Ertzbischoff zu Collne ind wir Philips Greue zo Naßaw bekennen dat wir durch beden des vorgenanten vnsen lieuen Bruderen ind herren Bischoffs van Lntge, ind lieuen Neuen ind bruderen Johans Greuen zu Naßaw vorschriben vnße Jngesiegel by dat yre so vronde an diesen brieff hain doen hangen, Sie vnd alle vorgenanter sachen zu oberzeugen, ind zu besagen helffen. Gegeben auff Montag sent Andries tag des hylligen Apostelen des Jahre van der geburte Christi dusent vier hondert ind funffzig.

30 Nov.

XLIX.

Bündnis Gerhard von Loen, Herrn von Gülch und Grav von Blanckenheim mit der Gülchischen Ritterschafft und Städten gegen den Herzog Gerhard von Gülch und Berg dat. vp Sent Remeis dag des H. Bischoffs 1452.

(ad §. XLII.)

Wir Gerhardt van Loin ein Herr zo Guilge, Greue zo Blanckenhelm. Jnd wir gemeine Reede Ritterschafft ind Stede des Landts van Guilge. Doin kundt
ind

ind bekennen ouermitz diesem brieff, also as hiebeueren in dem lauff der begriffen is tuschen dem Einrerdigen herrn Dietherich Ertzbischoff zu Colne, Hertzog zu Westphalen ind zo Enger ec. vnsem gnedigen herrn, ind vnsem lieuen geminden herrn ind Neuen, hern Gerhardt Hertzogen zo Gullge, zo dem Berg ind Gre-uen zo Rauensberg, vmb dat vurß. Landt van dem Berge, deils mit ingesatt ind vurgenohmen is as wir verstauben hain dat Landt van Gullge berhureude, dat wir meinen also nit syn en soulde na herkommen gelegenhelt ind verschreiuon-gen dairup ind dat Landt van Gullge vurß. angaende geschiet gegeuen verschrie-uen ind versiegelt worden synt, van dem turneinen turß. dabei ind dairum dat vurß. Landt van Gullge ind wir vorder zo groissem last kommen mogten as zo be-sorgen is lud na gelegenhelt geschehen mogte, Ind auch dabei ind darumb vorder zo besorgen is van zokommende sachen ind stucken zo geschein mogen, dabei da-mit vnd dairum dat vurß. Landt van Gullge ind wir auch in großen Last ind schwarhelt kommen mogten buissen vnsen wist byseiu off rait dat vns ind dem Lan-de van Gullge vurß. vnnutze ind sehr lestig ind schwar werden ind gefallen mogte, da dat Landt van Gullge vurß. ind wir nit wael mit zo en quemen, also builßen vns zo geschehen off zo doin. Dairum hauen wir Gerhardt ind wir gemeine Reede Ritterschafft ind Stede vurß. vns as nu also zosammen ind zo maullch an-deren gedain geuoegt ind belofft, dat wir vns zosamen halben, ind zosamen syn en blyuen willen ind sullen vestllch ind bestendtlich bei einanderen, ind vns van einauderen nit laßen noch schelden en sullen, noch en willen, in geinerlei weiß in den burgerurten sachen. Also, offt sach were off wurde dat vns die vurß. off einige zukommende sachen so vur off au quemen ind anstaende wurden in vn-geburlicher beschwerungen off leisten widber off entgehn herkommen gelegenheit ind verschrmouge vurß. dat wir dat zo verdadingen ind affgestalt zo werden gentzll-chen ind getreullchen samende doin, ind damit off dainne vns van eiuanderen nit scheiden en sullen noch en willen in gelner weise, ind des darinne zo doen gefallen wirdt dat wir dat sementlich in vurß. maßen lud as sich dat machen ind gefallen wirdt thun ind verdedingen sullen ind willen, also gehalden gestalt ind gelaßen zo werden zo syn ind zo blyuen as idt sich billig na dem herkommen gelegenheit in verschrieuongen vurß. heischt ind geburt, sonder argelist ind geuerde. Beson-der ind vur allen hieinne ausgenohmen ind gesatt dat wir Gerhardt, vnsem lie-uen geminden herrn ind Neuen, ind wir Reede Ritterschafft ind Stede vurß. vn-sem lieuen gnedigen herrn Hertzogen zo Gullge, zo dem Berge ec. doen willen ind sullen, dat wir yme billig doen ind schuldig syn zo doen, na herkommen ge-

legen-

legenheit vnd verschreiuonge vurß. Jn dem ind also dat Syn Lieffde ind gnade vns auch halden ind doen des sy vns zo halden ind zo doin geburen ind schuldig syat na herkomen gelegenheit ind verschrieuonge vurß. Jnd off vnßer ein deil off wir alle herumb off vmb anderen noit willen an andere verbrechende wyßliche offenbar kundige schulde, darumb wir nit zo reden kommen wulden as wir billig na herkomen gelegenheit ind verschreiuongen vurß. doin sulden, geargwilliget wurden, wie dat auch geschege off vurgenohmen wurde, darwidder sullen wir auch mallich anderen gentzlich getreulich ind festlich, gleich off idt ieglichen van vns besonder allein anglenge gestendig beistendig beralden ind behulpen syn ind blyuen, also dat der van vns, vnßer ein deil off wir alle, na dat sich dat mit vns besonder off gemein machte, der argwillicheit verledigt ind erlassen syn ind blyuen, ind damit off dainne vnße gein den anderen off die anderen van vns nit lassen in geinerlen weise, ind zo ieglliches gefinnen van vns, dem des noit wurde, sonder verzog bistendig syn, in massen vurß. wie duck des noit geschege. Alle vurß. sachen ind puncten hain wir mallich anderen in guden rechten trewen in gerechter Eidtsstatt ind in rechter wairheit gelofft ind gelouen ouermitz diesen brieff gentzlich vast ind vnuerbruchlich zo halden, dauon nit zo treden noch darwidder zo syn sonder alle argelist ind geuerde. Jnd wir Gerhart van Loin, ein Herr zo Gullge. Greue zo Blanckenhelm vurgemelt hain vnse Jngesiegel vur vns an diesen brieff doin ind heischen hangen nit vnßer guder wißt ind willen. Jnd wir anderen alsesamen vurß. hain auch dairum gebeden in bidden ouermitz diesen brieff die Eirbaren vnße lieue Maige, Schwazer ind Drunde herr Werner herr zo <u>Palandt</u> ind zo Breitenbendt, herr Gobdart van Harue Landtdroßten zo Gullge, herr <u>En</u>gelbert Nyt ran Birgel Erffmarschalck, herr Wilhelm van Neßelrode, herr Wilhelm van Blatten, herr Daem van Hetzingen ein Landtdroßten, herr Werner van Ralde, herr Gobbert van dem Bongarde Erffkemmerer, herr Johan van Burgaw, herr Werner van Hompesch, herr Wilhelm van Lintzenich, herr Johan van Schonralde, herr Henrich van Krulthaußen Ritter, Carselis van Palandt herr zo Wildenberg, Reinhard van Harue, Daem van Harue, Gobschalck van Harue, Henrich Spieß van Bulleßheim, Reinard Spieß van Bulleßheim, Johan van Birgel, Schelffart van Ralde genant van Rubelfeck, Baldewin van Berge, Henrich van <u>Plettenberg</u>. Wort burgermeister ind Ralde der Stede Gulich, Duiren, Munster in Eiffel, Euskirchen, Bercheim, Caster, Greuenbroch, Glabrbach, Randenrolde, Lintge ind Nideggen, dat sy vur sich ind auch vns anderen diesen brieff zo gezeuge der rechter wairheit besiegelen willen, want es zu

vil

vil wurde vns aller Siegel he an zo hangen. Jnd dairum bekennen wir dat wir
gebrauchen ihre Siegel vurß. In dieser sachen, gleich off wir vnser selffs Siegele
heran gehangen hebben, welcher Siegelongen vnd bedden wir mit nahmen burge-
melt auch bekennen vnd gern heran gehangen hain vmb vnßer ind auch vmb bedden
wille der anderen vnßer Maige Schwazer ind Brunde, Ritterschafft des Landes
van Guilge vurß. Gegeuen in dem Jair na Christus geburt, do man schrieff dui-
sent vier hondert zwei ind funffzig vp Sent Remeiß dag des heiligen Bischoffs.   1 Oct.

L.

Kaufbrief über die Hostebische und Gonderstorfische Güter in der Ei-
fel, welche Gerhard von Loen, Grav zu Blankenheim an
sich gebracht hat, dat. vp Sent Gertrud dach
der hyllicher Jonfferen 1457.

(ad §. XLII.)

Wir Wilhem van Honsleben vnd Margaret van Gonderstorff syne ellge huys-
frauwe boyn sementlich kunt allen luden vnd bekennen ouermytz dyssen breyff vur
vns vnd vnsse Eruen vnd Nakomlinge dat wir mit godem vurbedachtem raede
ind vryen moltwillen mit raede vnsser mage vnd frunde vnd vnssen nutz orber vnd
beste tae ane geproyfft vnd geschyckt in eyme steden erfflkouff verkoufft hain vnd
verkouffen ouermytz dyssen brieffs errflich erwelich vnd vmmerme zun ewigen dagen
in der zyt wir dat mit recht wall doen mochten deme hoechgeboren heren heren
Gerhardt van Loyn heren zo Gulich Greffen zu Blankenheim x. vnsserem genebi-
gen lieuen heren eyndeyls vusser guede der Eyffelen vnd dae vmb gelegen as die
doch kleyrlich mit namen herna beschreuen volgent. Zom ersten Nypsdorff, Hon-
dersdorff vnd Nerendorff mit irem zubehoyr gericht vnd herllicheyt vnd mit der
pantschafft van Guilche. Item zu Gondersdorff Gerucht vnd Herllicheyt mit syme
jubehoyr zo anden buschen vnd beynden. Item den Hoff zu Lyessendorff der is halff
Merbachs. Item Birgel der Hoff halff. Item den Hoff zu Velden mit syme zubehoire,
ind dat Gott zu Gepenball see wie vns die vorgenante gute van vnssen Swygerheren
vnd Swygerfrawen Vater vnd Moder selyge vnd nun Margareten Alderen gegeuen
anerstorffen vnd gefallen synt, as vur eyne bescheyden Somme geldts die der vor-
genant vnsse gnedige lieue here vns eluben vorß. vur gemech dys brieffs zu vnssen
genoegen goytlich vnd wael verwyst vnd vernoegt hayt na inhalt sulcher breyff vnd
Sygel wir van syner gnaden darvp sprechen hain. Jnd hayn darumb gentzlich
vnd

vnd lutterlich verzicgen vnd verzeu in krafft dys breyfs vp die vurß. goede vnd vp alle erffſchaff vnd recht wir vnd vnſſe eruen daran gehat hauen vnd hain vns vnd vnſſe eruen dzer an onterfft vnd den vorgenant vnſſen genedigen lieuen heren vnd ſyner genaden eruen baran geerfft zon ewigen dagen, vnd des vyſſgegangen, vnd ſyner genaden dat mit halm vnd mit monde vpgedragen. Vnd vmb dat dyß vorß. erfflouff zo ewigen dagen vaſte vnd ſtede ſyn ſall, ſo hayn wir Wilhelm vnd Margarete elude vurß. vnſſer beyder Ingeſygel an dyſſen breyff gehangen vnſſ vnſſe Eruen vnd Nakomelynge alre vorſt. ſachen dazo ouerzugen, vnd hayn ju merer veſtycheit gebeden vnd byoden die Erbaren vnd froemen heren Gauwyn van Swanenberg Ryttcr vnd frauwe Katherynen van Gonderſdorff ſyne elige huyſſrauwe, Branwe Mettel van den Heyſteren Wydwe vnſſen beſonderen lieuen Swager Swegerin vnd Suſter, dat ſo dyſſen vurß. erfflouff mit bewilligen vnd beleuen willen vnd des zn gezuge dieſen breyff mit iren Sngelen willen beſygelen, des wir Gauwyn vnd Kathryna elude vnd Mettel vorgenant erkennen dat dys vorß. erfflouff mit vnſſen wyſſen zugegangen is lud vnſſen willen vnd Conſent dar-zu gedayn vnd gegeuen hayn ſo verre vns dat antreffen mach, vnd hayn darumb zn gezuge der walrheit vnſſe Ingeſygel an dyſſen breyff gehangen, vnd wir elude vorß. hain zu noch merer konden gebeden vnd biddcn die ſtrengen vnd froemen heren Johannen vamme Geyſbuſch Ryttcr Heren Bollheyn vnd Heren Roylman vamme Gryßbaſch Ritter, heren zu Zyſſel vnſe leue Swaeger vnd Neuen dat ſo duſſer ſachen zo gezuge ire Sigel an dyſſen breyff willen hangen, des wir Johan vnd Roylman vorgenant bekennen 'walr ſyn vnd gerne gedaln hayn vmb beten will Wilhems vnd Margreten vnſſes lienen Swagers vnd Nichten. Gegeuen int Jaer vnſſers heren M. CCCCLVII vp Sent Gertrudt tach der hylliger Jonfferen.

LI.

Eheberedung zwiſchen dem jungen Herzog Wilhelm von Gülch und Berg, und Graven Johann von Naßau und Saarbrücken älteſten Erbtochter Eliſabet. dat. vp den hilli-ger zien buyſent Merteler dach 1463.

(ad §. XL.)

Wir Gerhart van Got Gnaden Hertzouge zu Guylge zo dem Berge, lnd Gre-ue zo Rauenſberge, Jnd Sophia van Saſſen Hertzouginne vnd Greuinne der vurg, turg. Lande fyne elige hunßfrauwe ind gemahel an eyne, Ind wir Johan Greue zo Naßauwe ind zo Sarbrucken Here zo Heynsberg ind zo Lewenberg, ind Johanna van Loen Greuinne ind Frawe der obgenanten Lande fone elige hupßfrauwe ind gemahel an die ander syde. Doin sementlich kunt ind bekennen offenbairlichen mit desem brieue vur ons vnse Eruen ind Nakomlingen dat wir besonnen betracht ind angesehen han sulche lieue truwe ind fruntschafft die vnse vuralderen seliger gedechtuiß lang zot her by yrem leuen gehadt, onbereynanderen bewust, ind ouch wir zosamen hauen, vmb sulge truwe lieue ind fruntschafft nu vurbaß gestercft zo werden hauen wir mit walbedachtem moide ind raide vnser selfs ind vnser Rede ind Wrunde eyne merer lieue ind fruntschafft Gode dem almechtigen zo loeue na ordenonge ind gesetze der hilligen Cristligen Kirchen in dat Sacrament der hilliger Ee vnser kinder van bender syde antreffende beredt ind bedeidingt inmaißen herna geschreuen. Zo wissen dat der Hogeboren Furste Hertzouch Wilhelm Jungherßouch zo Guylge zo dem Berge ind Greue zo Rauensberge vnser Hertzougen Gerharß ind Sophien Hertzouginnen durß. elige lieue aldste Son die Edel Elysabeth Junggreuinne zo Naßauwe ind zo Sarbrucken vnsser Johans ind Johannen Greuen ind Greuinnen zo Naßauwe ind zo Sarbrucken durß. elige dochter zo einer Clichen hupßfrawen ind gemaheln hauen ind nemen sall. Darumb so gereden ind geloeuen wir Gerhart Hertzouch ind Sophia Hertzouginne durß. vur vnß ind den burgem. Herßouch Wilhelm vnßen lieuen aldsten Son, dat he die egenante Elisabeth Greuinne zo Naßauwe zo einer elichen hupßfrauwen hauen ind nemen, Ind wir In auch derseluen Elisabeth zo eyme eligen Manne geuen, vnd he auch geyne ander zo einer elichen hupßfrauwen vnd gemaheln hauen soll so sy by leuen blyfft ind vollzhauen nyt affgheit. Deszelychen geloeuen gereden ind versprechen wir Johan ind Johanna Greue ind Greuinne zo Naßauwe :c. dat wir die obgenante vnse lieue dochter Elisabeth Junggreuinne zo Naßauwe :c. dem hogeboren Fursten Hertzouch Wilhelm Jungherßougen zo Guylge ind zo dem Berge :c. durß. vnd geyme anderen so verre he an leuen blyfft zo einer eligen hupßfrauwen ind gemaheln geuen sullen ind willen, den sie auch ind geynen anderen also nemen ind hauen sall, Ind asbalde dieselue Elisabeth zo yren vunffßen Jairen komen ind der aldt ist, so sullen ind willen wir Herßouch ind Herßouginne, Greue ind Greuinne burg. die obgenante vnser beyder kinder Herßouch Wilhelm ind Elisabeth zo der hilliger Ee zosamen geuen, vnd sich vnbereynanderen vertrauwen laffen na ordenonge gesetze ind gewoenheit der hilliger Kirchen vnd sy dan van stont aen langer verzehen elich byplegen, ind zo sulchen beyplegen sullen

ind

ind willen wir Johan ind Johanna Greue ind Greuinne zo Naffauwe vurß. die
vurg Elifabeth vnße lieue dochter mit cleybongen ind clynoden verdigen ind vßs
richten as vnßen Eren zempt ind geburt. Ind wir Johan ind Johanna Greue
ind Greuinne zo Naffauwe ind zo Sarbrucken vurß. fullen ind willen den obges
nanten Hertzug Wilhelm Junghertzougen zo Guylge zo dem Berge ꝛc. mit vns
ßer lieuer dochter Elifabeth Junggreuinnen zo Naffauwe ꝛc. zo rechtem Bruts
ſchatze hylichsgude ind Medegauen geuen vnßere Sloſſe Stede Lantſchafft in Pants
ſchafften herna geſchreuen mit namen Heynsberg ind Geylenkirchen alyntlich, vort
vnße helffte an Millen Gangelt ind Suchten, ind darzo vnße gerechtigkeit ind vers
ſchryuongen der Pantſchafften van des Hertzogen Roide ind Waſſenberg mit alle
derſeluer vurß. Sloſſe Stede Pantſchafften herrlichkeit, Manne, Dienſten, Luden,
renten, gulden, nutzen, vpkomyngen vnd erfalle, wa ind wie die gelegen darin
ind zo gehoerende ſynt groiſſ uoch cleyne mit allem dauon nit affblyuende noch
vißgeſcheiden, dieſeluen vurß. Sloſſe Stede in Pantſchafften wir Greue ind Gres
uinne zo Naffauwe Hertzouch Wilhelm ind Elifabeth vnßer lieuer Dochter vurg.
zor ſtont as ſo elich beygelacht werden mit allem yrem zobehoere as vurß. iſt oeuers
geuen ſullen ind willen, ſy ind yre ſamen kindere van In beyden geſchaffen ind
der kinder Eruen der erfflich zo gebruychen. Were ouch ſache dat wir Johan
Greue zo Naffauwe ꝛc. boltzhaluen affgiengen ind geyne me eliche kinder na vns
en lieſſen, So ſullen alle vnße Lande van Sarbrucken van Lewenberg ind andere
vnße Lantſchafften ind Pantſchafften eruen komen ind vallen an Hertzouch Wils
helm vurß. ind Elifabeth vnße dochter ind yre ſament Eruen van In beyden ges
ſchaffen daby erfflich zo blyuen. Kregen wir Johan ind Johanna Greue ind Gres
uinne vurß. auer mer kindere es weren Soene oder dochtere, ſo ſullen doch gelys
che wail Hertzouch Wilhelm ind Elifabeth vnße lieue dochter erfflich an ſich behals
den Heynsberg Geylenkirchen alynclich vnße helffte an Millen Gangelt Suchten,
ind vnße gerechtickeit der Pantſchafften van des Hertzougen Roide ind Waſſens
berg. Und wir Hertzouge ind Hertzouginne ind vnße Eruen ſullen dair tzeen
Johan Greuen obgenant ind ſynen Eruen zo beſtetniſſe ſulcher vier Nakindere off
ſy die kregen geuen zwelf duſent Querlenſche gulden ee ſy Heynsberg Geylenkirs
kirchen Millen Fucht Gangelt Roede ind Waſſenberg as vurß. iſt ſchuldig ſynt zo
oeuergeuen. Kregen wir Johan ind Johanna obgenant ouch eynen Soen zo Elis
ſabeth, vnßer vurß. Dochter, ind geyne kinder me ſo ſulden ſy der zwelff duſent
gulden vurß. entbragen ſyn ind der nyt durffen geuen, Ind off wir zo Elifabeth
vurß. eyne zwae off me dochtere ind geyne Soene en kregen ſullen Hertzoug Wils

helm

helm lnd Elisabeth vnse lieue Dochter gelychewall Heynsberg Gevlenkirchen Mil-
len Gangelt Juchten die Pantschafften van des Herzougenroide lnd Waffenberg
wie vurgecliert steit errfflich hauen lnd an sich behalden, vnd die anderen vnßere
dochtere wir zo der vurß. Elisabeth kregen en sullen an den vurß. Sloßen Lant-
schafften lnd Pantschafften geyne gerechticheit hauen noch behalden. Jb en queme
mit dem vrederfalle als herna geschreuen steit, lnd sal nochtant asdan dieselue
Elisabeth vnse Dochter lnd yre eruen gelychewail dairzo yre gerechtlcheit zo ande-
ren vnßen nalaßenden Eloßen Steden lnd Lantschafft hauen lnd gueden hain lnd
gebruychen als eyner aldster Dochter geburt. Damit ind in maissen vur lnd na
geschreuen sall Elisabeth vnße lieue Dochter van yren vederlichen lnd moderlichen
Erffschafften Lantschafften lnd Pantschafften eyne verzegene Dochter syn, bißge-
schelden wes yre vurder Got lnd der hillige Kirchoff zo voegde. Ouch offt geuiele
dat wir Johan Greue zo Naßauwe vurß. vur vnßer lieuer huysfrauwen lnd ge-
maheln Johanna Greuinnen zo Naßauwe boltzhaluen affgiengen, lnd sy sich ver-
anderde zo eyme anderen eligen Manne, sall sy yrs Wedomps wir yr vurzyt an
Kuchgem in der pantschafft zo Berliß gemacht lnd verschreuen hauen gebruychen
lnd darzo die Sloße lnd Lant van Lewenberg lnd Geylenkirchen mit yren zobehoe-
ren yre leuenlanck lnd nyt langer auch mit hauen lnd gebruychen. Jnd sall doch
dieselue Johanna vnße lieue huysfrauwe van stont an asbalde Herzouch Wilhelm
vurß. mit Elisabeth vnser samendochter Heynsberg mit der auderer Lantschafft lnd
pantschafften vurgecliert oeuergeuen wirdet Geylenkirchen mit syme zobehoere al-
leyne vur sich voßbehalden yre leuenlang zo gebruichen lnd nit langer. Jnd off
dieselue Johanna vnße lieue huysfrawe vur vns Johan Greuen zo Naßauwe
vurß. boltzhaluen affgienge lnd geyne me kinder van vnßer beyder lyue geschaffen
na en lieffen dan Elisabeth vnße lieue dochter vurß. damit vns allen vußer here
Got guetlich geuriesen lnd versehen wille, vnd wir vns veranderden zo eyme an-
deren eligen Wyue, lnd damit kinder kregen, so sulde Elisabeth vnßer lieuer
Dochter an stont na vnßem boide dat Sloß Lant herrlicheit lnd gerechticheit
van Lewenberg mit aller anderen Lantschafft lnd guede, wir mit yre Moder kre-
gen hain errfflich erfallen sin. Lieffen wir Johan Greue lnd Johanna Greuinne
vurß. auer me kynder van vns beyden geschaffen na vns dan Elisabeth vnse lieue
dochter vurß. sall id damit gehalden werden as hy vur in diesem brieue vnder-
schedenlichen dauon geschreuen steit. Were auch sache dat Elisabeth vnßer Gre-
ven lnd Greuinnen vurß. dochter boltzhalnen affgienge vur Herzouch Wilhelm
sunder nabhuende geburt van yn beyden geschaffen, sulde he aller der Lantschafft

he mit der vurß. vnßer dochter kregen hebbe fyn leuenlanck gebruychen vnd jur ſtont nach fyme bolde weder ledig vallen ind tommen funder allerlei indracht ind oeuergeuen werden den neiſten Eruen da dat hertomen iſt. Geuiel auch dat Herßouch Wilhelm vnßer Hertzougen ind Hertzouginnen vurß. lieue aldſte Soen vur Elifabeth Junggreuinnen zo Naſſauwe vnrß. doltzhaluen affgienge, fulde fy yrs Wedomps wir yr in dieſem brieue hernageſchreuen gemacht hain yre leuenlanck gebruychen. Datz nemlich zo wiſſen ind clairlich zo verſtain dat wir nu vur vns vnße Eruen ind Natomlinge die obgenante Eliſabeth Junggreuinne zo Naſſauwe zo wederſturongen yres byllichsgutz ind medegauen burgeclert an vnßen lieuen Son Hertzouch Wilhelm zo brengen belyffzuchticht ind bewedompt hauen, belyffzuchtigen ind bewedemen fy veſilichen in crafft dis brieffs an vnße dry deil vnßer Burch Stat alingen Lants ind Ampts van Caſter, ind an alle ind tgliche derfeluer vnßer dreyer deyle herrlicheit, gericht, rechte, vorpere, lude, gulde, rente vpkomynge ind all erval wa ind wie die gelegen darin ind zogehoerich fynt groiſſ noch cleyne mit allem dauan nyt affblyuende noch vißgeſcheiden, alſo dat dieſelue Eliſabeth na vns lieuen Soens Hertzouch Wilhelms bolde off fy in oeuerleuende na yre famen byleigen vurß. derfeluer dreyer deyle vnßer Burch Stat Lantz ind Ampt van Caſter mit yren zubehoerungen yre leuenlanck genieſſen gebruychen, die inne hauen ind beſitzen fall ind mach zo alle yrme nutze orber ind beſten, daran wir vnße Eruen ind Natomlinge die vnßeren noch nyemantz van vnßen wegen yre geynen hinder wederſtant noch bedranck dola en fullen noch en willen, funder fy daby gentzlich zo laiſſen beſchirmen verantwerden ind verdedingen gelych andere vnßer Lantſchafft vns Hertzougdombs van Guylge. Ind as dan Caſter vurzytz van Hertzouch Adolph Wilne Hertzoug zo Guylge zo dem Berge feliger gedechtniſſe fyner gemaheln Frauwen Eliſabeth van Beyeren Wedom gemacht ind verſchreuen iſt, were nu ſache dat die vurgem. Eliſabeth Junggreuinne zo Naſſauwe ind zo Sarbrucken Hertzouch Wilhelm vnßer Hertzougen ind Hertzouginnen vurß. lieue aldſte Son na yre famen byſlaffen verleuede, ind Caſter dan noch nyt ouermitz bolt Frauw Eliſabeth van Beyern vnſſ weder ledich ind zogefallen were, fullen ind willen wir vnſſe Eruen ind Natomlinge derfeluer Eliſabeth Junggreuinnen zo Naſſauwe eyn ander vnße Sloß zo yre woenyngen ind Wedom mit alſo vil ſicher gulden ind renten in vnſem lande van Guylge gelegen nyt arger dan die dry deil zo Caſter fyn ingeuen des bis zor zyt dat Caſter erledigt wirdet as vurſchr. is zo gebruychen, vnd ſullen yre ſulchs vurß. zouceren ee fy mit Hertzouch Wilhelm vnßem lieuen Soene vertruwet ind bygelacht werde gentzlich

doln

der Herren von Heinsberg.

doin geschien. Duch is hyinne clairlich gewurmert ind verbedingt, dat wir Hertzouge ind Hertzouginne zo Guylge zo dem Berge ꝛc. Jnd wir Greue ind Greuinne zo Naffauwe ꝛc. vurß. vns mit onsen landen ind luden nu zosamen gedain vereynigt verstrickt ind verbunden hain doin vns zosamen vereynigen, verstricken ind verbinden vns vestlich in crafft dis brieffs also dat vnßer eyn dem anderen mit Landen Luden Gloffen Steden Westen zozeheu hulper werden Rupter in koste leygen, ind volre macht zo allen zyden vnßer iglicher des zo doin krege getruwelliche hulffe, vurderniffe, offenonge vnßer Gloffe Stede ind Westen ind bystant doin, vnd vns dainne vndereynanderen getruwelich gunstlich ind fruntlich halden ind bewysen sullen ind willen gelych as treeffe ib eynen igliche van vns ind syne Lantschafft selffs an bißgescheiden de ghene damit wir semeutlich off besonder vur datum dis brieffs in verschreuener eynongen off verbuntniffe stain. Want dan wir Gerhart Hertzouge ind Sophia Hertzouginne zo Guylge zo dem Berge ꝛc. vnd wir Johan ind Johanna Greue ind Greuinne zo Naßauwe ind zo Sarbrucken ꝛc. vurß. diese hylige inssichen vnßer beyder kinder inmaissen vurß. gentzlich nagaen volfoeren ind halten willen, vnd van denseluen vnseu kinderen volfoirt ind gehalten hauen willen syn wir darop onder vns eyndrechtlich verdragen, offt sache were dat deser vurß. hylich ind hylichsvurwerden, wie vurgecliert steyut van vnßer eyncher soden ind parthyen verbrochen myt nagegangen noch volzogen en wurde, des doch iyt son noch geschien en sall geynerley vrsache vur zo wenden, So sall die verbrechende parthye der anderen haldender parthyen rechter schoult schuldich syn vunfftzig dusent ouerlentsche Rynsche gulden, ind die binnen iairs vrist nae dem verbrechen der haldender parthyen binnen der Stede eyne Coelne off Aliche zo yre kuer kommerloiff ind vnbeswert vp derseluer verbrechender parthyen kost sorge ind ampt zo lieueren, ind an eyner ganser allinger vngedeilter Summen wail zo bezalen aen eincherley indracht oder langer verzoch, geschege des also nyt vnd gebrech darin diele in deyle off zomaele dat Got verhoede, so sullen ind willen wir Gerhart Hertzouge zo Guylge in zo dem Berge, ind vnße Eruen ind wir Johan Greue zo Naßauwe ind zo Sarbrucken ꝛc. vurß. ind vnße Eruen an wilchem vnßer parthyen der gebrech were, nyt en heilte volzoege noch en bede inmaiffen vurß. as dan van stont zo gesonnen der haldender parthyen mit sonffelffs sjue, ind zweutzig Schiltburdigen Mannen as die verbrechynde parthye mit zien knechten ind zwelf Reydigen pferden, vnd die zwentzig Schiltburdige Manne yre iglichen mit zwen kuechten ind dryn Reysigen perden in die zweyer vurß. Stede eyne Colne off Aliche in eyne Eirsame herberge dann die verbrechende parthye van

der haltender parthyen gemaent wurde muntlich off schrifftlich in leyſtonge ind
gyſelſchafft inryden alda ynne zo blyuen, volkomen leiſtonge ind Gyſelſchaft
zo doin ind zo halten vp yre coſt ind perde, ind die zo ducke des noit geburt
na eynanderen zo erſetzen na guder lude ind leyſtongen rechte ind gewoen-
den. Ind van der leyſtongen uyt vpzuhoeren noch viſſ der herbergen nummer
zo ſchelden der haldender parthyen en ſy zierſt ran der verbrechender parthyen ge-
noichliche bezalonge geſchiet van der burgem. heufft ſummen vunffzig duyſent
Ouerlentſchen Rynſchen gulden, iud dairzo van allen coſten ind ſchaden, die hal-
dende parthyen daromb in eyncher wys hedden beden oeder leden, der ſy ouch ſelffs
wie ſy die rechenden ſunder eynich eyde off burder betryſſ daromb zo geſchien ge-
loufft ſullen ſyn, Ind off die verbrechende parthye an der leyſtongen burſ, in
deyle off zomalle verbreche, des doch nit ſyn noch geſchien en ſall, ſo molgen die
haldende partye der verbrechender parthyen beyde vur die heufft ſomme ind ſcha-
den burſ, an yre lyff ind gut yre lude haue gude Cloſſe Stede ind Lantſchafft wa
ind wie ſo die ankomen konnen groſſen vnd an ſich behalden yre beſte damit zo
doin bis in volcomen genoichliche bezalonge van der heufft ſummen vunffzich duyſent
Ouerlentſche Rynſche gulden vnd dairzo van allen coſten ind ſchaden geſchiet as
burſ. iſt, ind die haldende parthyen ind vort alle die ghenen in dairzo behulff
vurderniſſe ind byſtant deden ſullen des allet van macht diß brieffs na alle yrem
willen erloefft ſyn ind dainne alzyt recht, vnd die verbrechende parthyen vnrecht
hauen. Ind darumb anch ind alles des ſich darvſſ entſtunde ſunder anſprache
ind vngeargwillgt ſyn ind blyuen van der verbrechender parthyen vurſagt ind al-
remalich. Alle ind igliche dieſe hievurgeſchreuen puncten ind Articule inhalde dis
brieffs geloeuen wir Gerhart Hertzouge ind Sophia van Saſſen Hertzouginne zo
Guylge zo dem Berge ic. Ind wir Johann in Johanna Greue ind Greuinne zo
Naſſauwe ind zo Sarbrucken ic. burſ. vur vns vnſze Eruen ind Nakomlinge by
vnſzer Furſtlicher truwen Eren geloeuen ind in gerechter warer eydoſtatt gentzlich
wair vaſt ſtide vnuerbrochen, vnd ſunder all gebrech zo halden ind zo vollenziehen,
dar nyt weder zo doin noch geſchien laiſſen eeuermitz vns ſelffs vnße burſ. kinde-
re noch nyemantz anders van vnſer yrer oder yemantz anders wegen in eyncherley
weiſe off manieren. Ind dis zo wairem vrkunde ind gezuichniſſe der wairheit
ind gantzer vaſter ſtedicheit hain wir Hertzonge ind Hertzouginne zo Guylge zo dem
Berge, ind wir Greue ind Greuinne zo Naſſauwe ind zo Sarbrucken burſ. vnſzer
aller ind iglichs Segele an dieſen brieff doin ind heiſſchen hangen. Ind vmb noch
meirer veſticheit ind ſicherheit wille alre burſ. ſachen hain wir vort gehetſchen
ind

der Herren von Heinsberg.

ind benolen vnse lieue Rede getruwen ind Wrunde as wir Hertzoug ind Hertzcu-ginne ꝛc. heren Goebart van Harue vnsen Lantdrosten vnß lantz van Guylge, heren Wilhelm van Nesselroide heren zom Steyne vnßen Lantdrosten vnß lantz van dem Berge heren Engelbrecht Nyt van Birgel vnßen Erffmarschalck, heren Goebart van dem Bongarden vnsen Errftemerer vnß Lantz van Guylge, heren Wilhelm van Nesselroide vnsen Amptmau zo Schoenforst, heren Johan vamme Geysbusch heren zo Vollhem vnsen Amptman zo Norvenich Rittere, Johan van Nesselroide vnsen Amptman zo Eluerfelde, Bertolt van Plettenbrecht vnsen Amptman zu Lulstorp, Diderich van Mentzlingen ind Lambrecht vamme Zwyuel vnßen Amptman zu Randenrolbe. Ind wir Johan ind Johanna Greue ind Greuinne zo Nassauwe ind zo Sarbrucken burß. heren Johan van Srankenberg Ritter vnsen Amptman zo Heynsberg, Goebart van Vlodorp, Steuen van Lyeck de alte, Sytz vam Hoeruck, Johan vam Hoeruck, Johan van Lyeck, Johan Rube-saym van Merenbergh, ind Allbrecht vamme Zwyuel dat sy vre Segele by die vnsen zo gezuige mit an diesen brieff gehangen haint. Des wir alle vurg. vnder vnsen Siegelen so heran gehangen zuygen ind bekennen wair ist ind gerne gedain hain van begerden gehelffche ind beuele vnser gnediger lieuer heren ind Frauwen Hertzougen ind Hertzouginnen zo Guylge zo dem Berge ꝛc. Ind vnßer gnediger lieuer Juncheren ind Jufferen Greuen ind Greuinnen zo Nassauwe ind zo Sarbrucken ꝛc. burß. Gegeuen in den Jaeren vnß heren dupsent veir hundert dry vnd Seßzich vp der hilliger zien dupsent Merteler dach.   22 Jun.

LII.

Kaisers Friederich IV Reunions-Urkunde des Heinsbergischen vierten Theils an Gülch mit dem Gülchischen Staats-Körper. dat. zu Judenburg am Pfingtag vor St. Gregorien tag des H. Pabstes 1469.

(ad §. XLV.)

Wir Friderich van Gottes genaden Romischer Keyser zu allen zyten Mehrer des Rychs, zu Hungaren, Dalmatien, Croatien ꝛc. Konig, Hertzog zu Oesterreich, zu Steyr, zu Kernden vnd zu Crain, Here auff der Windischen Marck, vnd zu Portenaw, Graue zu Habspurg, zu Tyrol, zu Pfyrt, vnd zu Kyburg, Marggraue zu Burgaw vnd Lantgraue zu Elsaß. Bekennen vnd thun kunt aller

aller menniglich, als vns der hochgeboren Gerhart Hertzog zu Gulich zu Gelren
vnd zum Perge, Graue zu Zutphen, vnd Rauenßberg vnßer lieber Oheim vnd
Furste durch sein Erbere vnd treffentliche Bottschafft hat furbringen laßen vnd zu
erkinnen gegeben wie das weilant Hertzog Adolff syn Vetter vnd in den genanten
Surstenthumben Gulich Gelren vnd Perge vorfater weilandt Johannen von Loen
herrn zu Heinsberg vnd Wilhelmen von Loen Grauen zu Blanckenheim des ge-
melten Johanßen ehelichen Soenen vnd nach thodt des genanten Hertzog Adolffs
derselb Hertzog Gerhart weilandt Gerhardten vnd zu dem Jungsten Wilhelm auch
Grauen zu Blanckenhelm vnd ihren Erben vmb mercklicher vrsach willen beson-
der zu ihrer, vnd der gemelter Ihrer Furstenthumben lande leute vnd vnderthas
nen friede sicherheit beschirmung vnd mehrer bewahrung des vorgerurten Fursten-
thumbs Gulich vierten theil mit allen seinen zugehorungen, renten, nutzen,
fruchten vnd gebrauchung ewiglich verschrieben vnd verlaßen haben mit solchem
vnterschiedt das dieselben Hertzog Adolff vnd Gerhart, auch ieglich des benanten
Furstenthumbs Gulich nachkommende Fursten als sich das geburt daßelb Hertzog-
thumb Gulich gentzlichen ohn alle theilung wan des noit vnd zu valle komen wer-
de van vns vnd dem heiligen Römischen Reiche Keysseren oder Konigen zu Lehen
entpfahen sollen, als die vorgemelten Hertzog Adolff vnd Gerhardt einer nach
dem anderen von vnserem vorfaren Keyßer Sigmunden löblicher gedechtnus vnd
vnd als Romischem Keyser daselb Furstenthumb Gulich gentzlichen vnd vnge-
theilt mit sambt anderen ihren Surstenthumben Graueschafften herrschafften, ge-
schloßern, renten, gulten, zinßen, nutzen vnd zugehorungen zu Lehn haben em-
pfangen nach laut der Lehnbrieff deßhalben außgegangen, vnd wiewol als der
obgenant Wilhelm van Loen Graff zu Blanckenhelm ohn einig Mansgeschlecht
vnd Lehnserben erstorben vnd abgangen were, also das solche bemelte verschrei-
bung furan krafftlos vnd auch daßelb viert theil billig widderumb zu den anderen
dreien theilen des vorgeschrieben Hertzogthumbs Gulich kommen vnd zugefugt sein
vnd pleiben solte, als auch der genant Hertzog Gerhardt daßelb Furstenthumb
Gulich gentzlichen mit allen seinen geschloßen, renten, gulten, zinßen, nutzen
vnd zugehorungen ehren vnd rechten itzundt einhabe vnd besitze. Nichts destowin-
der sei er in fursorgen das villicht in krafft solcher gemelter verschreibung etliche
vermeinte Erben des vorgenanten Wilhelms van Blanckenhelm des genanten
vierten theils Gulich letzten inhabers daßelb vierte theil mit seinen zugehorungen
zu erlangen vermeinen vnd vndersteken mogten zu seinem vnd des bemelten sei-
nes Furstenthums Gulich nit kleinen hinderung vnd schaden zu abbruch seiner

vnd

vnd seines vorfahren empfangenen Lehnschafften vnd Regalien. Hat darumb vns derselb Hertzog Gerhardt durch die bemelten seine Bottschafft diemutiglich anruffen vnd bitten laßen, das wir ihme hierinne gnediglich fursehen, vnd den obvermelten vierten theil widderumb zu dem berurten Furstenthumb Gulich vereinigen zufuegen consolidieren, vnd ihme das ob vns etwas vnd dem Reiche deßhalben heimgefallen were zusampt seiner gerechtigkeit von newem zu Lehn zu leihen gnediglich geruheten. Wan vns nu als Romischen Keyser vnd mehrer des heiligen Reichs wol geziemet das wir alle vnd iegliche lehnschafft, wie die genant vnd von vns vnd dem heiligen Reiche herrhurendt sein, vnd insonderheit Furstenthumbe allezeit mehren, gantz machen, vnd die in keinen wege zu theilen oder zu entgentzen, noch iemandts anders zu krencken noch zu minneren gestatten sollen. So haben wir angesehen solch des vorgem. vnßers Fursten Hertzog Gerharden diemutig vnd fleißig bete, auch getrew gehorsumb vnd willig dienste damit er vnd sein vorfaber sich gayen vns vnßern vorfahren vnd dem heiligen Reiche gehorsamblich vnd vnuerdroßentlich beweist haben, vnd er furbaß wol thun mag vnd soll. Vnd haben darumb mit wolbedachtem mute, gutem raite vnßer vnd des Reichs Fursten Grauen Edelen vnd getrewen rechtem wißen vnd aus vnßer Keyserlicher macht volnkommenheit den obgemelten vierten theil so Wilhelm von Blanckenheim vnd seinen Erben, der ohn mansgeschlecht vnd lehenserben negst abgegangen, verschrieben gewesen ist, widderumb zu dem obgenanten Furstenthumb Gulich vereinigt zugefugt vnd reconsolidirt, vnd dem benanten vnßerem Fursten Hertzog Gerharden denselben vierten theil vnd was vns vnd dem Reiche darinne heimgefallen were zusambt seiner gerechtigkeit gnediglichen von newem gereicht vnd verliehen, vereinigen, zufuegen, reconsolidieren, reichen vnd liehen ihme das also von Romischer Keyserlicher macht volkommenheit in krafft dis brieffs also das er vnd seine lehnserben furbaß denselben vierten theil des Furstenthumbs Gulich samentlich mit den anderen dreien theilen als ein vngetheilt Furstenthumb mit allen seinen geschloßen, renten, zinßen, gulten, fruchten, nutzen, gerechtigkeit vnd zugehoerungen innehaben, besitzen, nutzen, nießen vnd gebrauchen soll vnd mag als von alters vnd vor der gemelter verschreibung herkommen ist, vnd gentzlichen mit innen handelen vnd gefaren soll in maisse vnd weise als ander vnßer vnd des heiligen Reichs Fursten ihrer vnd des Reichs Regalien genießen vnd gebrauchen mogen von recht oder gewonheit von allermenniglich vnd aller verschreibung vnd handlung halben darinne bißher geschehen vngehindert. Doch vns vnd dem heiligen Reiche an vnßer Oberkeit gewaltsam vnd gerechtigkeit vnd sonst

mennig-

menniglichen an seinem rechten vnuergriffentlich vnd vnschedtlich. Darumb gebieten wir allen vnd ieglichen Fursten geistlichen vnd weltlichen, Grauen, Freien, Herrn, Ritteren, Knechten, Haubtleuten, Ambtleuten, Vogten, Pflegeren, Verweßeren, Scholteißen, Scheffen, Burgermeisteren, Richteren, Reten, burgeren vnd gemeinden, vnd sonst allen anderen vnßeren vnd des Reichs, vnd besonder des obgemelten Furstenthumb Gulich Einwohneren vnd vnderthanen in was ehren, wirden, stat oder wesen die sein, von obgemelter Romischer Keyserlicher macht ernstlich vnd vestlich mit diesem briene das sie den vorgemelten Gerhardten vnßeren Fursten an solcher vnßer Keiserlicher vereinigung, zusugung, consolidierung, verliehung vnd diesen vnßeren gnaden damit wir ihnen also begnadet haben nicht hinderen noch irren in kein weiße, sonderen ihn vnd seine Erben des vorgemelten vierten theils mit sambt den anderen dreien viertheilen des gemelten Furstenthumbs Gulich samentlich, vnd wie vor geruhiglich gebrauchen genießen vnd gentzlich dabei bleiben laßen, vnd ihm als ihrem rechten vnd naturlichen herrn gehorsamb vnd gewertig sein, vnd von vnseren vnd des heiligen Reichs wegen hulff vnd beistandt thun, vnd nit gestatten das er in vnbilligen wege daran beschwerdt oder verhindert werde, auch selbst nit thun als lieb innen allen vnd einem ieglichen sei vnßer vnd des Reichs schwere vngnad vnd darzu eine poen nemblich tausent marck lotiges goldts, die ein ieglicher der freuentlich hiewidder thete halb in vnßer vnd des Reichs Cammer, vnd den anderen halben theil dem obgenanten Hertzog Gerhardten vnd seinen Erben vnableßlich zu bezahlen verfallen sein soll zu vermelden. Mit Vrkundt dieses brieffs besiegelt mit vnßer Keyserlichen Mayestet anhangenden Jnsiegel. Geben zu Judenburg am

9 Merz Pfintztag vor Sant Gregorien tag des heiligen Pabsts, nach Christi geburt viertzehenhundert vnd im neun vnd sechtzigsten vnßerer Reiche des Romischen im neun vnd zwentzigsten, des Keyserthumbs im siebentzehenden, vnd des Hungerischen im eilfften Jairen.

Ad mandatum Domini Imperatoris
in consilio
Johannes Episcopus LAuentinus.

LIII.

LIII.

Pfalzgrav Johann I von Simmern, und seiner Gemahlin Johanna von Naßau und Saarbrücken überlassen an Hertzog Wilhelm von Gülch ihren Anspruch an die Heinsbergischen und Diestischen Landen. dat. Montag nach dem Sontag Låtare 1483.

(ad §. XL.)

Von Gots gnaden wir Johans Pfaltzgraue by Rine, Hertzog in Beyeren vnd Graue zu Spanheim, vnd wir Johanna geboren von Naßawe vnd Sarbrucken Pfalzgrauin Hertzogin vnd Graffin der vorgeschrieben Lande sine eliche hußfrauwe vnd gemahel. Thun samentlich kunt vnd bekennen offenberlich mit diesem brieue vor vns alle vnßer Erben vnd Nachkomelingen das wir sementlich vnd eindrechtlichen mit wolbedachtem mude sinnen vnd reyßen gesundes leibs vnd mit rade vnßer Rede vnd frunde vnbezwongen durch vnßers vnßer Erben vnd Nachkomen vnd vnßer Lande nutzes vnd bestens wille der vns kuntlichen dauon vorstanden ist, dem Hochgeboren Fursten Herrn Wilhelmen Hertzogen zu Gulich zu dem Berge Grauen zu Ravenßberg vnd Hern zu Heynßberg vnßem lieben Oheym vnd Swager sinen Erben vnd Nachkomen alle vnßer gerechtigkeit die wir vnd vnßer Erben haln oder gewynnen mogen an den Slößen Stätten vnd Landen von Heynßberg, an den Sloße lnd Lande von Lewenberg, an der Stat dem Sloße vnd Lande van Dieste, an dem Sloße Stat vnd Lande van Sichem mit alle der vorgeschrieben Stetten vnd Lantschafften herlicheyden, hocheyden, dorffereu, luden, gutteren, gerichten hoe vnd nider, schetzonge, renten, gulten, zinßen, pechten, Mannen, burgmannen, geistlichen vnd werentlichen Lehene, buschen, wiltbenen, welden, Jegeryen, fischereyen, wasseren, waßerleuffen, mullen, mulensteden, wyeren, weyden, felden, wiesen, eckeren vnd fort alle vnd iglicher derselbe Sloße Stede vnd Lantschafften, Rechten, Frybeyten, gewonheiten zu vnd ingehoerende wie vnd wa die vnd das alles gelegen benant darzu vnd ingehorich ist, mit allem dauon nit abbleibende noch vßgescheiden in eyme rechten steten Erbkauff erblich verkaufft vnd zu ewigen zyten vbergeben han, verkauffen vnd vbergeben vesßlich in crafft dis brieffs als vor eyne merckliche bescheiden Summe geldes die vns der vorgeschrieben vnßer lieber Oheym vnd Swager daruor an gereidem gelte vberthun

r

thun lieberen vnd wol bezalen laßen hat, welche Summe geldts wir in vnßer vnd vnßer Lande beste nutze vnd vrber fort gewant vnd gekiert han, Sagen vnd schelden yne sine Erben vnd Nachkomen vor vns vnßer Erben vnd Nachkomen dauon loß ledig quit vnd wail bezalt zu den ewigen tagen. Wir Johans vnd Johanna Pfalzgraue vnd Pfalzgrauinne, Herzog ind Herzoginne Graff vnd Grafsin burgenant hain auch der vorgeschrieben Sloff Stede vnd gemeyner Lantschafften van Heynsberg Lewenberg Diest vnd Sichem vnd alle ire zugehorde vßgegangen vnd verzegen, vns vnßer Erben vnd Nachkomen dauon enterbt vnd entgudt, vnd den obgenanten vnßeren lieben Ohem vnd Schwager Herzog Wilhelm von Gulich vnd Berge rc. sine Erben vnd Nachkomen daran geerbt vnd gegudt, vnd darzu thun wir ynne vßgang vnd werschafft aller vnßer vnd vnßer Erben gerechtigkeit wie vurgeclert steit volnkomentlich mit crafft dis brieffs in alle dem rechten vnd in der besten forme wisen vnd manieren, vnd so wie ynne dat aller best vest vnd stede sin mag, vnd wir setzen sie yre Erben vnd Nachkomen als nu in recht erblich ewig besitzunge aller der vurgeschrieben Sloffe Stede vnd aller derselber lantschafften zugehorungen, vnd wir geben ynne gantz volkommen moge macht vnd gewalt dat sie als nu vnd vortan in erblich ewig besitzunge von diesem tage an dieselben vorgeschrieben Lantschafften mit allen iren zugehorungen wie vorgeclert steit vor ire erb vnd gutt haben besitzen genießen gebruichen sollen, vnd damit als mit anderen iren erblantschafften handelen, iren mitzen vnd beste thun wenden vnd keren sullen vnd mogen nach allem irem willen, vns noch vnßeren Erben oder Nachkomen oder yemandts anders van vnßen wegen nummerme, keiner kunne forderunge anspralche oder einicher gerechtigkeit me daran zu behalten in keinerley wyß. Wir verziehen auch in diesem selven brieffe vor vns vnßer Erben vnd Nachkomen vff alle hulde, eyde, verwentnisse vnd verpflichtunge vns die Manne, Burgmanne, Ambtlulde, burgere vnd gemeine vnderfaissen der obgenanten Lande geistliche vnd werentlich zugethan verwant vnd verpflicht gewest synt oder schuldig zu thun gewest weren. Heischen befehlen vnd gebieten ynne allen sementlich vnd eyme iglichem besunder dat yr vnßerem Ohelm vnd Swager Herzog Wilhelm van Gulich vnd Berge sinen Erben vnd Nachkomenden von diesem tage an vnr ewere Erbherren annemen, yne hulde vnd eyde thun, gewertig vnd gehorsam syn als getruwe Manne Amptlulde vnd vnderfaissen trem rechten erbheren schuldig vnd pflichtig zu thun sin. Wir Johan Pfalzgraue vnd wir Johanna Pfalzgrauinne vorgeschrieben erkennen ouch in diesemselven brieff vor vns vnßer Erben vnd Nachkomen das wir dem obgenanten vnßem Ohelm vnd Swager

Herzog

Hertzog Wilhelm von Gulich vnd Berge sinen Erben vnd Nachkomen insunderheit verziehen han vnd verziehen auch fort auff alle forderunge anspruch vnd gerechtigkeit so wie wir die an den vorgenanten vnßen lieben Oheimen vnd Swager Hertzog Wilhelm von Gulich vnd Berge gethan zu yme vnd den vorgeschrieben Landen gehabt han oder haben mochten groß noch kleine nit abblebende noch vßgescheiden gentzlich lutterlich vnd zu male vestiglich in crafft disselven brieffs. Alle diese hievorgeschrieuen Puncten vnd Artikel samentlichen vnd einen ieglichen besunder globen wir Johans Pfaltzgraue by Rine Hertzog in Beyeren vnd Graue zu Spanheim, vnd wir Johanna geboren van Nassaw vnd Sarbrucken Pfaltzgrauin Hertzogin vnd Grauin der vorgeschrieben lande sine eliche hußfrauwe vnd gemahel vor vns vnßer Erben vnd Nachkomen by vnßer Furstlichen truwen eren vnd wirden an eydtsstat vnß stede vnuerbrochen sunder alle betrog offrichtig vnd wol zu halten, dar nummerme nit widder zo thun noch gescheen lassen mit worten wercken gewalt mit gericht geistlich oder werentlich oder ane gericht noch mit keinen anderen sachen wie die genant beschrieben oder gefunden sint in dem Rechten Pabst oder Keysers Rechten gesetzten Statuten vnd gewonheiten noch mit keinen sachen die gescheen sint oder ommer gescheen mogen sunder aller kunne argelist intrag hinderniße ind gewerde die in diesem brieff gentzlich vnd zu mahle vißgescheiden sin vnd bleiben sollen. Vnd biß zu Vrkunde der warheit vnd gantzer vester erblicher vnd ewiger stedigkeit han wir Johans Pfaltzgraue by Rine Hertzog in Beyeren vnd Graff zu Spanheim vorgeschrieben vnßer Ingesiegel mit vnßer rechter wißenheit vnd guten willen vor vns vnßer Erben vnd Nachkomen an diesen brieff thun vnd heischen heucken. Vnd wir Johanna geboren von Nassawe vnd Sarbrucken Pfaltzgrauin Hertzogin vnd Grauin der obgeschrieben Lande sin eheliche huißfrauwe vnd gemahel han auch insonderheit verziehen vnd verziehe in diesemseluen brieffse vor vns vnßer Erben vnd Nachkomen by vnßerer Frauwelicher eren vnd wirden in eyns gesworen Eidtsstat uff alle frauwelicke fryheit die wir van recht oder gewonheit haben vnd herwidder gebruchen mogten, vnd han diß alles zu warem vrkunde vnd erblicher vnd ewiger vester stedigkeit vnßer Ingesiegel by Siegel thun vnßers lieben heren vnd gemahel vorgeschrieben an diesen brieff zu hencken. Want dan das Sloß Etat Lant vnd herrlicheit van Elechen Zoll vnd durchgang zu Diest die Vnrggraueschafft van Antwerpen, die dorffer vnd herrlicheit van Mehrem, van Vorst, van Holede, vnd Nune buerne Landes gelegen zu Wolmerßheim lehen sint des durchluchtigen hochgebornen Fursten vnd herrn herrn Maximilians Ertzhertzogen zu Oesterreich zu Burgundien vnd zu Brabant Grauen zu Flanderen

ren vnd zu Tyrol ꝛc. vnßers besunder lieben Oheims hain wir Sine Liebe gebet-
ten diesen Erblauff mit zu bewilligen, vnd des Siner Lieben Willigungsbrieff dar-
uber versiegelt gegeben halt, auch Siner Lieben Statthalter van Brabant mit na-
men Johan von Eynaten vnd vier Lehenmanne deßelben Landts von Brabant mit
namen Matthiß von Rolde, Woulter von Ulmen, Johan Deghent vnd Corne-
lius van Consborch darbey geschickt, des wir Johan van Eynaten Stathelter,
Matthis von Rolde, Woulter von Olmen, Johan Deghent vnd Cornelis van
Coensborch als Lehenmanne bekennen wair ist, vnd von geheische vnd beuele vn-
ßers liebesten genedigsten herrn Ertzhertzogen zu Oesterreich zu Burgundien vnd
zu Brabant ꝛc. als von des Hertzogthumbs van Brabant wegen mit bey dieser
obergifft verzlegnisse vnd vßgange der Lande Siechen vnd Dieft zu behueff vnßers
gnedigen herrn van Gulich vnd Berge, siner gnaden Erben vnd Nachkomlingen
gewest sint vnd han des zu merer sicherheit vnd stede halten mallich van vns sin
Siegel mit an diesen brieff gehangen. Vort bin ich Matthis van Rolde vorge-
schrieben als Scholtes zu Dieft mit vier Scheffen der Statt van Dieft mit na-
men Goedeuart van Goltsenhouen, Henrich Korteu, Greblse Bochouts vnd Jo-
han van Eurpele by dieser vorgeschrieuen obergifft verzichnisse vnd vßgange der
Lande Siechen vnd Dieft wie vorgeclert stelt gewest, des wir Scheffen der Statt
Dieft vorgenant bekennen also geschiet ware ist, vnd vmb noch merer stedigheit
vnd stedehalten aller vorgeschrieben sachen han wir Johans Pfaltzgraue vnd Jo-
hanna Pfaltzgrauinne Hertzog vnd Hertzoginne, obgenant gebeden des hochgebor-
nen Fursten herrn Henrichs etwan Lantgrauen zu Heßen, Grauen zu Katzeneln-
bogen zu Dietze zu Ziegenhaine vnd zu Nyde vnßers lieben Oheimen seligen ge-
dechteniße nachgelaßene Rhäte vnd Ambtluide nemelich Hanßen von Doringen-
berg Hoffmeister, Johan Schencken zu Schweinsberg Marschalck, Volprecht
Schencken zu Schweinsberg Ambtman zu Rynfels vnd Johannes Steyne Can-
tzeler vnßer lieben besonderen die sollchen erbkauff von des gedachten vnßers lie-
ben Oheimen seligen wegen bededingt haben, das irer iglicher sin eigen Ingesiegel
als bedingsluide des erbkauffs zu gezuignisse der warheit mit by die vnßere an
diesen brieff gehangen haut, des wir itzgenanten Hanß, Johan, Volprecht vnd
Johannes bekennen wair ist vnd gethan haben vmb bete willen der hochgeborner
Fursten vnd Furstinnen herrn Johans Pfaltzgrauen vnd Frauwen Johanna Pfaltz-
grauinnen vnßer gnediger herrn vnd Frauwen vorgeschrieben. Wir Pfaltzgraue
vnd Pfaltzgrauinne vorgenant han vort gehelschen gebetten vnd befohlen vnßeren
lieben Reten vnd getruwen mit namen Walraben von Coppenstein, Johan von
Morß-

der Herren von Heinsberg.

Morßhelm Ambtman zu Crentzenach, Johanßen von Lamßhelm Cantzeler vnd Joisten van Coppenstein ir iglicher sin Ingesiegel by die vnßen an diesen brieff zo hencken. Des wir itzgenanten Walrabe, Johan, Johannes vnd Joist also bekennen das wir vnßer Ingesiegel van gehelsch vnd begerunge der obgenanten vnßer gnediger lieber herrn vnd Frauwen an diesen brieff by irer gnaden Ingesiegel gehaugen han. So han wir Johanna Pfaltzgrauin vnd Hertzogin vorgeschrieben insonderheit gehelschen geben vnd befolhen Elfridt van Lewenstein vnßen Hoffmeister das er sin Siegel zu gezuge by das vnßer mit an diesen brieff gehangen hat, des ich Elfridt itzgenant mijn Siegel also heran gehangen bekennen ware ist vnd gerne gethan hain van gehelsch vnd befelhe meiner gnediger lieber Frauwen Pfaltzgrauinnen Hertzoginnen vnd Grauinnen vurgenant. Want dan das Sloß Lewenberg des obgenanten vnßers lieben Oheimen vnd Swagers Hertzog Wilhelms van Gulich vnd Berge vnd seines Hertzogdumbs van dem Berge erblehen sin sal, vnd etliche Dörffer im Lande von Lewenberg gelegen siner Lieben vnd sins Hertzogdumbs van Gulich auch erblehen sin sollen als wir bericht werden, vff solchs hain wir des Sloß Lewenberg vnd der dörffer vorgeschrieben vor etlichen mannen beyder Hertzogdumb Gulich vnd Berge mit namen des Edelen Henrichs Grauen zu Lemberg herrn Dietherich von Burtschit Ritters Erbhoffmeister des Landts von Gullge, Wilhelms von Nesselrode herrn zu Reyde, vnd Conralt von der Horst Erbschenck des Landts vom Berge, vnd vor Dinger vnd Scheffen des Landts von Lewenberg vßgegangen. Vnd so dan das Sloß Statt vnd Landt von Heinßberg von niemandts zu Lehn gaende ist hain wir derselben Sloß Statt vnd gantzen Landts von Heynsberg vor etlichen der lehnmanne zu Heynsberg mit namen Goedarts von Harue Daems Son, vnd Daems von Berg genant, vort Tilbs, vort vor Vegde, Burgermeister, Scheffen vnd Raide der Statt van Heynßberg verziegen, vißgain vnd verziehen off die vorgeschrieben beyde Lande von Lewenberg vnd von Heynßberg vnd alle ire zugehorde vor vns vnßer Erben vnd Nachkomen lutterlich gentzlich vnd zumalle zu henten vnßers Oheimen vnd Swagers von Gulich vnd Berge vorgeschrieben vnd siner Erben vnd Nachkomen, sie daran geerbt vnd gudt, vnd han die Lehenmanne beyder Hertzogthumb von Gulich vnd Berge auch des Landts von Heynßberg vort Burgermeister Scheffen vnd Rait der Stat Heinsberg gebetten das sie mallich von innen ire Siegel, vnd die Statt Heynsberg ir Stat Siegel mit bey die vnßer zu erblicher ewiger stedigkeit an diesen brieff gehangen hain, des wir Lehenmanne der vorgeschrieben Hertzogthumbe vnd Lande, vort Burgermeister

hieran

134 Urkunden zur Geschichte von Heinsberg.

hieran gehangen bekennen wair ist vnd gern gethan hain vmb begerunge willen
vnßer gnediger herrn vnd Frauwen van Beyeren vorgeschrieben. Gegeben off den
10 Merz Montag na dem Sontag Lätare zu halbfasten in den Jairen vnßers herrn dusent
vierhundert achtzig vnd dry iaren.

Register

Register

Ueber den ersten Theil dieser Akademischen Beiträgen,
und zwar

I. über die vorkommenden Städte, Schlösser, Klöster, Flecken,
Dörfer, Höfe ꝛc. *Not.* u. bedeutet das Urkundenbuch.

A.

Aachen (1280) 17.
Agthenrod, im Bergischen, (1425) u. 85.
Albenrode (1311) u. 18. (1333) 13. (1338) 14.
Angerford, Bergisches Schloß (1451) 87.
Angermond, im Bergischen, (1451) 87.
Antwerpen, Burggrafschaft, (1425) u. 81.
(1455) 78.
Anweiler (1255) 9.
Assenheim, in der Wetterau (1420) 57.
Assent (1425) 81.

B.

Bebbur, im Köllnischen, (1273.) u. 10.
Beerden, an der Maas (1374) u. 50.
Belels, Hof, (1374) 40.
Beckeford, im Brabantischen, (1425) u. 81.
Benebur, ein Schloß im Bergischen (1268)
16. (1311) u. 18. (1451) u. 87.
Bergheim, eine Stadt im Gülchischen, (1350)
u. 40. (1425) u. 82. (1452) u. 116.
Berls, Schloß an der Saar, (1450) u. 113.
Blenburg, Schloß im Bergischen, (1451) 87.
Bilefeld, im Ravenspergischen, (1451) 88.
Birgel, Hof, (1457) u. 117.
Blankenberg, Herrschaft, (1248) u. 4 (1268)
u. 8. (1303) 20. (1363) 35. (1411) u.
62. (1424) u. 78. (1451) 87.
Blankenheim, Herrschaft, (1399) u. 54.
(1411) u. 60. (1468) 97. (1475) 95.
Neu Blankenheim, Schloß, (1399) u. 55.
Bocholt (1273) u. 10.
Bonn, (1248) 4.

Boppart (1429) 52.
Bern, Schloß im Gülchischen, (1420) 48.
u. 72. (1423) 50. (1429) 52.
Breitenbend, (1425) u. 85.
Broich (1429) u. 101.
Bruggen (1450) 87. (1461) 93.
Brunshorn, Herrschaft, (1429) u. 102.
Buwele (1333) 13.
Byge (1331) u. 23.

C.

Caster, Schloß und Stadt, (1425) u. 82.
(1452) u. 116. (1461) 93. (1463) u.
122.
Elsendorf, Kloster, (1259) 8. (1288) 11.
Eraltrod, Hof, (1328) 22.
Cranendonck (1425) u. 85.
Creuznach (1483) u. 133.

D.

Dalen (1450) 87. (1461) 93.
Dalenbrug, Herrschaft, (1331) u. 23.
(1357) u. 46. (1393) 37. u. 52. (1411)
u. 63. (1424) u. 78. (1440) u. 105.
(1444) u. 107. (1450) 109. (1457) 77.
Dalheim, in der Herrschaft Waffenberg (1335)
25.
Dannenfels, am Donnersberg, (1450) u.
113.
Diest, Herrschaft im Brabantischen, (1425)
u. 81. (1450) u. 109. (1455) 77. (1472)
81. (1483) 83. u. 129.
Dollendorf, Herrschaft, (1350) u. 40. (1395)
43. (1445) 86.

Drachen-

Geographisches

Drachenfels, Schloß, (1315) u. 19.
D eicher Hain am Main (1420) 57.
Drimolen, Schloß in der Eifel, 85. (1411)
u. 63. (1468) 99.
Drinberg, Schloß und Herrschaft im Gülchischen (1420) 49.
Dulren, Stadt im Gülchischen (1425) u. 81.
(1452) u. 116.
Dulken (1450) 87. (1461) 93.
Durasch (1393) 37.
Düsseldorf (1451) 87.

E.

Eicke, an der Maas, (1336) 32.
Elsheim, Schloß, (1424) u. 78. (1446) 73.
Elverfeld, im Bergischen, (1451) 87.
Emmendorf, Schloß (1290) 17.
Ende (1331) u. 23.
Eschweiler (1357) u. 47.
Euskirchen, Stadt im Gülchischen, (1425)
u. 82. (1452) u. 116.

F.

Floto im Ravensbergischen (1451) 88.

G.

Gangelt, Herrschaft im Gülchischen (1363)
35. (1411) u. 61. (1420) 53. (1423)
56. 63. (1424) u. 79. (1446) 70. (1450)
u. 112. (1458) 89. (1462) 91. (1463)
u. 120.
Geilenkirchen, Herrschaft im Gülchischen,
(1350) u. 41. (1360) 31. (1366) 36.
(1411) 47. 62. u. 61. (1425) 64. (1431)
69. (1444) u. 107. (1450) 73. u. 109.
(1463) u. 120. (1484) 82.
Gelstlingen, an der Maas, (1325) u. 21.
(1474) u. 50.
Genepp, Herrschaft, (1339) 30. u. 36.
(1397) 45. (1411) 55. (1423) u. 74.
(1424) 64. u. 78. (1450) U. 109.
Genone (1248) u. 4.
Gependal (1457) u. 117.

Gerlsheim, Stadt im Bergischen, (1451) 87.
Geroldstein, Gerelzstein, Gerezstein, Gerhards-
stein, Herrschaft, (1341) 97. (1399) u. 54.
(1411) u. 60. (1461) 93. (1475) 95.
Glabbach, Stadt, (1425) u. 82. (1452)
u. 116.
Gondersdorf (1457) u. 117.
Grevenbroch, Schloß und Stadt, (1425) u. 82.
(1452) u. 116. (1461) 93.
Grobbenbunk (1425) u. 85.
Groenen (1411) u. 62.
Gülch (1425) u. 82. (1452) u. 116.

H.

Haelen, an der Maas, (1374) u. 50.
Haltorp (1333) 13.
Hambach, Schloß, (1425) u. 82.
Hardenberg, im Bergischen (1451) 87.
Heinsberg, Herrschaft, (1399) u. 54. (1411)
62. u. 61. (1424) u. 78. (1444) u. 107.
(1450) 73. u. 109. (1463) u. 120. (1472)
81. (1483) 82. u. 129. (1484) 82.
Helthausen, an der Maas, (1374) u. 50.
Hengbach, Schloß, (1425) u. 82.
Herselen, Hof, (1425) u. 81.
Herten (1365) 27. (1393) u. 52.
Herzogenrod (1450) u. 109. (1463) 120.
Herheim bei Mainz (1420) 57.
Hilkenrode (1248) u. 4.
Hedingen (1342) 32.
Hoelshofen, Schloß im Bergischen, (1451)
87.
Hoelke (1393) 37.
Holei (1450) u. 109. (1455) 78.
Hollede (1425) u. 81.
Hollheim (1217) 4.
Honders dorf (1457) u. 117.
Honbert (1425) u. 81.
Honneff, Herrschaft, (1425) u. 81.
Hoslaben, Herrschaft, (1423) u. 51.
Hovge, Kloster, (1331) u. 24.
Hunf (1273) u. 11. (1317) 12. (1334) 14.
(1340)

Register.

(1340) 14. (1341) 15. (1344) 30.
(1345) 15. u. 39. (1411) u. 62.

K.

Karthyß (1425) u. 81.
Kassele (1333) 13.
Kastelberg, Herrschaft, (1399) u. 54. (1411) u. 60.
Kente (1248) u. 8.
Keile (1331) u. 23.
Kessenich, Herrschaft, (1429) u. 102.
Kestelin (1248) u. 3.
Keyl, Schloß in der Eifel, (1431) 85.
Kirchberg (1248) u. 3.
Kirchheim, am Donnersberg, (1450) u. 113.
Köln (1303) u. 16.
Koesen (1425) u. 81.
Kubenkoven, Herrschaft, (1333) 13. (1338) 14. (1395) 43.

L.

Landsberg, im Bergischen, (1451) 87.
Langendorf, an dem Main, (1426) 57.
Leiden, Herrschaft, (1414) 66.
Lenepp, Stadt im Bergischen, (1451) 87.
Lewenberg, Herrschaft, (1248) u. 4. (1267) u. 7. (1268) u. 8. (1273) u. 11. (1336) 14. u. 29. (1350) u. 42. (1363) 35. (1395) 43. (1397) 45. (1399) u. 54. (1411) u. 61. 62. (1414) 66. (1424) u. 78. (1438) 85. (1444) 70. u. 107. (1451) 75. (1457) 77. (1463) u. 120. (1483) u. 129.
Lienghe, Schloß und Stadt, (1350) u. 41. (1425) u. 82. (1452) u. 116. Dorf (1307) 21.
Limberg (1333) 13. (1423) u. 74. Der Limberg im Rabensteinischen (1451) 88.
Loen, Grafschaft, (1411) u. 62.
Lulstorf, im Bergischen, (1451) 87.
Lumpen, Herrschaft, (1458) 89.
Lyck (1342) u. 38.
Lyessendorf (1457) u. 117.

M.

Mackeseine (1248) u. 4.
Maseland (1374) u. 50.
Menden (1268) u. 9.
Merheim (1335) u. 25. (1365) 27. (1393) u. 52.
Merhoude, im Brabantischen, (1425) 81. (1450) u. 109. (1455) 78.
Merzena, Herrschaft, (1458) 89.
Millen, Herrschaft, (1282) 17. (1336) 32. (1363) 35. (1411) u. 61. (1420) 53. (1423) 56. 63. (1424) u. 79. (1440) 70. (1450) u. 112. (1458) 89. (1463) u. 120.
Mißkenn, im Brabantischen, (1425) u. 81.
Molenbeck, daselbst (1425) u. 81.
Monjole, im Gülchischen, (1425) u. 85.
Montenack (1393) 37.
Morcken (1430) 41.
Morenhoven, Schloß, (1345) 13.
Münstereifel, Stadt im Gülchischen, (1425) u. 82. (1452) u. 116.
Münsterelgen, Herrschaft (1411) 47.

N.

Meer, an der Maaß, (1374) u. 50.
Nerendorf (1457) u. 117.
Neublankenheim 83.
Neuenstein, Schloß in der Eifel, (1468) 98. sqq.
Neve (1248) u. 117.
Neverode (1425) u. 81.
Nideck, Schloß und Stadt, (1425) u. 82. (1452) u. 116. (1461) 93.
Niele (1393) u. 52.
Nile (1331) u. 23. (1335) 25. (1432 u. 38. (1365) 27.
Nimberg (1267) u. 7.
Nobefort (1425) u. 81.
Nurwenberg, im Bergischen, (1451) 87.
Nurwenrothe, Dorf, (1411) u. 62.

O.

Geographisches

O.
Oberirlebach, Schloß, (1420) 57.
Odendorf (1411) u. 63.
Onernde (1311) u. 18.

P.
Phalalß (1425) u. 85.
Pleise (1268) 16.
Prumeren (1310) u. 17.

R.
Ramersdorf (1333) 13.
Randenrod, Schloß und Stabt, (1310) 21.
   u. 17. (1420) 48. u. 72. (1425) u. 82.
   (1452) 116.
Ratingen, Stadt im Bergischen (1451) 87.
Ravensperg, Grafschaft, (1451) 88.
Reibe (1333) 13.
Relsterdorf, Schloß, (1288) 11.
Remagen (1451) 88.
Rode, Schloß, (1446) 72.
Rodenkirchen (1248) 4. (1331) 13.
Roide vor dem Wald, im Bergischen, (1451) 87.
Roite, ein Hof bei Nideden (1307) 21.
Rudorp, Hof, (1374) 40.
Rure (1335) u. 25. (1365) 27. (1393)
   u. 52.
Ruremond (1374) u. 50.
Ryppsdorf (1457) u. 117.

S.
Saarbrüden, Grafschaft, (1463) u. 120.
Saffenberg (1248) u. 4.
Scaphusen (1217) 6.
Scarpenseil (1344) 33.
Schaffenen (1425) u. 81.
Schönforst, Herrschaft, (1411) 47. (1413) 63.
Seiterse (1248) u. 4.
Siberg, Schloß, (1268) 16. (1451) 87.
Siechem, Herrschaft im Brabantischen, (1425)
   u. 81. (1450) u. 109. (1455) 78. (1483)
   u. 120.

Sinßfeld, in der Eifel, (1431) 85.
Sinzich (1451) 88.
Sittert, Herrschaft, (1331) u. 23. (1420)
   48. u. 42. (1423) 50. (1429) 52.
Sleiden, Herrschaft, (1468) 28. sq.
Sparrenberg, im Ravenbergischen, (1451) 88.
Stanf, am Donnersberg, (1450) u. 113.
Stein, Schloß und Herrschaft, (1423) u. 77.
   (1450) u. 109. (1458) 89.
Steinfort (1450) u. 112.
Steinlerke, (1342) u. 38. (1406) 53.
Strahlen (1339) 30. u. 36.
Sustern, (1420) 48. (1423) 50.

T.
Teuern (1339) 30.
Triecht, (1357) u. 49.
Tpennen (1425) u. 81.
Tpelt (1425) u. 81.

U.
Upperheide (1311) u. 18.

V.
Varne, Land von Varne, (1424) u. 79.
Velden, Hof, (1457) u. 117.
Venlo, (1339) 30. u. 36.
Venrode (1450) 87.
Vilbel, Schloß, (1420) 57.
Virneburg (1248) u. 4.
Vodenberg (1254) u. 6.
Vorst, (1425) u. 81.
Vrozberg, Schloß, (1248) 4. (1267) u. 7.
Vucht, (1342) 32. (1363) 35. (1411) u.
   61. (1420) 53. (1423) 56. 63. (1424)
   u. 79. (1446) 70. (1450) u. 112. (1458)
   89. (1463) u. 120.

W.
Waenrode (1425) u. 81.
Wallgenberg (1290) 17.
Waldenberg (1248) u. 4.
Wassenberg, Herrschaft im Gülchischen, (1317)

Register.

22. (1327) 24. (1331) u. 23. (1406)
53. (1411) u. 62. (1450) u. 109. (1463)
u. 120.
Weblefeln, im Brabantischen, (1425) u. 81.
Weljenau bei Mainz, (1420) 57.
Wersbecke, im Brabantischen, (1425) u. 81.
Wessem an der Maas, (1374) u. 50.
Wettere, (1248) u. 4.
Weyher, Schloß im Brabantischen, (1425) u. 81.
Wichterich, im Köllnischen, (1468) 93.
Wiltenberg, (1350) u. 40.

Wilhelmstein, Schloß im Gülchischen, (1425) u. 82.
Willebrengen, im Brabantischen, (1425) u. 81.
Windeck, Schloß im Bergischen, (1268) 16. (1451) 87.
Wipperford, Stadt im Bergischen, (1451) 87.
Worms, (1273) u. 10.

Z.

Zelem, Herrschaft, im Brabantischen, (1425) u. 81. (1450) u. 109. (1455) 78.

II. Ueber die vorkommenden Personen,
und zwar
A. aus dem geistlichen Stand.

Aachen, Stift.
  Johann v. Loen, Probst (1311) u. 62.
Düsseldorf, Stift.
  Albert Jobbo, Probst (1420) u. 74.
Köln, Erzbischöffe.
  Conrad (1252) u. 5. (1254) u. 6.
  Engelbert (1273) u. 11.
  Sigfrid (1277) 17.
  N.N. (1315) u. 19.
  Walram (1343) 30. (1345) 15. u. 39.
  Friedrich (1375) 36. (1395) 43.
  Dietrich von Mörs (1414) 66. u. 66. 70. (1423) 53. 65. (1425) u. 85. (1426) 51. (1432) 54. (1450) 87. u. 114. (1452) u. 115. (1460) 92.
  Ruprecht (1463) 88.
Lüttich, Bischöffe.
  Heinrich (1268) u. 8.
  Adolf (1331) u 22. 25. (1336) 29.
  Engelbert (1361) 31.
  Johann (1374) u. 51.

Johann von Heinsberg, (1419) 63. (1425) u. 80. (1438) 84. (1444) u. 106. (1450) u. 108. († 1458) 89.
Ludwig von Barbon (1452) 89.
Münster, Bischof.
  Johann (1461) 92.
Paterborn, Bischof.
  NN (1273) u. 12.
Prüm, Abte.
  Heinrich, (1429) 53.
Siegberg, Aebte.
  NN. (1268) u. 9.
Thorn, Aebtißinn.
  Margaret von Heinsberg, (1337) 22. (1354) 34. u. 44.
Trier, Erzbischöffe.
  Werner, (1444) u. 67.
  Otto (1426) 51. (1429) u. 101.
  NN. (1460) 92.
Utrecht, Bischöffe.
  Heinrich (1254) u. 6.
  Friedrich von Blankenheim (1411) u. 60.

B. Aus

Genealogisch-Historisches

B. Aus dem weltlichen Stand,

Hoher Adel.

a. Kaisere.
Ludwig IV. (1340) 14. (1344) 30.
Friedrich IV. 94. (1469) u. 125.

b. Könige.
England,
  Eleonora. Gem. Herzog Rainald von Geldern (1339) u. 37.

c. Kurfürsten.
Pfalz.
  Ludwig (1429) u. 95.
  Friedrich I. (1469) 88.

d. Pfalzgraven, Herzoge, Fürsten ic.
Baaden, Marggrav.
  Albrecht, (1469) 81. 82.
Berg, Herzoge,
  Wilhelm (1389) 99.
  Adolf, Vatter, (1411) u. 62. (1414) 47. u. 64. 70. (1420) 47. u. 71. (1423) 50. (1424) u. 80.
  Ruprecht, Sohn, (1414) u. 69. (1420) u. 37. die Vorfahren von diesen S. unter den Graven,
Brabant, Herzoge.
  Johann (1331) n. 24.
  Anton (1413) 53. (1414) u. 66.
  Johann, (1420) 53.
  NN. (1425) u. 85.
Burgund, Herzoge.
  Phillpp, (1393) 43. (1396) 45.
  Margaret, (1404) 46.
  Philipp (1456) 78.
Clev, Herzog.
  Adolf, (1432) 53. not, die ältere S. unter den Graven.
Geldern, Herzoge.
  Rainald (1338) 32. u. 33. 37. (1339) 30. u. 36. (1342) 32. u. 38. Gem. Eleonora von England, (1339) u. 37. Tocht.

Mechtild Gem. Gotfrid Herr von Millen (1336) 32.
Rainald, (1350) u. 40. (1363) 35. sein Bruder, ibid.
Eduart (1366) 36.
Gülch, Herzoge.
  Wilhelm, (1336) 30. (1341) 97. (1357) 47. u. 45. nennt den Gr. Johann v. Sain seinen Schwager, und den Grav Wilhelm von Wied seinen Sohn, (1357) 47.
  Phillppa, Tochter von Wilhelm, (1357) 45. als † (1410) u. 59. Gem. Gotfrid II. v. Heinsberg (1357) 39.
  Wilhelm, (1363) 35. (1374) u. 51. (1375) 36. (1379) 37.
  Wilhelm } Gebrüder, (1360) 31. (1350)
  Gerhard } u. 40. 42.
  Rainald von Gülch und Geldern (1399) u. 57. (1410) 46. u. 58. (1411) 47. (1414) 35. u. 66. 69. (1420) u. 71. († 1423) 49. Gem. Maria, (1420) u. 71. (1425) u. 81. 85.
  Adolf von Gülch und Berg, (1425) u. 85. (1429) u. 86. (1433) u. 103. als † (1463) u. 122. Gem. Elisabeta von Baiern, (1463) u. 122.
  Ruprecht, Sohn v. Adolf, (1429) u. 100.
  Gerhard v. Gülch und Berg (1437) 86. (1450) 87. (1451) 87. (1459) u. 115. (1460) 92. (1463) u. 118. (1468) 94. (1469) u. 126. Gem. Sophia von Sachsen (1463) u. 118.
  Wilhelm (1463) u. 119. (1483) u. 129. Gem. Elisabet von Nassau-Saarbrücken, (1463) 80. u. 119. (1472) 81.
Hessen, Landgrav.
  Heinrich als † (1483) u. 132.

Lim-

Register.

Limburg, Herzoge.
  Heinrich als ☨ (1268) u. 8.
  Walram (1268) u. 8.
  NN. (1310) u. 17.
Lotharingen, Herzoge.
  Margaret (1461) 93. Gem. Anton von Croy L c.
Luxemburg, Herzog.
  Wenzel (1375) 36.
Pfalzgraven.
  Johann I. von Simmern, (1483) u. 129.
  Gem. Johanna von Naßau 82. d. 129.
  ☨ (1251) l. c.

e. Graven und Herren.

Altena S. Horn.
Antwerpen, Burggraven, S. Dieſt.
Arkel, Herren.
  Otto, (1374) u. 51. Oheim v. Wilhelm v. Horn l. c.
  NN. (1393) 37.
Berg, Graven.
  Adolf, (1268) 18. u. 8. (1311) u. 18. (1331) u. 25.
  Gerhard, (1343) 30. (1350) 40. Gem. Margaret, als Wittib (1360) 99.
Blankenberg. S. die Stammtafel von den Heinsberger Herren.
Blankenheim, Graven.
  Gerhard, (1341) 97.
  Arnold (1357) u. 47.
  Arnold (1399) u. 57.
  Gerhard, (1399) u. 54. als ☨ (1411) u. 60. Gem. Lisa v. Wied 83. (1399) u. 55.
  Eliſabet Tocht. von Gerhard Gem. Wilhelm v. Loen, 83. (1399) u. 54 (1411) u. 60. (1461) 93. und die VI Kupfer pl. n. 6.
  Johanna Tochter von Gerhard (1399) u. 55. (1411) u. 61. Gem. Johann v. Sieben (1421) 97.
  Friedrich, Biſchof v. Utrecht, Bruder v. Gerhard (1411) u. 60. add. die Stammtafel.
Born S. Falkenburg.
Brandenburg, Herren.

Godbart, (1445) 86. Gem. Katarina von Dollendorf L c.
Brunsberg, Herren.
  Bruno (1267) u. 7. (1268) u. 9.
  Wilhelm (1331) u. 25.
Brunsborn, Herren.
  Walter als ☨ (1248) u. 3.
Bulren, Herren.
  Alard, (1389) 42. Gem. Elisabet von Bronkhorſt L c.
  Gisbrecht, Sohn v. Alard, (1389) 42.
  Gem. Katarina von Loen L c.
Chiney, Graven.
  Ludwig v. Loos und Chiney (1331) u. 22.
  Godbart v. Chiney, (1411) 62.
Clev, Graven.
  Dietrich (1268) u. 9. Gem. Adelheid v. Heinsberg 8. (1261) 9. (1271) 10.
  Adolf, (1293) u. 52.
  Gerhard, Sohn zu Clev und Mark, (1411) u. 69.
Croy, Herren.
  Anton (1461) 93. Gem. Margaret v. Lothringen L c. Tocht. Maria Gem. Wilh. II v. Loen, und Gr. v. Blankenheim l. c.
Cule S. Kulf.
Dalenbrug, Herren.
  Heinrich (1350) 33.
Dieſt, Herren.
  Thomas, (1425) u. 80.
  Heinrich, Herr zu Rivieren und Rumen l. c. 83.
  Johann Sohn v. Thomas als ☨ (1425) 80. Gemahlin Johanna v. Parwis (1425) u. 81.
  Johanna, Tochter v. Johann, (1425) u. 80. (1446) 70 ☨ (1472) L c. Gem. 1) Joh. IV v. Heinsberg (1425) 67. 2) Hermann v. Generos (1461) 70.
Dollendorf, Herren.
  Johann (1273) u. 11.
  Heinrich, (1330) u. 21.

Katarina (1445) 86. Gem. Gobbart Herr v. Pflandenburg.
Drachenfels, Burggraven.
Rutger (1315) u. 19.
Gobbart (1453) 76.
Heinrich, sein Bruder l. c.
Saltenburg, Herren.
Johann, 27. (1342) 26. u. 38. Gem. Katarina von Wirneburg 27.
Rainald, Herr zu Born und Sittart (1365) 27. u. 52. ein Sohn v. Johann.
Phillippa, Tochter v. Johann (1365) 27. Gem. Johann Gr. v. Salm l. c.
Geldern, Graven.
Reinart, (1335) 25.
Genepp, Herren.
Margaret (1395) 55. und die V Kupferpl. n. 7. Gem. Johann v. Loen u. Heinsberg (1411) u. 61.
Generos, Herren.
Hermann (1461) 70. Gem. Johanna von Diest l. c.
Gerhardstein, S. Blankenheim.
Gülich, Graven.
Wilhelm (1268) u. 8.
Wilhelm (1373) 13.
Hammel, Herren.
Arnd v. H. Herr zu Eldern und Trasignies (1425) u. 85.
Hanau, Graven.
Reinhard, (1425) 57.
Heer, Herren.
Gerhard (1357) u. 47.
Heinsberg, Herren.
S. die besondere Stammtafel v. ihnen und S. 7.
Horn und Altena, Herren.
Wilhelm, (1331) u. 22. (1357) u. 47.
Wilhelm (1374) u. 49. Gem. Johanna v. Heinsberg, (1374) 40. u. 49.
Arnd, der Wilde (1419) u. 102. Gem. Elisabet v. Loen l. c.
Isenburg, Herren.
Gerlach, (1331) u. 25.

Dietrich } (1331) u. 26.
Salomon
Salentin (1452) 76. (1457) 77.
Isenburg, Herren in der Wetterau.
Dieter, (1420) 57. Gem. Elisabet von Solms, (1420) 57.
Isengarden, Herren.
Simon, (1331) u. 26.
Kastelberg, S. Blankenheim.
Kreyenhelm, Herren.
Arnd, Herr zu Grobbendunk, (1425) u. 83.
Kule, Herren.
Agnes, (1311) 11. und die zweite Kupferblat n. 5. Gem. Heinrich, Herr von Lewenberg l. c.
Otto, (1335) 25. Gem. Johanna l. c.
NN. (1342) u. 38.
Landskron, S. Tomburg.
Lenepp, Herren.
Johann, Domherr zu Köln, (1423) 57.
Lewenberg, Herren,
S. die Stammtafel von den Herren von Heinsberg.
Limburg, Graven.
Everhard, (1331) u. 26.
Heinrich, (1483) u. 133.
Löwen, (de Lovanio), Graven.
Gotfrid, (1253) 18.
Henrich und Arnold, Gotfrids Söhne l. c. (1168) u. 9.
Johanna, Gotfr. Tochter l. c. Gem. Dietrich v. Heinsberg, (1253) 18.
Beatrix, (1334) 19.
Loos, Herren.
Arnold. Sacc. XI. 28.
Baldrich, Bischof zu Lüttich l. c.
Ludwig, (1202) 29.
Arnold, (1483) 22.
Mechtild Tochter v. Arnold l. c. Gem. Gotfrid I von Heinsberg l. c.
Ludwig, (1331) u. 22. (1334) 23. † (1336) 28. Sohn v. Arnold.

Register.

Manderscheid, Graven,
  Dietrich, (1468) 97. Gem. Elisabet von
    Sleiden l. c.
  Cuno, Johann, Wilhelm, Söhne v. Dietrich l. c.
Mark, Graven.
  Eberhard, 31.
  Cunigund Tochter v. Eberh. L. c. Gem.
    Gotfrid Grav. v. Loos,. (1320) 31.
Merode, Herren.
  Rikkald, (1425) u. 85. (1429) u. 101.
Millen, Herren.
  Arnold, (1283) 17.
  Gotfrid, (1338) u. 33. (1339) 31.
  Wilhelm, (1339) u. 36. 37.
Mörs, Graven.
  Johann, (1364) 35.
  Friedrich, (1414) n. 70.
  Dietrich, erwählter zu Köln, (1414) u.
    70. Sohn von Friedrich.
  NN. eine Schwester von Dietrich Gem. Joh.
    III von Heinsberg, (1414) 66.
  Friedrich von Mörs und Saarwerden,
    (1423) 50. (1425) u. 85. (1431) 85.
  Vincenz, Sohn von Friedrich, (1450) 87.
    (1475) 95.
  Margaret, Tochter von Friedr. (1431) 85.
    Gem. Gerhard v. Loen Gr. zu Blankenheim l. c.
Monjoie und Falkenburg, Herren.
  Dietrich (1265) 108.
Montenack, Herren.
  Wilhelm, Herr zu Grafe und Wyler (1425)
    u. 83. 85.
Mulenarken, Herren.
  Conrad, 1248) u. 5. (1254) u. 6.
  Hermann, sein Bruder, (1267) u. 7.
Myrlair, Herren.
  Johann von Mirlair, Herr zu Millendonck,
    (1440) u. 105.
Nassau, Graven.
  Heinrich, (1333) 19. u. 27. Gem. Adelheid v. Heinsberg (1333) u. 27.

Otto l. c. Heinrich Probst zu Speier. l. c.
  Söhne, v. Heinrich.
Engelbrecht, Herr zu Leck und Breda,
  (1425) u. 85.
Philipp v. Nassau-Saarbrücken, (1429)
  52. (1438) 66. (1451) 75. Gem.
  Margaret v. Heinsberg, (1438) 66.
Johann III.} Söhne v. Philipp, (1351)
Philipp.   } 75.
Johann v. Nassau-Dietz. (1462) 60. Gem.
  Maria von Loen, (1440) 60.
Johann v. Nassau-Saarbrücken 1450. u.
  108. (1463) u. 119. († 1472) 29.
  Gem. Johanna von Heinsberg, 72.
  (1450) u. 108. (1461) 92. († 1469) 79.
Elisabet, Tochter v. Johann, (1463) 80.
  u. 119. Gem. Wilhelm Herzog v. Gülch,
  79. (1463) u. 119.
Johanna, Tochter v. Johann, Gem. Johann I Pfalzgr. zu Simmern, (1483)
  u. 129.
Nuenar, Graven.
  Gumbrecht, der ältere (1400) 41. Gem.
    Philippa v. Heinsberg l. c.
  Gumbrecht, der jüngere Sohn v. Gumbrecht
    (1429) 41.
Parwoß, Herren.
  Johann, (1425) u. 85.
  Johanna, vermählt von Diest, (1425)
    67. u. 81.
Petersheim, Herren. Joh. (1357) u. 47.
Randenrod, Herren.
  Arnold (1307) 21. (1310) 21. u. 17.
    (1317) 21.
  Ludwig, Sohn v. Arnold, (1317) 21.
  Arnold (1357) u. 47. (1367) 27. (1379) 37.
  Ludwig, Herr zu Erpenrod (1357) u. 47.
  Hermann, (1399) u. 57. (1411) u. 64.
Reifferscheid, Herren.
  Heinrich, (1248) u. 5.
  Friedrich, (1173) u. 10.
  Johann, (1290) 17.
  Johann, (1357) u. 47.

Hein-

Genealogisch-Historisches

Heinrich (1384) 42. Gem. Maria von
Loen l. c.
Johann, (1414) u. 69.
Renneberg, Herren.
Roricus (1268) u. 9.
Molde S. Merode.
Roslar, Herren.
Heinrich, (1425) u. 85.
Rummen und Quabeck.
Arnold, (1357) u. 47. (1363) 35. add.
Diest.
Sain, Graven.
Heinrich, als † (1248) u. 3. (1252) u. 5.
(1268) u. 8. (1273) u. 11.
Gotfrid, (1254) u. 6. (1267) u. 7. (1268)
u. 8. Gem. Jutta, (1267) u. 7.
NN. Gräbin, (1273) u. 10.
Gotfrid, (1331) u. 25.
Engelbrecht, Sohn von Gotfrid, (1331)
u. 25.
Johann, (1336) u. 31. (1357) u. 47.
ein Schwager von Herzog v. Gülch l. c.
Gerhard, (1395) u. 44. Gem. 1) So-
phia von Stein, 2) Anna von Solms
p. 58.

Dietrich } Söhne von Gerhard 56. (1433)
Gerhard } 58.

Salm, Graven.
Walram, (1357) u. 47.
Johann, (1365) 27. Gem. Philippa von
Falkenburg l c.
Simon, Sohn von Johann (1397) 45.
Schönforst, Herren.
Reinald, (1357) u. 47.
Johann, Herr zu Cranendonk und Burggr.
zu Monjoie, (1425) u. 85.
Sleiden, Herren.
NN. (1252) u. 6.
Agnes, (1363) 35. (1395) 44.
Johann, der lezte des Geschlechts, (1421)
97. Gem. Johanna v. Blankenheim l. c.

Elisabet, Tochter v. Johann l. c. Gem.
Dietrich, Gr. von Manderscheid l. c.
Solms, Graven.
Otto. Gem. Agnes von Falkenstein. 56.
Anna, Tochter v. Otto. Gem. 1) Gerhard
von Sain, 2) Joh. II von Heinsberg l. c.
Elisabet, (1326) 57. Gem. Dieter von
Jsenburg. l. c.

Bernhard } Brüder, (1426) 57.
Johann }

Sponheim, Graven.
Simon, (1248) u. 3. Gem. Margaret l. c.
Gotfrid. 4. add. die Stammtafel von
Heinsberg.
Stein, Herren.
Arnold, (1331) u. 21.
Johann, (1360) 99. (1395) 43. Gem.
Agnes v. Sleiden, (1363) 35. (1395)
44.
Sophia, Tochter v. Johann. Gem. Ger-
hard, Grav von Salm, (1395) 44.
Conrad, (1389) 99.
Tomberg und Landscron,
Friedrich, (1394) 40. (1411) u. 64.
Gerhard, Sohn v. Friedrich (1394) 40.
als † (1400) 41. Gem. Philippa von
Loen l. c.
Friedrich, Sohn v. Gerhard, (1400) 41.
† 1419.
Cunigund, Tochter von Gerhard, (1400)
41. Gem. Heinrich von Eich, (1419) 41.
Virneburg, Herren.
Heinrich, (1285) u. 12.
Ruprecht, (1411) u. 64. (1414) u. 69.
(1425) u. 85. (1426) 51. 57. (1429)
u. 101.
Wassenberg, Herren.
Gerhard, (1248) u. 4. (1252)
Wesemall, Herren.
Johann, (1425) u. 85.
Wied, Graven.

Wilhelm,

Register.

Wilhelm (1357) u. 47. (1399) u. 57.
Lise (1399) 83. u. 57. Gem. Gerhard
  v. Blankenheim l. c.
Wilhelm (1402) 59. Gem. Philippa von
  Loen (1402) 59. (1459) 90. (1460) 91.
Wiserade, Herren, NN. 1411. u. 61.

Wildenberg, Herren, Philipp (1248) u. 4.
  Gerhard (1268) u. 9.
  Heinrich (1268) u. 9.
Wolfenburg, Burggraven.
  Johann } Brüder (1273) u. 11.
  Ludwig }

Niederer Adel.

Audenhoven (van) Dietrich (1310) u. 17.

Bagheim, Daniel (1285) u. 12.
Bamme, Gerhard, (1399) u. 57.
Barem, Heinrich u. Baß (1374) 51.
Berg, Balduin (1452) u. 116. Daem.
  (1483) u. 133.
Beyck, Adam, (1357) u. 47. Friedrich l. c.
Birgel, Frambach, (1420) u. 74.
  Johann (1429) u. 101. (1452) u. 116.
  Engelbrecht Nid von Birgel, Erb Marschall
  v. Gülch, (1452) u. 116. (1463) u. 125.
Blankenberg, Heinrich, Sohn von Christian
  (1267) u. 7.
Boeselar, Katerine (1360) 31.
Boos von Waldek, Johana (1429) 52.
Bongart (van dem)
  Goddart (1423) u. 77. (1425) u. 85.
  Erbkämmerer v. Gülch (1429) u. 101.
  (1452) u. 116. (1463) u. 125.
  Staß (1429) u. 101.
Brackel.
  Gotfrid und Stephan, Vatter und Sohn,
  1308. 21.
  Emund und Gerhard, Brüder (1310)
  u. 17.
Breitenbend, Werner, (1357) u. 47.
Brent von Vernich, Goswin, (1429) u. 101.
Broiche, Mulard. (1357) u. 47.
Burgau, Johann, (1452) u. 116.
Burtscheid, Erbhofmeister von Gülch, Dietrich
  (1483) u. 133.

Consborch (van) Cornelius, (1483) u. 132.
Dadenburg (van) Roßman (1429) 52.

Dienstberg, Arnold (1399) u. 57. (1411) u. 64.
Doringenberg, Hans (1483) u. 132.
Droue, Stephan (1357) u. 47.
Durffendale, Christian, (1357) u. 47.

Echtersheim (van) Arnold (1411) u. 64.
Eckerscheid, Dietrich, (1330) u. 21. (1336)
  u. 31. 33. (1338) 12. u. 35. add. S. 111.
Ederen, Adam (1357) u. 47.
Eineburg, Johann (1429) 52.
Elmt, Wilhelm, (1440) u. 105.
Elß, Johann (1457) 77.°
Emendorp
  Johann, Vatter   }
  Friedrich } Söhne } (1296) 17.
  Johann   }
Endelstorp, Emund, (1357) u. 47.
Enkenich, Johann (1336) 13. u. 32.
Enslo, Dist. und Arnold (1357) u. 47.
Erenberg, Eunzo (1248) u. 2.
Erenstein, S. Otchinbach.
Eynat, Johann (1483) u. 132.

Feyerer von Wisse, Filmann (1357) u. 47.
Flatt (van) Wilhelm (1399) u. 57.
  Werner (1411) u. 64.
  Wilhelm (1425) u. 85.
  Werner (1420) 49. (1429) u. 101.
  (1438) 85.
  Wilhelm (1452) u. 116.
Sieborp.
  Wilhelm, Erbvogt von Ruremond (1440)
  u. 105. (1444) u. 108.
  Goddart, Herr zu Leute, sein Bruder l. c.
  (1457) 77. (1463) u. 125.

t   Fran-

Genealogisch-Historisches

Frankenberg, Johann, Amtmann zu Heins-
berg (1463) u. 125.

Gellenkirchen (van) Dietrich genant Scheu-
art (1290) u. 14.
Gelslar, Dietrich, (1248) u. 4.
Geuarzh (1267) u. 7.
Genßbusch, (vame)
  Roßmann (1420) u. 74. (1457) u. 118.
  Johann, Herr zu Balheim, Amtmann zu
  Norwenich (1457) u. 118. (1463) u. 125.
Gimnich, Arnold (1307) 21.
Gondersdorf.
  Margaret (1457) u. 117. Gem. Wilhelm
  v. Honsleben L. c.
  Katerina (1457) u. 118. Gem. Gauwin
  v. Schwanenberg L. c.
Gundersdorf, Heinrich, (1399) u. 57. (1411)
u. 64.

Haaren (van) Rosier (1365) 27.
Hagenberg.
  Vogt zu H. (1267) u. 7.
  Albero, dapifer, (1267) u. 7.
Hallen, (van der) Reinard (1357) u. 47.
Harf, Godbart, Landdrost zu Gülch, (1452)
u. 116. (1463) u. 125.
  Reinhard (1452) u. 116.
  Daem L. c.
  Gotschalk L. c.
  Godbart (1483) u. 133.
Helden (van der) Godbart (1357) u. 47.
Heinsberg.
  Johann (1268) u. 9.
  Lamprecht } Brüder (1336) 31. 33. (1338)
  Gerhard } u. 35.
  Lambert (1354) 31. 44. (1357) u. 47.
Helstern (van den) Mettel, Wittib (1457)
u. 118.
Hezingen, Daem (1444) u. 108. (1452)
u. 116.
Hoenrul, Seiz u. Stephan (1463) u. 125.
Hollhoven, Mulard (1357) u. 47.

Hompesch, Werner, (1452) u. 116.
Honstedden, Wilhelm (1457) u. 117.
  Gem. Margaret v. Gonderstorf L. c.
Horst, (van der) Conrad, Erbschenk des Her-
zogthums Berg (1483) u. 133.
Hugelhoven,
  Gabelo und Hermann Brüder, (1248)
  u. 5.
  Heinrich (1357) u. 47.
Hunenberg, Rolbe, (1336) u. 31. 33.
Hunf, Heinrich (1252) u. 5.
Lambert (1273) u. 11.
Hurde, Bernhard, (1429) 52.

Ingelheim (von) Emmerich (1429) 52.
Iter, Heinrich (1345) 14. Gem. Margaret
ibid.

Kämmerer von Worms, Diether (1429) 52.
Kerke,
  Johann als † (1317) 21 Gem. Luccard L. c.
  Cecilia seine Tochter L. c.
Klugweiler
  Bernard } (1357) u. 47.
  Rabode }
Knebel, Werner, (1429) 52.
Koppenstein,
  Walrab } (1383) u. 132.
  Jost }
Kruithusen, Heinrich der alte, (1429) u. 101.
  (1452) u. 116.
Kuchenmeister, Ghelbrecht (1290) u. 14.

Lamthelin, (von) Johann, Pfalz-Simmeri-
scher Kanzlar (1483) u. 133.
Landorf (1254) u. 6.
Lewenstein, Siffrid, Hofmeister bei der Pfalz-
gräfin v. Simmern (1483) u. 133.
Liel, Johann (1357) u. 47.
  Diether (1423) u. 77.
  Stephan (1423) u. 77. der alte (1463)
  u. 125.
  Johann (1444) u. 108. (1463) u. 125.

Lies-

Register.

Lieffingen, Andreas, Herr zu Zwibel (1429) u. 101.
Linzenich, Wilhelm, (1452) u. 116.
Loen, Dietrich (1357) u. 47.
Louerich, Johann (1357) u. 47.
Lumperg, Hermann Vogt, (1268) 9.
Lunenbroch, Johann (1310) u. 17.
Lusens, Gudefeld, (1267) u. 7.

Mabertyngen (van) Adam (1357) u. 47.
Marschall, Henrich, (1285) u. 12.
Menden, Reimar, (1338) u. 35.
Menzingen, Dietrich, (1463) u. 125.
Merbach, Heinz, (1399) u. 57.
Merenberg, Johann Rubesamm (1463) u. 125.
Merheim, Johann (1330) u. 21. (1336) III. u. 31. 33. (1338) 12. (1357) u. 47.
Mont von Ruwenstatt, Heinrich u. Hermann (1396) 45.
Hermann u. Eberhard (1457) u. 77.
Morsheim, Johann, Pfalz Simmerischer Rath zu Creuznach (1483) u. 138.
Mulen, Jordan, Herr zu Einzig (1429) u. 101.

Nattenheim, (van) Claus (1399) u. 57. (1411) u. 64.
Nesselrod,
 Wilhelm (1452) u. 116.
 Wilhelm, Amtmann zu Schönforst, (1463) u. 125.
 Wilhelm, Herr zum Stein, Landdrost von Berg (1463) u. 125.
 Johann, Amtmann zu Elverfeld (1463) u. 125.
 Wilhelm, Herr zu Reyde (1483) u. 133.
Nideeken, Schenken v. N.
 Wilhelm (1275) 17.

Oerobel (van)
 Stephan (1357) u. 47.
 Engelbrecht (1452) 76.
 Wilhelm (1457) 77.
Offendorp, Schillinus (1267) u. 7. (1268) u. 9.

Oppendorp, Johann Schellard, (1425) u. 85.
Oichinbach, Rorich, Herr zu Crenstein (1338) u. 35.
Oigentag, Gerlach, (1268) u. 9.

Pallant,
 Karsilis (1357) u. 47.
 Werner, Herr in Breitenbend, 101 (1425) u. 85. (1452) u. 116.
 Karsils, Herr zu Wildenberg (1452) u. 116.
Petersheim (van) Heinrich und Johann, (1357) u. 47.
Plettenberg,
 Heinrich (1452) u. 116.
 Bertold, Amtm. zu Lulstorp (1463) u. 125.
Porsel, Dietrich, (1336) u. 31.
Porta, Dietrich, (1248) u. 4.

Raide (van) Schelffart, (1452) u. 116.
Randenrod, Wilhelm (1310) u. 17.
Reginstein, Waldpott, Ludwig (1336) u. 31 (1338) u. 35.
Roide (van) Mathias (1483) u. 132.
Rolbe (van me)
 Werner (1452) u. 116.
 Karsilis (1357) u. 47.
Rolre.
 Stephan (1411) u. 64. (1429) u. 101.
 Goedart (1429) u. 101.
 Winand, Landdrost zu Gülich (1429) u. 101.
Rulstorp (1268) 9.

Scalphusen (van) Johann (1357) u. 47.
Schaetberg, Jatta und Nesa (1360) 31.
Schinveld, Reiner, (1290) u. 14.
Schönberg der (1395) 43. Johann (1452) u. 116.
Schonel, Richart Hurte (1411) u. 64. (1420) u. 74.
Schonhouen, Johann, Daniel, und Henrich, Gebrüder, (1425) u. 85.
Schwelusberg, Schenken,
 Johann und Volbrecht (1463) u. 132.
 Sibert,

Register über einige

Ebert, Rupertus (1285) u. 12.
Einheim, Winand, Monachus, (1248) u. 3.
Einzich, Wilhelm (1357) u. 47.
Sittert, Thomas, (1248) u. 4.
Spanheim, Wilkinus, (1248) u. 4.
Sparrenbut, Heinrich (1411) u. 64.
Spies von Bullesheim, Heinrich und Reinhard (1452) u. 116.
Spralant, Diether (1357) u. 47.
Stein (van me)
   Gerhard (1336) u. 31, (1357) u. 47.
   Arnd (1423) u. 74.
Steinbach, Wigand, (1452) 76.
Strenge, Johann (1248) u. 3.
Stummel, Mattheis, (1357) u. 47.
Swanenberg, Bauwin (1457) u. 118.
   Gem. Katerina von Gondersdorf l.c.

Thune (van) Heidenreich (1251) 110.

Ulmen, Walter, (1483) 132.

Unverzabe, Daniel dictus Unverzabe (1268) u. 9.
Upheim, Dietrich, (1423) u. 77.
Verken, (van) Johann (1357) u. 47.
Virneberg, Heinrich (1331) u. 26.
Wedenau, (van) Gerhard (1429) u. 101.
Wedendorp, Gerhard, (1357) u. 47.
Welkenhusen, Heinrich, (1423) u. 77.
Werworden, genant Bulner, Bernhard, (1423) u. 77.
Wildenberg, Heinrich, (1457) 77.
Wildenrolde, Dietrich, (1357) u. 47.
Winter, Hermann (1248) u. 5.
Wisse, Feuerer von Wisse,
   Silmann (1357) u. 47.
Wunneberg, Gerlach, (1399) u. 57.
Zwibel (damme)
   Lambrecht, Amtmann zu Randenrold (1463) u. 125.
   Albrecht (1463) u. 125.

III. Ueber einige der merkwürdigsten Sachen
Not. das übrige ist in dem Register über die Ortschaften begriffen.

Aachen, Vertrag zwischen dem Herzog von Gülch und den Herren von Heinsberg wegen Vergebung der dasigen Probstei (1429) 51.
Bacharach, Heinsbergische Manngelder daselbst (1444) u. 107.
Berg, Gravschaft, Grav Dietrichs von Loos und Herrn zu Heinsberg Anspruch darauf (1350) u. 43.
   Herzogthum, worinn es bestanden (1451) 87 wird von Herzog Gerhard an den Erzbischof Dietrich von Köln verschrieben (1452) 87 u. 114. diese Verschreibung wird cassirt, und wieder zurück gegeben 88 Bergisches Wappen 106.
Bergisches Lehen ist das Schloß Lewenberg 1483 u. 133.

Blankenberg, Herrschaft, wird Gülchisch (1363) 35.
Blankenheim, Gravschaft, kommt an das Heinsbergische Hauß 83 (1399) u. 54. (1411) u. 60. und an das Manderscheidische (1468) 97. ist Gülchisch Lehen l.c.
Bonn, die Voglei über Bonn kommt an Cleve (1255) 8.
Brabantischer Löwe, wann er im Brabantischen Wappen aufgekommen? 106.
Burger Annahm aus dem hohen Adel (1303) u. 116.
Chiney, Gravschaft, kommt ans Heinsbergische Hauß (1336) 28. ihr Wappen 115.
Dalenbrug, Herrschaft, wird von der Lehenverbindlichkeit frei (1440) u. 105.

Diest

der merkwürdigsten Sachen

Dieft, Herrschaft, kommt an Heinsberg 67. an Nassau u. 108. und an Gülch 80.
Englischer und Französischer Krieg (1338) u. 33.
Erbfolge durch Erbverbrüderung der Agnaten (1336) 13. u. 29. aus dem Recht der Gemeinschaft 94.
Falkensteinische Erbschaft (1418) 56 sqq.
Felonieproceß gegen Manderscheid von seiten Gülch (1473) 100.
Geldern, Erbfolge (1420) u. 71. Gülchische Ansprüche (1423) 51.
Gemeinschaft, zwischen Gülch und Heinsberg, 1420. u. 71. Grund der Erbfolge 94.
Genepplisches Siegel 120.
Gülch, Gravschaft, hernach Herzogthum, bekommt die Marggrävliche Würde (1336) 30. Verglich zwischen Herzog Adolf und Joh. II. von Heinsberg (1420) 48. (1429) 51. worinn es a. 1425. bestanden u. 81. und Vorr. Burg-Stadt u. Landfrieden mit Johann II. v. Heinsberg (1429) u. 86. Pfälzische Lehen (1429) u. 95. Gemeine Ritterschaft (1429) u. 101. (1452) 87. u. 101. das Heinsbergische eine viertel kommt an die Blankenheimliche Linie dieses Hauses 69. (1433) u. 103. (1444) u. 106. und wird wieder mit dem ganzen vereiniget 94. (1468) u. 115. Erbämter (1452) u. 116. Gülchische Geschichtschreiber. Vorrede.
Gülchische Erbfolge (1420) u. 71. (1424) u. 78. (1425) u. 82.
Gülchische und Heinsbergische Forderungen an Frankreich, England, Flandern und Brabant, auch Holland (1424) u. 79. desgleichen an Baiern und Mainz l. c.
Gülchische Lehen, dergleichen sind das Schloß Reifferdorp (1288) 11. Rudekoven mit darzu gehörigen Dörfern 2c. 13. Lewenberg (1340) 14. (1350) u. 42. (1483) u. 133. ein Theil der Gravschaft Hoorn (1374) u. 51. die Grav-und Herrschaften Blankenheim, Gerhardstein, Neublankenheim, Sleiden, Neuenstein (1468) 97.

Heinsberg, Herren, von dem ältern Geschlecht 5. sqq. find zum theil aus dem Falkenburgischen Haus, 126 das jüngere Geschlecht stammt von den Graven von Sponheim ab 3. sqq. Ihre Lande kommen an Nassau (1450) 72. u. 108. und an Gülch 80. (1463) 118. Pfalz-Simmern verkauft sein Recht daran (1483) 81. u. 129. ob das Schloß ein Lehen (1466) 36. (1483) u. 133. das Haus stirbt ab (1468) 93. Heinsbergische Sigille 109. sqq.
Heinsbergische Lehen und Vasallen.
Friedrich Herr v. Reifferscheid (1273) 16. Schloß Peddur 17. u. 10. Schenk Wilhelm von Nideggen. Gefälle zu Brackeln (1275) 17. Reifferscheidische Güter zu Wailgenberg (1290) 17. Schloß Emmendorp (1296) 17. Grav Gotfrid v. Sain (1331) 23. Johann L von Dalenbrug, die Dörfer Ende u. Niele (1332) 25. Heinrich u. Hermann Monten von Nurwenstatt (1396) 45 Hermann und Eberhard Monten v. Nurwenstatt (1458) 77. Salentin Herr v. Isenburg (1452) 76. (1458) 77. Engelbrecht v. Orobel (1453) 76. Wilh. v. Orebet (1458) 77. Wegand v. Steinhaus. l. c. Gabbart zu Drachenfels l. c. Heinrich v. Wildenberg (1458) 77. Johann v. Elz L c.
Heinsberger Stift, (1254) 8 (1290) u. 13. (1301) 18. u. 15. (1354) 34. u. 44. (1438) 54. (1452) 73.
Keissenich, Herrschaft, solle an Heinsberg zurück fallen (1429) u. 102.
Köln, Vogtei über das Domstift, (1255) 8. die Stadt gibt dem Walram von Heinsberg das Bürgerrecht (1303) 20. desgleichen Gotfrid II. von Dalenbrug (1375) 36.
Kuilsches Siegel Tab. II. n. 5. und Vorrede.
Löwe, warum er in so vielen Wappen? 106.
Loos, Gravschaft, kommt aus Heinsbergische Haus (1336) 28. Wappen 115.
Lüttich, bemächtigt sich der Gravschaft Loos. 28. 35.
Mark, Kölnische (1248) u. 5.

Register über die Sachen

Munden, Franzößische Münz (1374) u. 50.
Natürliche Kinder, unterscheiden sich durch das Wappen 111. 116. 118.
Pfenninge, ihr werth, (1336) u. 32.
Redinchovens Verdienste um die Gülch- und Bergische Geschichte. Vorrede.
Reichslehen ist Hunf. (1344) 14.
Repraesentation in Erbfällen 85.
Ritter, ob sie in den Urkunden durch das Wort: Herr von den übrigen militibus unterschieden werden können (1336) u. 31. zu Ritterrecht dienen (1331) u. 25.
Ruremond, Erbvogt, hat seinen Lehenhof (1440) u. 105.
Schildbürtige Lehenleute (1463) u. 123.
Schildhalter in den Wappen, sind etwas willkührliches 119.
Schrägbalken über die Figuren in einem Wappen, was sie anzeigen 116.

Schulden-Zahlung (1424) u. 78.
Sigille, wie die ältesten beschaffen gewesen 105. Ob die Söhne bei leben des Vatters solche gehabt. Vorrede.
Solidus (1248) u. 4.
Sleiden, Schloß und Stadt, ist Gülchisch Lehen (1468) 98.
Transfir in Urkunden (1414) u. 69.
Turnierkragen in Wappen, was er bedeute 110. sqq. 113.
Turonensis grossus, Französischer, wie viel schwarze Turonensen er gehalten (1331) u. 23.
Wappen werden Zeichen der Länder 114.
Zoll derer von Kuik an der Maas (1393) u. 52. Falkenburgischer daselbst (1393) u. 53. (1396) 45. Heinsberger daselbst (1424) 64. u. 78. Zoll zu Bonn (1432) 54.

Zugabe über einige nicht allzubekannte Redensarten.

Brechen und buissen (thun und laßen) u. 47.
Dadingslute u. 77.
Darbuissen 29.
Dertrarius u. 44.
Dicke ende nanchwerf (oft u. vielmals) u. 50.
Dinger und Scheffen u. 133.
Dingstul u. 50.
Erstoirt (vollbracht) u. 48.
Firpel. alle Arzlist, Firpel, behendigkeit u. qualde außgescheiden u. 68. 79.
Gefreischen u. 66.
Gelden, (abkauffen) 30.
Geminder (gellebter) u. 69.
Geraft und geropt blyben syen an der Burg ꝛc. u. 46. 47.
Gereit u. ungereit (1420) u. 72.
Heuen und bueren (haben u. genießen) u. 75.
In Heuingen kommen (in Genuß kommen) u. 45.

Sylichsvorworden (Eheberedung) u. 81.
Kroeden noch hindern u. 67.
Kruit und Schaden zu verhueten u. 65.
Lumbarden u. 52.
Luffzuchter u. 75.
Mannen ein Schloß u. 34.
Off (ober) u. 41.
Reglerders (Vormunder) u. 83.
Vertrecken u. 35.
Verualle ind vpcoemingen (1399) u. 54.
Vurrade u. 34.
Wederwerpen 32. 30.
Wildpann (1248) u. 4.
Wyliche lyueserben, (rechtmäßige Leibeserben) u. 59.
Zesaeßen mit recht off mit Minnen (einen Streit rechtlich oder gütlich schlichten) u. 41.

www.ingramcontent.com/pod-product-compliance
Lightning Source LLC
Chambersburg PA
CBHW022108230426
43672CB00008B/1314